U0569777

金华市文化研究工程资助项目

张国维生平及作品研究

吕国喜 著

浙江工商大学出版社
· 杭州 ·

图书在版编目(CIP)数据

　　张国维生平及作品研究 / 吕国喜著. —杭州：浙
江工商大学出版社,2023.10
　　ISBN 978-7-5178-5258-2

　　Ⅰ. ①张… Ⅱ. ①吕… Ⅲ. ①张国维—人物研究
Ⅳ. ①K827=48

　　中国版本图书馆 CIP 数据核字(2022)第239212号

张国维生平及作品研究

ZHANG GUOWEI SHENGPING JI ZUOPIN YANJIU

吕国喜　著

策划编辑	陈力杨
责任编辑	鲁燕青
责任校对	沈黎鹏
封面设计	朱嘉怡
责任印制	包建辉
出版发行	浙江工商大学出版社
	(杭州市教工路198号　邮政编码310012)
	(E-mail：zjgsupress@163.com)
	(网址：http://www.zjgsupress.com)
	电话：0571-88904980,88831806(传真)
排　　版	杭州朝曦图文设计有限公司
印　　刷	杭州高腾印务有限公司
开　　本	710mm×1000mm　1/16
印　　张	25.5
字　　数	402千
版 印 次	2023年10月第1版　2023年10月第1次印刷
书　　号	ISBN 978-7-5178-5258-2
定　　价	98.00元

版权所有　侵权必究

如发现印装质量问题,影响阅读,请和营销与发行中心联系调换
联系电话　0571-88904970

前　言

　　张国维(1595—1646),字其四,号玉笥,晚号止庵[1],浙江东阳托塘人,明末政治家、水利专家。著作有《刑科疏草》一卷、《吏科疏草》二卷、《抚吴疏草》二十卷、《行河疏草》四卷、《中兴疏草》一卷、《古中兴任贤从谏录》二卷、《吴中水利全书》二十八卷、《玉笥剩稿》一卷、《循陔草》一卷、《心经解》一卷、《金刚经疏芥》二卷等。今仅存《抚吴疏草》《吴中水利全书》《玉笥剩稿》《金刚经疏芥》等几种。张国维因人格圆满,道德、行为无亏,坚忍不拔,舍生取义,历来被推为"完人"。林鹗《校刊张忠敏公遗集序》云:"明季忠节较前代为多,而功德入人之深,尤推东阳张忠敏。盖自隆万以还,东南罢敝尤甚,公在外日久,独能兴利革弊,除暴安良,内苏民困,外捍恶氛,虽尼不终用,无救于残局,而挽回元气,以资圣朝,至今闾阎尸祝,以故完人之论定。"[2]朱彝尊《十五完人帖跋》将钱龙锡、傅冠、张国维、文安之、彭期生、沈犹龙等十五人并称为"十五完人"。[3]钱肃润于《南忠记》中论张国维:"公之为人也,养民惠,御吏明,约法则久而不弛,推恩则恒而不厌,以至临大事,决大计,不动声色,而措施画然,是以保有东土,几及二年,临卒,从容不乱。若公者,可谓完人矣。"[4]

---

[1]张国维的字、号据《吴宁托塘张氏宗谱》及张世鹏撰《明特进光禄大夫上柱国太子太傅赐尚
　　方剑行边兵部尚书兼东阁大学士元考玉笥公行述》。其他文献所记字、号,原文照录。

[2]张国维:《张忠敏公遗集》,《四库未收书辑刊》第6辑第29册,北京出版社1997年版,第
　　609页。

[3]张国维:《张忠敏公遗集》,《四库未收书辑刊》第6辑第29册,北京出版社1997年版,第
　　757页。

[4]赵士锦、史惇、钱肃润等:《甲申纪事 纪事略 恸余杂记 南忠记》,中华书局1959年版,第
　　124—125页。

一、完得忠孝

张国维《白云洞遂初精舍学则·循分》云："人生惟忠孝二字,不可须臾离。鞠躬尽瘁为忠,赤心随分亦为忠;立身扬名为孝,菽水承欢亦为孝。完得忠孝,斯谓不负吾君,不负吾亲,不负吾所学。"[1]这是他一生的行为准则,也是他的人生理想,他亦穷其一生去践履,去追寻。

张国维先祖为后唐进士张潮,汴梁人,任东阳县令,为抵御括苍魔寇,捍城殉节。其曾祖、祖父、父,虽非富甲一方,却也家道隆盛、殷实富裕,且能急公好义。父亲张希武以家谷抵偿县署公仓被盗,请官府勿扰百姓后,家境开始衰落,生活每况愈下。

张国维从小就接受了良好的家庭教育与启蒙教育。张国维七岁时,与兄长张国缙跟从陈可鉴老师学习。陈可鉴授读《孝经》,张国维继而请读《忠经》,语出惊人。陈说:"孝有经,忠无经,移孝可作忠也。"[2]始祖张潮与八世祖冲素公张志行恰是一入一出两个典型,父亲张希武教育张国维:"汝后日出则尽忠,退则乐道,当如二祖之所为。"[3]并告诫说:"委形宇内,交天下第一流人,读天下第一等书,做天下第一件事,方是奇男子。"[4]父亲时常带着他去拜谒为纪念张潮而建的吴宁台,让他通读纪念张潮的诗文,希望他将来能像先祖一样"留取芳名浸汨罗"[5],这给张国维以心灵的启迪和感性的认识。母亲阅读《鸣凤记》后,慨然太息。张国维侍候在一旁,问:"维若为椒山,夫人亦许之否?"母亲大喜,说:"汝为忠臣,始无愧吾

---

[1]张国维:《张忠敏公遗集》,《东阳丛书》第14册,浙江古籍出版社2015年版,第79页。

[2]张振珂编:《张忠敏公年谱》,张国维:《张忠敏公遗集》,《东阳丛书》第14册,浙江古籍出版社2015年版,第156页。

[3]张振珂编:《张忠敏公年谱》,张国维:《张忠敏公遗集》,《东阳丛书》第14册,浙江古籍出版社2015年版,第156页。

[4]张振珂编:《张忠敏公年谱》,张国维:《张忠敏公遗集》,《东阳丛书》第14册,浙江古籍出版社2015年版,第156—157页。

[5]张振珂编:《张忠敏公年谱》,张国维:《张忠敏公遗集》,《东阳丛书》第14册,浙江古籍出版社2015年版,第157页。

儿。"[1]父亲留给张国维的遗言是:"观汝为人,当绰可不朽,慎毋忘忠孝二字箴。"弥留之际,其父亲还在为张国维背诵张元忭的《登吴宁台吊古》[2]。其中"吴宁百世祖,忠孝一门传"[3],为张国维铺下了人生的底色,同时又为他设置了人生的高标。

张国维的《白云洞遂初精舍学则》在一定程度上反映了他的思想:

> 境会未宁,教学颇弛。匪关性劣,实以情迁。不知饮食以养身,理义以淑心,一日一息,毋容间也。……故我辈不可狃于时而废业也。(《定情》)[4]

> 名行所就,志实基之。……吾辈志在道德,或在功名,皆存乎其人。(《励志》)[5]

> 古人嘉言懿行,烂然盈眸,史不胜书,学人亦不胜读。但在随阅冥参,得其神解,使尘襟顿涤,陡现灵光,则善矣。(《敬业》)[6]

> 日而嬉焉,则荒其日之半;月而嬉焉,则荒其月之半矣。光阴能几?堪此怠弃?(《纯功》)[7]

> 虚故能谦,谦故能受也。(《虚己》)[8]

> 襟度宽厚,福分所基。……倪文节云:有容德乃大,有忍事乃济。……故吾辈涵养功夫,必不可少也。(《学度》)[9]

张国维认为忠孝是天地间的正理,不能违背,这是他遵循的伦理道德观的核心,与金华吕祖谦的忠孝观是一致的。吕祖谦说:"君虽不仁,臣不可以不忠;父虽

---

[1]张振珂编:《张忠敏公年谱》,张国维:《张忠敏公遗集》,《东阳丛书》第14册,浙江古籍出版社2015年版,第156页。

[2]张振珂编:《张忠敏公年谱》,张国维:《张忠敏公遗集》,《东阳丛书》第14册,浙江古籍出版社2015年版,第158页。

[3]党金衡主修:《道光东阳县志》,西泠印社出版社2017年版,第771页。

[4]张国维:《张忠敏公遗集》,《东阳丛书》第14册,浙江古籍出版社2015年版,第76页。

[5]张国维:《张忠敏公遗集》,《东阳丛书》第14册,浙江古籍出版社2015年版,第77页。

[6]张国维:《张忠敏公遗集》,《东阳丛书》第14册,浙江古籍出版社2015年版,第77页。

[7]张国维:《张忠敏公遗集》,《东阳丛书》第14册,浙江古籍出版社2015年版,第78页。

[8]张国维:《张忠敏公遗集》,《东阳丛书》第14册,浙江古籍出版社2015年版,第78页。

[9]张国维:《张忠敏公遗集》,《东阳丛书》第14册,浙江古籍出版社2015年版,第79页。

不慈,子不可以不孝,此天下之常理。"[1]

榜样的力量是无穷的,张国维善于向古人及同代人学习。他抚吴六年,受苏州乡贤北宋名臣范仲淹的影响很深,所作所为也十分相似。崇祯十一年(1638)冬月,"入姑苏,而仰文正(仲淹)之风,窃有志而未逮"[2]。张国维《进水利全书疏》云:"相道里以鸠工,量土方而授值,谲回无所售奸,朴愿咸得沾惠,则宋臣范仲淹、苏轼等救田兼行饲饥之训宜师也。餐风吸露,野宿店栖,毋避怨嫌,不辞琐屑,则我明夏原吉、周忱、海瑞、姚文灏、傅潮、林文沛等国尔忘家之志宜励也。"[3]表达了他对范仲淹、苏轼、夏原吉、周忱、海瑞、姚文灏、傅潮、林文沛等人的景仰之情。

张国维直言敢谏,正如杨涟所预言的:"他日为名谏议,当避此人出一头地。"[4]魏忠贤死后,其余党杨所修、田景新仍在左副都御史和御史的任上,"以□(刑)科给事中张国维论其献媚邪党也"[5]。张国维为受到阉党诬陷迫害、被贬官除名的御史胡良机、给事中陶崇道等六人据理力争,使其官复原职,继续为国效力。鲁王监国时期,马士英藏匿在方国安营中,张国维上《劾马士英十大罪疏》,马士英才不敢入朝。他直陈时政,甚至敢于指出崇祯帝的缺点:"陛下求治太锐,综核太严。拙者踸踔以避咎,巧者委蛇以取容,谁能展布四体,为国家营职业者。故治象精明,而腹心手足之谊实薄,此英察宜敛也。"[6]

张国维明辨是非,荐贤举能,知人善任。杨涟、左光斗被魏忠贤诬诟迫害致死,张国维说:"天不过欲不朽杨、左耳。若视委鬼为泰山乎?直冰山尔。见睍,则消矣。"[7]这足以证明张国维爱憎分明,不畏权势。他建议推动朝廷创置安庆巡抚,并大力举荐史可法为第一任安庆巡抚,原因是他认为史可法忠义可嘉,堪当此任,而绝不是出于什么私人目的。史可法后来在扬州守城御敌,捐躯沙场,可歌可

---

[1]吕祖谦:《吕东莱文集》,中华书局1985年版,第418页。

[2]张国维:《大宗祠义田文券》,《张忠敏公遗集》,《东阳丛书》第14册,浙江古籍出版社2015年版,第75页。

[3]张国维:《抚吴疏草》,《四库禁毁书丛刊》史部第39册,北京出版社2000年版,第659页。

[4]张振珂编:《张国维年谱》,张国维:《张忠敏公遗集》,《东阳丛书》第14册,浙江古籍出版社2015年版,第159页。

[5]谈迁著,张宗祥校点:《国榷》,中华书局1958年版,第5435页。原文□为缺字,括号内为笔者所加,全书同。

[6]张廷玉等:《明史》,中华书局1974年版,第7062页。

[7]张振珂编:《张忠敏公年谱》,张国维:《张忠敏公遗集》,《东阳丛书》第14册,浙江古籍出版社2015年版,第160页。

泣。张国维荐举布衣沈寿民，沈后来弹劾重臣杨嗣昌等，令人刮目相看。明亡后，沈始终不仕，表现出崇高的民族气节。

张国维生活的明朝末年，尖锐的阶级矛盾和民族矛盾交织在一起。由于封建统治阶级的残酷剥削，土地兼并加剧，加以连年灾荒，民不聊生。为了生存，饥寒交迫的农民纷纷揭竿而起。北方少数民族的军事进攻日甚一日。自天启二年（1622）中进士，天启四年（1624）授广东番禺知县后，在长达二十二年（1624—1646）的仕宦生涯中，张国维历任刑科给事中、吏科给事中、礼科给事中、太常寺少卿、右佥都御史领应天巡抚、兵部尚书等职。张国维始终以国家为念，以百姓为本，他朝乾夕惕，殚精竭虑，为官一任，造福一方：知番禺县，政尚廉平，以德化民，均赋薄徭，除奸举贤，颁"筹荒十二策"，救活地方饥民无数；收回被豪绅巨族侵占的数万亩沙涨田，并归还给贫民，百姓奉其为"神明父母"；京官六年，恪尽职守，积极谏言；巡抚应天，蠲赋赈灾，热心公益，主持刊刻《农政全书》，捐刻《心史》，疏浚浚流，兴修水利，泽被东南，化沼泽为农田；清兵入关，大敌当前，筹饷募兵，筑城修敌台，肃清吏治，布置江防，督师御敌；辅佐鲁王监国，深明大义，统筹兼顾；惜大势已去，独木难支，从容蹈水，壮烈殉国，舍身成仁，保全东阳一方百姓未受荼毒。吴中士大夫交口称赞："百年之内，前有周文襄，今有张东阳，真踵岟矣。"[1]

万历四十年（1612）正月初七，张国维兄张国缙去世。万历四十六年（1618）七月三十日，张国维父亲张希武去世。自此，张国维母子相依为命。张国维至孝，悉心奉养母亲，曾多次将其母接至任所。《张忠敏公遗集》共存张国维诗七十七首，而他写给母亲的诗就有三十五首，将近半数。崇祯十六年（1643），张国维为兵部尚书，他檄赵光忭螺山拒敌，八总兵之师全部溃败，以守御失宜被言者所毁谤而解职归家，归家途中作《免归思母八首》。崇祯帝追究张国维兵败事，于崇祯十六年（1643）八月逮捕张国维入京，至崇祯十七年（1644）二月放其出狱。在狱中，张国维作有《在狱思母八首依前韵》。崇祯十七年（1644）正月，苏民诣阙乞贷。三月初三，张国维复故官，督理浙、直军饷。初十，出都。十九日凌晨，崇祯帝在北京煤山自缢，大明灭亡，而此时张国维刚刚抵达苏州。张国维作有《释用思母八首再依前

---

[1]张世鹏：《明特进光禄大夫上柱国太子太傅赐尚方剑行边兵部尚书兼东阁大学士元考玉笥公行述》，张国维：《张忠敏公遗集》，《四库未收书辑刊》第6辑第29册，北京出版社1997年版，第627页。

韵》,诗意慷慨。又有不作于一时一地的《奉母八首仍依前韵》,借景抒怀,忧心可见。《在狱思母八首依前韵》其八:"义当灰骨答君宽,身愧完名拂母欢。初度先成垂老别,南音岂作等闲弹。恋闱恍惚寻残梦,继血潺湲出寸丹。但得生还重聚首,风光不为暂离阑。"[1] 在狱中,盘旋在张国维心中最多、最深的还是"忠孝"二字。他决心尽忠,又恐惹得母亲不高兴,所谓忠孝自古难两全。《释用思母八首再依前韵》其七:"昨年觐省致归人,何似今朝塞塞臣。子舍将旋神竦跃,简书难胜意邅迍。莅官夙夜虞亏孝,积虑渊冰凛辱亲。乘暇称觞沾赐沥,婆娑颜渥数杯春。"[2] 在忠孝之间,他从来都是以国为先、为重。在条件许可的情况下,他又能够兼顾"孝",力争忠孝两全。在政治上遇到波折、打击后,他很少患得患失,而是心怀感恩,将更大的心力投入尽孝之中。

二、为学为文

林鹗《校刊张忠敏公遗集序》言:"忠敏之学,邃于经义,长于干济,主忠敦孝,不屑辞章,而无道学习气。抗疏正直,至诚恺恻,如家人语,不甚修饰,自然动人。"[3] 概括了张国维为学为文的特点,颇为精准。

张国维治学刻苦勤奋,砥志砺行,笃学好深思,"于书无所不读。读又迥然异人,以尚论古今治乱、兴亡、邪正、贤不肖为事"[4]。张国维尤其喜欢夜读,次子张世鹏谓其"读书至午夜,率假寐。时家王母绝爱怜府君。虑以攻苦致病,中夜遣妪伺寝否。府君覆灯床下,俟其去,出灯竟读如初"[5]。天启三年(1623)三月,张国

[1]张国维:《张忠敏公遗集》,《东阳丛书》第14册,浙江古籍出版社2015年版,第83页。
[2]张国维:《张忠敏公遗集》,《东阳丛书》第14册,浙江古籍出版社2015年版,第84页。
[3]张国维:《张忠敏公遗集》,《四库未收书辑刊》第6辑第29册,北京出版社1997年版,第610页。
[4]张世鹏:《明特进光禄大夫上柱国太子太傅赐尚方剑行边兵部尚书兼东阁大学士元考玉笥公行述》,张国维:《张忠敏公遗集》,《四库未收书辑刊》第6辑第29册,北京出版社1997年版,第625页。
[5]张世鹏:《明特进光禄大夫上柱国太子太傅赐尚方剑行边兵部尚书兼东阁大学士元考玉笥公行述》,张国维:《张忠敏公遗集》,《四库未收书辑刊》第6辑第29册,北京出版社1997年版,第625页。

维谒选至京师,借住于古刹之内。置灯于笼中,披览典籍,辑《古名臣言行录》,于几案上奋笔疾书,直至午夜而不休息。寺僧感到奇怪,问道:"公已达,奚攻苦为?"张国维回答:"吾岂效经生事呫哔,顾安得此暇晷,与圣贤对晤耶!"[1]张国维虽高中进士,却因家贫不能置备车轿,只得穿旧衣、骑羸马,蹒跚往来于风雪之中,而他仍怡然不改其志。座师钱谦益于《张子题辞》中肯定张国维"读书尚志",又引苏轼《九月二十日微雪怀子由弟二首》其二中的诗句"遥知读《易》东窗下,车马敲门定不应"来鼓励他。

　　张国维为学为文均以实用、明理、躬行为目的。巡抚应天时,为了彻底消除水患,张国维访古探旧,搜寻翻检有关吴中水利的掌故原委,轻从便驾,实地踏勘,总结自己治水的实践经验,编纂成《吴中水利全书》。该书先列东南几府的水利总图,再标水源、水脉、水名等目,收集了上至诏敕奏文、下至祀词歌谣的相关资料,绘之图,溯之源,疏之脉,缕之名,度之形,使河流的渊源、形胜、脉络一览无遗,为时人及后人兴修吴中水利提供了丰富而有益的借鉴。《四库全书总目提要》称"是书所记,皆其阅历之言,与儒者纸上空谈固迥不侔矣","国维之于水利,实能有所擘画"[2]。在极为重视水利建设的同时,张国维也充分意识到:治水只是治标,治本则是发展农业生产。即如其《农政全书序》所言:"余前刻有《水利全书》,所谓急则治标,因病立剂者;今又得徐少保农政全帙,所谓缓则治本,悬方救病者也。"[3]治水只是发展经济的手段,而不是目的。因而张国维在刊刻《吴中水利全书》,颁发诸县,指导水利建设后不久,又主持刻印了徐光启的农学专著《农政全书》,并亲笔作序,直截了当地指出"国家当经纶之始,首重民事","智如禹汤,不如尝耕;圣如宣尼,不如农圃"[4],要求所辖官吏、驻屯官兵植农桑,禁抛荒,尽力做到地无不耕之土,人无不作之民。张国维身体力行,向苏州一带农民传授种植草棉的方法,被当地百姓奉为"棉花神"。

　　崇祯十一年(1638)十一月初八,承天寺僧人于寺内井底发现了郑思肖铁函中的《心史》,辗转交到张国维手中。张深受感动,捐出俸禄,刻印《心史》,并为之作

[1]张振珂编:《张国维年谱》,张国维:《张忠敏公遗集》,《东阳丛书》第14册,浙江古籍出版社2015年版,第159页。
[2]永瑢、纪昀等:《影印文渊阁四库全书总目》第2册,台北"商务印书馆"1983年版,第493页。
[3]徐光启撰,石声汉校注:《农政全书校注》,上海古籍出版社1979年版,第1804页。
[4]徐光启撰,石声汉校注:《农政全书校注》,上海古籍出版社1979年版,第1804页。

序云："《春秋》为衰周之《心史》，故笔削定而万年之伦纪不渝；《心史》为故宋之《春秋》，故予夺严而九世之仇仇终复。洵足为生民立心，宁第自完忠孝尔尔耶？"[1]张国维希望此举能起到"立民心""完忠孝"的作用。他专门建造祠堂，将《心史》原稿及铁函珍藏于祠中。这一部爱国史诗因之得以不朽，鼓舞了后来不少仁人志士。

张国维所辑《古中兴任贤从谏录》，借古讽今，希望鲁王举才任贤，重振乾坤，实现中兴。他于《进呈〈古中兴任贤从谏录〉疏》中言："德莫光于听牖，务莫先于知人。若君若臣，可师可法。臣又按是数君者上启殷高，下存南渡，或扶光于将绝，或嗣统于既倾，或王业偏安，而其时二仇未报，竟至今留为公憾；或钟簴无恙，而其君精神特起，总不得限以守文。史册所庐，伐柯不远。且夫功如光武，德若周宣，而无召、方、耿、邓之彦，不能成其功；弱如建康，危如灵武，而听王、庾、汾、邺之谋，亦足延其业。"[2]

张国维生平存诗不多，《张忠敏公遗集》十卷中仅存一卷，计七十七首，多抒发忠孝之心和感怀山水之类。虽艺术成就不大，但也是张国维感悟人生之作，从中可见其真性情。"张国维作文讲究平实自然，丝毫未有造作之态，特别是奏疏，其所陈良策，语意正直至诚，体现了他于政治、军事、民生的治理之才；又诗歌大都慷慨悲郁，感人至深，表现了在国将亡之时张国维精忠报国、至死不渝的爱国情怀，张国维其平实之言、慷慨之诗和壮烈之事激励着一代又一代的金华志士。"[3]

钱谦益《张子题辞》曰："张子于文章，才气横溢，涵肆演迤，如秋水时至，百川灌河，使尺幅揸拾之士眇然如河伯之望洋。"[4]张国正云："今展读其遗稿，其旨邃而深，其气古而韵，其理精而核，其辞丽以则。"[5]衡之德业、才品，钱谦益认为张国维与周忱、王恕后先媲美，即明朝江南巡抚鼎足而三，这是相当高的评价。钱谦益评张国维《抚吴疏草》："敷奏剀切，条列详明。五谷疗饥，药石治病。远可以考元龟，近可以征掌故。谏必转圆，言必底绩。"[6]

顺治三年(1646)六月，清军驱兵十余万渡江，攻破绍兴。清军先是贻书招降

---

[1]郑思肖：《心史》，《四库禁毁书丛刊》集部第30册，北京出版社1997年版，第3页。

[2]张国维：《张忠敏公遗集》，《四库未收书辑刊》第6辑第29册，北京出版社1997年版，第672页。

[3]汤英：《明代金华府作家研究》，上海师范大学2013年硕士论文，第198页。

[4]张国维：《玉笥先生传稿》，《东阳丛书》第14册，浙江古籍出版社2015年版，卷首第1页。

[5]张国维：《玉笥先生传稿》，《东阳丛书》第14册，浙江古籍出版社2015年版，卷首第2页。

[6]钱谦益著，钱曾笺注，钱仲联标校：《牧斋杂著》，上海古籍出版社2007年版，第648页。

张国维,被严拒。张国维振作军旅,追随鲁王监国至黄石岩,方国安、马士英等截断所过之桥。无奈,张国维于十八日还守东阳。二十五日,清军破义乌,到达东阳七里寺。张国维欲集结东阳兵决一死战,终不能如愿,众人力劝其入山暂避,张国维不从,视死如归。二十六日夜,张国维穿戴衣冠,作绝命诗三章,从容殉节,慷慨大气,感人至深:

> 艰难百战戴吾君,拒敌辞唐气厉云。时去仍为朱氏鬼,精灵当傍孝陵坟。(《自述》)
>
> 一瞑纤尘不挂胸,惟哀耄母暮途穷。仁人锡类能无意,存殁衔恩结草同。(《念母》)
>
> 凤训诗书暂鼓钲,而今绝口莫谈兵。苍苍若肯施存恤,秉未全身答所生。(《训子》)[1]

张国维母亲听闻后,说:"今而后,始无愧吾儿。"[2]张国维的绝命诗具有一定的典型性和认识价值。"明清易代之际的绝命诗既是个人的,又是时代的,反映的不仅是一个个个体生命在死亡前的犹豫、恐惧和坚定,更是所有殉国士人在易代之际的集体价值和情感趋向。"[3]其后,长子张世凤被执不屈,殉节钱塘。张国维一门忠义壮烈,可歌可泣。

一代名臣,为国为民,英名长存。世人或建生祠,或刻碑立传,或竖牌坊,以抒发对张国维的纪念、崇敬之情,缅怀张国维的不朽业绩。乾隆四十一年(1776),清廷以鞠躬尽瘁、至死不变、杀身成仁、见义必为赐谥"忠敏",设专祠春秋祭祀。后人将张国维与助汉兴国的张良、殉职捐躯的史可法相提并论。

---

[1]计六奇撰,任道斌、魏得良点校:《明季南略》,中华书局1984年版,第294页。

[2]张振珂编:《张忠敏公年谱》,张国维:《张忠敏公遗集》,《东阳丛书》第14册,浙江古籍出版社2015年版,第165页。

[3]张晖:《死亡的诗学——南明士大夫绝命诗研究》,《文学评论》2013年第4期,第140页。

目　录

第一章

刻苦自励 忠孝培根

张国维,生于1595年,字其四,号玉笥,晚号止庵,谥号忠敏,浙江东阳托塘人。天启二年(1622)进士,曾任明末江南十府巡抚,后任兵部尚书。清兵入关后,宁死不降,以身殉国。著有《吴中水利全书》《抚吴疏草》《张忠敏公遗集》《金刚经疏芥》等。吴廷康《张忠敏公表忠台创建落成诗以纪之》其三赞其"魁光照耀仰文星,正气常为世典型"[1]。张国维"生平与人谈说及忠孝节义,辄娓娓不休"[2]。忠孝培根,这与他从小所受的家庭教育与开蒙教育息息相关。

一、明亡及南明

明后期,朝廷积弊日久,内忧外患,危机四伏,农民起义风起云涌,清王朝在关外屡屡逼近,明王朝已近末路,风雨飘摇。"明末以矿税酿纷争之局,以东林起党议之端,以三案为交战之点,而其祸成于魏阉之当国。清流摧折,佞幸窃位,名将传首,边功冤抑:内政外交,不堪问矣!"[3]崇祯帝朱由检即位之初,决心革除弊病,拯救江山社稷,他勤于政事、任用贤臣,使崇祯初年朝政稍显复兴趋势。怎奈明朝积弊已久,崇祯帝又急功近利、刚愎自用,最终没能挽回明朝灭亡的局势。崇祯帝识人不明。崇祯一朝,共任用过五十多位内阁大学士,短的不过入阁几月便被罢黜,而整个明王朝内阁成员不过一百六十多位。其实这五十多人当中,也还是有为人正直且才能出众的人物,如孙承宗、文震孟、钱龙锡等人,可惜均不为崇祯帝所重用,而他所倚重的周延儒、温体仁等,恰恰是误国弄权的奸臣。史载,自崇祯二年(1629)周延儒入阁,至崇祯十年(1637)温体仁致仕,周、温两人辅政长达八年之久,而这八年应是起衰振隳的绝好时机,摆在他们面前亟待解决的问题有四个:一是蓟辽地区如何防止建州的入侵及长城内外蒙古族的勒索骚扰;二是如何平息日益蔓延成为燎原之势的农民起义;三是如何杜绝官吏贪污腐败、剥削加重造成的民不聊生、灾荒相继;四是如何改变宦官干军干政的现状。可是,在他们结纳私

---

[1]张国维:《张忠敏公遗集》,《东阳丛书》第14册,浙江古籍出版社2015年版,第141页。

[2]张世鹏:《明特进光禄大夫上柱国太子太傅赐尚方剑行边兵部尚书兼东阁大学士元考玉笥公行述》,张国维:《张忠敏公遗集》,《四库未收书辑刊》第6辑第29册,北京出版社1997年版,第625—626页。

[3]萧一山:《清代通史》,中华书局1986年版,第245页。

党、争权夺利的内讧中，没有一个问题得到有效、彻底的解决，反而将国家陷入更加沉重的灾难之中。崇祯帝生性多疑，冤杀袁崇焕，历代史家称崇祯帝此举是自毁长城。《明史》批评他"性多疑而任察，好刚而尚气。任察则苛刻寡恩，尚气则急遽失措"[1]。这是中肯而有道理的评语。顾诚认为："崇祯朝廷的覆亡除了它的腐败以外，主要原因是战略上两线作战，陷于左支右绌的窘境，造成两大对手力量不断的膨胀。"[2]

自崇祯帝即位，一直到明亡，不时涌现鞠躬尽瘁、为国为民、欲拯救家国于水火的仁人义士，而东阳张国维的忠贞之心和功德之业尤为深厚。在任期间，他"独能兴利革弊，除暴安良，内苏民困，外捍恶氛"[3]，曾上疏无数，屡陈治国安邦之策，今存《抚吴疏草》三十多万字，是明代金华府存疏最多的官员。

张国维是明、清王朝政权交替之际对全局深有影响的重要人物。在南明匡复运动中，浙江是抗满复国斗争的重地。南都陷落，弘光被杀，张国维拥鲁王监国于绍兴，保障岩疆，支撑余烬。浙东义师云起，宁绍以至台处，山寨相望。张国维督师江上，形势大有转机，怎奈闽立唐王，浙闽水火；方国安劫鲁王入海，以至各方分崩离析。张国维知事不可为，犹做最后拼搏，迨清军进至七里寺，张国维欲集结东阳兵再行决战，终究不能实现，深感有心报国却无力回天，于是从容赋诗，投池殉节。张国维心坚抱义，力矢全忠，事功、节义尤彪炳史册，其忠烈为后人所赞颂，清乾隆帝特赐谥"忠敏"，以嘉其忠义。

二、家世与家教

张国维自称，其先祖为捍城殉节的东阳县令张潮，汴梁人，后唐进士。其曾祖、祖父、父，虽非富甲一方，却也家道殷实，且能急公好义。"明兴，衣冠相望，至高大父嵩城公讳泇，生二子，长太学生讳幹，次赠太子太傅、兵部尚书讳枚，生二子，

---

[1]张廷玉等：《明史》，中华书局1974年版，第7948页。

[2]顾诚：《南明史》，光明日报出版社2011年版，第5—6页。

[3]林䴗：《校刊〈张忠敏公遗集〉序》，张国维：《张忠敏公遗集》，《四库未收书辑刊》第6辑第29册，北京出版社1997年版，第609页。

长邑庠生讳希文,次赠太子太傅、兵部尚书讳希武。"[1]张希武即张国维的父亲。明朝中后期,倭寇骚扰东阳,张国维曾祖父张珊捐重资倡修东阳县署城堞。祖父张枚见故交罹于难,倾囊授之;村人卖女抵赋,张枚输赋还女……众多善行义举备受地方百姓赞扬和推崇。

张希武弱冠补博士弟子员,志存高远,常对人说:"吾党读书,须要砥砺锋锷,为天下伟人,神气万里,何能龌龊效辕下驹?"[2]他以家谷抵偿被盗县署公仓,请官府勿扰百姓,又兼"不殖产",自此家道中落。

张氏家族中因张国维而封荫的主要人物有:

张 珊 国维曾祖父,累赠光禄大夫、太子太傅、兵部尚书。

张 枚 国维祖父,赠光禄大夫、太子太傅、兵部尚书。

张希武 国维父,赠光禄大夫、太子太傅、兵部尚书。

张国缙 国维兄,赠兵部武选司主事。

张世龙 国维侄,荫授兵部武选司主事。

张世凤 国维子,世袭锦衣卫指挥,任都督、太子太傅,封永康伯。

张世鹏 国维子,荫授都察院都事,任兵部职方司郎中,升尚宝司少卿。

张世钫 国维侄,荫授中书科舍人。[3]

万历二十三年(1595)四月二十八日亥时,张国维生于东阳托塘祖宅。在民间,凡有诸如王侯将相、名贤文士等大人物降生,都要有一点不同于常人的神奇征兆,或预示某种祥瑞,或蒙上一层神秘色彩。比如:刘邦出生前有蛟龙盘旋在他母亲身上;赵匡胤出生时红光满室,异香扑鼻;李白出生时,其母亲梦见了长庚星,所以字"太白";文天祥出生时,其祖父梦见一个小孩乘着紫色的祥云降下,因此小名"云孙";王安石出生时,一只獾闯入产房,故小名曰"獾郎""獾儿";宗泽"母刘,梦天大雷电,光烛其身,翌日而泽生"[4]。张国维的出生也不例外。据说,母亲虞氏

[1]张世鹏:《明特进光禄大夫上柱国太子太傅赐尚方剑行边兵部尚书兼东阁大学士元考玉笥公行述》,张国维:《张忠敏公遗集》,《四库未收书辑刊》第6辑第29册,北京出版社1997年版,第625页。

[2]张世鹏:《明特进光禄大夫上柱国太子太傅赐尚方剑行边兵部尚书兼东阁大学士元考玉笥公行述》,张国维:《张忠敏公遗集》,《四库未收书辑刊》第6辑第29册,北京出版社1997年版,第625页。

[3]党金衡主修:《道光东阳县志》,西泠印社出版社2017年版,第360页。

[4]脱脱等:《宋史》,中华书局1977年版,第11275页。

生他时梦见旗帜环绕,邻居看见他家里有火光腾起。一直以来,张国维家族里流传着一个神奇的梦,梦中上祖曾预言:"光大我族门楣者,必等待一个叫作张国维的人出生。"于是,家族里凡生而颖悟者,必取名"张国维",只可惜,这个名字不是谁都能承当得起的。之前取此名者总是夭折,直至张国维出生,名实相符,得不死,这又是族中一大神奇之事。

传说与预言,毕竟是种种附会。张国维之所以学有所成,政绩卓著,终为一代爱国名臣,与他所处的家庭环境、所受的教育,以及本人的禀赋和勤奋等综合因素有关。

托塘张氏祖上有两位先人,即始祖张潮与八世祖张志行,一出一入,堪为典型。

张潮(872—945),字均彰,谥忠愍,五代后唐汴梁人。张氏始祖为唐左司郎中张定,世居山东寿张,任职汴州,遂落籍河南开封祥符县炼金墩。十二世张灿官居礼部尚书。张潮为张灿子,唐昭宗乾宁进士,即托塘张氏始祖,于后晋天福四年(939)赴东阳任县令,清廉惠爱,士民称颂。

天福八年(943),括苍魔寇侵扰东阳。张潮率长子天贤带领乡兵迎战,擒获渠寇七人,斩首百余。魔寇败退,县境得以安宁。三年后,魔寇又聚集数万人,进逼东阳县城。张潮求援不至,遂与长子天贤率乡兵数百人出城抵御,终因寡不敌众,父子双双死难于南岭。时为后晋开运二年(945)七月初二,魔寇冲进县城,将张潮家中八十余口尽行杀戮,洗劫七日而去。唯其妻鲍氏及幼子天宥幸免。天宥在学肄护免,逃至县北之塘,依赖塘中莲子续命,七日得脱,因托生于塘,便号其家为托塘。"幼子匿池底,莲叶蓬蓬,云气翳罩,贼大索不得,遂家兹邑。"[1]后人将张潮父子战殁的南岭命名为"官清岭"。

张潮父子殉难不久,后晋开运末年,东阳百姓怀其德、悯其忠,于县衙之后院凿池筑台,台内塑张潮及长子天贤之像,名曰"吴宁台"。后世民间甚至奉张潮为神,"筑台祀像,遇水旱灾祲,祈祷悉应,世奉为吴宁庙神者,百姓之私祝也"[2]。

宋绍兴年间,东阳令吴炯叙张潮事迹,撰《吴宁台记》,刻于碑石。1765年,清

---

[1]张国维:《明赠太子太傅兵部尚书先考淇园公行略》,《张忠敏公遗集》,《东阳丛书》第14册,浙江古籍出版社2015年版,第62页。
[2]党金衡主修:《道光东阳县志》,西泠印社出版社2017年版,第729页。

东阳县令李德举撰《吴宁张公考辨碑记》,载于《道光东阳县志》[1]。

张志行(1099—1175),"字公泽,托塘人。幼入右庠,言动不苟。尝闭户读书,默识经史,就试,洒洒万余言,直陈时事得失。不合于执政,归,立书院,置义田,又设劝节田以励风俗。吊死问疾,随方周恤,甚著声誉。浙东宣慰使朱异以荐,征之书屡至,不就。绍兴三年,县学生曹宪并父老复诣朱,请表闻于朝,因赐号冲素处士。所著有《易传撮要》《涉史略》《辞举八行诗》《东阳十劝》等歌,皆有裨名教"[2],可与元代张枢、陈樵后先媲美。

淳祐六年(1246),郡守许应龙在瞻婺门外建冲素处士祠,祀张志行,春秋致祭。隆庆六年(1572),知县郑准、张氏后裔修葺祠堂。郑准为之作记,其中重点解释了"处":

> 夫士曷为乎处哉?知时通塞,敛德远殆则弗出也,接舆者流也;无为为贵,完淳葆光则弗出也,老庄者流也;抱性耿介,愤世嫉邪则弗出也,于陵仲子者流也;洁身守分,耕凿是安则弗出也,鹿门庞公者流也;简略世故,任其天真则弗出也,陶靖节者流也。数者感致非一,趣舍攸殊,咸能外荣华,耽寂寞,禽鱼为友,木石与居,蝉蜕泥涂之内,鸿冥云天之表,视夫卑陬驰逐之伦有径庭矣!唐人有言,"处士之名,自负也,谤国也",其未然欤?其未然欤?有宋东阳张处士,笃学躬行,隐居不仕。绍兴间辞举八行,锡号冲素,徜徉双岘之阻,庶几富春之躅。[3]

吕祖谦铭曰:

> 粹然之行,奕然之文。三辞征辟,天子不臣。嘉遁林泉,富贵浮云。穷理乐道,绝类离群。操坚冰石,德达穹窿。先正典型,昭代儒宗。遗祠翼翼,流水淙淙。范模百世,高节清风。[4]

---

[1]党金衡主修:《道光东阳县志》,西泠印社出版社2017年版,第729页。
[2]党金衡主修:《道光东阳县志》,西泠印社出版社2017年版,第488页。
[3]党金衡主修:《道光东阳县志》,西泠印社出版社2017年版,第235页。
[4]党金衡主修:《道光东阳县志》,西泠印社出版社2017年版,第489页。

张国维十岁时，父亲张希武带着他一起拜谒始祖忠愍公像于吴宁台，接着拜谒八世祖冲素公像于西岭祠。父亲教导说："汝后日出则尽忠，退则乐道，当如二祖之所为。"张国维应声道："维必不敢负祖宗。"[1]

张国维母亲读《鸣凤记》后慨然太息。《鸣凤记》是以政治斗争为题材的明传奇剧本。书中主要讲述了嘉靖时杨继盛、邹应龙等八人因向皇帝弹劾权臣严嵩而受到迫害，但最后仍斗倒严嵩，清算了阉党罪行。张国维心领神会，深深懂得母亲的心思，他上前问道："维若为椒山（杨继盛），夫人亦许之否？"母亲色喜，因势利导，说："汝为忠臣，始无愧吾儿。"[2]这应该是母亲对张国维的一种早期爱国主义教育了。

张国维十二岁时，父亲命他作"百忍堂"楹语。他秉笔直书："祖有八行，昭星日宜野宜朝，垂绅绎思先德；堂传百忍，绍箕裘是图是究，衍支永笃同居。"[3]小小年纪，对未来的出处进退已经有了明确而深刻的体认与规划。

张国维十三岁时，与兄长张国缙读书于水竹庵。父亲亲自授课，经常告诫他们说："委形宇内，交天下第一流人，读天下第一等书，做天下第一件事，方是奇男子。"父亲曾经带着张国维登县南岘山，为歌始祖忠愍公殉难石刻词，云："台有柏，台有柏，经霜傲雪何烈烈，岁寒然后知忠节，两岘青青垂泪碣。池有荷，池有荷，亭亭翠盖凌清波。公不见兮可奈何？留取芳名浸泪罗。"说罢回头叮嘱张国维："孩子你要记住啊。"[4]张国维用一生去践履，最后投园池而殉国，可谓没有辜负父亲的教诲。

万历四十六年（1618）七月三十日子时，张国维父亲去世。父亲病重时，仍谆谆教导："看你平日为人，将来必能干出一番大事业，以至千古不朽，可惜我来不及看到了！千万不要忘记忠孝二字啊。"父亲命张国维穿戴衣帽前来郑重诀别，默诵张元忭《登吴宁台吊古》而逝。其诗云：

---

[1] 张振珂编：《张忠敏公年谱》，张国维：《张忠敏公遗集》，《东阳丛书》第14册，浙江古籍出版社2015年版，第156页。

[2] 张振珂编：《张忠敏公年谱》，张国维：《张忠敏公遗集》，《东阳丛书》第14册，浙江古籍出版社2015年版，第156页。

[3] 张振珂编：《张忠敏公年谱》，张国维：《张忠敏公遗集》，《东阳丛书》第14册，浙江古籍出版社2015年版，第156页。

[4] 张振珂编：《张忠敏公年谱》，张国维：《张忠敏公遗集》，《东阳丛书》第14册，浙江古籍出版社2015年版，第156—157页。

赤手捍孤城，官清岭可凭。

臣心酬马革，子舍尽乌情。

但识生前愿，宁知死后名。

登台凭吊处，犹有杜鹃声。

蔽芾甘棠日，乾坤板荡年。

青磷埋碧血，白日冷黄泉。

易断睢阳舌，难封绵上田。

吴宁百世祖，忠孝一门传。[1]

诗高度赞美了张潮的赤胆忠心，表达了后人的敬仰与缅怀之情。张希武希望忠孝传家，家声不坠，故而对张国维有此殷殷期盼与郑重嘱托。

父亲逝世后二十九年，张国维作《明赠太子太傅兵部尚书先考淇园公行略》，其中有云：

次即府君，讳希武，字惟烈，一字敬胜，自号淇园，负异质，耻与庸俗伍。刺经研史，多窥奥旨。弱冠，补博士弟子员，学使者奇其文，谓："空群逸步，将瞬息骤霄路矣。"府君独嘐嘐慕古，语同志曰："吾党委形宇内，交天下第一流人，读天下第一等书，做天下第一件事，方是奇男子。腐鼠浮名，讵堪吓耶？"先是，大父辟花圃供游憩，府君构屋于旁，莳竹数千竿，称"绿雪园"，其自号"淇园"，亦昉此。客至倒屣，谭名理，娓娓忘倦。或作田舍语，辄以元龙上床睨之。间有鄙俗奸人隐过，及谋兴雀角，面赪辞厉，急麾去。取与之介，虽微必严。朋旧或受其德，筐筐馈遗，谢不纳。即问奇者以羔雁至，必反之。又乐周人急，有所知衣缕裂，辄解裘被其体。鳏不能婚，为纳币。丧不能殓，为脱骖。譬春露方溥，无不濡余润者。居恒惝惝，如处子未字。坦然朴直，鸷而黠者，亦对之意消。终其身，与物无忤，明发所怀，惟不忘南陔之戒。酒醴笾羹，家慈脏且备，复亲

[1]党金衡主修：《道光东阳县志》，西泠印社出版社2017年版，第771页。

阅而手跪以进,曰:"养优敬薄,禽之侣也。"先大父疾,日延巫医,莫能疗。技殚六征,祷遍群望,寝处不自宁,夜蒙袖而泣,昼仍惋愉视咬咀,不忍作惶遽以伤父心。比属纩,擗踊仆地,几不起。诸父掖之起,痛毁骨立。甫及禫,大母徐忽弥留矣。棘人棶棶,断除荤酒,燧谷几六更,泪痕如缫,睫未干也。直指暨学使多嘉其孝,以花币旌之。甫四十,血枯神瘁,发须垂领,益绝意当世,谓禄不逮亲,安能向博士及郡邑吏修礼容,妄冀宾兴明得志乎?于是屏迹公府,矫志崇邈,挥翰鸣弦,惟望维兄弟荷析薪以济其徽。延礼四方名流,俾质疑受业,过庭面命,则惟古人三立是期,不专以鸣珂列戟荣也。诗嗜高、岑,而独饶玄解,所著盈数帖,藏于家。尤深契漆园,见《齐物论》,喜曰:"异哉,嗒然丧吾矣。"平生得失不惊,实有当于天府葆光之秘,通梦觉齐君牧,岂矫持貌袭已哉。先府君呕心制举艺,复洊罹大故,形气荟衰,溘然一疾,顿成永诀。[1]

其父之孝行、之志趣无疑对张国维起着潜移默化而至为深远的影响,"忠孝"的种子从小就种在他的心田,化入血液。

三、幼学与从师

张国维七岁时,便与兄长张国缙一起跟从同邑陈可鉴先生学习,读过《孝经》后,张国维请读《忠经》,陈可鉴愕然道:"孝有经,忠无经,移孝可作忠也。"陈可鉴走出课堂,对他人说:"张氏有子矣。"[2]知生莫若师,这无疑是一个惊人的预言。其实,早在东汉,即因有《孝经》而无《忠经》,马融便著《忠经》以补缺,全篇十八章。张国维的先生没读到《忠经》,不知后来张国维有无读过。即使未读过,影响也不大,他终生服膺先生传授的"移孝作忠",就已足够。

万历三十七年(1609),张国维十五岁,兄长张国缙入县学,他却未被录取。但

[1]张国维:《张忠敏公遗集》,《东阳丛书》第14册,浙江古籍出版2015年版,第62—63页。
[2]张振珂编:《张忠敏公年谱》,张国维:《张忠敏公遗集》,《东阳丛书》第14册,浙江古籍出版社2015年版,第156页。

他并不气馁,反而更加发愤苦读。

万历三十八年(1610),张国维十六岁,又从吴其震读书于嶴里。有李某慧眼识英雄,通过观察张国维平日为人,断定张国维绝不会平庸一生,将来必为难得之人才,只可惜自己无女可嫁,便劝他哥哥将侄女李氏嫁给张国维。万历四十三年(1615),张国维娶了李氏。

万历四十二年(1614),张国维二十岁,在西七里古昭德寺读书。有一个会相术的人预言张国维今生定会大富大贵。同窗们不信,哗然失笑,说:"归农图上一定有他的名字。"而这个人还是一本正经地说:"这是真的,十年之后我的话就会应验。"张国维家贫,膳食自理,有时甚至断炊,不能生火做饭。一般的小和尚轻视他,唯独高僧智月禅师坚信张国维必将光耀张氏门楣。

在守父孝期间,张国维依然手不释卷,辑有丘濬《家礼仪节》。

《道光东阳县志》中载有张国维两位同窗,其中提到张国维:

> 陆良俊 字郑卿,号龙如。事亲孝,兄弟友爱。性豁达,扶危济急,虽倾囊解襦不顾也。尝与张国维同笔砚。国维出抚方州,延置幕中,训其二子,凡兵、农、经济兼资商榷。良俊工尺牍,书法尤善。其染翰升纸,无不从阁帖中来。至今零星练素,人皆藏弄之。[1]

> 陈嗣章 字伯闇,号木仙。父轩可,从陈时芳游。法界、五峰诸会,嗣章与闻绪论后,复与同志立辅仁会,反复辨论,共畅宗风。大司马张国维师事献可,与嗣章同笔砚。张欲荐之,义不轻就。生平笃于孝友,博学能文,而器宇凝重,竟日无妄语。至谈论经史,微辞破的。享年八十,不喜著书,曰:"凡吾所欲言,皆古人所已言,何事增此翳障为?"[2]

---

[1]党金衡主修:《道光东阳县志》,西泠印社出版社2017年版,第452页。
[2]党金衡主修:《道光东阳县志》,西泠印社出版社2017年版,第494页。

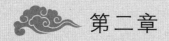 第二章

番禺知县　神明父母

一、高中进士

天启元年(1621),张国维二十七岁,春,入邑庠。秋,乡试中式第七名。谒见主试虞山钱谦益,钱即以"国士"之礼对待他。

天启二年(1622),张国维二十八岁。赴京会试中会魁,殿试文震孟榜三甲一百六十名进士。榜单如下:

第一甲三名

文震孟 傅 冠 陈仁锡

第二甲七十七名

张天麟 杨天锡 董中行 方逢年 万国相 汪乔年 林胤昌 齐心孝
秦士桢 秦 堈 刘必达 李绍贤 郭竹征 张方建 王守履 钱天锡
石万程 陈具庆 陈龙可 倪元璐 方一藻 夏时亨 王四聪 颉 鹏
徐申懋 张元玘 黄梦松 朱长世 邵名世 郑 鄤 姜玉菓 倪嘉庆
何万化 王 极 夏大儒 吴鸣虞 戴国章 钱敬忠 张有誉 陈调鼎
江用世 王 珍 张茂颐 洪周禄 孙士髦 华允诚 李化民 叶廷桂
李仕亨 陈 演 鲍自新 张顺孙 徐天凤 黄近朱 卢象升 杨应宿
刑泰吉 苗胙土 陈 殷 王应豸 陈 璘 李日侁 于志舒 李柱明
崔源之 武献哲 刘先春 秦羽明 蒋德璟 方岳贡 南居仁 雷化鳞
黄道周 徐石麒 聂慎行 陈玄晖 张文郁

第三甲三百二十九名

陈献策 傅文龙 杨中极 王鸣玉 钟 炌 黄仲晔 李 柄 郭都贤
林萃芳 杜三策 王养廉 潘陈忠 李元鼎 寿成美 姚昌篆 禹好善
朱又焕 许其进 王万金 何闳中 王继廉 王 征 汪秉忠 张士范
简钦文 史 堇 金肇元 罗元宾 陈维新 谢德溥 孟国祚 李长春
许世荋 姚士恒 宋 贤 水佳胤 沈匡济 谭昌应 陈廷谟 解学夔
王永吉 梁凤翔 刘 镐 张四知 贾元勋 唐显悦 黄宗昌 陈民情
朱 陛 王中陛 曹铨衡 何 凉 许成章 钟希颜 乔 淳 陈国器

姚孙橥	王 铎	王毓仁	朱慎鉴	郑之玄	胡 权	李可植	李若琳
蒋肇兴	张允恭	沈兆甲	姚 恭	王家彦	闵心镜	潘士秀	马思理
杨兆升	高贵明	黄 炯	屈可伸	焦觐祖	何允中	徐尚勋	顾国宝
卢兆龙	龚守忠	傅永淳	张毓泰	王一鹗	陈 琯	魏自滋	曹 暹
张 堪	康姬鼎	汪始亨	张鼎延	潘士遴	倪嘉善	吴应诏	赵君邻
邓启隆	吴执御	万邦宁	钱允鲸	李鸣春	胡敬辰	毛舜岳	臧尔令
李师沉	程宇龙	毛羽健	戈允礼	张国经	曹可明	朱道光	胡福弘
黄缵祖	吴柔思	王 宏	萧奕辅	王裕心	刘日曦	王国训	杨玉珂
杨行恕	朱 纯	顾光祖	张绍龄	刘轩孺	唐绍尧	林 玄	赖万耀
李 梃	靖科元	李希挍	沈应明	李 嵩	冯明玠	郁成治	刘汉儒
潘有功	谭性学	李中正	赵懷玉	王相说	刘令誉	任光谞	梁子璠
徐时泰	冯元飚	谭鹍禔	饶 京	顾一让	窦 星	陈赞化	陈梦玩
龙文光	高钦舜	钱忠爱	王 都	刘养粹	张茂梧	杜羲年	张国维
路名区	王启元	申为宪	徐日炅	王应斗	谭文化	何望海	孙止孝
姜兆张	任一鸣	胡承谟	尹 洗	韩 相	田时震	李廷龙	薛邦瑞
张昂之	王述善	陈三重	张第元	戴 相	黄 昌	毕生辉	沈希韶
骆方玺	祝 徽	靳于统	邢大忠	朱之俊	邓来鸾	熊胤震	盛兴唐
张鹏翀	严尔珪	聂文麟	许国翰	冯来聘	张定志	施台臣	王国祚
李 兆	郭捍城	史缵烈	顾其国	马如蛟	王 芋	杨 鸿	谢秉谦
骆先觉	冯 杰	张三谟	赵奇猷	郭建邦	万 鹏	王道直	梁元柱
刘彝鼎	余一鹏	伍承载	刘光沛	廖大亨	敖荣继	白联芳	李春旺
李世祺	龚一程	董学益	胡 澥	田 吉	吴 玉	黄孙茂	俞乔桂
陈 盟	张鯬化	孙之獬	孟兆祥	李虞夔	李之椿	文安之	祁彪佳
高可法	陈乾阳	冯可宾	刘调羹	车梦瑶	刘景耀	田景猷	任赞化
李明睿	张镜心	王 讷	黄元功	赵洪范	蔡自强	王应泰	谭汝伟
邹毓祚	李大受	罗世锦	马逢造	孙征兰	贾明佺	顾懋勋	潘 倬
吴麟征	周瑞豹	张必大	宋之儁	赵映斗	王 猷	郭慎独	赵京仕
王懋学	孔闻谍	李 完	韩 谦	许士柔	吴大朴	汤本沛	刘席民
提 桥	李寓庸	徐成治	倪元珙	文士昂	邓天伦	杜其初	刘士祯
陈昌文	李玉华	孙景耀	亓之伟	许国士	梁应材	徐大仪	祁逢吉

王光贲　吴之屏　蔡茂春　曹廷辅　裴君赐　莫与齐　盛民衡　朱国栋
李瑞春　刘一鹤　赵继鼎　王懋学　韩之良　张　镣　乔可聘　李一献
冯上宾　吴道昌　邵建策　孔闻诗　萧士玮　张所习　屠存仁　吴振缨
李宗著　薛　坤邓　铈郭　广汤启煨　柴挺然　黄　锦　王锡兖
傅朝佑[1]

二、拜谒许弘纲

张国维金榜题名后返乡,进谒升任兵部戎政尚书却引疾家居的许弘纲,极受许的嘉许与策勉。

许弘纲(1554—1638),字张之,号少薇,东阳黄田畈紫薇山人。明朝万历庚辰(1580)进士,历任绩溪县令、刑吏科给事中、都给事中、太常寺少卿、通政使右左通政、顺天府尹、江西巡抚、督察院左副都御史协理院事兼署刑部、两广总督、兵部戎政尚书。天启五年(1625),召为南京兵部尚书。天启六年(1626),见魏焰益炽,已无可为,乞休致仕。崇祯六年(1633),许弘纲八十大寿,皇帝遣使慰问。卒赠太子少保。

许弘纲生平机敏通达,尊崇父老,在朝不激不随,善于谏净,力荐贤才,廉洁淡泊。初任绩溪知县,重新丈量土地,深入崇山峻岭,询访老幼,免去无地百姓之租税;调金坛知县,罪吏不罪民,设置投匦箱,允许百姓匿名告发,矫正富豪隐匿土地、偷逃赋税之陋习,平均地方赋税;西北平叛,反对总督、巡抚、监军多人主持军务,主张权力集中于地方巡抚一人,见机行事,不拘常格升迁官员;转北京顺天府尹,不顾煤矿税监的金钱利诱,屡上《谏止煤税疏》,陈述地方百姓无法准备木炭,只能依靠民窑煤"昼而炊、夜而寝"的事实,强烈要求明神宗撤回北京煤矿税监,并停收民窑煤税。

许弘纲历万历、天启、崇祯三朝,于国尽忠,于家尽孝,精勤于事,善施于人,爱民恤民,严于律己,著有《群玉山房疏草》《文集》《三礼纂要》等。他为裔孙撰《宗祠训语》云:"以忠孝节义为传家命脉,以诗书礼乐为拔俗表仪,以忠信笃敬为涉世舟

---

[1]朱保炯、谢沛霖编:《明清进士题名碑录索引》,上海古籍出版社1980年版,第2598—2601页。

航,以勤俭谦和为治生符验。修则吉,悖则凶。共绎所言,用光祖德。"[1]"忠孝节义""诗书礼乐""忠信笃敬""勤俭谦和"皆为儒家文化之精髓,涉及安身立命、待人接物、出处进退等,他希望族人共同遵守,如此方能成家立业、光宗耀祖。

无疑,张国维对许弘纲这位忠孝双全的同乡极为敬重,此次拜谒大概是求教为官之道。张国维早晨呈上名刺,却一整天未得接见。他毕恭毕敬地守在门口,俨然有"程门立雪"之风范。一直到了晚上,许弘纲方才出来迎接,且言:"公能是,即不我请,以之官足已,天下岂尚有不可为之事乎?"张国维当时似乎没有完全理解。许接着解释道:"阅时久,人言必躁,而公不躁;必以为馁且疲,而公不疲。夫不躁,则能忍事;不疲,则能任事。公但往,异日当为天下福。"[2]原来许弘纲这是在考验他。从早到晚,别人说张国维一定等得不耐烦了,不免心浮气躁,然而事实上张国维"不躁";别人认为在门口等上一整天,肯定要饥饿疲倦了,而张国维依然精神饱满,未有一丝不悦不支之象。故而,许弘纲认定张国维具备了为官者的核心素养,既能忍事,又能任事,必能做个好官为天下造福。这竟然是一名特殊的考官设置的一场特殊的考试。张国维表现出色,顺利通过许弘纲的考核。从日后张国维的仕宦生涯来看,他的确做到了"忍事""任事",同时显示出许弘纲识见高明,且深谙为官之道。

三、谒选京师

天启三年(1623),张国维二十九岁。三月,张国维谒选至京师,借住于某古刹之内,置灯于笼中,披览典籍,辑《古名臣言行录》,于几案上奋笔疾书,直到午夜而不休息。寺僧说:"公已达,奚攻苦为?"张国维说:"吾岂效经生事呫哔,顾安得此暇晷,与圣贤对晤耶!"寺僧认为张国维高中进士,马上就要授官了,何必还如此彻夜苦读呢?呫哔亦作"呫毕",犹佔毕,后泛称诵读。张国维崇尚"为己之学",具有终身学习的理念,他鄙弃那些所谓的读书治学之人,只以诵读为事,而不求践履。

---

[1]许弘纲:《群玉山房文集》,《东阳丛书》第12册,浙江古籍出版社2015年版,第77页。

[2]张振珂编:《张忠敏公年谱》,张国维:《张忠敏公遗集》,《东阳丛书》第14册,浙江古籍出版社2015年版,第159页。

对他而言,这是难得的闲暇时光,不能轻易放过,要抓紧时间,通过读书与古来圣贤交谈,与之进行思想的碰撞。他因家贫,只能敝裘羸马,蹒跚风雪中,却怡然自若,志气不减。

一日,张国维携带制艺之文拜谒杨涟。杨涟阅其文《此非距心之所得为也》,惊呼道:"他日为名谏议,当避此人出一头地。"[1]当时,杨涟任太常少卿[2],协助太常卿掌祭祀礼乐之事,专理岁终合祭五祀之神。有趣的是,崇祯五年(1632)正月,张国维也升为太常少卿。杨涟与他惺惺相惜,可谓是张国维的伯乐。

"出一头地"指当避开此人让其高出众人一头之地。宋仁宗嘉祐二年(1057),礼部主持科举考试,主考官是当时的文坛领袖欧阳修,他一口气读完苏轼所作的《刑赏忠厚之至论》,连呼"妙哉",判断是自己的学生曾巩所写(宋朝礼部试,考卷上的名字是密封的),为了避嫌,他有意将这篇策论评为第二名。放榜后,考中的学生都要去拜谢主考官,第二名考生却是素不相识的苏轼。欧阳修极赞苏轼的才华,其《与梅圣俞书》云:"读轼(苏轼)书,不觉汗出,快哉快哉!老夫当避路,放他出一头地也。"[3]苏轼后来果然不负老师的厚望,接过文学革新的大旗,青出于蓝而胜于蓝,成为北宋文学的杰出代表。

杨涟(1572—1625),字文孺,号大洪,汉族,湖广应山人,明末著名谏臣,"东林六君子"之一。万历三十五年(1607),登进士第。初任常熟知县,举全国廉吏第一,入朝任户科给事中、兵科给事中。明神宗病危时,杨涟力主太子朱常洛(明光宗)进宫服侍神宗。光宗即位后,他极力反对郑贵妃求封皇太后。光宗病重时,杨涟上疏力陈其过失,得以获光宗召见,受顾命之任。李选侍在光宗逝世后,欲挟太子朱由校(明熹宗)把持朝政。杨涟说服朝臣,挺身而出,闯进乾清宫,拥熹宗即位,并逼李选侍移出乾清宫,安定朝局。累迁至左副都御史。天启五年(1625),因弹劾魏忠贤二十四大罪,被诬陷受贿两万两,历经拷打,惨死狱中。崇祯元年(1628),杨涟获平反,追赠太子太保、兵部尚书,谥号"忠烈"。有《杨忠烈公文集》传世。

---

[1]张振珂编:《张忠敏公年谱》,张国维:《张忠敏公遗集》,《东阳丛书》第14册,浙江古籍出版社2015年版,第159页。
[2]张廷玉等:《明史》,中华书局1974年版,第6324页。
[3]欧阳修著,李逸安点校:《欧阳修全集》,中华书局2001年版,第2459页。

四、任职番禺知县

天启四年（1624），张国维三十岁。九月，选授广东番禺县知县。十二月，至番禺任。

番禺，地处广州之南，属交通要道。因其"毂马交骛，五方错居"，更显诸事丛脞，千头万绪。在明代将此类县划归于"剧邑"，即政事繁剧之邑。之前主宰番禺者，多不得要领。相较之下，张国维"挥斥惟意，吏为稽尘"[1]。政尚廉平，兴学校，课农桑，以德化民。反对严刑酷法，在法与情之间找到微妙的平衡点。听讼从容，不尽绳之以法。比如有兄弟二人为争夺家产而当庭诘讼，张国维为之欷歔叹息，于是兄弟悔悟而罢讼。他不仅将本辖区的疑难案件判决得清清楚楚，做到狱无冤囚，甚至其他州县的重大狱讼，或请他去帮助判决，或干脆交给他处理。这充分表现出他高超的理政才能和认真细致的敬业精神。

张国维赴任，适逢广东饥荒，番禺也不能幸免，百姓难为生计。偏有大批福建粮船来此高价收米，粮价因此飞涨。广东巡抚陈保泰是福建人，对此包庇不禁。粤人聚集数万进行请愿，保泰仍纵容不理。豪绅趁机哄抬物价，无异于火上浇油。百姓群情激愤，议论纷纷，聚集哄闹，从早晨到中午都不肯散去。张国维急忙赶到，当众宣布"筹荒十二策"，且多方劝谕，晓以真相，起哄者方才各自散去，物价也恢复到原先的水平。面对突发的群体事件，张国维处变不惊，当机立断，避免了民变的发生，展现了他极强的应急处理能力。其他如"平盗贼，翦豪猾。兴贤才，修城郭"[2]等，渐次付诸实施，如期成就。不到一年，张国维就获得了"神明父母"的颂扬。

番禺县东濒珠江上游，有数万亩沙涨田。在明朝立国之初，为恢复和发展农

---

[1]张世鹏：《明特进光禄大夫上柱国太子太傅赐尚方剑行边兵部尚书兼东阁大学士元考玉笥公行述》，张国维：《张忠敏公遗集》，《四库未收书辑刊》第6辑第29册，北京出版社1997年版，第626页。

[2]张世鹏：《明特进光禄大夫上柱国太子太傅赐尚方剑行边兵部尚书兼东阁大学士元考玉笥公行述》，张国维：《张忠敏公遗集》，《四库未收书辑刊》第6辑第29册，北京出版社1997年版，第626页。

业生产,朱元璋制定了移民宽乡和奖励开垦的经济政策,在广东,就曾迁番禺、东莞、增城两万四千四百余人到泗州屯田。这类垦田的移民,都由政府给予耕牛、种子和路费。与此同时,"凡开垦荒田,洪武初,令各处人民先因兵燹遗下田土,他人开垦成熟者,听为己业。业主已还,有司于附近荒田拨补"[1]。洪武十三年(1380),"令各处荒闲田地,许诸人开垦永为己业,俱免杂泛差徭。三年后,并依民田起科"[2]。在这一经济政策指导下,番禺的贫民也以垦种沙涨田为业。可是随着时间的推移,贪婪的豪绅巨族将这些维持贫民生计的田地逐渐占为己有,使广大贫民无立锥之地。张国维翻检旧籍,寻找原始根据,将被占去的沙涨田一一退还给贫民。重新获得土地的百姓对张国维感恩戴德,为其建生祠奉祀。然而,张国维此举也遭到豪绅巨族的忌恨。张国维不以百姓的爱戴而喜,不以豪绅的忌恨而惧,秉公办事,一心为民,不计个人得失。

当时,魏忠贤专权乱政,残害忠良,其流毒几遍海内,其中杨涟、左光斗被诬陷迫害致死。天启六年(1626),某日,魏党某赴广州,与张国维谈起杨涟、左光斗事。张国维说:"天不过欲不朽杨、左耳。若视委鬼为泰山乎?直冰山尔。见,则消矣。"[3]杨、左虽死必为不朽,而魏忠贤不是泰山,而是冰山,见到阳光,终会消融。他的这一评论,表现出自己明辨忠奸、富贵不淫、威武不屈的傲骨;他敢于直言不讳,表达了对杨、左的无限钦慕与敬仰,以及对魏党的不屑与愤慨。

张国维高超的办事能力和忠君报国的素质,将向来难治的剧邑番禺治理得井井有条。至崇祯元年(1628)秩满,据外官考察,张国维以廉能卓异列为上考,擢升为刑科给事中,于是成了一名京官。

---

[1]申时行等修,赵用贤等纂:《大明会典》,《续修四库全书》史部第789册,上海古籍出版社2002年版,第290页。

[2]申时行等修,赵用贤等纂:《大明会典》,《续修四库全书》史部第789册,上海古籍出版社2002年版,第290页。

[3]张振珂编:《张忠敏公年谱》,张国维:《张忠敏公遗集》,《东阳丛书》第14册,浙江古籍出版社2015年版,第160页。

第三章

京官六年 尽忠职守

张国维由番禺知县调任京官,且几次升迁,约六年时间,他恪尽职守,积极谏言,对当时社会政治形势的认识越来越深刻,其执政能力得以大幅提升。

一、任职刑科给事中

崇祯元年(1628),张国维三十四岁,番禺知县考满,以考绩"卓异"第一升刑科给事中。

明朝设吏、户、礼、兵、刑、工六科,掌侍从、规谏、补阙、拾遗,稽察六部百司之事。各都给事中一人,正七品。"凡制敕宣行,大事覆奏,小事署而颁之;有失,封还执奏。凡内外所上章疏下,分类抄出,参署付部,驳正其违误。"[1]给事中掌侍从、谏诤、补阙、拾遗、审核、封驳诏旨,驳正百司所上奏章,监察六部诸司,弹劾百官,与御史互为补充。另负责记录编纂诏旨题奏,监督诸司执行情况;乡试充考试官,会试充同考官,殿试充受卷官;册封宗室、诸藩或告谕外国时,充当正、副使;受理冤讼;等等。品卑而权重,初定为正五品,后数改其品秩。

魏忠贤擅权乱政,贻祸国家,人神共愤。文震孟说:"振、瑾之时,小人附之者,犹视为旁门曲径,唯恐人知……逆贤之时,小人附之者视为康庄大道,共知共见,凡为正人者,为小人所恶即为逆贤所仇,不必其积怨逢怒于己也。夫一人之仇有限,以众小人之仇仇天下,而君子始涤地无类矣。"[2]有明一代,宦官擅权造成的政治祸乱共有三次,即王振、刘瑾、魏忠贤,一次甚于一次,尤其是魏忠贤,差点将明朝带入万劫不复的境地。崇祯帝朱由检登极后首先要面对的棘手问题,便是如何处置专擅朝政、气焰嚣张的客氏与魏忠贤。如果听之任之,放任客、魏继续为非作歹,那么他就可能成为第二个熹宗,当一个傀儡皇帝,这是一个刚毅坚强的君主所不能容忍的。[3]崇祯帝深知魏忠贤阉党势力巨大,遍布皇宫内外,肃清朝政,必须彻底铲除阉党。一场权力的博弈,悄然拉开序幕。崇祯帝低调、敏锐,有智慧,魏忠贤几次试探,他都处理得极为妥帖,极具迷惑性,因而骗过了老谋深算的魏忠

[1]张廷玉等:《明史》,中华书局1974年版,第1805页。

[2]文震孟:《黄忠端公神道碑铭》,黄宗羲编:《明文海》,中华书局1987年版,第5004页。

[3]樊树志:《晚明史(1573—1644年)》,复旦大学出版社2003年版,第714—715页。

贤。魏忠贤未能做到知己知彼,错误地估计了形势,看低了这个年轻的皇帝对手。恰如谈迁所云:"逆阉在于肘腋,若急霆迅雷以处之,事或叵测。惟探骊如睡,市虎不惊,彼志渐安,疑忌稍泯,思长保郿坞,当不失为富家翁。"[1]其间,也有许多小插曲,比如魏党中变色龙杨所修之流自编自导的丑剧。当魏忠贤处境艰难时,他亦感到自危。时任南京通政使的杨所修具奏,略云:"夫君臣上下,可相安无事,而播弄多端,葛藤不断,闻东林余孽,遍布长安,欲因事生风,忧不在小,乞敕下厂卫五城缉访。"[2]杨所修将炮口对准了兵部尚书崔呈秀、太仆寺少卿陈殷、巡抚朱童蒙、工部尚书李养德,弹劾的理由是他们不孝。杨所修本想指控他们贪污腐化、违法乱纪、为非作歹,但这些罪名很容易引起反击,因为这四个人是魏忠贤的铁杆死党,一旦打不倒,就会抱团反咬一口。不孝,在传统社会是个威慑力极大的罪名,作为明朝第一宰相的张居正就是被夺情"打残"的。杨此举目的有二:一是借以试探崇祯帝的态度,与魏忠贤划清界限,向皇帝交上投名状;二是借以保护自己,蒙混过关,所谓"遂以缇校箝结将来之口"[3]。崔呈秀是阉党的重要人物,攻击他,可以赢得崇祯帝的信任,也不会得罪魏忠贤,还能把阉党以往的所有黑锅都让他背上。一石激起千层浪,此举引起了双方的猜忌。面对这个指控,魏忠贤很无力,想救人却苦于找不到借口,他怀疑杨所修是不是有皇帝暗中撑腰才这么大胆。杨所修本是魏忠贤的人,接到杨的上书,崇祯帝不得不考量这背后是不是杨与魏在唱双簧,于是他不露声色,朝堂上,他严词指责杨所修乱扣帽子,任意扩大事态,破坏目前和谐的朝政局面。崇祯帝对遭到弹劾的四人温言劝慰一番后,同意陈殷、朱童蒙、李养德回家守孝去,但由于兵部尚书崔呈秀岗位特殊,说什么都不同意他离职。

稍后,杨所修私底下受到崔呈秀的威胁,为自保,便让陈尔翼出面替崔呈秀上书辩护。陈尔翼的以守为攻,杨维垣的丢车保帅,都未能奏效。

嘉兴贡生钱嘉征弹劾魏忠贤十大罪:一曰并帝,二曰蔑后,三曰弄兵,四曰无君,五曰克剥,六曰无圣,七曰滥爵,八曰滥冒武功,九曰建生祠,十曰通关节。[4]奏疏呈上后,崇祯帝召见魏忠贤,让内官读给他听。魏忠贤非常恐惧,急忙用重宝贿赂信邸的太监徐应元,求他解救。徐应元是魏忠贤从前的赌友。崇祯帝知道这

---

[1]谈迁著,张宗祥校点:《国榷》,中华书局1958年版,第5398页。
[2]谈迁著,张宗祥校点:《国榷》,中华书局1958年版,第5391页。
[3]谈迁著,张宗祥校点:《国榷》,中华书局1958年版,第5392页。
[4]计六奇撰,魏得良、任道斌点校:《明季北略》,中华书局1984年版,第81页。

事,便斥责了徐应元。天启七年(1627)十一月,魏忠贤被发往凤阳守祖陵。魏忠贤在去凤阳的途中,与同伙李朝钦在阜城南关客氏旅店痛饮至四更,最后一起上吊自杀。据说,魏忠贤自缢当晚,旅舍外有京师来的白书生在唱一首《挂枝儿》小曲为他催命,计六奇道:"时白某在外厢唱彻五更,形其昔时豪势,今日凄凉,言言讥刺。忠贤闻之,益凄闷,遂与李朝钦缢死。"[1]

阉党瓦解,党羽多受惩处。崇祯二年(1629)三月十九日,崇祯帝以谕旨的形式公布了钦定"阉党"逆案,具体名单如下:

一、首逆

魏忠贤 凶残祸国,僭肆逼尊,罪恶贯盈,神人共愤,逆行已著,寸磔允宜。

客 氏 乳保恃恩,凶渠朋结,凌尊窃势,纳贿盗珍,阴逆首奸,死不尽罪。

以上依谋大逆律,不分首从,皆凌迟处死,已经正法。

二、首逆同谋

崔呈秀 负国忘亲,通内窃柄,凶谋立赞,党祸首开,佐逆罪魁,戮尸犹幸。

李永贞 主谋代笔,盗帑淫刑,佐逆兴谋,上刑正法。

李朝钦 附奸久兴逆谋,殉缢未尽其罪。

魏良卿 济恶首孽,伪冒三封,盗帑窃权,罪浮于辟。

侯国兴 妖种盗库,同谋逆孽,骈诛允当。

刘若愚 刀笔深文,朋奸害众,辟刑次等,具载爰书。

以上依谋大逆,但共谋者不分首从,皆凌迟处死,律减等拟斩。

三、交结近侍

刘志选 谄附拥戴。

倾摇母后,驱逐戚臣,骂母之律尚宽,通内之诛难逭。

梁梦环 谄附拥戴。

与刘志选并力合谋,情罪维均,律法宜正。

---

[1]计六奇撰,魏得良、任道斌点校:《明季北略》,中华书局1984年版,第83页。

倪文焕　谄附拥戴。

　　　　拜逆为父,嫉忠若仇,好党无辞,上刑非枉。

田　吉　谄附拥戴。

　　　　珰姻内转,躐加尚书,窃势鬻官,拟辟允协。

刘　诏　谄附拥戴。

　　　　媚首凶叠建生祠,参道臣几至死地,迹昭附逆,罪蔽冠军。

孙如洌　谄附拥戴。

　　　　京祠首建,谀颂不论,朋奸骗赃,辟刑允当。

许志吉　谄附拥戴。

　　　　矫旨派赃,附逆流毒,黄山一案,重辟何辞。

薛　贞　谄附拥戴。

　　　　执法无闻,媚奸有迹,刘铎一案,已足抵偿。

曹钦程　谄附拥戴。

　　　　媚逆窃权,张威纳贿,报复代参正类,削夺竟至殒生,佐使杀人,情法允协。

吴淳夫　谄附拥戴。

　　　　媚奸迁秩,附逆建祠,推偾帅分贿酬恩,纵姻弃丧师贻患,九迁稔恶,一辟明刑。

李夔龙　谄附拥戴。

　　　　夤缘线索,起据铨衡,附奸伐异,党同媚逆,望风承旨,几酿清流之祸,何辞两观之诛。

陆万龄　谄附拥戴。

　　　　倡祠国学,侮圣媚奸,名教罪魁,极刑莫贷。

李承祚　谄附拥戴。

　　　　勋爵党奸,称颂无等,两公再请,三尺难容。

田尔耕　谄附拥戴。

　　　　侍卫近臣,朋比首逆,冤毙多命,死有余辜。

许显纯　谄附拥戴。

　　　　诏狱酷刑,逆奸授意,冤毙忠谏,宜正辟刑。

崔应元　谄附拥戴。

　　　　北司贴刑,迎合逆珰,索赃戕命,拟辟无奇。

张体乾　谄附拥戴。

　　　　献谀选人,骈杀五命,刘铎冤对,大辟宜偿。

孙云鹤　谄附拥戴。

　　　　理刑阿逆,骤列官衔,冤命宜偿,大辟非枉。

杨　寰　谄附拥戴。

　　　　用刑酷烈,杀害多人,应正典刑,戍死为幸。

以上依诸衙门官吏与内官互相交结泄漏事情,夤缘作弊而符全奏启者律斩,秋后处决。

四、交结近侍次等

魏广微　首开谄附,阴行赞导。

　　　　失仪悠劾,因合内谋,小票潜通,中借矫旨,害正因而祸国,委柄至于不收。

徐大化　倾心拥戴,阴行赞导。

　　　　阴拱元凶,显为戎首,魏广微始祸,原与密谋,杨涟等惨冤,更多主使。

霍维华　谄附拥戴。

　　　　主持三案,罗织多人,复魏忠贤叙功疏云:茅土尚觉其轻。复魏良卿加九级,至太师尚余一级。助逆显著,闪烁何为。

张　讷　谄附赞导。

　　　　首参赵南星戍死,善类株连,即推兄张朴巡抚,用示酬报。桐封迫遣,似赞阴谋。

阎鸣泰　颂美。

　　　　畿辅三镇,请建七祠,即云会题,何不少避形迹。人心依归,天心向顺,辄形章奏,岂得尽委呈详。

周应秋　颂美。

　　　　称颂三十九本,题请公侯伯诰,改武荫为文荫,借推人为处人。递尊封公本,有厂臣心存浴日,志切补天,宜进尚公之典,永坚带砺之盟等语。

李鲁生　谄附赞导。

倡执中宅中之说，为二魏解嘲，凡杀人媚人之凶，皆一言流毒，至攻周起元一着，尤胜颂首恶十本。

杨维垣　拥戴赞导。

王纪参客魏，徐大化出疏挤排，大化杀周朝瑞、顾大章，嗾使代劾，至参崔奸疏中犹为魏逆称颂，欲更别局，兼示酬恩。

潘汝祯　首开谄附。

交结织监，潜通内廷，首建逆祠，尤为始祸，俯顺舆情本，有厂臣心勤国恤、念切民隐等语。

郭　钦　谄附。

首逆姻亲，中推戎帅，夤缘不避，罪累何辞。

李之才　颂美。

建祠孝陵前，主使有人，代奏宜罪。

以上依交结近侍官员，引名例律减等充军，仍敕下法司，行各该抚按官招拟具奏，如有赃私情节，一并看明奏请，候部复发落。

五、逆孽军犯

魏志德、魏良栋、魏鹏翼、魏抚民、魏希孔、魏希顺、魏希尧、魏希孟、魏鹏程、傅应星、杨六奇、客光先、徐应元、刘应坤、王朝辅、涂文辅、孙进、王国泰、石元雅、赵秉彝、高钦、王朝用、葛九思、司云礼、陶文、纪用、李应江、胡明佐

六、交结近侍又次等

冯　铨　谄附赞导。

父虽向与内通，到阁因而协赞，门生密友，代喉噬人，要典主持，尤为罪案。传闻揭救周宗建等，又分遣中使时曾有阻止，积怨莫赎，末减可需。

顾秉谦　谄附。

天启四年十二月至六年九月，主票中间止遣内镇，微有规陈，乃刑赏僭滥，一无匡正，褒纶轻裹，阿逆何辞？圣明有顽钝依阿，有负先帝付托之旨，允是定评。

张瑞图　颂美。

　　递祠坊额碑文，人言多其缮写，已达天听，岂是风闻？

来宗道　颂美。

　　为崔呈秀请恤，有在天之灵语，虽由司呈，何无驳正？仰聆圣谕，鉴察凛然。

（以下略去郭允厚、薛凤翔、李蕃、孙杰、张我续、朱童蒙、杨梦衮、李春茂、李春烨、王绍徽、徐兆魁、刘廷元、谢启光、徐绍吉、邵辅忠、杨所修、贾继春、范济世、李养德、阮大铖、姚宗文、陈九畴、亓诗教、赵兴邦、傅槐、安伸、孙国桢、郭巩、冯嘉会、曹思诚、孟绍虞、张朴、李恒茂、郭尚友、李精白、秦士文、张文熙、杨惟和、何廷枢、陈朝辅、许宗礼、卓迈、卢承钦、陈尔翼、石三畏、郭兴治、刘徽、智铤、何宗圣、王玳、汪若极、陈维新、门克新、游凤翔、田景新、吕纯如、吴殿邦、黄运泰、李从心、杨邦宪、郭增光、单明诩、王点、李嵩、牟志夔、张三杰、曹尔祯、毛一鹭、张文郁、周维持、徐复阳、黄宪卿、许其孝、张素养、王裕、梁克顺、刘强光、温皋谟、鲍奇谟、陈以瑞、庄谦、龚萃肃、李应荐、何可及、李时馨、刘汉、王大年、佘合中、徐吉、宋祯汉、张汝懋、许可征、刘述祖、李灿然、刘之待、孙之獬、吴孔嘉、季寓庸、潘士闻、王应泰、张元芳、阮鼎铉、李若琳、张永祚、周良材、曾国祯、张化愚、李桂芳、张一经、陈殷、夏敬承、周宇、魏豸、郭希禹、颉鹏、李际明、魏强政、岳骏声、郭士望、张聚垣、周锵、徐四岳、辛思齐、胡芳桂）

以上依交结近侍官员律，引名例律减二等，坐徒三年，纳赎为民。

七、诏附拥戴

李实、李希哲、胡良辅、崔文昇、李明道、刘敬、徐进、冯玉、杨朝、胡宾、孟进宝、刘镇、王体乾、梁栋、张守成、商承德

以上一款十六人，并前一款徐应元等十六人，中有见在闲住的，并放回原籍的，都着革去冠带为民，当差。

奉圣旨：览卿等奏，这递谋党附诸人罪状各殊，刑章宜正，除重辟正法监候逮问见拟外，其充戍招遣及赎徒为民，行该抚按照款结止具奏。朕遵明国宪，敕法除奸，申儆官刑，昭布中外，还同敕谕一并通行。该部

院知道,钦此。[1]

即位还不到三个月,崇祯帝就如此干净利落地除掉了魏忠贤这个大害,与列祖列宗相比,他确实不同凡响。在这里,勇气胆略比权谋术数显得更为重要。[2]夏允彝赞曰:"烈皇既正位,声色不动,逐元凶,处奸党,宗社再安,旁无一人之助,神明自运。较之世宗之中兴,为更难矣。"[3]孟森论曰:"崇祯之处忠贤当矣,罢各边镇守,禁中官出禁门。创巨痛深,宜有此明断。"[4]

张国维在刑科给事中任上尽忠职守。当时杨所修、田景新仍在左副都御史和御史的任上,"以口(刑)科给事中张国维论其献媚邪党也"[5]。结果,杨所修"落职闲住",被发回河南商城县老家。崇祯末年,农民起义军攻陷商城县城,杨所修被"大骂而死"。田景新则被"削籍",即革职。

与此同时,张国维为那些受到阉党诬陷迫害,被贬官除名的御史胡良机、给事中陶崇道等六人,据理力争,使其得以恢复原官,继续为国效力。[6]

胡良机,字省之,江西南昌人,万历四十四年(1616)进士,天启间为御史。曾弹劾魏忠贤之恶不减汪直、刘瑾。魏忠贤当然恨他了,以年例将他贬为广东参议。良机巡按贵州不久,不等替代他的人到来,便自行离去,于是被罢斥为民。崇祯初,复官,按宣、大二镇,以敏捷干练著称。被中官王坤弹劾罢免。后起为光禄典簿,最高做到南京吏部主事。

陶崇道自幼颖异,万历三十七年(1609)中举人,万历三十八年(1610)庚戌韩敬榜三甲一百二十三名。初授即墨知县,有能声。万历四十年(1612)调掖县。万历四十四年(1616)任南京给事中,未上任即因丁忧归乡。崇祯元年(1628)奉召起复,在兵部任职,遇事敢言,有"鸣凤"之称。

崇祯元年(1628)四月,张国维上《进贤退不肖疏》《慎名器惜人才疏》。五月,上《条陈御寇十策疏》。

---

[1]文秉:《先拨志始》,《续修四库全书》史部第437册,上海古籍出版社2002年版,第645—657页。

[2]樊树志:《晚明史(1573—1644年)》,复旦大学出版社2003年版,第726页。

[3]夏允彝:《幸存录》,《续修四库全书》史部第440册,上海古籍出版社2002年版,第543页。

[4]孟森:《明史讲义》,上海古籍出版社2002年版,第320页。

[5]谈迁著,张宗祥校点:《国榷》,中华书局1958年版,第5435页。

[6]万斯同:《明史》,《续修四库全书》史部第330册,上海古籍出版社2002年版,第490页。

张国维建议崇祯帝重振朝纲,黜奸降邪,重用贤才,励精图治,言人所不敢言,一身豪气。因此,崇祯帝赏识张国维的才识和胆略。同年六月,张国维授阶征仕郎。散阶称号,明朝置,为文职从七品之升授,即有功官员的一种荣誉称号,有品级而无职掌。

二、任职吏科给事中

崇祯二年(1629),张国维三十五岁。三月,调任吏科给事中。

崇祯帝即位之后,一反熹宗不理朝政的恶习,大权独揽,事必躬亲,锐意求治,意欲支撑行将倾覆的明朝大厦。但是,他接管的是一个矛盾重重、危机四伏的国家,政治混乱,经济凋敝,军事孱弱。由于他对这一社会实际缺乏应有的清醒认识,尤其是当他经过一番努力而成效甚微时,一种急躁情绪随之而生,开始急功近利,结果是求治太急,欲速则不达。但他将此迁怒于文臣武将,甚至重典绳下,其目的无非是让为官者忠于职守,趋事赴功。而实际上,恰恰相反,百官无不委曲规避,事事应付,以致形成恶性循环。

张国维作为吏科给事中,监督百官的勤惰,是其当负之责。他目光深邃,透过现象一眼就看到了本质——皇帝脱离实际的急功近利。为此,他不惜触犯天威,呈上《陈时政五事疏》,直言"陛下求治太锐,综核太严"造成"拙者踟蹰以避咎,巧者委蛇以取容,谁能展布四体,为国家营职业者"的局面。又说:"故治象精明,而腹心手足之谊实薄,此英察宜敛也。祖宗朝,阁臣有封还诏旨者,有疏揭屡上而争一事者。今一奉诘责,则俯首不遑;一承改拟,则顺旨恐后。倘处置失宜,亦必不敢执奏,此将顺宜戒也。召对本以通下情,未有因而获罪者。今则惟传天语,莫睹拜飏。臣同官熊奋渭还朝十日,旁措一词,遂蒙谴谪。不可稍加薄罚,示优容之度乎?此上下宜洽也。"[1]又上《培元气疏》《劝廉惩贪疏》等,请平刑罚,溥膏泽,等等。张国维奏疏都言辞耿直,切中时弊,可惜崇祯帝不能尽用。

辽东警报频传,诏天下起兵救援朝廷。张国维上疏条陈战守之策。

---

[1]张廷玉等:《明史》,中华书局1974年版,第7062—7063页。

三、任职礼科给事中

崇祯三年（1630），张国维三十六岁。二月，告假省亲。三月，返归东阳。十月，将兄长张国缙下葬于双牌之原。

崇祯四年（1631），张国维三十七岁。三月，北上。四月，到京。升礼科给事中。册封珉藩，侍经筵讲官。"侍读、侍讲掌讲读经史。"[1]

保举，是由百官举其所知，量才录用。实质上是以此弥补铨法的不足，也是分割吏部权力的一种手段。从洪武十七年（1384）开始施行，以后时断时续。其间，为得真才，又有举主连坐的规定。到了崇祯初年，因形势严峻，人才多缺，崇祯帝提出"济变之日，先才后守"[2]的用人原则，实行不拘一格选拔人才的方针。因而，自荐的，保举的，营私舞弊、贤愚莫辨的情况在所难免。张国维于崇祯四年（1631）十二月上《保举利弊疏》：

> 为痛洗保举之弊，精求咨访之规，恳乞圣明亟敕酌定以襄盛治事。尝闻《周官》之训曰："举能其官，惟尔之能。称匪其人，惟尔不任。"后世昉此，遂有上赏以旌进贤，复行连坐以严保举。臣窃谓：进贤可以无赏，进不贤不可无罚。以人事君，分谊之常。背公误国，欺罔之大也。保举连坐，祖宗朝累见申饬，而皇上毅然必行，岂非知人、官人之第一义乎？说者或曰："知人则哲，自古所难：四岳亦举共工，孔明失之马谡。初终改观，则黄霸声名减于治郡；人地易位，则廉颇在楚思用赵人。若以议者同任者之责，几近于苛。且以荐者参用者之权，恐失之徇。"而臣曰："不然。使荐者知其必试于用，则荐必不敢苟；使用者知其必核于荐，则用必不敢擅；使议者惧与任者同科，必不敢误人以自误；使任者惧为议者贻戾，谁有不自为以为人？然功令虽炳日星，醉梦遽难唤醒。若不预穷其弊，待破绽而始论之，虽罪倍，如何救一败事乎？谨言其恬不为怪者三，诡而逃

[1]张廷玉等：《明史》，中华书局1974年版，第1786页。

[2]张廷玉等：《明史》，中华书局1974年版，第6583页。

者二：一曰沽恩之弊。片言推毂，能结未同，一字青黄，引作望报，是以朝廷之公典，联臣子之私欢矣。一曰情面之弊。顷访册内，么么尉丞，亦溷清流，铜臭吏员，上袭天听，岂真异绩可书，不过情缘难断，是以作缘之故，套了辟门之重典矣。一曰泛滥之弊。人逆我取，则攉人之目，新多可少。否则，延揽之誉播援，非滥不广，且权亦不树，而感亦不深，浸淫不已。将荐数多于仕籍，贤路化为倖门矣。缄口不可，势将逃之于塞责。盖边方重寄，豪杰不保其终；腹里清华，中材亦堪其任势。且舍大举小，舍难举易，舍跞弛，举庸庸，上可无贻累之虞，次亦免隐默之诮，而国能得真才之用否？塞责不可，弊又逃之于雷同。盖独攉所知，则其责重。同声附和，则其咎分。势且采虚声为实望，讬从众为合时。联翩禹契，半是道听之言，满纸卓龚，不任知己之感，国家能得一才之用否？五弊相因而砭之，则在无私。狄梁公曰：荐贤为国，非为私也。誓此心也，朝进一人，可；暮进一人，可。然古今能狄梁公者有几？欲荡扫其私图，莫如晓示以格，则访之宜详也。顷访册内，但列某堪某阙，绝不开具实迹，殊属含糊。即以所荐者之生平，问之举主，尚恐茫然，皇上何所核以酌用乎？今后册内，每拔一人，必注明如何才，如何品，曾灼见其某事可称任使，某疏饶具经济，证据犁然，不致冒昧苟且，庶于夹袋有裨耳，则罚格宜定也。有连坐之禁，无连坐之条，人或觊法之尚可假借，而饰徇故也。所宜预酌处治诸欵，大抵以任事之大小、溺职之轻重，为上、中、下三等。又如所取者墨败，则举其守者宜治，但举其才者次之。所取者以窳闻，则举其才者宜治，但举其守者次。援情定法，乃各懔懔于法令之严明耳，则用人与荐人之法，须并议也。周咨在众议，主持原在铨司。用之权重于荐，则用之功罪亦大于荐。若建白者受局中之罚，而启事者反作事外之人，是访册一事，仅代吏部卸过耳。援本穷源，今而后应以任内升除考核，而示责成者也。臣叨吏坦，用人当否，职掌宜言，窃谓咨访当，而用人之事毕矣。故特言其要者，惟圣明选择施行，臣无任激切，待命之至。"[1]

在强调申明保举连坐的同时，张国维指出保举之弊，一为沽恩，二为情面，三

[1]张国维：《张忠敏公遗集》，《东阳丛书》第14册，浙江古籍出版社2015年版，第1—3页。

为泛滥,四为塞责,五为雷同。要消除其弊,关键在于无私。要像狄仁杰所说的那样"荐贤为国,非为私也"。而"欲荡扫其私图,莫如晓示以格"。所谓"格",即制度,如设立访册,"册内,每拔一人,必注明如何才,如何品,曾灼见其某事可称任使,某疏饶具经济,证据犁然,不致冒昧苟且"。与此同时,还应"预酌处治诸欺,大抵以任事之大小、溺职之轻重,为上、中、下三等"。只有这样,才能使保举的人为朝廷效力。张国维此疏,有的放矢,言之成理。可惜,刚愎自用的崇祯帝不予采纳。

四、升太常寺少卿

崇祯五年(1632),张国维三十八岁。正月,升太常寺少卿。他时时关心时政,上《封疆大坏疏》。登州陷落后,朝廷对"贼"议抚议剿,纷争不决,张国维上《时势五大可惜五大可忧疏》《遴先督抚疏》。在其位,谋其政。张国维殚精竭虑,积极建言献策,由此可见他理事之勤与忧国忧民之志。

第四章

抚吴六载 泽被东南

　　明朝末年,真可谓多事之秋。东有女真的兴起和后金的建立,势力不断增强,且向西侵扰;西有起于腹地的农民起义,几经反复,日益强大;朝廷内部党争不息,政治混乱。崇祯初年,此消彼长,形成强烈的对峙格局。崇祯帝面临内忧外患,大有自顾不暇、左支右绌之虞。就李自成领导的农民起义而言,经车厢峡之战后,纵横驰骋,势不可当。明朝廷虽处处设防,选将率兵追击,但收效甚微。

　　对当时天下大势,张国维有着清醒的认识与判断,"关中流寇为天下剧,业渡河转战蕲黄,南国则英霍蹲踞,凤泗之间,时传烽火,南北道梗,淮扬震慑"[1]。朝议大臣一致推荐张国维。崇祯七年(1634)二月十二日准吏部咨为缺官事,本年二月初八,吏部尚书李长庚等会题,初十奉圣旨:"是张国维升都察院右佥都御史,总理粮储,提督军务,兼巡抚应天等府地方,写敕与他。钦此。"[2]崇祯帝根据农民军向东攻掠的情报,为保护南京,"特命节钺,寄心膂"[3],张国维真可谓受命于危难之际。张国维此任,历尽艰辛:"出入大江之上,二千余里,惊涛苦雾,暴侵肌骨。或旌幢不戒,与士卒蓐食草间,如是者首尾七年。"[4]张国维事事认真,处处用心,迎来了他从政生涯中的黄金时期、高光时刻。

　　明代的巡抚制度有一个发生、发展、相对完善的过程。"督察院。……左、右佥都御史,正四品。……其在外加都御史或副、佥都御史衔者,有总督,有提督,有巡抚,有总督兼巡抚,提督兼巡抚,及经略、总理、赞理、巡视、抚治等员。"[5]"巡抚之名,起于懿文太子巡抚陕西。永乐十九年遣尚书蹇义等二十六人巡行天下,安抚军民。以后不拘尚书、侍郎、都御史、少卿等官,事毕复命,即或停遣。初名巡抚,或名镇守,后以镇守侍郎与巡按御史不相统属,文移窒碍,定为都御史巡抚兼军务

[1]张世鹏:《明特进光禄大夫上柱国太子太傅赐尚方剑行边兵部尚书兼东阁大学士元考玉笥公行述》,张国维:《张忠敏公遗集》,《四库未收书辑刊》第6辑第29册,北京出版社1997年版,第626页。

[2]张国维:《报代疏》,《抚吴疏草》,《四库禁毁书丛刊》史部第39册,北京出版社2000年版,第9页。

[3]张世鹏:《明特进光禄大夫上柱国太子太傅赐尚方剑行边兵部尚书兼东阁大学士元考玉笥公行述》,张国维:《张忠敏公遗集》,《四库未收书辑刊》第6辑第29册,北京出版社1997年版,第626页。

[4]张世鹏:《明特进光禄大夫上柱国太子太傅赐尚方剑行边兵部尚书兼东阁大学士元考玉笥公行述》,张国维:《张忠敏公遗集》,《四库未收书辑刊》第6辑第29册,北京出版社1997年版,第626页。

[5]张廷玉等:《明史》,中华书局1974年版,第1767页。

者加提督,有总兵地方加赞理或参赞,所辖多、事重者加总督。他如整饬、抚治、总理等项,皆因事特设。其以尚书、侍郎任总督军务者,皆兼都御史,以便行事。"[1]"都御史职专纠劾百司,辩明冤枉,提督各道,为天子耳目风纪之司。凡大臣奸邪、小人构党、作威福乱政者,劾。凡百官猥茸贪冒坏官纪者,劾。凡学术不正、上书陈言变乱成宪、希进用者,劾。遇朝觐、考察,同吏部司贤否陟黜。大狱重囚会鞫于外朝,偕刑部、大理谳平之。其奉敕内地,拊循外地,各专其敕行事。"[2]沈德符《万历野获篇·巡抚之始》言:"洪武二十四年辛未,太祖命皇太子巡抚陕西地方。巡抚之名,始见于此。以后渐遣尚书、侍郎、都御史、寺卿、少卿等官巡抚各处边腹,事毕报命,即停不遣。其名或云巡抚,或云镇守,后以镇守既有总兵,又有内监,以故文臣出镇,不复有镇守之称,但称巡抚。专制军务有提督、有赞理,又重有总督。他如整饬边关,提督边关,抚治流民,总理河道等官,皆因事特设,而事权则一也。其以部堂等官出者,与巡按御史不相统摄,文移往来,窒碍难行,始专定为都御史,以故景泰四年镇守陕西刑部右侍郎耿九畴改右副都御使,仍旧镇守,此专用宪臣之始。其后凡尚书侍郎任督抚者,俱兼都宪,以便行事。"[3]

自南宋以来,苏州一直是国家重要的经济中心,久享"苏湖熟,天下足"之美誉。明中叶后,苏州的经济地位急剧上升,有着举足轻重的作用,国家财政收入的一半源自此。且苏州的地理位置靠近南京,苏州的经济、政治作用在当时均较突出。出于此种考虑,明朝设应天巡抚署于苏州。

张国维巡抚应天、安庆等十府,当统应天、徽州、宁国、池州、太平、安庆、苏州、松江、常州、镇江十府,广德一州,另有兵备道和卫所等职责,这对他无疑是一种挑战、一次考验。事实证明,张国维不辱使命,经受住了考验,做出了应有的贡献。其丰功伟绩,为当时的老百姓深深铭记。

一、增兵布防

张国维奉命出京,于崇祯七年(1634)四月抵达巡抚衙所在地姑苏(今江苏苏

---

[1]张廷玉等:《明史》,中华书局1974年版,第1767—1768页。
[2]张廷玉等:《明史》,中华书局1974年版,第1768页。
[3]沈德符:《万历野获编》,中华书局1959年版,第552页。

州）。他沿路巡视,考虑布防之事。他首先檄安、池道左布政使王公弼"确议设兵防御机宜"。这是因为,"臣属俱在江南,惟安庆孤悬江北,去驻扎之地千有余里。以襟带长江论,上之则鄱阳,又上之则洞庭,顺风扬帆,数日可抵城下。该府军户久缺,廪无半粟,望江一城如斗,从来不设兵设械,最为孤危。以背负险阻论,桐城地连庐江、北峡关,最称险要;宿松界接蕲、黄,潜山、太湖二县界接英、霍、六安,数百里皆长山大岭,极易啸聚。不惟无兵无具,而且无城"[1]。六月,上《安庆增兵留饷疏》,指出国初额军五千七百余名,"宣德年间,因承平无事,改调二千余名河间、涿鹿、怀来等卫,原额十去其五矣。近自漕粮民运改为军运,以二千名运粮,又以二百名充南京班操军,又有屯差、局差等项若干,又十去其八"[2]。安庆在这样几乎无兵的情况下更须增兵了。他甚至提出具体措施:议设陆军一千名,月廪粮等项约用饷银一千两。陆军由陆营官统领,抓紧训练,以应战时之需。在未正式批准之前,他请求朝廷"预敕南京兵部速调营兵,淮扬抚臣速调已练之兵,星驰赴援,庶声势张而缓急有济"[3],筹划得十分严密。他分析形势,认为安庆的军事地位极其紧要,所谓"安庆固,则留都与江北皆可安枕"[4]。

崇祯八年(1635)二月,张国维上《请会剿疏》[5],"为狨贼流毒,滋蔓难图,恳乞圣明立敕各省督抚,合剿以扫狂氛,以安重地"。张国维料定,潜、太、宿无城,敌必往犯。果然,二月初二,敌遁走潜、太,潜山知县赵士彦冒刃被伤而卒,太湖知县金应元力尽被执,骂敌捐生。同时,起义军亦有损伤,据报,铳炮击死或生擒陈二、周思济(号过天星)、叶赞、吴有、陈开、张鼎隆(号二天王)、储见、孙德耀、咬汉、张胖子、何恺、冯元庆、万山、二点油(僭号二太子)、张仲礼、周道、三元、孙大尧、李云葵、冬儿等,枭斩甚多。张国维统兵于宿松外与敌相遇,互有杀伤,起义军知官兵敢斗,于间道逃遁。道左布政使王公弼心力毕殚,镇臣许自强慷慨急公,然终究势单力薄,"江北急则趋京口,安、桐急则趋皖城",张国维大有顾此失彼之窘,故而建议会剿,"祈皇上特敕五省督臣及南京兵部操江、淮、楚诸抚臣,勿分畛域,合力实剿,庶中原腹心之地,早奏荡平矣"。

---

[1]张国维:《张忠敏公遗集》,《东阳丛书》第14册,浙江古籍出版社2015年版,第4页。
[2]张国维:《张忠敏公遗集》,《东阳丛书》第14册,浙江古籍出版社2015年版,第4—5页。
[3]张国维:《张忠敏公遗集》,《东阳丛书》第14册,浙江古籍出版社2015年版,第6页。
[4]张国维:《张忠敏公遗集》,《东阳丛书》第14册,浙江古籍出版社2015年版,第6页。
[5]张国维:《张忠敏公遗集》,《东阳丛书》第14册,浙江古籍出版社2015年版,第7—8页。

崇祯八年(1635)三月,张国维又从整个江南战守全局出发,上《请复兵额疏》[1]。他认为,当今海内处处多有变故,但比较而言,"则地莫重于江南,势莫急于江南,而形又莫弱于江南"。江南之所以重,是"灌输财赋,拱护金陵";之所以急,是"狡贼垂涎,眈眈此地";之所以弱,是"承平日久,兵数原寡,且裁而又裁"。因此,为"壮声势,而资挞伐,一劳永逸",即便"不能尽复万历年间旧额,亦须复四千名,归臣标下训练"。张国维还保证:"如其不效,即治臣之罪,万无可辞。"态度斩钉截铁。

崇祯八年(1635)七月,张国维上《陈形势请增兵疏》[2]。北京、南京,两都并重,而沿江千余里,戍守寥寥,务须增兵。张国维对沿江千余里的江防虚实了如指掌,对沿线府州县的军事地位洞若观火。假使敌人来袭的警报四起,"臣欲分身则无术,欲分兵则势孤。且千余里长江,何能首尾急应乎?"未雨绸缪,此不得不防。"上流门户之防,应否可以疏阔?三辅拱护之力,应否可以单虚?标下备援之兵,果否千余可以应敌?边海守御之兵,果否远戍可以经年?"现实疑难,反问有力,故而结论是"揆理度势,万万宜增"。张国维的有理有据、有胆有识,令人信服。

崇祯十年(1637)正月,张国维上《请兵援皖疏》。二月,再上《请兵援皖疏》。三月,上《三请兵援皖疏》。三月,张国维率程龙等赴安庆,御敌鄮家店,程龙军损伤数千人。敌东陷和州、含山、定远,攻陷六合,知县郑同元溃走,起义军于是攻打天长。张国维见敌势日炽,为阻遏农民起义军攻势,他请于朝廷,割安庆、池州、太平,另设巡抚,荐举史可法任巡抚。"安庆不隶江南巡抚,自此始也。"[3]这只是动议,经朝廷批准,真正设巡抚之时,辖区有所变动。《明史·史可法传》称"(崇祯十年)七月擢可法右佥都御史,巡抚安庆、庐州、太平、池州四府,及河南之光州、光山、固始、罗田,湖广之蕲州、广济、黄梅,江西之德化、湖口诸县,提督军务,设额兵万人"[4]。擢分巡安庆、池州副使史可法为右佥都御史任巡抚,提督军务。四月,张国维上《四请兵援皖疏》[5]。据安、池道史可法揭报,侦得敌一路打掳火炉铺、张林冲、李家桥、杨尘铺、西河山,将次抵陈汉山。游骑周围二百余里,其势已逼太

---

[1]张国维:《张忠敏公遗集》,《东阳丛书》第14册,浙江古籍出版社2015年版,第9—10页。
[2]张国维:《张忠敏公遗集》,《东阳丛书》第14册,浙江古籍出版社2015年版,第13—16页。
[3]张廷玉等:《明史》,中华书局1974年版,第7064页。
[4]张廷玉等:《明史》,中华书局1974年版,第7016页。
[5]张国维:《张忠敏公遗集》,《东阳丛书》第14册,浙江古籍出版社2015年版,第28—30页。

湖。江南兵力布置已尽,乞急调副将牟文绶守蒙城之兵就近援皖。张国维料定入楚之敌卷土重来,必有此举,且从奸细口中得知,敌图天堂山、陈汉山,为过夏之计。"此地万壑千岩,旁通十余州县,殷富丰裕,洵为虎穴狼窠。""万一盘踞于此,收拾愈难。"张国维与史可法英雄所见略同。鉴于皇帝允发保定副将刘昌祚一营援皖而久不至,伏乞皇帝就近调牟文绶之兵以救急。六月,张国维上《五请兵援皖疏》[1]。当时,敌陷和州、含山、定远,随即进攻六合。援兵不至,张国维提兵过采石矶,宴请诸将,于座上作铙歌诗,即《登采石矶赠诸将》:"月明横槊倚层峰,宵柝风飘和梵钟。南宅镐丰凭虎旅,西瞻江汉警狼烽。且论天险元戎略,遑问风流豪士踪。待翦鲸鲵重蹀躞,为君磨石勒丰庸。"[2]慷慨激昂,虎虎有生气。诸将同仇敌忾。张国维鼓舞士气,与诸将相约,大功告成,勒石颂美。随后,张国维解桐城围,再解江浦、望江围。调兵戍宿松,三檄左良玉入山搜敌,左都没有回应。敌有八大营在皖属,不下三十万人。其中有四营前往英、霍界上,还剩下四营。敌首如摇天动、过天星、混世王、紫微星,集众十四五万人,绵亘在潜、太、望、宿之间,烟火一百多里。以二营屯入太湖大路,二营横阻望、宿大路,断太湖粮道,前后总共已有七八十日了。战况十分危急,大家期盼援兵尽快赶到。然前奉圣旨:"贼突江北陵寝重地,倍宜密防,牟文绶兵自难轻动。仍着该抚、镇,殚力绸缪,务保万全。"意即牟文绶按兵不动,不予援皖。续奉圣旨:"是贼氛渐近江北,冯大栋暂留凤、泗,巩固陵园;牟文绶星驰协力援剿,并移安庆永生,原饷支给,俱依议。贼平归登归凤,仍遵前旨行。杨御藩募练两年,如何尚未就绪?着上紧训成劲旅,足资战守。如再迟违,从重议处。"总漕抚臣朱大典称:"牟副将近奉援皖之旨。庙堂之上,不知东兵于前月十六日已回登耳。二陵关系非轻,本部院业已将登兵离凤情由,另疏题明矣。"这是牟兵不入皖的大概情形。而左良玉奉援皖之旨在前,奉协剿信、罗、光、固诸贼之旨在后,却也不见左良玉前来援皖,故而张国维恳祈皇帝立发左良玉援师赴皖。

张国维不仅请求增兵,而且注重固城,做到有备无患。崇祯九年(1636)七月,上《太湖筑城疏》《建平筑城疏》。崇祯十年(1637)八月,上《请六合筑城疏》。六合无城,两年以来,张国维募有新旅两千人专门把守,敌两次逼近,都不敢侵犯。只

[1]张国维:《张忠敏公遗集》,《东阳丛书》第14册,浙江古籍出版社2015年版,第30—33页。
[2]张国维:《张忠敏公遗集》,《东阳丛书》第14册,浙江古籍出版社2015年版,第97页。

可惜崇祯十年(1637)春天于皖之鄳家店一战中丧失殆半。同年七月初旬,他从皖东归来,借得川兵九百余名,协防六合。喘息未定,敌飘忽而至,力战之下,敌又是怀疑又是畏惧,终于逃跑了。于是,张国维得出这样的经验:"昨岁以有备而无患,今岁以仓卒而难支。豫则立,不豫则废。"[1]六合比较特殊,人口中军占其七,民占其三,而民中外地人又占一半。因此,劝民建城无法实行,最好改为官建,以所留驿裁银一万三千余两改为建城之需,如若不足,便用次年的站银补充。如果还是不足,就请留当年以前四府未解站银一年,于十二年起解抵足好了。张国维认为这样做有五便、六利:"不伤民财,一便也;钱粮现存,二便也;因濠为城,城高而池深,三便也;畚插之费,足以招徕贫民,四便也;地处滨江,砖石易运,五便也。容民蓄众,一利也;招携柔远,二利也;拱护帝京,三利也;控制维扬,四利也;锁钥江南,五利也;犄角二浦,联络瓜仪,六利也。"[2]

崇祯十年(1637),修昆山、嘉定、宝山各濠城及彭华浜,并修槎浦海岸。崇祯十一年(1638)十一月,修建芜湖关敌楼七座,并于建平、太湖、六合、繁昌筑城。

张国维亲自参与、指挥作战。比如,崇祯八年(1635)正月,率副将许自强赴援。游击潘可大、知县陈尔铭守桐城,敌久攻不下,乃转而攻潜山、太湖。张国维解除桐城围困,派遣守备朱士胤前去潜山,武官把总张其威前往太湖。朱士胤战死,许自强遇敌于宿松,杀伤相当。安庆山民积极参与,没有武器,便用石块投击敌人,敌人死伤不少,吓得敌人越过英山、霍山逃掉了。九月,敌又从宿松入潜山、太湖,另一支敌人扫地王也攻陷了宿松等三县。于是张国维招募当地山民两千把守,将军事指挥权交给了监军史可法。崇祯九年(1636)正月,敌人包围江浦。张国维遣守备蒋若来、陈于王击退敌人。十二月,敌分兵进犯怀宁。史可法、左良玉、马爌合兵遏制,夺回江浦。张国维派遣副将程龙、蒋若来、陈于王拒守,诸城得以保全。敌又攻围望江,张国维又及时派兵增援。

次子张世鹏对张国维抚吴期间的军事才能与作为概述得极好:

先是久袭承平,销兵肆防,安庆孤悬江北,而踞留都上游,其属邑宿

[1]张国维:《请六合筑城疏》,《张忠敏公遗集》,《东阳丛书》第14册,浙江古籍出版社2015年版,第35页。

[2]张国维:《请六合筑城疏》,《张忠敏公遗集》,《东阳丛书》第14册,浙江古籍出版社2015年版,第36页。

松，地接楚黄、潜、太，界连英、六，楚、豫之盗，往来如织，势远而变丛，莫施捍御。国初设额兵五千七百余名，分控郡邑。宣德中，改调二千名于河间、涿鹿、怀来诸卫，后又以二千名充粮运，又以二百名充南京班操，军额为之一空。府君乃调吴、淞防海卒及徽宁兵戍皖。而海寇复告警，府君乃条设健儿一千名，比楚黔故事，留新饷饷之，报可。后复议增剿兵马步二千名，于时皖屹然增重，而大江上下可安枕矣。久之，上采科臣言，加意扼塞。而府君议以西属兵单，自固不足，东属舟师，不任陆战，乃有东西两属增兵之役。东属募标兵一千二百名，以半戍浦六，以半隶标下，赴京口。西属则龙潭设精勇数百名，以捍卫神京；芜采设精勇千名，以联络上流；徽宁增设标兵一千二百名，以扼防山险。由是备御四周十四郡，提挈如左右手矣。其间群盗出入，虽飘忽难期，保障之方，惟凭城则固。府君则先事修筑，以备不虞。如繁昌鼎峙于江界，太湖特角于枞桐，建平雄堞于近畿，六合、高淳筑凿于门濠，以至芜湖关敌楼七座之建，莫不手画目营，劳费一时，功普万世。至其细者，竹头、木屑，皆指授方略以行。府君时年四十余，而须发皓然无一茎黑者。当是时，闯、献、左、革六十万众，驰骤荆豫间，破名城，杀长吏，转掠二千里，而南国金汤，卒以无恐，府君之功也。[1]

张国维多方经营，使其辖区的防务更加坚固和有效。

二、蠲赋赈灾

张国维为官一任，造福一方。这是他给自己提出的要求，也是从周忱身上得到的启迪。

"请高淳、徽州、金华、绍兴及松江津饷改折，减嘉定加折，免松江虚粮，苏松白

---

[1]张世鹏：《明特进光禄大夫上柱国太子太傅赐尚方剑行边兵部尚书兼东阁大学士元考玉笥公行述》，张国维：《张忠敏公遗集》，《四库未收书辑刊》第6辑第29册，北京出版社1997年版，第626页。

粮脚耗,吴昆漕折,轻赍武进浮派,崇明坍饷,怀宁船饷,诸善政,不可枚举。"[1]从《张忠敏公遗集》《抚吴疏草》中我们可以清楚地看到,有关张国维请蠲、请赈等奏疏占有相当大的比重,如:

崇祯七年(1634)九月,上《东属请蠲疏》。十月,上《西属请蠲疏》。

崇祯八年(1635)五月,上《嘉定漕粮疏》。十二月,上《请蠲免东属钱粮疏》。

崇祯九年(1636)二月,上《潜太宿三县请蠲疏》《缓征苏驿疏》。四月,上《请津粮改折疏》《蠲缓存留疏》《请蠲徭银疏》《请免杂税疏》。五月,上《六合请蠲疏》。六月,上《高淳改折疏》。九月,上《徽属南粮改折疏》。十一月,上《请免白粮脚耗疏》。

崇祯十年(1637)三月,上《贼遁请蠲赈疏》。闰四月,上《嘉定改折疏》。五月,上《皖属请蠲疏》。六月,上《请蠲安卫漕欠疏》。十月,上《再请高淳永折疏》《请蠲房税漕粮疏》。十一月,上《请蠲皖属存折疏》。十二月,上《酌议嘉定漕折官布疏》《请豁太平府汰冗疏》。

崇祯十一年(1638)二月,上《请松江府均粮改正疏》《怀宁船饷疏》《请蠲应属轻赍疏》《请蠲松属虚派疏》。三月,上《请苏、松二郡白粮脚耗蠲免疏》《请蠲昆吴二邑漕折疏》《请豁宁太浮派疏》。四月,上《请武进秋粮蠲免疏》《崇明坍饷怀宁舡饷蠲免疏》《请减崇明虚派疏》《题请行粮仍旧三分疏》。八月,上《旱蝗灾疏》。十月,上《三请高淳永折疏》。十二月,上《再请蠲缓安卫漕欠疏》《四请高淳漕粮折色疏》。

崇祯十二年(1639)三月,上《请吴县、昆山漕折蠲免疏》。四月,上《请蠲崇明坍饷疏》。十二月,上《请豁安庆典饷疏》。

(一)灾伤赈济

在《东属请蠲疏》中,为"收四海人心,以固万年本计",他请求"崇祯二年以前民欠,悉许查确核请蠲免"。[2]在《请安属停征疏》中,他述及连年遭灾和频频发生

---

[1]冯桂芬:《重建张忠敏公祠记》,《显志堂稿》,《清代诗文集汇编》第632册,上海古籍出版社2010年版,第500页。

[2]张国维:《张忠敏公遗集》,《东阳丛书》第14册,浙江古籍出版社2015年版,第6—7页。

的战事,处处残破,"霪霖腐麦,牛种无资,春熟、秋收两俱失望,田畴村落,一望平芜"[1],请求"停征(崇祯)六、七、八年应征钱粮,庶疠痍获更生之望,屏藩有磐石之安"[2]。溧阳遭雹灾,"夫何四月初日,雷雨并作,骤然冰雹交加,其大如瓜,其小如茄。天昏地暗,拔木扬沙,顷刻尺许,茂林卷箨,瓦盖无存,秧种沈泥,麦苗飘浪。春熟既无,秋成奚赖?"[3]他立即请求蠲免赈恤。徽州所辖六州县(歙、休、婺、祁、黟、绩)霪雨为患,"或震霆奔山而破屋,或风雹拔木以扬沙,涛怒若倾,雨飞如注,致方长之麦,泥蟠而杀青;已种之禾,波翻而浥秀。既隳东作,奚望西成?苦终岁之徒勤,叹一饱之无日"[4]。据此,张国维"绘图而请命"。至崇祯八年(1635),崇祯帝颁蠲租之诏,张国维喜出望外,于同年十二月上《谢免东属钱粮疏》,感谢朝廷宽大体恤之恩,称其为率土之民"千载一时白骨复肉之会"[5]。崇祯九年(1636)二月,张国维上《潜太宿三县请蠲疏》[6],潜、太、宿一年四灾,最为惨烈,"盖三邑俱属无城,且界连江楚,适当寇犯之冲。去岁春初,大众齐驱,荡乐郊为焦土;凶锋莫遏,委遗路于荒原,固已十室九空,伤心惨目矣。讵意夏月之巨浸滔天,又秋日之狂风卷地,天灾洊苦,昏垫堪忧"。无城无屋可忧,无百姓更可忧,故而张国维建议"并四司、砖料、班匠、驿递、裁减等银,尽数免解一年",减免力度足够大,则"满目哀鸿,可望新集;百堵兴筑,可效子来。兵火孑遗之民,更生有日;吴、楚咽喉之地,藩翰无虞"。崇祯十一年(1638)八月,上《应属旱蝗疏》[7]。"以水灾旱灾蝗灾告者纷纷",其惨状令人毛骨悚然,张国维"下念民生,上念国计,使情非甚迫,何敢不抑其请而仰渎宸聪,惟是三吴之地乃系国家根本,今日之灾,尤为古今罕闻,及今不早为之所,毋论转沟之惨、铤走之变所不堪言,而民命绝矣,国赋安出"。故而"伏乞敕下户部照近行事例行巡按御史,不拘已报未报州县,凡被灾伤,悉行从实勘明

[1]张国维:《张忠敏公遗集》,《东阳丛书》第14册,浙江古籍出版社2015年版,第11页。

[2]张国维:《张忠敏公遗集》,《东阳丛书》第14册,浙江古籍出版社2015年版,第12页。

[3]张国维:《雹灾疏》,《张忠敏公遗集》,《东阳丛书》第14册,浙江古籍出版社2015年版,第12页。

[4]张国维:《徽属灾伤疏》,《张忠敏公遗集》,《东阳丛书》第14册,浙江古籍出版社2015年版,第13页。

[5]张国维:《张忠敏公遗集》,《东阳丛书》第14册,浙江古籍出版社2015年版,第18页。

[6]张国维:《张忠敏公遗集》,《东阳丛书》第14册,浙江古籍出版社2015年版,第20—21页。

[7]张国维:《张忠敏公遗集》,《四库未收书辑刊》第6辑第29册,北京出版社1997年版,第659—660页。

具奏"。

崇祯十一年(1638)十月,张国维上《三请高淳永折疏》[1]。他总结道,水灾过后,高淳有三苦:一为有田而无田,二为无田而有粮,三为无田而几无民。又兼旱灾、蝗灾,情况紧急,张国维建议参照崇祯九年(1636)改折事例而特批永折。

(二)减免重赋杂税

周忱巡抚江南,以厚风俗、问疾苦为己任,平赋役、兴水利,为人称颂。张国维敬慕并师法周忱,将平赋役提到议事日程。如应天府的高淳,地跨丹徒、石臼、固城三湖。明初,造广通坝,高淳"独当巨浸,岁漂没田禾无算"[2]。万历二十四年(1596)抚按会题,比照嘉定例,改折漕粮,久而未复。张国维多次上疏请改,"遂为永折"[3]。又如苏州嘉定县,地不产米,万历初年永改折漕,每石五钱,共计银七万三千九百余两,后毫无根据地加折价银三万一千九百两,致使"阖邑骇窜"[4]。张国维抗疏直言,每石量加一钱。再如苏、松、镇三府,汰革军余口粮以抵津辽之饷。从崇祯三年(1630)开始,苏、镇二府皆解折色,唯独松江府运输本色三千八百石。崇祯九年(1636)四月,张国维上《请津粮改折疏》[5],尽言其种种不平,终于使松江与苏、镇二府一样解送折色。同时,松江府应输十年均粮,照《会典》所载旧额四万三千四百七十七顷三亩零,而万历六年(1578)丈量,虚载一千顷,无田虚派,"官民交困",张国维"疏请咨部改正"[6]。另外,苏、松二府重派白粮脚耗三万四千四百

[1]张国维:《张忠敏公遗集》,《四库未收书辑刊》第6辑第29册,北京出版社1997年版,第660页。
[2]张世鹏:《明特进光禄大夫上柱国太子太傅赐尚方剑行边兵部尚书兼东阁大学士元考玉笥公行述》,张国维:《张忠敏公遗集》,《四库未收书辑刊》第6辑第29册,北京出版社1997年版,第627页。
[3]张世鹏:《明特进光禄大夫上柱国太子太傅赐尚方剑行边兵部尚书兼东阁大学士元考玉笥公行述》,张国维:《张忠敏公遗集》,《四库未收书辑刊》第6辑第29册,北京出版社1997年版,第627页。
[4]张世鹏:《明特进光禄大夫上柱国太子太傅赐尚方剑行边兵部尚书兼东阁大学士元考玉笥公行述》,张国维:《张忠敏公遗集》,《四库未收书辑刊》第6辑第29册,北京出版社1997年版,第627页。
[5]张国维:《张忠敏公遗集》,《东阳丛书》第14册,浙江古籍出版社2015年版,第25—26页。
[6]张世鹏:《明特进光禄大夫上柱国太子太傅赐尚方剑行边兵部尚书兼东阁大学士元考玉笥公行述》,张国维:《张忠敏公遗集》,《四库未收书辑刊》第6辑第29册,北京出版社1997年版,第627页。

两,常州府武进县浮派秋粮五千一百多两,苏州府崇明县坍饷六千多两,吴县、昆山二邑漕折应属轻赍怀宁船饷,都是张国维祈请才得以蠲免的。

崇祯九年(1636)四月,张国维上《请免杂税疏》[1]。税外加税,本属违法,"借名公费,图润私囊,王法之所必诛"。江南重地更不比别处,"江南畿辅之区,舟车之会,非若遐陬僻壤,可以私征廛市者"。况且"私税开,则官税损",且江南本就"赋重,民贫力已竭于正供。""从来加税之害,更甚于加赋。赋有田亩可科,然加编已为重困。税则全无限制,往往输至公家什一,归之中饱者什九。且无论日后重征累民,但议开之令一下,而闾阎已遍地骚然矣。"赋税关系如此,故而他请求皇帝免除杂税。

三、兴修水利

当时的苏州,由于水利旷废,灾祸屡至,已呈现征赋屡亏、民不聊生、流离满道的惨景,许多公益事业也随着经济的衰败而逐渐废弛。这是摆在刚莅任的张国维面前的一种新形势的考验,即能否在最短时间里重振苏州,恢复其经济中心的地位。

经过深入的调查研究,张国维发觉:治理苏州的关键,不在于治民御寇,而在于消弭水灾。治理好水灾的关键,不在于上游河流横溢的阻断,而在于众多河流的下游,特别是入海口堵塞的疏通。原来分系统入海的东江已废;淞江因潮汐作用,泥土的长期淤积,泄水功能已大大降低;剩下的娄江,要承受江南水乡众多河流倾注入海的负担,就是艰巨万分的事了;再者,河道的迂曲百折,很容易造成泄水不及、洪灾频仍的现象。

崇祯七年(1634),张国维浚松江塘河、嘉定上海二县虬江、无锡县运河。

崇祯八年(1635),张国维修吴江县九里石塘、平望内外塘、长桥、三江桥、翁泾桥。

崇祯九年(1636)二月,张国维上《复请开浚吴江县长桥碶疏》[2],指出长桥七

---

[1]张国维:《张忠敏公遗集》,《东阳丛书》第14册,浙江古籍出版社2015年版,第26—27页。
[2]张国维:《张忠敏公遗集》,《东阳丛书》第14册,浙江古籍出版社2015年版,第22—25页。

十二觖与九里石塘为泄水咽喉,位置极其紧要,"三吴古称泽国,而太湖巨浸周五百里,汪洋浩渺。其所纳宣、歙、临安苕、霅之水,悉由吴江始分为二,以达于海。而长桥七十二觖,及九里石塘诸窦,皆驶泄洪流之支径。今已渐成阡陌,虽岁督修浚,每以工力告诎,因仍沿习而为田庐赋税,患者时时见告,殆不止九岁三淹而已"。据道、府勘议,而伏乞敕部,议覆施行:"毁浮阁,植茭芦,疏淤增筑,随宜利导,不以扰民,俾深辟壅塞之路,而自无横决之虞,斯田畴可望丰稔,责成印官加意办之。"随后获准,疏导吴江县长桥七十二觖。松江府淙阙捍海塘为浙、直海船辐辏之会,海水撼激,年深日久。当时又赶上秋潮大至,自天妃宫以西直到旧盐场,崩坝四五里,漂没一万多人,滨海田禾数十里一概被淹。张国维同郡守方岳贡,采来太湖石,叠成石塘以捍海,吴颖嘉、何刚两位孝廉全程协助完成。

崇祯十年(1637),修长洲县至和塘。原先长洲令胡士容置义田,积租缮塘,后移用其税,年久堤坏,妨农病涉。张国维率各属修筑,长度竟达四十五里。江阴运河淤塞,起初大家商议移仓就兑,但老百姓都觉得不方便。张国维与常镇备兵使者曾化龙合力疏浚,自县南水关至小青阳四十五里,紧锣密鼓,一个月完成,军民都享受到了便利。又疏浚昆山、嘉定、宝山各濠城及彭华浜,并修槎浦海岸。

崇祯十一年(1638),张国维浚镇江府及江阴漕渠、太仓州湖川塘。由丹徒江口坝起至京口闸,丁卯港起至华家庄,剥圩起至夹冈心,由丹阳草头舍起至东关,坍山起至西城湾,黄泥坦起至七里庙,丹徒、丹阳二邑连成一片,迤逦百里,如期完工。

据不完全统计,张国维共浚吴江等地河流、修筑塘滨十余处,从根本上改变了苏州一带旱则灾、水则涝的局面。就连原来堵塞最厉害的嘉定、上海地区,也实现了河流一泻千里,无滞留之隐患,为苏州一带经济的繁荣奠定了坚实的基础。

崇祯十二年(1639),为了彻底消除水患,张国维总结自己的治水经验,并不时轻车简从,访古探幽,搜寻有关河流的掌故、原委,辑成《吴中水利全书》。同年五月,张国维将《吴中水利全书》进呈朝廷。《四库全书总目提要》称,《吴中水利全书》"是书所记皆阅历之言,与儒者纸上空谈固迥不侔矣"[1]。其书先列东南几府的水利总图五十三幅,再标水源、水脉、水名等目,收集了上至诏敕奏文、下至祀文歌谣的丰富资料,绘之图,溯之源,疏之脉,缕之名,度之形,使河流的渊源、形胜、脉络

---

[1]永瑢、纪昀等:《影印文渊阁四库全书总目》第2册,台北"商务印书馆"1983年版,第493页。

一览无遗，是集大成之作，不愧为"全书"，为时人及后人兴修水利提供了丰富的经验与借鉴。

在极为重视水利建设的同时，张国维也充分意识到：治水只是治标，治本则是发展农业生产。所谓"急则治标，缓则治本"，就是这个道理。治水只是发展经济的手段，不是目的。因而张国维在编纂成《吴中水利全书》，颁发诸县，指导水利建设后不久，又刻印了徐光启（1562—1633）的农学专著《农政全书》，并亲笔作序，要求所辖官吏、驻屯官兵，植农桑，禁抛荒，力争做到地无不耕之土、人无不作之民。张国维务实不务虚，身体力行，注重实践。珠江三角洲和长江、淮河流域，宋代以来就种植棉花、纺纱织布，但产量不高，张国维总结植棉经验，亲自示范推广，使草棉收获倍增，百姓惊以为神。

四、热心公益

张国维教化百姓，爱民如子，"民有父母而不知葬，为之立广孝阡；民有子弟不知教，为之立社学；民有灾祲而不知备，为之立常平仓；民有礼让而不知兴，为之立乡约所"[1]。等到水灾缓解、经济逐渐复苏的时候，张国维着重加强了苏州的公益事业建设：重建常平公仓，谷贱则籴，谷贵则粜，稳定谷价，使百姓免受谷丰价低、谷歉价高之苦；苦心筹划，招募饥民，采取以工计值的办法，疏浚苏州城河，收到了既周急又兴业的一举两得的效果；鸠材募工，修缮苏州城西北的永济桥，便利商旅往来；重修几十年因风暴袭击而一直失修的苏州府学，造福莘莘学子……张国维用俸禄乐助捐输苏州的桥梁、道路等公益建设，赢得了"一代名臣"的美誉。

崇祯八年（1635）正月十五日，张国维于辕门出示《抚吴示》：

> 为督抚地方事。照得本院保厘南国，以化民成俗为务，以节省物力
> 为先。素闻吴中俗尚侈靡，人趋淫佚，每岁春夏之交，各村镇酬神演剧，
> 糜费金钱，赌博奸盗，悉由此起。至于庵寺尽为游薮，士女骈阗，名曰进

---

[1]陆应阳辑，蔡方炳增辑：《广舆记》，《四库禁毁书丛刊》史部第18册，北京出版社1997年版，第93页。

香。更有一种好事之徒,迎神赛会,游绕通衢,开道俨如官府,执事无异宪行。曰圣贤交际,名甚不经。乃富者不惜珍奇玩好以斗观,贫者亦勉倾囊倒箧以争胜。甚且肩摩踵接,男女杂处而不羞;诲盗诲淫,僧俗混淆而罔戒。不惟有伤风化,乃今累岁不登,民鲜盖藏,升斗皆俯仰之需,岂容滥掷若此?自今伊始,各安生理,各守本分,如有敢违,仍蹈旧辙,以科敛民财究拟。近如元妙、开元、北寺、清源、螺蛳庵等处,远如支硎、虎阜、穹窿等山,一切住持僧尼,如仍前容纵妇女进寺烧香游玩,一体严拿连坐。第不许地方棍徒,滋事需扰,法在必行,毋贻自悔,切切懔遵![1]

《抚吴示》严禁寺观纵容妇女进香,诲盗诲淫,有伤风化,且号召去侈靡,遵节省。

《学记》认为:"君子如欲化民成俗,其必由学乎!"[2]强调教师施教对民风民俗的推导作用,只有通过教师的教育,才能改善社会的道德风尚,社会文明因师而化。张国维当然明白这个道理,单单以硬性的法律去约束百姓还远远不够,还必须大力发展教育事业。

就张国维一生而言,最辉煌,也即政绩最著的阶段,当推他抚吴时期(1634—1640)。他审时度势,兴修水利,重修学校,筹建公仓,疏浚城河,使原来因洪水泛滥而百废待举的苏州重现经济繁荣、社会安定的新景象。自崇祯七年(1634)起张国维任巡抚,吴人感谢其美德,在虎丘建立"张公国维生祠",并画像祭祀。绿水桥西又有张公祠,崇祯十二年(1639)建。清乾隆十年(1745),知府赵锡礼重修张公祠。清任德成《张中丞祠》诗云:"义合勤民祀,忧劳感大夫。东南多疾苦,时事极踦踌。七载经头白,遗碑有泪摹。文襄先后美,我欲两贤图。"[3]张公祠今已毁,原址后为苏州香料厂。至今苏州沧浪亭中还立着张国维的石刻像,上镌铭文:"抚绥十郡,大度渊涵。疏通水利,泽被江南。"

周忱(1381—1453),字恂如,号双崖,江西吉安县人。明朝初年名臣,财税学家。永乐二年(1404)进士出身,候补庶吉士,授文渊阁学士,擢刑部员外郎。浮沉

---

[1]张国维:《张忠敏公遗集》,《四库未收书辑刊》第6辑第29册,北京出版社1997年版,第672页。

[2]李学勤主编:《十三经注疏:礼记正义》,北京大学出版社1999年版,第1050页。

[3]顾禄:《桐桥倚棹录》,上海古籍出版社1980年版,第48页。

郎署二十年,未得升迁。洪熙元年(1425),经户部尚书夏原吉举荐,迁越府长史。宣德五年(1430),得到阁臣杨士奇和杨荣赏拔,授工部右侍郎,巡抚江南,总督税粮事宜。稽理欠赋,修改税法,屡请减免江南重赋。迁工部尚书,仍为巡抚,触犯豪强利益,受诬罢职,致仕归家。景泰四年(1453)去世,享年七十三岁,谥号文襄,著有《双崖集》等。《明史》云:"周忱治财赋,民不扰而廪有余羡。此无他故,殚公心以体国,而才力足以济之。诚异夫造端兴事,徼一时之功,智笼巧取,为科敛之术者也。然河渠之利,世享其成,而忱之良法美意,未几而渐灭无余,民用重困。岂非成功之有迹者易以循,而用法之因人者难其继哉。虽然,见小利而乐纷更,不能不为当日之哓哓者惜也。"[1]周张前规后随,真乃一段佳话。"吴中士大夫相与言曰:'百年之内,前有周文襄,今有张东阳,真踵峙矣。'"[2]

崇祯十三年(1640),张国维四十六岁。正月,升工部右侍郎,加兵部右侍郎,总理河道,兼调徐、临、津、通四镇漕饷事。

---

[1]张廷玉等:《明史》,中华书局1974年版,第4217—4218页。

[2]张世鹏:《明特进光禄大夫上柱国太子太傅赐尚方剑行边兵部尚书兼东阁大学士元考玉笥公行述》,张国维:《张忠敏公遗集》,《四库未收书辑刊》第6辑第29册,北京出版社1997年版,第627页。

第五章

披肝沥胆　兵败入狱

一、升工部右侍郎

　　崇祯十三年(1640)正月二十九日,张国维在江南巡抚任上,接到升迁为工部右侍郎加兵部右侍郎,兼都察院右佥都御史,总理河道、提督军务之命,即交代公务。二月初三,辞孝陵北上。三月初七抵达北京。初九,受崇祯帝接见。

　　从张国维的《召对纪事》[1]看,他对新任上的事理弊端是经过认真研究与思考的,他说"地形之夸险,天时之盈涸,工力之难易",唯亲临其境才能做到心中有数,而其积弊如"奸胥蠹委,扣克钱粮,滥派夫役,工食给不及时;印河官又不躬亲稽督,或将钱粮挪用,各衙门复有种种陋规,以致亏工病役"。根据这些情况,张国维认识到"治河以河为职,务在必躬必亲",决心自尽职掌,实心去做,期于事半功倍。

　　张国维于三月十二日工部衙门到任,十三日谢恩出都,二十六日至德州交印受代。一改"不亲细务,事权下移",又"岁縻金钱不资,而绩用无成"[2]的做派,他由水路沿途勘查。同时单车上下,搜泉兴浚,"下至夏镇、昭阳,上极东平、安山,驰驱相续",其间有盗贼出没,四处焚掠。张国维不惜个人安危,"寄豸虎穴中,勤苦万状。一则征兵以接运,一则蓄水以济漕"[3]。苦心经营,衣不解带,三年告竣,漕运畅通,受到朝廷玺书嘉奖。

　　求雨得雨。张国维取水道沿途勘查时,正赶上大旱,赤地千里。他便去泰山求雨,烈日下赤足行走。返回时在五大夫树下休息,这时大雨如注,等到他回济上,早已是百川灌河了。

　　因为大旱,漕流干涸,张国维疏浚诸水以通漕。山东饥荒,张国维赈活贫民无数。《石匮书后集》记述稍详:"是时山东大饥,石米八两,三吴价三两。国维以应天

---

[1]张国维:《张忠敏公遗集》,《四库未收书辑刊》第6辑第29册,北京出版社1997年版,第662—663页。

[2]张世鹏:《明特进光禄大夫上柱国太子太傅赐尚方剑行边兵部尚书兼东阁大学士元考玉笥公行述》,张国维:《张忠敏公遗集》,《四库未收书辑刊》第6辑第29册,北京出版社1997年版,第628页。

[3]张世鹏:《明特进光禄大夫上柱国太子太傅赐尚方剑行边兵部尚书兼东阁大学士元考玉笥公行述》,张国维:《张忠敏公遗集》,《四库未收书辑刊》第6辑第29册,北京出版社1997年版,第628页。

所属河工银,尽籴米运济宁,每石加水脚五钱,除籴米完河工外,每石尚羡米四两五钱。遂设粥厂十余处,分布远近,命官董其事,所全活者以百万计。"[1]

崇祯十三年(1640)四月,张国维上《运河六策疏》。八月,上《请增宋康惠祀田疏》。十月,上《请疏引漳河疏》《筹赈山左疏》。

崇祯十四年(1641)二月,张国维上《请改疏鲁桥疏》。三月,上《请浚汶河疏》《疏通六策疏》。

夏,山东百姓起事,李青山率众数万,占据梁山泊,派遣属下分扼韩庄等八闸,致使漕运阻塞。时逢周延儒奉召北上,李青山拜见,伪称率众护漕,并非作乱。延儒不知底里,答应报告朝廷,授其官职。然而,李青山拦截漕舟,大肆焚掠,迫近临清,中官刘元斌吓得逃跑了。国家下令会剿。而李青山伪装投诚,张国维单骑造访敌营,青山大惊,罗拜请死。张国维不动声色,暗中观察,发觉敌并非真心屈服,只是想引诱自己,于是悄悄返还,部署将吏,马戴上马嚼子,迅速行进。将近中午时分,起义军正在置酒高会,李青山对属下说:"侍郎已堕吾术中矣!"[2]洋洋自得,毫无防备。张国维赶到,出其不意,当场抓捕了李青山,余部也都投降了。捷报上奏,赐金币,荫一子世风为锦衣卫指挥使佥书。皇帝率太子、永定二王御午门,于市中施以磔刑。"盖前此屡抚屡叛,劳师不一,而一朝翦灭,侧席之忧顿解。"[3]沂州王明及齐见龙、张文宇等,聚众剽掠,谋断饷道。张国维也一一用计擒获,东方才得以安宁。

二、升任兵部尚书

崇祯十四年(1641),张国维四十七岁。九月,在内外交困之下,崇祯帝密使兵部尚书陈新甲与清兵议和,不久因家童无意间泄露消息,舆论大哗。崇祯帝为保持自身的尊严和威望,将陈新甲逮捕,关入监狱。大学士周延儒、陈演奋力营救,

---

[1]张岱:《石匮书后集》,中华书局1959年版,第241页。

[2]抱阳生编著,任道斌校点:《甲申朝事小纪》,书目文献出版社1987年版,第600页。

[3]张世鹏:《明特进光禄大夫上柱国太子太傅赐尚方剑行边兵部尚书兼东阁大学士元考玉笥公行述》,张国维:《张忠敏公遗集》,《四库未收书辑刊》第6辑第29册,北京出版社1997年版,第628页。

他们说："国法，敌兵不薄城，不杀大司马。"崇祯帝对曰："他且勿论，戮辱我亲藩七，不甚于薄城耶？"[1]遂弃市，"以冯元飚为兵部尚书。元飚素习占风望气，揣知寇虏交讧，剪灭无术，乃佯称病。一日，在朝班，伪称疾发，瞑眩仆地，扶曳而出长安，班役妇孺皆嗤其为细人伎俩，辱朝廷而羞当世之士也。元飚去，以张国维代"[2]。孟森论曰："战乱所及，藩国被屠，已非兵部专责，不过借此以掩其议款之耻，尤为失刑。"[3]樊树志论曰："平心而论，思宗授权陈新甲秘密与清媾和，在当时内外交困的形势下，不失为一时权宜之计，对内对外都是利大于弊的，一些不了解全局又不明真相的大臣死抱住《春秋》大义不放，用传统政治伦理来否定媾和，使颇有政治主见的思宗也不敢理直气壮地力挽狂澜，怯懦地退缩。"[4]十月，升张国维为兵部尚书。张国维初八抵京，召见于德政殿。接着张国维上《纠督抚疏》，其略云："臣于本月初八日入都，即报初五敌进界岭，未闻初四以前之报，将至之时，作何堵御？乃突如其来，遂入无人之境，而烽火寂然，边备之驰至此极矣！谁司剿？则督臣范志完也。谁司守？则抚臣马成名也。谁司战？则总兵于永绶。不得以被参不出为词也。俄又报初五日寇进黄厓口，其疏防与界岭无异。谁司剿？亦督臣范志完也。谁司守？则抚臣潘永图也。谁司战？则总兵薛敏惠、何广恩、白腾蛟、钟鸣高也。二协文武诸臣，宜即以三尺绳之。语云：勠力在乎正罚，正罚所以明赏。请自今日始！"论劾督师范志完巡抚、总兵以下数十人，进一步明确督抚之责，建议"正罚""明赏"。此疏引起皇帝重视，采纳颁行，多年以来中枢苟且之局，肃然一变。进而总督赵光抃、督师范志完，协力赴京防御，而调拨援师也能迅速赶到，敌寇才撤兵到远塞。[5]

十二月，张国维上《定战守赏罚格例疏》，"乃定战守赏罚格，列上严世职、酌推升、慎咨题等七事，帝皆报可。会开封陷，河北震动，条防河数策，帝亦纳之"[6]。

次子张世鹏加兵部职方司郎中。

[1]张廷玉等：《明史》，中华书局1974年版，第6639页。
[2]文秉：《烈皇小识》，《丛书集成三编》第85册，新文丰出版公司1997年版，第79页。
[3]孟森：《明史讲义》，上海古籍出版社2002年版，第330页。
[4]樊树志：《崇祯传》，人民出版社1997年版，第425页。
[5]张世鹏：《明特进光禄大夫上柱国太子太傅赐尚方剑行边兵部尚书兼东阁大学士元考玉笥公行述》，张国维：《张忠敏公遗集》，《四库未收书辑刊》第6辑第29册，北京出版社1997年版，第628页。
[6]张廷玉等：《明史》，中华书局1974年版，第7064页。

崇祯十五年(1642),张国维四十八岁。二月,平徐、峄一带李青山余部。

三子张世鹗往济上省亲,张国维的弟子陈式陪同。不料,"病暑,疾增剧,六月三日卒于台庄舟中"[1],才十六岁。

九月,张国维染病,上疏告假,皇帝不允。

明代给事中不再隶属于其他部门,而是一个独立的机构,由于给事中分掌六部,故称六科给事中。六科的掌印长官都给事中不过是正七品,下有左右给事中为从七品,另还有给事中(从七品)若干,各科人数不同,但六科的权力确实非常大。当时外吏考选的人都想得到给事中这个官职,而皇帝将巡抚地方的重任划给了御史。首辅周延儒命张国维推荐时敏等十二人监察外郡城守,因为已经有巡按等安排在那里,不能再派遣御史了,便只好都授予了他们给事中的官衔。而唯独御史蒋拱宸未授予给事中,蒋颇有怨言,等到他去监军赵光抃部队,便扬言张国维陷害他;到了昌平,蒋立刻上疏弹劾张国维。张国维称蒋"挟怨诬诋"[2]。蒋拱宸再次上疏弹劾张国维"溺职"。正与丁汝夔、陈新甲相似,张国维陷入"名藩之罪"。御史赵譔声援蒋拱宸,"言先生忠谅有余,担当不足,不能揽群才,惟任胥吏"[3]。张国维连续两次上疏请辞,皇帝不许。

蒋拱宸衔恨张国维,还有另外一个版本。张岱《石匮书后集》曰:"是时兵科缺员,国维题龚鼎孳等六人,蒋拱宸恨不与。及拱宸为御史,谓西协地六百里,国维设防止五百里,疏凡七上,百计挠之,使不得任事。"[4]

崇祯十六年(1643)正月,张国维上《兵务七略疏》。

二月,李自成攻破襄阳,南中当事者全都担心江左的安危。张国维上《请缨疏》,乞求削去现有的职衔,而宁可重任督抚之列,这样可以直接与敌交锋,当其一面,可以与诸兵一同勠力中原。皇帝以中枢无人为由,不予批准。

四月,张国维眼见内外交讧,情势危急,上《请军前图效疏》,以为:"今日者,征兵既齐,调度粗毕,非臣亲赴行间不可。而阁臣传奉特命首辅周延儒视师,即于是日出城,不遑启处,而臣之罪愈深,念愈迫矣!臣识疏才浅,动舛机宜,下不能鼓将

[1]钱谦益:《张峙君墓志铭》,张国维:《张忠敏公遗集》,《东阳丛书》第14册,浙江古籍出版社2015年版,第152页。

[2]李聿求:《鲁之春秋》,浙江古籍出版社1984年版,第29页。

[3]黄嗣艾:《南雷学案》,《清代传记丛刊:学林类37》,明文书局1985年版,第373页。

[4]张岱:《石匮书后集》,中华书局1959年版,第241页。

士之敌忾,上不能慰九重之旰宵,以致重臣忧国,暂辞黼宸以宣猷,而臣则负乘抱惭,反托居中以玩愒,跼天蹐地,何以置身? 必将洒泣鼓义,身先行间,转败为功,冀可得当。否则,马革裹尸,固所素矢也。"[1]上览奏,称之曰义。然以部务料理为由,未获准其赴军。

农民起义成燎原之势,渐渐成了朝廷心腹大患,又出了叛将刘超一事。永城叛将刘超拥兵观望,本来朝廷命他增援剿敌,他却不服从调遣,且有意纵敌,擅自屠杀侍御魏景琦及其全家,俨然造反的架势。刘超暗地里招兵买马,急欲网罗徐、亳、萧、砀等地方起义部队。他假意上表请求入援,朝廷还蒙在鼓里,商议着要授刘超为保定总兵官,唯独张国维表示反对,他说:"此赏奸也,若羽翼已成,又一曹闯矣。"[2]张国维私下里属意巡抚王汉对刘超采取行动,可惜图谋泄漏,王汉被刘超杀害。张国维密授巡按苏京方略,借督镇陈永福、卜从善的帮助,赦免丁启光戴罪立功,斩叛自赎,刘超最终才被正法。刘超余党招供,建议凤督马士英、总镇黄得功、刘良佐,以及秦督孙传庭统兵联合扼剿。这说明刘超已经谋划很久了,党羽众多,而剿灭刘超及其余党,张国维出力最多。

刘超的事刚刚平定,又出现了总镇白广恩、左良玉之衅。白广恩久经沙场,素称骁勇,任蓟辽总督时南下,与薛敏忠结仇,逐渐变得飞扬跋扈,被给事中曾应遴参劾。张国维认为正当内外交困,不能内耗,应该讲求团结,便命督师吴甡随军白广恩,吴从中调停,最终消除了白与薛之间的恩怨。左良玉镇守湖北时,军营中多有投降的起义军,纪律散漫,不比正规军训练有素,不能令行禁止,故而有时行动迟缓,赴援不及,引来朝议纷纷。一旦君主的统治地位受到内乱或外患的威胁而动摇时,急需左良玉由南京进趋淮扬发兵援救,如果左良玉内乱岂不误了大事! 张国维上一密计,建议左良玉于凤督为他们安排特定场所,除此以外,让督师吴甡收而用之,这样一来,便相安无事了。左良玉继而严明法纪,精忠报效,南中安定。

四月,清兵已侵入京师管辖的地区,张国维檄赵光抃螺山拒敌,八总兵之师全部溃败,损兵折将两万多人。张国维急调援师,刘泽清入援,而临清失守,御史蒋

---

[1]张世鹏:《明特进光禄大夫上柱国太子太傅赐尚方剑行边兵部尚书兼东阁大学士元考玉笥公行述》,张国维:《张忠敏公遗集》,《四库未收书辑刊》第6辑第29册,北京出版社1997年版,第628—629页。

[2]陈鼎:《东林列传》,《明代传记丛刊:学林类3》,明文书局1991年版,第583页。

拱宸上疏指责,张国维说:"都城告急,天下入援者恐后,若一方有事,归罪中枢,必海内不举勤王之甲而后可。"[1]不久,张国维请辞,皇帝终于答应了。于是张国维被免职归里。

崇祯帝对于兵部大事的处理、枢要人物的升降,时常朝四暮三,轻信妄断。在崇祯一朝,举凡做兵部尚书的、为军队经略的,如陈奇瑜、卢象升、熊文灿、杨嗣昌、陈新甲等,往往是动不动就被这位刚愎自用的皇帝或杀或谪,因为在他的心目中,军事上的一切失误都归咎于他人,从不考虑自己也负有一定责任。果然,张国维也不例外,才做了七个月左右的兵部尚书,就被免官归里了。

三、入狱出狱

崇祯十六年(1643),张国维四十九岁。八月,即张国维被免职四个月后,崇祯帝又追究起来,将其逮捕解押回京治罪。其中详情,不是很清楚。张世鹏《明特进光禄大夫上柱国太子太傅赐尚方剑行边兵部尚书兼东阁大学士元考玉笥公行述》略而不载,《明史》本传也没有相关记载。《东林列传》云:"而言者以周延儒用范志完为纵敌,上大怒,缇骑逮讯,并及国维下狱。"[2]是说崇祯帝认为周延儒任用范志完极端错误,追究周的同时,连累到张国维。《鲁之春秋》云:"复以附会延儒及螺山丧师事逮下狱。"[3]"螺山丧师事"发生于四月,张国维因之被免职。那此次"下狱"当是因为"附会延儒",值得怀疑。《南雷学案》云:"言者更附会撼拾,群相攻击,上逮之下狱。"[4]这是说张国维遭人背后陷害而下狱。《明史》云:"十六年五月,国维下狱,遂以元飚为尚书。"[5]时间又不相吻合。

崇祯十六年(1643)十二月丙戌(二十六日),苏州百姓派代表进京向朝廷请愿,恳求崇祯帝宽恕张国维,但是没能打动皇帝的心。《崇祯长编》说:"原任兵部尚

[1]陈鼎:《东林列传》,《明代传记丛刊:学林类3》,明文书局1991年版,第583页。
[2]陈鼎:《东林列传》,《明代传记丛刊:学林类3》,明文书局1991年版,第583页。
[3]李聿求:《鲁之春秋》,浙江古籍出版社1984年版,第29页。
[4]黄嗣艾:《南雷学案》,《清代传记丛刊:学林类37》,明文书局1985年版,第373页。
[5]张廷玉等:《明史》,中华书局1974年版,第6641页。

书张国维被逮,吴民王永宁等叩阍,称:‘国维昔日抚吴,功德在民,乞赐全活。’”[1]

张国维在逮捕解京途中路经苏州,成千上万的士民拦道罗拜,杀猪宰羊,恸哭“生祭”。

张国维以平静的心情对待这一变故。在狱中,他著《心经解》一卷、《金刚经疏芥》二卷。

弘光元年(1645)四月,张国维补作于白云洞遂初斋的《金刚经疏芥序》云:

余自离举子业即服官二十余年,始困簿书,中焚谏草,最后三疲羽檄,流浪半生,林任先大史,余之鲍子也,每寓邮“以性命相勖属鞍掌,勿遑恨古人,世务撄心,天分有限”之语,徒自作焉。未秋罹患,回观二十余年,皆梦耳。一切嗔怨都捐,惟恨不早事友训,故至此。此真天假我回头时也。玩易之余,间读释典,每嗟望洋。抵维扬,晤德宗上人,教余七日打坐之法,且约余晤期。余依而行之,溯河巨浪,稽天勿觉也。坐期竟展读《金刚经》,粗生知见,有慨乎广为人说之义,愿作注解,不阅集注,惟于本文探讨,槛车中不能治笔墨,有所窥,则记于心,入狱乃卒业焉。未几,即邀释用之特命。余持疏解质任先,任先曰:“注金刚之报如此哉? 时应梓行。”时迫王事,未果。返维扬,晤德宗,适惬前期,抵掌而笑。阅余金刚注疏,曰:“七日打坐之功如此哉? 可以广为人说矣。”乙酉,扶侍之暇,乃从笥中检出,付剞劂,自题曰芥。芥者何? 此经说法,以筏喻,余惭管见,取芥为舟之喻,以自明不可乘也。筏尚应舍,此不可乘者何不舍游?曰:“余诠章句也钦哉? 欲汰心性无明,而借作筌蹄耳。心性之言,莫微于孔孟,然理至者,揆无不一。斫轮,亦关妙道,况十二部法印乎? 是帙不必合集,注亦不必合经,求通达乎。吾之守孔孟者而已,当冥心作解时,侘傺之怀,不知从何而去。则于行乎,患难较亦有助,即以所诠为行乎? 患难之心可也。”客曰:“信,如是观,可以无舍。虽然,子其有芥之心也。”夫余曰:“事心者何贵言大乎? 危微心法,千圣祖之,《易》曰:终日乾乾,夕惕若(厉)[2]。《诗》曰:不大声以色。六经同此义也。瞿昙氏演说大

---

[1]佚名:《崇祯长编》,《中国野史集成》第28册,巴蜀书社1993年版,第312页。
[2]括号内为笔者补。

乘,教人发大心,原可通于明新之旨,但末世徒惊其元,未证其实。高者汪洋自恣,卑者躐迹转生种种心,蜗角也而战,南柯也而梦,认小为大,亦足悲矣。夫人我体空,其或相对而意忻,或无构而情忤,在我算数所不及。即施我者,亦不知所从来,此非人也,天也。当前一切人,皆奉天以违顺我之人,又皆我所奉天以行其利济之人,当爱敬之如同体,敢存一毫憍慢耶?是经示人获福,首先持戒。戒者,小心之谓也。其曰'持戒生信心'者,以此为实迦文同体之感,老婆心切矣。小心可以种善,可以忏罪,可以履顺,可以习险,可以事君,可以信友,可以守先王之道,亦可以证无生。芥之时义大矣哉!余政愧未有芥之心也。然使人因芥言,而目余为芥人也,余其可矣。"[1]

六经同义,儒释互参,张国维悟性颇高,空无依傍,直指本心,学到深处竟可触类旁通,活学活用,能出能入。他能在狱中悟道,的确不同凡响。

崇祯十七年(1644)正月己酉(二十日),南兵部尚书史可法疏奏:"又如枢臣张国维,清谨有余,担当不足。封疆失事,罪固难宽。而前任总河,劳殊可念,且其母年已望八矣,是亦圣慈所恻然者。"疏入,皇帝仍"不允"。[2]二月,"山东兖州诸郡县民张道等上疏申救旧河臣张国维"[3]。

对于张国维如何得以出狱,众说纷纭。《明史》云:"帝念其治河功,得释。"[4]崇祯帝终于看在张国维过去治河有功的分上,起了怜悯之心,释放了张国维。诏曰:"张国维本当拟辟,念其抚吴、治河有功,着吏部议用。"[5]拟辟,即定为大辟,判处死刑。张国维死罪得免,乃在于皇帝念及他抚吴、治河之功。崇祯十七年(1644)二月辛巳(二十二日),谕吏刑二部:"张国维中枢不效,附和罪辅,蒙蔽君上,法当重治。姑念前任河道著绩,闻诏星赴,著免拟罪,候用;方士亮等皆从轻拟。"[6]张

[1]张国维:《张忠敏公遗集》,《四库未收书辑刊》第6辑第29册,北京出版社1997年版,第678—679页。
[2]佚名:《崇祯长编》,《中国野史集成》第28册,巴蜀书社1993年版,第315页。
[3]佚名:《崇祯长编》,《中国野史集成》第28册,巴蜀书社1993年版,第319页。
[4]张廷玉等:《明史》,中华书局1974年版,第7064页。
[5]张岱:《石匮书后集》,中华书局1959年版,第242页。
[6]佚名:《崇祯长编》,《中国野史集成》第28册,巴蜀书社1993年版,第319页。

国维《释用思母八首再依前韵》其六云：“不须来谂动仁君，睿鉴原情念细勋。”[1]这是有力的内证，与上述说法基本一致。“细勋”，属于谦词，不外乎抚吴、治河之功。而《鲁之春秋》云：“刑科给事中孙承泽疏救。”[2]认为张国维出狱主要得力于孙承泽的上疏营救。对此，《东林列传》所记更为详细：“刑科孙承泽疏救国维，次日上御文华殿，出疏示内阁及刑部诸臣，范景文力言：‘国维素著劳绩，罪有可原。’科臣言是。”[3]也说是孙承泽上疏营救，且崇祯在文华殿将孙的上疏公之于众，得到了很多人的认同，尤其是范景文，力挺张国维，科臣附议，正是文武百官对张国维的肯定与声援，张国维才算得救。《小腆纪传》云：“国维知库藏空虚，首急军饷，乃倡开事例一法：杀人行劫，皆得输金赎罪。谓己一至江南，数百万可立致。帝惑其说，会苏民诣阙乞贷，即宥出。”[4]认为张国维声言筹措军饷有方，崇祯帝轻信了他，正可解燃眉之急，便放出了张国维。当初押解张国维过苏州时，苏州百姓为他生祭，且拜且哭且献酒。张国维从容安慰众人说：“予何德于汝？今兹行无伤也，有周相公手书在，非我不堵清兵之罪也。”[5]周相公指周延儒。等到张国维北上，拿出周手书给崇祯帝看，真的得以免祸。据说这是苏州人亲自口述的，属于一种民间说法。

崇祯十七年（1644）二月戊子（二十九日），“召原任兵部尚书张国维、庶吉士史可程、举人朱长治，来中左门”[6]。三月辛卯（初三），“谕吏部：旧枢臣张国维著授兵部尚书，兼都察院右佥都御史，前往浙直，督理输饷练兵事务”[7]。可见崇祯帝至末日将临，方才认识张国维是他的功臣和忠臣。

张国维三月癸巳（初五）即上《生财七事疏》，皇帝从之。[8]初十出都。到达苏州时，李自成已攻入北京。三月十九日，崇祯帝自缢于煤山，历时二百七十六年的明朝至此灭亡。

[1]张国维：《张忠敏公遗集》，《东阳丛书》第14册，浙江古籍出版社2015年版，第84页。
[2]李聿求：《鲁之春秋》，浙江古籍出版社1984年版，第29页。
[3]陈鼎：《东林列传》，《明代传记丛刊·学林类3》，明文书局1991年版，第583—584页。
[4]徐鼒：《小腆纪传》，中华书局1958年版，第377页。
[5]计六奇撰，任道斌、魏得良点校：《明季南略》，中华书局1984年版，第295页。
[6]佚名：《崇祯长编》，《中国野史集成》第28册，巴蜀书社1993年版，第321页。
[7]佚名：《崇祯长编》，《中国野史集成》第28册，巴蜀书社1993年版，第322页。
[8]佚名：《崇祯长编》，《中国野史集成》第28册，巴蜀书社1993年版，第323页。

第六章

辅佐鲁王　投池殉节

一、福王监国，告假归里

崇祯十七年（1644），张国维五十岁。

李自成起义军推翻了明朝的统治，在南京的文武大臣议论再立新君，图谋恢复明朝。立谁为新君，意见分歧。史可法等欲立潞王朱常淓，马士英等欲立福王朱由崧。结果马士英发兵到淮安将朱由崧接到南京即位，改明年为弘光元年，史可法、马士英等并为大学士，任张国维协理戎政。《敕谕协理京营兵部尚书张国维》云：

> 皇帝敕谕协理京营兵部尚书张国维，国事在戎，居重驭轻，京营尤为要肃，皇帝分为三大营，枢臣与勋臣督之，诚以文武兼制，事权不偏，文臣职得兼，则军民亦无哗也。南都积弊，踵仍尺籍伍符，半归虚冒，非得重臣经营而厘剔之不可。惟尔先朝中枢，壮猷素著，特命尔协理京营戎政，凡各总兵及教场提督副将俱听节制，副将有违军机及梗令，骄执听处，游都等官以军法从事。若有临阵退缩，淫纵劫掠者，先斩奏闻。上自安庆，下至海门，俱修练设备，增战船，利器械，不致疏虞，盐贼海寇，相机剿捕。选将领，肃纪律，清隐占，时训练，勤抚恤，毋徇情，毋避嫌疑，毋辞劳怨，务使三军之众，人怀敌忾，张皇国威。若兵民猜构，酿祸非小。尔旧抚南徽，人心信服。不徒克诘，戎兵兼资，安抚百姓，尔以元枢受兹重寄，须恪遵朕训，力副倚注，如或姑息怠玩，偏执误事，责有所归，钦哉故敕。[1]

崇祯十七年（1644）五月末，史可法赴扬州督师，马士英主持朝政。本来，张国维募得精兵三千，到了镇江想要渡过长江。张国维思忖，新君即位，必定首先为先帝发丧，便决定起兵北伐，赶到南京，欲与史可法兵合一处出征。

不多日，福王朱由崧追叙张国维在山东征讨李青山的功劳，加封太子太保，荫

---

[1]王铎：《敕谕协理京营兵部尚书张国维》，《拟山园选集》，《清代诗文集汇编》第6册，上海古籍出版社2010年版，第422—423页。

长子张世凤锦衣金事。

马土英急欲发动内营兵讨伐东阳许都余党,张国维力言不便,方才作罢。张国维举荐曾任兰溪县令的盛王赞主宰东阳,盛王赞以体贴人情为本,慰遣被许都所株连者,圆满完成抚绥任务。[1]

七月,张国维上《请改折金绍南粮疏》《进呈兵家要务疏》《条陈中兴要略疏》。其《进呈兵家要务疏》提出八款方略:一曰励忠义以教战,二曰澄本源以肃纪,三曰精选升以励士,四曰慎召募以蓄锐,五曰严纠劾以饬法,六曰辑兵民以安众,七曰分步骑以责成,八曰定大阅以课效。[2]这都是事关整肃戎务,以改变积久玩忽的好建议。奉圣旨:"兵事积玩,卿所陈八事足振六师之气。所以资饱腾、作敌忾必财糈接济,其有赖乎!户部知道。"[3]

《条陈中兴要略疏》有云:

> 为王业肇都,首重置辅事。窃惟自古建都者,皆于四近之地立为辅郡,所以为京师屏翰也。汉以京兆、冯翊、扶风为三辅,唐以华州、同州、凤翔为三辅,宋以颖昌为南辅,郑州为西辅,澶州为北辅,皆俯重兵拱护宸极,其计甚深远也。我太祖建都江南,于凤泗滁和皆屯重兵,虽不名辅,而俨然有屏藩之意。今当殷忧启圣之时,多难兴邦之会,同日封四镇,以宿将握劲兵扼守江以北矣,独不曰江南宴安之势不可狙乎?金陵旧设之兵不足恃乎?京口、芜湖皆肘腋重地,懈弛无备,不能壮镐京之势乎?臣请于旧设水陆额兵外,另于南京城设战兵三万,统以能将,殚力训练,效汉设京兆之制,为朝廷中辅。其沿江而下也,请于京口设战兵三万,统以能将,为苏松常镇之外藩,为淮南之屏蔽,以为朝廷东辅。其溯流而上也,请于芜湖设战兵三万,统以能将,为徽宁徐泰之外藩,为淮西之屏蔽,以为朝廷西辅。无事则分为守,有事则互为援,此虽思患预防之过计,实建威消萌之良图也。[4]

---

[1]党金衡主修:《道光东阳县志》,西泠印社出版社2017年版,第158—159页。

[2]张国维:《张忠敏公遗集》,《四库未收书辑刊》第6辑第29册,北京出版社1997年版,第666—668页。

[3]《吴宁托塘张氏宗谱》卷30,2005年重修,第121页。

[4]张国维:《张忠敏公遗集》,《四库未收书辑刊》第6辑第29册,北京出版社1997年版,第668页。

张国维参照历史经验,请示建立三辅,以屏藩南京,即以京师为中辅,京口为东辅,芜湖为西辅,各设重兵镇守。朝廷虽然认可,却未能施行。

八月,张国维上《请饬济宁就地设兵就地设饷疏》。当时,副将李允和于济宁请兵救援,张国维认为济宁是南北咽喉,一城固守,而大河南北都会变得高枕无忧,所以朝廷应该增补人马以资战守。然而,执政者以为鞭长莫及,放置一旁,不管不顾。张国维喟然叹道:"天下事自此坏矣!"[1]马士英、阮大铖等人听到了张国维这一感慨反而更加嫉恨他,凡有举动多加掣肘。

徐石麒(1577—1645),初名文治,字宝摩,号虞求,浙江嘉兴人,天启二年(1622)进士,授工部营缮司主事,因得罪魏忠贤,被削籍。崇祯三年(1630)恢复原职,官至刑部尚书,因忤崇祯帝意,落职闲住。南明弘光政权建立,召拜右都御史,改吏部尚书,为马士英等所扼,郁郁不得志,乞归。众官商议推举张国维补其位。马士英欲用张国维,因其"和易",而阮大铖却用张捷,因为张国维"为给谏时所荐所纠皆与声气合"[2]。张捷(? —1645),丹阳人,进士,后南都陷落,自缢而死。乙酉(1645)嘉兴破,徐石麒自经死,清朝赐谥"忠懿"。

阮大铖专权,为打击报复政敌,撰《蝗蝻录》,以东林为蝗,复社为蝻,企图把东林、复社和反对自己的人一网打尽。阮认为张国维属于东林党,名列其中,张国维成为被阮打击的对象。

福王朱由崧被揽权行私、贪财好货的马士英等人挟制,本人又以饮醇酒、淫幼女为乐,沉湎酒色,置国破家亡于脑后。如此皇帝,又怎么会细览张国维奏章,制定复明之策呢?马士英嫉贤妒能,多有挤排。虽然叙山东战功,加太子太保衔,但张国维的抱负终难以施展。前后大约半年,张国维便告假归里。他及时上《乞恩例给祭葬疏》,其中说道:

　　臣父生员张希武斋监励志,诗礼贻谋,臣自舞勺以迄成人,朝夕训

　勉,惟忠孝廉节四字,盖半世咿唔,终老于缝掖,一灯课读,恒切望于显

[1]张世鹏:《明特进光禄大夫上柱国太子太傅赐尚方剑行边兵部尚书兼东阁大学士元考玉笥公行述》,张国维:《张忠敏公遗集》,《四库未收书辑刊》第6辑第29册,北京出版社1997年版,第630页。

[2]李清:《三垣笔记》,中华书局1982年版,第118页。

扬。自臣筮仕以来，臣父累邀赠恤，幸逢皇上龙飞以覃恩，获赠太子太傅、兵部尚书，今当卜兆之期，而不为仰吁宏仁，非独亲恩周报，并国典亦虚矣。察得《会典》，在京一品二品父母妻丧，三品四品父母丧曾受封赠及致仕者各照品级造坟安葬。又一款，两京二品以上文官并父母妻、三品文官并父母曾受本等封者，俱照例祭葬。臣父正与例合。近见原任兵部侍郎张镜心、礼部侍郎管绍宁成已得请，镜心父母更照一品祭葬。臣虽碌碌逊人，而臣父蒙恩，实赠一品，觉为过之，此臣乌哺之私，不禁其神摧而涕陨也。伏乞敕部察照一品典例给与祭葬，教孝即以作忠，世世顶戴无斁矣。臣无任悚惶待命之至。[1]

福王恩准，赐给祭品。这无疑是一种家族的荣耀，张国维的确光耀张氏门楣了。

张国维在东阳白云洞构筑遂初堂，奉母居住。

张国维离任后，马士英等人更加肆无忌惮地搜刮民脂民膏，卖官鬻爵，捞取钱财。民谣说："都督贱如狗，职方满街走。相公只爱钱，皇帝但吃酒。"[2]福王与文武臣僚如此，哪还有心思恢复大明江山？因此，清军南下，所向披靡，明军无力抵抗，望风逃窜。弘光元年（1645）五月初九，清军渡江。六天后抵达南京，福王逃芜湖，马士英逃杭州。二十二日，降将献出福王，押至北京，次年处死，时年四十岁，在位仅八个月。

南京被攻破后，江浙郡县纷纷降附。马士英拥潞王朱常淓杭州监国，仅仅三天便向清廷投降了。

二、鲁王监国，独木难支

顺治二年（1645），即弘光元年，鲁监国乙酉，张国维五十一岁。

朱以海，朱元璋十世孙，鲁荒王朱檀九世孙，鲁恭王朱颐坦之孙，鲁肃王朱寿镛之子，鲁王朱以派之弟，明朝第十一代鲁王。父王寿镛，崇祯十五年（1642），大

---

[1]张国维:《张忠敏公遗集》,《四库未收书辑刊》第6辑第29册,北京出版社1997年版,第669页。
[2]夏完淳:《续幸存录》,《续修四库全书》史部第440册,上海古籍出版社2002年版,第559页。

清兵陷兖州，自缢。朱以海年幼被抓，被人连砍三刀，都砍不中，于是被放走了。崇祯十七年（1644）二月，袭鲁王封爵，北京被攻陷之后，诸王纷纷南下。弘光元年（1645）四月，命其暂驻台州。

五月，明南都陷落。

鲁王以海居台州时，清兵派遣使者送来书信招降，职方主事陈函辉击杀使者，谋划起兵。不久，九江佥事孙嘉绩、吏科给事中熊汝霖起兵于余姚，吏科给事中章正宸、分守宁绍台道于颖起兵于山阴，刑部员外郎钱肃乐起兵于宁波，苏松佥事沈宸荃起兵于慈溪。张国维起兵于东阳，闰六月，与起义诸臣奉表迎鲁王于台州，即日移驻绍兴，称监国，以分守公署为行在，列兵江上，分地戍守。张国维与诸臣劝其登极，监国辞曰："孤之监国，原非得已，当俟拜孝陵，徐议乐推，未晚也。"[1]群臣再三请求，监国坚决不同意。这个决策无疑是正确的，以免树敌太多，遭受其他抗清力量的不必要攻击。监国加封张国维为太子太傅、兵部尚书、武英殿大学士，督师钱塘江上，管辖东阳、义乌、永康、武义，扎营于富阳、桐庐之间。当时西兴合兵十六万人，沿江百余里，分布三十六营，壁垒相望，旌旗蔽空。

当时浙东画钱塘江而守，号令所行，不出八郡。乃议列屯，以朱大典镇上游金华，方国安当七条沙，王之仁当西兴，郑遵谦当小亹，孙嘉绩、熊汝霖、钱肃乐当瓜里。早起训练，鸣鼓放舟，登岸搏战，复舻还戍，习以为常。

监国命张国维归东阳，集兵到钱塘守江，派汛长河头。当时绍兴富户，因为助饷而受累。鉴于此，张国维回到东阳，创造性地开展工作，"国维并不打粮送札，以东阳世产，与富户邻者，以原券与之。计其数，令出壮士数人，备衣甲器械，抵价若干；自某日至某日给粮，抵价若干。以土著之家，养不逃之兵；以应出之价，收难得之产：不动声色，而兵食俱足"[2]，未引起社会动荡与不满，且顺利完成任务。

六月，清军据杭州，欲窥钱塘江。监国授张国维长子张世凤平西将军。

顺治二年（1645）闰六月，唐王朱聿键在福州即帝位，宣布从七月初一起改弘光年号为隆武元年。改福建布政司为福京，改福州行在为天兴府，改布政司为行殿，建行在太庙、社稷及唐国宗庙。给事中刘中藻颁诏至绍兴，热衷富贵的人大多想赴闽拥唐王受封，人心浮动。监国朱以海不高兴了，也想下令返回台州，士民更

---

[1]李聿求：《鲁之春秋》，浙江古籍出版社1984年版，第30页。
[2]张岱：《石匮书后集》，中华书局1959年版，第242页。

加惶惶不安。文武诸臣都说："今日情形,不宜与唐二,开诏便。"[1]张国维从前线江防急驰回绍兴。只有兵部尚书熊汝霖、国舅张国俊、中书舍人谢龙震与阁臣张国维四人反对开诏。督师熊汝霖对开读诏书持否定态度："时闽中遣使颁诏至,欲以江上之师,受其约束。廷议开读之礼,汝霖与国维不可。汝霖言:'主上原无利天下之意,唐藩亦无坐登大宝之理,有功者王,定论不磨。若我兵能复杭城,便是中兴一半根脚,此时主上早正大号,已是有名,较之闽中乘时拥戴,奄有闽越者,规局更难例论,千秋万世,公道犹存。若其不能,而使闽兵克复武林,直趋建业,功之所在,谁当与争?此时方议迎诏,亦未为晚。'此议出,闽使乃返。"[2]张国维持剑拜伏于宫阙之下,他说："臣得以义责诸臣。夫鲁以数郡起,凭匹夫之怒,当全盛之敌,破矢折戈,劳苦江上者累数月,而闽以回远,奄然苟安,即不助予,乃令束而待命!今日请太祖高皇帝坐定此案,唐、鲁得失,岂止寻丈哉?且夫乘人之危而因以利之者不仁,孤人之势而阴诱其众者不义。亦思鲁众一退,当坚者故非唐乎?是自破卫也,以身为边也。凡我有官君子,矢事于鲁,移奉叔父,亦称二心。即以势临孤危,当为国死。今日复有以奉闽为言者,臣立斩之!"[3]中书谢龙震突然暴起,于朝堂之上公然侮辱了诏使刘中藻,刘中藻仓皇逃入金华。朱大典厚加礼遇,派兵保护,刘中藻才得以出境。张国维上疏唐王："国当大变,凡为高皇帝子孙,理当合心协力,共御强敌。闽越声息阻绝,当时并未估计到闽之有唐王,而闽人又拥立为帝。监国当人心奔散之日,鸠聚为难,如果并入闽中,鞭长不及马腹,猝然有变,唇亡齿寒。将来功成之后,入关者王,监国理当退居藩服。我已年迈,岂是朝秦暮楚、图富贵、急功名,而妄计天下大事的人呢?"此疏一上,人心才安定下来。唐王看过奏疏,不置可否,心下不悦,可以想见。自此浙闽不和,竟至势同水火。

当时,江楚、西蜀、两粤、滇、黔都接受了唐王诏朔,唯独浙东因为鲁王监国在先,义旗分竖,不适宜降屈。后来金堡从闽又来,上启力争,以为："更始称尊,刘缜止居大司马之位;湘阴继统,刘崇亦守节度使之官。缜岂甘以贤让不肖,崇岂甘以父让子哉?恐一家之中有二天子,即外患得以相乘也。殿下以侄事叔,则今上既非湘阴;以贤事圣,则今上并非更始;即上表称臣,拜疏迎驾,岂遂为屈己乎?两大

---

[1]查继佐:《东山国语》,《台湾文献丛刊》第163册,大通书局1963年版,第9页。

[2]李聿求:《鲁之春秋》,浙江古籍出版社1984年版,第44—45页。

[3]查继佐:《东山国语》,《台湾文献丛刊》第163册,大通书局1963年版,第9页。

相抗,必至于离;两离相忌,必至于败。使敌国得乘暇观变,坐而收渔人之效,恐文武诸臣,不得辞其责矣。《诗》云:'兄弟阋于墙,外御其侮。'今当御侮之时,自启阋墙之衅,窃为殿下惜之。殿下诚能息群喙以奉一尊,异日光复二京,只谒寝庙,今上之功,不过汉光武,而殿下之德,乃过于周文王。厚实不亏,而显名烂焉。即今上亦安能屈殿下哉?"[1]鲁王不听,下令法司究问,陈函辉启请杀了金堡。金堡无奈,逃到衢州。

唐王加封张国维为东阁大学士,敕辅鲁王监国。张国维说:"继大统者,世治先嫡长,世乱先有功,唐殿下提兵北伐,则国维当为前驱;若止为闭户天子,反以官爵分浙东办卤之心,则恢复无期,中兴何日?是太祖高皇帝之罪人也,不敢奉诏!"唐王手敕先后七次送达,而张国维始终不启封,他对使臣说:"张国维但知今日江上,收文武人才、治战守具为急,不知东阁大学士为何官!可即以此语报唐殿下。"[2]张国维一直头脑清醒。他认为,继承大统的通常做法是治世要嫡长为先,而乱世要凭借功绩,非常时期就要采取非常之办法。如果唐王要率兵北伐,他甘为前驱;如果唐王只想当个闭门天子,不思进取,反而以加官进爵的办法破坏浙东抗清的团结,那么大明恢复无期,中兴无望,唐王也必为大明之千古罪人。面对闽越之争,张国维能以大局为重,上疏唐王,请求唐王在强敌压境的情况下,同以国是为念,齐心协力,共御清兵,而不要过分纠缠内部谁帝谁王的问题。在张国维眼里,一旦抗清复明功成业就,可效法刘邦、项羽之"入关者王"。

《剑桥中国明代史》认为,唐鲁合作失败的原因有三个,即地理、两位藩王的性格和当时恐惧的心情。第一,福建和浙江是人口稠密地区,其间绵延着几座大山,阻塞了直接的交往,即使在最好的时期,福州与绍兴之间也不可能畅通无阻。第二,唐王和鲁王以相反的性格特点保持他们的统治地位。第三,对于与另一个权力中心的合作,两个政权都不够放心。[3]谢国桢认为,鲁王如果能与江南、福建、江西各地义军加强联系,还可以由海道方面出击清军的后方,这对整个抗清战争是有很大作用的。但不久内部就发生了一系列的变故而阻碍了这一计划的实行。[4]

[1]邵廷采:《东南纪事》,《续修四库全书》史部第332册,上海古籍出版社2002年版,第19页。
[2]张岱:《石匮书后集》,中华书局1959年版,第242页。
[3]牟复礼、崔瑞德编,张书生等译:《剑桥中国明代史》,中国社会科学出版社1992年版,第718—719页。
[4]谢国桢:《南明史略》,上海人民出版社1957年版,第109页。

七月,张国维克复杭州、富阳,命姚志卓守严州、分水。

八月,张国维收复杭州於潜,上《兵权合一疏》。当时兵马云集,却无法统一号令,大家谁也不服谁,各自为营,如一盘散沙。张国维敏锐地发现了这一问题,他请疏于鲁王,认为"克期会战,则彼出此入,我有休番之逸;而攻坚捣虚,敌无应接之暇。斯为胜算,必化诸帅之心合为一心,然后使人人之功罪,视为一人之功罪,而赏罚明矣"[1]。提议切中肯綮,鲁王觉得所言甚是,命张国维入阁办事,赐张国维尚方宝剑以统率诸军,封张国维长子张世凤提督援剿总兵官、太子太保、都督府左都督、加爵永康伯,封次子张世鹏尚宝司少卿。

沿江深沟高垒,张国维多设置木城、株槪,坚守沿江要害,联合方国安、王之仁、郑遵谦、熊汝霖、孙嘉绩、钱肃乐诸营,防守严密,打算与清军进行持久战。

十月,御清军于江上。张国维命部将赵天祥西渡,自己驻扎上游,熊汝霖驻扎下游,横截迎击,突然遇上大风雨,清军徘徊不前,不想作战,于是双方引退。张国维约诸营连战十日,张国维率兵打了几次胜仗。不久,清兵大部队开拔,方国安严阵以待,张国维率步卒应接,派遣裨将王国斌、赵天祥跟随其后,一直追到草桥门。不料赶上大风雨,火炮弓矢无法发挥威力,只得紧急收兵。这次战役中,前锋钟鼎新用火攻,击杀绯衣大将一名;诸将李(《南疆绎史》《鲒埼亭集》并作"吕")宗忠等各斩杀敌首十级;俞国荣等直抵张湾,取清兵军械而归。

十一月,严州总兵官方国安从金华赶来,马士英素来与方国安交好,偷偷藏匿在国安营中,申请入朝。田仰、谢三宾等想授马士英官职。张国维上《马士英十大罪疏》,马才不敢入朝。"自先帝之变,凡属臣子,谁不摧伤?偏士英事事与先帝为仇,钦案,先帝手定者,士英首翻之;要典,先帝手焚者,士英复修之,是无先帝矣,其罪一。国家惟名与器不可假人。自士英柄国,卖官鬻爵,殆无虚刻,都门有'职方贱如狗,都督满街走'之谣,其罪二。阁臣司票拟,政事归六部,祖制也。士英已为首辅,复掌兵枢,又引巨憝阮大铖为添设尚书,以济其篡弑之阶,弁髦太祖法度,其罪三。进贤退不肖,人主黜陟之大权,士英自引阮大铖以来,同己者,如张孙振、李宏勋等,皆充斥于朝端;异己者,如刘宗周、姜曰广等立窜逐于崖谷。曰进退由

---

[1]张世鹏:《明特进光禄大夫上柱国太子太傅赐尚方剑行边兵部尚书兼东阁大学士元考玉笥公行述》,张国维:《张忠敏公遗集》,《四库未收书辑刊》第6辑第29册,北京出版社1997年版,第630页。

我,生杀由我,是无皇上矣,其罪四。九重秘密,岂臣子所敢言?士英遍布私人,窥视言动,又募死士入宫,诡名禁军,实图不轨,其罪五。率土所碎心痛号者,先帝殉难,而皇子幸存,宜加爱护。士英乃与阮大铖一手拿定,付之幽囚,岂真欲斩先帝之种嗣乎?其罪六。外警频闻,匿不以报,左师东下,反调兵御之。当时良玉提军以清君侧,苟得志,必无幸矣。若外警至,则犹可逃窜以幸免,或可反事以苟全,奸谋审矣,是何重视一己而轻视朝廷也?其罪七。警逼郊圻,皇上幸太平矣,令士英守都,而已帅黄镇以为援,是一策也。使督率守将,坚守数日,合数镇以援南都,未必不可以拒北。乃弃城不守,而奉太后以南奔,其罪八。既扈太后来杭,则生死与偕,此大臣之义也,乃北警狎至,而并弃太后如弃敝屣,独带眷属以渡江,家何厚而国何薄耶?其罪九。既渡江矣,犹日仓皇拒敌,而势有不能也。乃二月以来,不闻只马南牧;身在方营,正可协力同心,共起义师,乃困围金城,穴鼠斗争,致使兵将摧残,其罪十。""若此贼进用,必将更寻覆辙,朝士见而灰心,豪杰闻而解体,孰肯承指使于奸邪?且大敌在前,藩篱未固,无日不思乘我隙,以逞投鞭之志。若复蹈前轨,则知中朝之无人,益轻视我矣。仰乞主上大奋乾纲,明正误国之罪,宣示中外。使天下知初政鼎新,奸邪无所逞志,而共涤肺腑,更化濯俗,将两京立复,而天下不难致太平矣。"[1]义正词严,不可辩驳。

后阮大铖也偷偷跟着进入国安营中。

监国大封官爵,张国维、朱大典、宋之普为东阁大学士。熊汝霖、孙嘉绩、钱肃乐为右金都御史,并加督师,其实并无实权。起用章正宸为吏部左侍郎,署部事,李自春为户部尚书,王思任为礼部尚书,余煌为兵部尚书,张天郁为工部尚书,陈函辉为吏部右侍郎。封方国安为镇东侯,王之仁为武宁侯,衢州守将张鹏翼为永丰伯,郑遵谦为义兴伯。

而文臣兴义军,举义旗的大多不懂军事,不会带兵打仗。郑遵谦只知道畜养优伶,实在无坚定斗志,手下多是贩夫走卒,一帮乌合之众,原先设置的营兵卫军都归属方国安、王之仁统领。方国安和儿子方元科尤其凶狠、蛮横,整天与朱大典钩心斗角而结怨,虽然坐拥精兵强将,却不肯进取杭州。士大夫鼠目寸光,仍然过着承平的日子,到处求官,乞求封妻荫子,大街小巷,几乎有大半人腰怀犀玉,乃至

---

[1]张国维:《张忠敏公遗集》,《四库未收书辑刊》第6辑第29册,北京出版社1997年版,第669—670页。

有人竟然用白石去冒充。当时流传俗语:"带何挺挺?白石粼粼。"[1]极具讽刺性。他们的子弟即使尚处幼年,也要穿着彩绣的丝绸衣服,戴上官员的帽子,在道路上呼朋引伴,煞有介事。据此又有俗语说:"痘儿哥,痘儿哥,横街骑马谁敢何!"[2]巡抚田仰来自淮扬,他与郑遵谦争夺兵饷,竟然在朝堂上争吵起来。田仰部将李士琏拔刀便砍,郑遵谦吓得在大殿上奔命,大喊"救我"。太监客凤仪也帮助田仰兵进行巷斗,郑遵谦逃回小簪,鲁王只得派遣廷臣去和解。

瞿式耜在家书《丁亥正月初十再书寄》中写道:"以我观之,分明戏场上捉住某为元帅,某为都督,亦一时要装成局面,无可奈何而逼迫成事者也。其实自崇祯而后,成甚朝廷?成何天下?以一隅之正统而亦位置多官,其宰相不过抵一庶僚,其部堂不过抵一杂职耳。"又说:"其见在朝廷者,干济则平常,争官则犀锐,部曹则想科道,科道则想督抚,毕智尽能,朝营暮度,无非为一身功名之计。其意盖谓世界不过此一刻,一刻错过便不可复得矣!彼其胸中,何尝想世界尚有清宁之日,中原尚有恢复之期也哉!"[3]这段文字虽写于永历元年(1647),但所指出的南明残余势力醉生梦死,热衷于乱中窃权却是概括了弘光以来的普遍现象。从宗藩到官僚大抵都是利令智昏,为眼前的名利争得不可开交。[4]

浙东每年赋税六十多万两,以此供应兵饷,显然不够。方国安、王之仁、朱大典等率领的官军享受出自田亩赋税的"正饷",孙嘉绩、钱肃乐等率领的义师只能享用富户捐输的"义饷",方、王甚至还来分润吞并。粮饷困难,自然极大地影响了军队的战斗力。浙东各处义师由于断绝了粮饷,大多散去。方国安将马士英、阮大铖勾引而来,谢三宾与鲁王的岳父张国俊互相勾结,把持朝政。军饷财政大权则操于太监客凤仪、李国辅之手。政治腐败几达顶点,正直人士横遭排挤。督师大学士张国维直接掌管的亲兵营也不过区区几百人。钱肃乐上疏云:"国有十亡而无一存,民有十死而无一生……今也竭小民之膏血,不足供藩镇之一吸,继也合藩镇之兵马,不足卫小民之一发,凛凛乎将以发死。"[5]鲁王不听,钱氏愤而解职。

---

[1]邵廷采:《东南纪事》,《续修四库全书》史部第332册,上海古籍出版社2002年版,第19页。

[2]邵廷采:《东南纪事》,《续修四库全书》史部第332册,上海古籍出版社2002年版,第19页。

[3]瞿式耜:《瞿忠宣公集》,《续修四库全书》集部第1375册,上海古籍出版社2002年版,第298—299页。

[4]顾诚:《明末农民战争史》,光明日报出版社2012年版,第191页。

[5]全祖望撰,朱铸禹汇校集注:《全祖望集汇校集注》,上海古籍出版社2000年版,第146—147页。

　　清兵沿江营建木城,双方进入战略相持阶段。清兵南下,到兖州,到河南,到淮河、扬州,攻入金陵,攻下苏州、杭州,所到之处守军非逃即降,几乎没有人敢用哪怕是一支箭来与之抵抗。直到此时,才真正有人与清兵作战,并且取得了一些胜利,这真的是三十年来从未有过的事情。针对南明败亡的结局,计六奇《明季南略》感慨道:"乃风雨突发,天之眷清也厚矣。"[1]认为是上天眷顾清政府,占了天时。

　　张国维上《请谥骆宾王疏》[2],认为:"骆宾王杰士齐名,孤忠许国。陈情终养,允矣李令伯之风;直节劲词,凛然孔北海之志。为侍御而数忤武氏,抗疏载自遗书;谪邑丞而佐理临海,惠政记诸名宦。迄今读讨檄一橄,忠肝共愤天人;通宝剑诸诗,义胆并昭日月。"按谥法,"慈惠爱民曰文,危身奉上曰忠",达到"以扬前烈,以励后人"的目的。奉圣旨:"览先生奏,知乌伤唐忠臣骆宾王才齐四杰,绩迈五王,准谥文忠,以焗兼媆。所请奉祀生员,俱依拟,用旌忠裔。该部知道。"[3]

　　十二月,张国维见查职方嵊赭山打了胜仗,便命令长子张世凤跟从方国安突袭朱桥,张国维长河的部队作为后援。不料消息泄露,遭到清兵拦截,长河部队溃散而返。由于缺少后援,部队孤军深入,遭遇敌军的埋伏,先锋部队五千人到处乱窜,找不到出路,全部投降了。方国安侥幸脱逃,但军队士气因此受挫。张国维贸然出兵大败,深自悔恨。萧山公署掘地挖出铜炮四十二门,上面书刻洪武年月,一时间大家都以为这是吉祥的征兆。张国维认为这是天助之神炮,风雪中亲自督办,把重十多万斤的"大将军"运到江边,一试威力,第一发炮弹直击武林,炸破城垛;第二发,炮筒炸裂,无法再用。但对敌人起到了震慑作用,清兵暂时感到恐惧而不敢贸然前进。

　　顺治三年(1646)正月初一,鲁王上朝理事,派遣兵部尚书柯夏卿去福州慰问,唐王深感自责,亲自写信给鲁王,信中说:"朕无子,王为太侄,和衷协力,共拜孝陵。朕有天下,终致于王,取东浙职官,均列朝籍,转饷十万犒师。"[4]但鲁王不满足,发敕书封郑芝龙兄弟为公。这引得唐王大怒,囚禁了使者裴兆锦、林必达,斩

[1]计六奇撰,任道斌、魏得良点校:《明季南略》,中华书局1984年版,第288页。

[2]张国维:《张忠敏公遗集》,《四库未收书辑刊》第6辑第29册,北京出版社1997年版,第670—671页。

[3]《吴宁托塘张氏宗谱》卷30,2005年重修,第130—131页。

[4]邵廷采:《东南纪事》,《续修四库全书》史部第332册,上海古籍出版社2002年版,第20页。

杀了陈谦,浙闽矛盾进一步激化。

正月,张国维"反覆自古中兴之会,观其君臣相与之微",于"戎马之遽,间从编牍之搜,摘要成书,因文缀论大略",辑成《古中兴任贤从谏录》二卷,上于监国。可惜原书已佚,其《进呈〈古中兴任贤从谏录〉疏》认为"若君若臣,可师可法"[1],"《古中兴任贤从谏录》上自殷高,下迄宋高,采撮成迹,传以论赞,古帝王经略,天下之具犁然备焉"[2],伏愿监国"鉴厥愚芹,采斯下菲,创前帝之未有,行古人所难为。若彼异代之明良,固可同堂而飏拜。人材难得,岂汉文拊髀,而终叹其无;药言可尝,在李泌同床,而犹以为苦"。在这种危急的形势下,张国维仍不忘勉励监国增长治理才干,任贤选能,励精图治,乃至实现中兴。

二月,张国柱劫定海总兵王鸣谦入掠余姚,其部曲张邦宁掠慈溪,绍兴封锁严密。张国柱被封为胜北将军,始返定海。总兵陈梧败于嘉兴,航海掠余姚,知余姚主事王正中击杀陈梧。

三月,清兵决开堤坝,放舟入江。张国维严肃告诫各营防守江汛,命令王之仁、郑遵谦等去江心迎击。当天,东南风大起,王之仁扬帆奋击,张国维乘胜渡江,击碎清军战船无数,郑遵谦捞铁甲八百多副,清兵稍稍后退。

四月,张国维率诸军攻打杭州,未能成功。唐王派遣金都御史陆清源送来十万银犒赏浙东军士,由于分饷不均,发生兵变。马士英教唆方国安纵兵夺饷,先是将清源囚禁于船中,后残忍杀害。张国维听说了这件事,感叹道:"曲在我矣。"[3]大概是后悔当初未对马士英采取斩草除根的断然措施,终致养虎为患,即"不能执而诛之,以此赏罚尽失,士气衰沮"[4]。《小腆纪传》则记张国维叹曰:"自我戕毒,祸不远矣!"[5]张国维具有非凡的政治敏感度,他认为浙闽这样自相残杀,不久就要

---

[1]张国维:《张忠敏公遗集》,《四库未收书辑刊》第6辑第29册,北京出版社1997年版,第671—672页。

[2]张世鹏:《明特进光禄大夫上柱国太子太傅赐尚方剑行边兵部尚书兼东阁大学士元考玉笥公行述》,张国维:《张忠敏公遗集》,《四库未收书辑刊》第6辑第29册,北京出版社1997年版,第631页。

[3]张世鹏:《明特进光禄大夫上柱国太子太傅赐尚方剑行边兵部尚书兼东阁大学士元考玉笥公行述》,张国维:《张忠敏公遗集》,《四库未收书辑刊》第6辑第29册,北京出版社1997年版,第630页。

[4]邵廷采:《东南纪事》,《续修四库全书》史部第332册,上海古籍出版社2002年版,第18页。

[5]徐鼒:《小腆纪传》,中华书局1958年版,第378页。

大祸临头了。应该说这个判断很有预见性。《鲁之春秋》记张国维叹曰："曲在我矣,不久将自及,吾唯尽力而为之。"[1]唯有全力以赴,别无他法。清源无端被杀,监国也担心闽军会来问罪,故而命令张国维抽调一部分兵力在西面防御,以兵部尚书余煌代张国维督师,从此江上之师越发单弱了。

五月,张国维西征之师还没来得及出发,清贝勒统率的大军就杀到了。江水遇旱而落,清兵试马,江水居然深不及马腹。二十七日,清军用大炮攻击方国安军营,击碎军灶。方国安惊呼:"这不是老天要夺我的饭碗吗?我去投奔唐王好了。"方国安拥兵二十余万众,不战而逃,于二十七日夜里拔营到绍兴,劫持监国鲁王一路向南,江上诸军听闻之后哄然溃散。兵部尚书余煌、宁国公王之仁、兵部侍郎陈函辉、太仆少卿陈潜夫全部殉难。孙嘉绩、熊汝霖、郑遵谦、钱肃乐、刘穆各引所部兵入海。二十九日,只有王之仁一旅还在,张国维建议抽兵五千分守各营。王之仁哭着说:"吾两人二年心血,今日尽付流水,坏天下事者非他人,方荆国也。清兵数十万屯兵北岸,倏然而渡,孤军何以迎敌?吾兵有舟可以入海,公兵无舟,速自为计。"[2]邀张国维入海,张国维无船,徒叹奈何。这大概是应验了旧谶:"火烧六和塔,沙涨钱塘江,天下失矣。"[3]

六月二日,清兵入绍兴,张国维收拾残兵,提兵追赶鲁王,到达黄石岩丰桥时,方国安、马士英、阮大铖所率兵早已将桥截断了,桥石下旧刻大字两行云:"方、马至此止,辀兵往前行。"[4]方国安念起唐王曾以手敕相招,入闽必被重用,即使入闽不成,也可以顺便退入滇、黔。但后来这些计划都落空了,方国安听信马士英的诡计,打算将监国作为投降的见面礼献给清政府。赶巧看守监国的人病了,监国乘机逃脱而入海。监国传命张国维遏防四邑,相机行事,以图恢复。张国维奉命,痛哭还守东阳。

对于闽越关系,《东山国语》论曰:"越以闽为后应,闽以越为屏蔽,彼此同力,或可以自存而不相呼应。古人有云,唇亡齿寒,独不闻之乎?惜玉笥在廷,以公心鼓众而众不应;未孩守婺,相通闽越,而闽终不为之援。所谓闽与越不相为用,越

[1]李聿求:《鲁之春秋》,浙江古籍出版社1984年版,第31页。

[2]计六奇撰,任道斌、魏得良点校:《明季南略》,中华书局1984年版,第292页。

[3]计六奇撰,任道斌、魏得良点校:《明季南略》,中华书局1984年版,第293页。

[4]计六奇撰,任道斌、魏得良点校:《明季南略》,中华书局1984年版,第293页。

与越亦不相为用也。"[1]查继佐感叹闽越未能认清形势,结成统一战线,共同对付清政府,致使不相为用,很快覆亡。

三、鲁王入海,投池殉节

顺治三年(1646),隆武二年,张国维五十二岁。

六月初一,清军贝勒驱满汉兵十余万渡江,攻破绍兴。先是贝勒写信给张国维,进行招降,张国维严词拒绝。十八日,张国维还守东阳。二十五日,清军击破义乌,到达七里寺。张国维想要集结东阳兵做最后的决战,终究不能如愿。众人劝张国维入山暂避,张国维感叹道:"像文山、叠山那样当死不死,是要耽误天下大事的,一死而已!"入山不外乎以图再举或遁隐山林两种途径。文天祥是脱逃后再举的例子,谢枋得是城陷后隐居的例子,但最终一个慷慨就义,一个绝食而死,都不免见辱于虏廷,落得不屈一死而已,这对于天下又有什么益处呢?张国维毅然选择了不同的死法。

张国维早在东阳东部窈川山麓,即有依靠郑氏家族结寨抗清的意图。有《劄付》为证:

> 东阁大学士太子太傅兵部尚书张,为搜奖逸材事,照得醇风不琢,惟旧族则可风,美俗是矜,必山中之朴俗。察有逸民郑太鉴,一诚无伪,依稀怀葛之氏,三经堪楼,时作濠濮之想,相应表暴,为此合加札,授外卫经历职衔,荣之章服,给劄优异,挽此浇风,须至劄付者。
>
> 右札付外卫经历郑太鉴准批
> 弘光元年八月　　　　　日给

弘光元年即1645年。此《劄付》为窈川郑氏世代保存,以毛笔恭书,盖有"劄付"木刻大印,下有鲁王花押"一片忠心"四字,中间盖有朱砂方印。鲁王与张国维之所以会委任郑太鉴"外卫经历"职衔,要从张国维与郑太鉴的关系说起。张国维

---

[1]查继佐:《东山国语》,《台湾文献丛刊》第163册,大通书局1963年版,第11页。

是东阳吴宁托塘人,而郑太鉴是张国维的姻亲。《窈川郑氏宗谱》载:"瑞祖富八十六公,一女适东阳吴宁外托塘张希镜,张国维之叔,国维于崇祯九年曾为窈川郑氏家谱作序,为姻亲立传,张郑两姓世为婚姻。"在国家危难之际,张国维搜奖忠义之士,翁子郑太鉴淳朴善良,一诚无伪,忠于王事,热心报国,又值君臣亲临窈川,张国维荐请鲁王授以"外卫经历"职衔("经历"为明、清时布政使司掌管文书出纳之官员),是合乎情理的。[1]

要领会张国维的临死感叹,必须先弄清当时的特定历史条件。明末的政治情况,李自成有深切的体认,其《即位诏》云:"君非甚暗,孤立而炀蔽恒多;臣尽行私,比党而公忠绝少。"[2]《檄文》云:"狱囚累累,士无报礼之心;征敛重重,民有偕亡之痛。"[3]这种"行私""比党"的恶风,在国家生死存亡之际,越演越烈。萧一山《清代通史》也云:"鲁称监国,唐则改元称帝,各不相下。而闽浙诸臣,或欲尊所主,或则冀先成功而称帝,闽浙由此失和。及夺饷杀使之事起,闽浙乃益水火矣。鲁唐皆有贤名,时当绝续之交,不知风雨同舟,共御外侮,徒以名位萦心,卒致两败,此不得不为二王惜也!"[4]只知比党行私、互相内讧,不知同仇敌忾、和衷共济,这便是南明悲剧的根源。

张国维在政治上竭力主张联合唐王,合力抗清。在军事上竭力主张固守浙东,与清兵抗衡,坚决反对弃浙赴闽。开始时,军事得利,曾收复富阳、於潜,树木城沿江固守要害。及鲁、唐交恶,鲁王怕唐王兴师问罪,命张国维抽师西御,致使江防削弱,而方国安在危急关头又密谋劫持鲁王降清。鲁王侥幸脱身,逃遁入海,传命张国维"遏防四邑,以图再举"。其时,南明的政治、军事重心已自浙江移至福建。张国维孤掌难鸣,深知事已不可为,唯有以身殉国。

南明的政治、军事情况,与南宋末期颇多类似之处。文天祥至福州,为端王右相。谢枋得于信州兵败后,也逃至建宁山中,思有恢复。南明入闽的军事路线,正是南宋的失败路线。所以,张国维感叹:"误天下者,文山、叠山也!"张国维并非指责文、谢之人品,而是指责他们的战略错误。

《忠义录》记载了另外一个版本。有人劝张国维说:"监国尚在,盍学文山。相

---

[1]郭佐唐、旭文:《爱国名臣张国维》,内部资料,1995年版,第324页。
[2]萧一山:《清代通史》,中华书局1986年版,第263页。
[3]萧一山:《清代通史》,中华书局1986年版,第270页。
[4]萧一山:《清代通史》,中华书局1986年版,第330页。

公有老母,可学叠山。"张国维叹曰:"误天下者文山、叠山也。国维宜自决,必不可易人言。"[1]劝说者把文天祥与谢枋得视作可以效仿的例子,奉劝张国维不必这样求死。一方面,鲁王尚在,张国维可以努力活下去,辅助鲁王复兴明朝。文天祥曾经被元朝逮捕,但是文天祥得以逃走,重新集结力量复兴大宋。另一方面,张国维老母尚在,出于孝悌之意,张国维应该隐忍求活,以求报答亲恩,这也是儒家圣贤所许可的。谢枋得就是这样的典型。文天祥和谢枋得在出处问题上都做出了符合各自立场的选择,二者形象可以说是有差异性、互补性的。[2]而张国维当机立断,面对生死抉择,他有自己的考量与坚持。

张国维邀请东阳县令吴琪滋前来,对吴说:"吾乃大臣,今日以死报国!天气正炎,若形骸腐烂,不可辨识,则谓吾逃,必贻祸此地。故特相邀,视吾死耳。"[3]吴令涕泣。张国维命取白绢一幅,制诗三章。

艰难百战戴吾君,拒敌辞唐气厉云。时去仍为朱氏鬼,精灵当傍孝陵坟。(《自述》)

一瞑纤尘不挂胸,惟哀耋母暮途穷。仁人锡类能无意,存殁衔恩结草同。(《念母》)

夙训诗书暂鼓鉦,而今绝口莫谈兵。苍苍若肯施存恤,秉未全身答所生。(《训子》)[4]

绝命诗三章是张国维人生的真实写照,忠君报国的志向,对慈母的孝敬,对子侄的严责,忠、孝、慈等尽在其中。人之将死,不免方寸大乱,而张国维思绪清晰,条理分明,用词非常确切,对待清兵是敌我矛盾,故用"拒敌",对待鲁唐是叔侄内部矛盾,故用"辞唐"。这不仅仅是张国维在用词上的推敲,更是在政治原则上明确了立场,他从来都是这样鲜明旗帜。鲁唐不能合作共事,留下的是永远的遗憾,这实在是辜负了张国维的良苦用心。

---

[1]朱溶:《忠义录》,《明清遗书五种》,北京图书馆出版社2006年版,第675页。

[2]陈文亮:《明末绝命词中的文天祥形象》,《井冈山大学学报》(社会科学版)2019年第5期,第125—131页。

[3]张岱:《石匮书后集》,中华书局1959年版,第242页。

[4]计六奇撰,任道斌、魏得良点校:《明季南略》,中华书局1984年版,第294页。

三首诗用正楷书写完毕,张国维又转头对他的仆人说:"有上好的扇面吗？我想赠诗给一位老朋友。"仆人说:"没有。"张国维于是在绢尾署上"大明遗臣张国维绝笔"。整理好衣冠,朝北面叩头,告诉他的仆人说:"吾死于王事,礼也。后兵将在东阳者,皆因我而及于难,我死可舁尸诣门一谢之,云:'今生无以相报也!'向太夫人,勿言我死,止言遁去。可仍坐我于中堂,俟达官见,始可殓耳。"[1]向南再拜曰:"臣力竭矣!"[2]于是从容赴园池。刚入水没到一刻的工夫,家人急忙救起,可惜气已绝,享年五十二岁。清骑兵来到,将张国维宅院团团围住,张国维尸体端坐在中堂,面色如生。家人遵其遗命,死后以汞灌其尸。北兵见了,有叩头的,有痛哭不已的。有人问这是为何,原来这些当兵的多是济宁人,都是当年吃了张国维赈济的粥而得以存活下来的,张国维是他们的救命恩人啊。由此,东阳免遭屠城,百姓得以保全。张国维入殓后,殡在郊外园亭。他母亲闻听后说:"今而后,始无愧是吾儿!"[3]不久,张国维母亲因为悲伤过度而去世。

历史上忠臣义士杀身成仁、慷慨就义者多了,而像张国维那样死得从容镇静、思虑周详,必求死得其时、死得其所、死得其法的实属罕见。死得其时是指先前知其不可为而为之,故不能死;而今无以有为了,清兵渡江,诸营皆溃,张国维犹思退保家乡,守陷坑岭。清兵陷义乌,将抵七里寺,张国维智力俱穷,喟然叹息力竭,这就是他决定死的时刻了。死得其所,一来他有深重的家乡观念(如疏请金衢南米改折、请勿禁食盐零贩、阻止马士英发南京内营兵镇压许都等)。二来鉴于史可法之以孝母家事付史得威而自殉扬州,史对豫王多铎说:"扬州既为尔有,当待以宽大;死守者我也,我可杀,扬州人不可杀也。"[4]结果仍不免七日之屠。阎应元率十万义民,面对二十四万清军铁骑,二百余门重炮,守江阴八十一日而陷,结果被清军"满城杀尽,然后封刀"[5]。当时的人赞道:"八十日戴发效忠,表太祖十七朝人物;六万人同心死义,存大明三百里江山。"[6]近者如朱大典之殉金华,也难免一方百姓惨遭屠掠。张国维选择自家园里的小方塘为毕命处,且请来东阳县令为之作

[1]张岱:《石匮书后集》,中华书局1959年版,第243页。
[2]李聿求:《鲁之春秋》,浙江古籍出版社1984年版,第31页。
[3]张振珂编:《张忠敏公年谱》,张国维:《张忠敏公遗集》,《东阳丛书》第14册,浙江古籍出版社2015年版,第165页。
[4]戴名世:《弘光乙酉扬州城守纪略》,《中国野史集成》第33册,巴蜀书社1993年版,第56页。
[5]韩菼:《江阴城守纪》,《中国野史集成》第33册,巴蜀书社1993年版,第149页。
[6]许重熙:《江阴守城记》,《中国野史集成》第33册,巴蜀书社1993年版,第155页。

证,就是希望东阳百姓免受累荼毒。张国维性至孝,在白云洞筑遂初堂以奉母。先前清兵攻破绍兴,即写信招降张国维,张国维答以"身为大臣,谊在必死,乞全老母而已"[1]。绝命诗中又致斯意,张国维诚可谓忠孝双全,死得其法了。

过了半个月,有北兵几十个人,驱赶着妇女借宿在这个园子,有个当兵的半夜起来上厕所,见到中堂灯火亮如白昼,有一个白胡子穿绛色袍子的人面南而坐,兵卫环绕着他的座位,齐列刀戟。北兵大声呼喊,这人忽然又不见了,才知道是张国维魂灵不散。北兵早上起来,在灵柩前叩头,仓皇逃走。后来大家相互告诫,便再也没人敢贸然闯入园子了。

张国维长子张世凤,被俘不屈,九月十四日,殉节于钱塘。

顺治四年(1647)十月,葬张国维于四十三都郭塘之原(八面山东)。

桂王承大统,谥张国维曰"文忠"。长子张世凤,挂平胡将军印,封武康伯,却不受封。次子张世鹏,官至尚实司卿。张世鹏藏匿不出来,清兵到处搜索不到,便威胁道:"再不出,则杀祖母!"张世鹏才出来受绑,被投进监狱。张存仁从福建归来,道经金华,数万百姓拦在马前,为张世鹏号哭请命。张存仁深受感动,说:"其父之为人,吾在辽左,即耳其名。"[2]原来张国维的大名早已如雷贯耳。回到杭州,张存仁真的将张世鹏释放了。

张国维死后,唐王的隆武政权、桂王的永历政权还在领导着各地义军进行顽强的抗清斗争,这对于为国尽忠的张国维,或多或少是种安慰。

钱肃润于《南忠记》中评价道:"公之为人也,养民惠,御吏明,约法则久而不弛,推恩则恒而不厌,以至临大事,决大计,不动声色,而措施画然,是以保有东土,几及二年,临卒,从容不乱。若公者,可谓完人矣。"[3]

李聿求评论道:"国维在思陵时为谏臣,以敢言称;为督抚,有御贼功;至两都覆没,犹思以浙东一隅支撑残局。假使为所欲为,或可苟延一线之残喘。奈何田、谢交倾于内,方、王违命于外。幸有孙、熊、钱、沈、章、于六家军同心勠力,得奏十

---

[1]张世鹏:《明特进光禄大夫上柱国太子太傅赐尚方剑行边兵部尚书兼东阁大学士元考玉笥公行述》,张国维:《张忠敏公遗集》,《四库未收书辑刊》第6辑第29册,北京出版社1997年版,第631页。

[2]张岱:《石匮书后集》,中华书局1959年版,第243页。

[3]赵士锦、史惇、钱肃润等:《甲申纪事 纪事略 劫余杂记 南忠记》,中华书局1959年版,第124—125页。

捷之功。顾论者谓何不约闽师合攻杭州,而必欲却闽诏以开同姓之隙,不知却闽诏之疏,未尝有忤于闽焉。至方、马夺闽饷,幽闽使,闽、浙遂成水火,而江上有两顾之势,不旋踵而方逆竟劫监国矣! 逆贼坏事,岂意计所可逆料乎? 文山、叠山之痛,所由致恨于毕命时也。"[1]

对于唐鲁之争,计六奇这样评价:"天下之势,当论其轻重大小。昔七国时,势莫强于秦,苏季子合六国以拒之,得安者十五年。后秦日夜攻韩、魏,而齐、楚不救。及韩、魏亡,而齐、楚亦随之矣。清势重若泰山,即昔日之秦不足以喻,而鲁以新弱犹未及韩、魏。隆武虽不悦,而同舟之谊、唇齿之言,不可不思。姑以大度优容,连兵共拒,俟事势稍定,大小自分。不此之计而自相寻仇,则鲁势必折而入于清,而闽之亡可立待矣。"[2]陆圻《纤言》云:"唐鲁两立时,彼此不谋,同时拥戴,非有逆命改制之事。特以分则唐叔、鲁侄,号唐帝、鲁王,地则唐有八闽、云贵、东川及割江楚徽宁数郡,而鲁止浙之宁绍、台严、金衢等府,不过九分半壁有其一。然以功论之,则鲁在唐上,不可泯也。唐拥数省之大,未尝恢剿一寸土;鲁以孤军扼定越江一带,为闽之外蔽。至监国辛苦视师,几于卧薪尝胆,诸将士枕戈待旦,颇多沐雨栉风。而闽人坐啸朝堂,曾未闻拊楚军之背,赐全军之貔,日欲得鲁君臣而甘心焉。此何说也? 每见亡赖希旨之徒,面奏密封,率以时事可忧,不在清而在鲁。帝深中其说,辄加显官厚糈与之图鲁,而清师付度外矣。"[3]顾诚认为:"唐、鲁争立不仅是两个南明政权的对立,而且在两个政权内部也引起了严重纷争,尽管唐、鲁政权都以反清复明为宗旨,很大一部分精力却消耗在内部矛盾上。与此相应的是,文官武将的升迁不是以抗清功绩为据,而是被作为拉拢的一种手段。隆武、鲁监国两政权封爵拜官的人数很多,大抵都是因为在内部倾轧中有'功'。在这种情况下,根本不可能组织有效的防清阵线。"[4]

《石匮书后集》曰:"张国维长厚忠诚,其乡人与天下人称之者,如出一口。歘历所至,其所以得此于人者,良亦不易矣。乃时当阳九,南北枢衡,两俱不究其用;而监国一出,尤属强弩之末。后至北骑渡江,人乃咎国维之不受唐诏。夫天方纵敌长驱,即唐鲁合支,亦不能久。而国维之却诏拒唐,拳拳为鲁,总亦见其长厚之

[1]李聿求:《鲁之春秋》,浙江古籍出版社1984年版,第32页。

[2]计六奇撰,任道斌、魏得良点校:《明季南略》,中华书局1984年版,第324页。

[3]陆圻:《纤言》,《中国野史集成》第37册,巴蜀书社1993年版,第655页。

[4]顾诚:《南明史》,光明日报出版社2011年版,第195页。

一端也!"[1]权衡天下大势,即使唐鲁合并一家,恐不能坚持长久。客观公正地讲,责任不能全部推给张国维之"却诏拒唐"。张国维一心为鲁,可见其"长厚"。《鲁之春秋》云:"论者以不能约束方国安、王之仁为诸臣病。然督师统领,不能不资武将以为力,不料其狼狈至此也。国安纵恣无状,盖已有年,至是突然以客军来,本难位置。之仁则浙东故镇,一切营兵卫军皆其旧辖,诸臣以小朝廷之威权而约束之,得乎?事势有无可如何者,忠臣义士求谅于天而已。况天心既去,虽以诸葛孔明、姜伯约之才,不能有济,而何咎乎诸督师?"[2]督师不力,各自为营,张国维早就洞悉了,怎奈大势已去,即使诸葛亮、姜维再世,恐怕也无能为力了。

朱彝尊《十五完人帖跋》云:

> 崇祯十七载,爰立作宰辅五十人。国亡后,存者尚多,其出处或殊,居恒与世接,欲求为完人,难矣。机山阁老考终于江南,未入皇朝版图之前,当时幸免东市之祸,晚节益为正人所依归。即卷中九人,皆见危授命者也。公孙介维持以示予,请悉出笥中所藏,复益以傅公冠、张公国维、文公安之、彭公期生、沈公犹龙五先生手迹,装池卷后,并阁老标题,改称"十五完人墨宝",谨拜手而书其末。[3]

该文是朱彝尊为钱柏龄(1634—1717,字介维,号鹿窗,华亭人)所编"十五完人墨迹"而作。新增之人,朱彝尊跋文中已指出,即傅冠、张国维、文安之、彭期生、沈犹龙五人,还有机山阁老即钱柏龄祖父钱龙锡。钱柏龄原编九人为黄道周、倪元璐、徐汧、吴嘉胤、张肯堂、史可法、徐石麒、夏允彝、陈子龙。上揭诸人,除钱龙锡可能得以善终外,其余或抗清被俘,不屈而死(如黄道周、史可法、傅冠、沈犹龙),或势穷自裁,以尽孤忠(如倪元璐、张国维、彭期生、徐汧、吴佳胤、张肯堂、徐石麒、夏允彝),或壮志未酬,郁郁而卒(如文安之)。其共同点在于,在易代之际的艰难时刻,他们都能够奋不顾身,忠于明室,大义凛然,因此彪炳史册。所谓"完人",正是他们坚忍不拔、舍生取义、大节无亏的品德,符合儒家教化及封建伦理对

[1]张岱:《石匮书后集》,中华书局1959年版,第243页。
[2]李聿求:《鲁之春秋》,浙江古籍出版社1984年版,第27页。
[3]张国维:《张忠敏公遗集》,《四库未收书辑刊》第6辑第29册,北京出版社1997年版,第757页。

于人臣所应该有的要求与期待。[1]

《钦定胜朝殉节诸臣录》是乾隆帝念明季殉节诸臣各为其主,义烈可嘉,更希望以此褒恤忠良,训告天下,于是命大学士九卿等集议,将明惠帝建文靖难及晚明殉节诸臣汇为一编,以资表彰。该书稽考史乘,以明史及辑览为主,参以大清一统志及各省通志,计得殉节诸臣,其立身始末卓然可传入专谥者二十六人,其平时无甚表现而慷慨致命,入通谥者一千五六百人,微官末秩诸生韦布及山樵市隐不能一一议谥并祀于所在忠义祠者两千二百四十九人。均胪列姓名,考证事迹,注明资料出处,分为封疆殉节、甲申殉节、福王殉节、唐王殉节、鲁王殉节、桂王殉节、寇难殉节等项。专谥诸臣二十六名:刘綎、曹文诏、卢象升、孙承宗、吕维祺、贺逢圣、孙传庭、尤世威、蔡懋德、周遇吉、史可法、黄得功、刘宗周、徐石麟、高宏图、姜曰广、祁彪佳、左懋第、袁继咸、黄道周、陈子龙、张国维、张肯堂、何腾蛟、瞿式耜、陈子壮。其中,"督师少傅武英殿大学士兵部尚书张国维,东阳人,为给事中,謇谔敢言,巡抚应天,总督河道,有御寇治河功。南都破,请鲁王监国绍兴。顺治三年,江上师溃,国维还守东阳,知势不支,作绝命词,赴水死。张国维保障岩疆,支撑余烬,心坚抱义,力矢全忠,今谥'忠敏'"[2]。

附《高宗纯皇帝御制题胜朝殉节诸臣录》:

昨以胜国殉节之臣各能忠于所事,不可令其湮没不彰,特敕大学士、九卿等稽考史书,核议予谥入祠,以昭轸慰。其建文诸臣之死事者,并命甄议。兹大学士等议上录其生平大节表著者,予以专谥;余则通谥为"忠烈""忠节",次则通谥为"烈愍""节愍",统计一千六百余人。若诸生、韦布未通仕籍及姓名无考如山樵、市隐之流,则入祀所在忠义祠,统计又二千余人,各为一册进览之,余均为允协,因名之曰"胜朝殉节诸臣录";冠以所颁谕旨,附载廷臣议疏,汇刊颁行,俾天下后世读史者有所考质。夫以明季死事诸臣多至如许,迥非汉、唐、宋所可及。录而旌之,亦累朝所未举行;似亦足以褒显忠贞,风励臣节。固不必如张若渟所请之遍行访

[1]张宗友:《文本、禁忌与心态:读〈题十五完人墨迹〉》,《南京师范大学文学院学报》2018年第4期,第159页。

[2]《钦定胜朝殉节诸臣录》,《影印文渊阁四库全书》史部第456册,台北"商务印书馆"1986年版,第412—413页。

查,徒滋纷扰,致无了期。且即再入数千人,于表章大义亦无所增减。廷臣驳议惟题,亦并载之。爰题诗简端,用示大意。

信使由来贵瘅彰,胜朝殉节与膻芗。五常万古既云树,潜德幽光允赖扬。等度早传辽及宋,后先直迈汉和唐。诸臣泉壤应相庆,舍死初心久乃偿。

督师少傅武英殿大学士、兵部尚书张国维,东阳人,为给事中,謇谔敢言;巡抚应天,总督河道,有御寇治河功;南都破,请鲁王监国绍兴;顺治三年,江上师溃,国维还守东阳,知势不支,作绝命词,赴水死。

张国维保障岩疆,支撑余烬,心坚抱义,力矢全忠,今谥"忠敏"。

诰　命

皇帝制曰:取义成仁,式著艰贞之烈;易名表行,爰昭奖恤之公。眷致命之可风,曩哲未湮于往代,期扶纲之攸,赖休称允协于千秋尔。故明武英殿大学士张国维砥行能坚,秉诚克恪,遭时坎坷,恒仗节以无挠,殉义从容,竟捐生而不悔,朕览披信史,轸念忠徽,予褒显于崇祠,用隆秩祀示,诰命表章于往籍,载锡嘉名,象厥生平,谥为忠敏。于戏!溯流芳于顽廉懦立,节或重于泰山;彰定论于世远风微,荣更逾于华衮幽光。特阐鉴当年皦日之心,正气咸伸,励万古疾风之节。钦兹懋典,慰尔英灵。

乾隆四十一年十一月初八日[1]

最后,有必要交代一下鲁王的结局。

鲁王入海逃离绍兴是很狼狈的。因为那时,张国维已不在他身边,方国安更与汉奸谢三宾勾结起来,企图劫留鲁王,将其作为向清朝投降的礼物。他们裹胁鲁王及其嫔妃离开绍兴,到了绍兴以南的嵩坝,鲁王幸得张国维部下张名振的保护,一路逃往舟山。但是当时舟山的守将是唐王的部下黄斌卿,其不肯容纳。鲁王君臣只好漂泊海上,无处安身。不久,郑芝龙投降清朝,并派他的部下郑彩去抢劫鲁王,打算把鲁王送交清朝,邀功请赏。幸好,郑彩不听郑芝龙的命令,在当年十一月把鲁王迎接到福建的中左所(厦门)。这是郑成功海上起义抗明的屯兵之

---

[1]张国维:《张忠敏公遗集》,《四库未收书辑刊》第6辑第29册,北京出版社1997年版,第616—617页。

所。郑成功也抱着"天无二日"的封建传统观念,尚奉着隆武年号,不欢迎鲁王来驻,只以客礼相待,郑彩不得不另找到长垣将鲁王安顿下来。不久,鲁王在绍兴监国时期的旧臣钱肃乐、熊汝霖、郑遵谦等也相继来归,于是鲁王招集旧旅,重整军备,并总结了浙中战事失败、绍兴立国不成的经验,认为是内部分裂和"军事不能统一"。

此后,鲁王依靠钱肃乐、郑彩等的通力合作,在1647年前后的两年中,恢复过明朝陷清的一些州县,如福建的海口(福清)、长乐(闽侯)、永福(漳平)、兴化、漳州、泉州、福安等地,先后攻克福建三府一州二十七县之多,郑彩迎鲁王进驻福宁州,鲁王政权又重新显现可以开展的局面。但是郑彩也是别有用心才迎立鲁王的,果然不久,前述福建三府一州二十七县,又被清兵夺走。

顺治六年(1649)九月,张名振率兵攻破舟山,杀死黄斌卿,迎奉鲁王进驻舟山。张名振和张煌言还屡次率师北伐,直抵吴淞,扰乱清军的后方,减轻了清军对舟山的压力。从1649年到1651年,鲁王政权又得到暂时的、相对的稳定。但张名振不肯和流落舟山的隆武旧臣张肯堂和衷共济,又与黄斌卿旧部发生猜忌,致使黄斌卿旧部将领投降清朝,引导清兵于1651年攻入舟山。张名振和张煌言又只得奉着鲁王漂泊到金门。不久张名振病死。张煌言整编队伍,一度还驻扎到天台。他建议鲁王取消监国名号,接受永历帝的节制与郑成功共同合作。

鲁王前后抗清达十一年之久,于1662年病故于金门。

第七章

张国维与东林党

经查阅，诸如《东林党人榜》《夥坏封疆录》《东林点将录》《东林籍贯》《东林同志》《东林朋党录》《盗柄东林夥》等众多东林党人名单，均未列名张国维。然张国维与东林党却有着千丝万缕的联系，如《东林列传》中有传，东林党魁钱谦益是张国维的座师，张国维又曾拜访过"东林党六君子"之杨涟，与阉党马士英、阮大铖等于南明弘光朝、鲁王监国时期延续了明朝末年的党争，终致南明坚持未久，为清所灭。

一、与座师钱谦益

明朝天启元年（1621），张国维二十七岁。春，入邑庠。秋，乡试中式第七名，主考官即为钱谦益，由此确立了了二人的师弟[1]关系。顺治二年（1645）六月，清兵入南京，赵之龙、王铎、钱谦益等迎降。张国维曾致书钱谦益，申明大义；钱不听，张"踏破衣钵"[2]，与之断绝师弟关系。但这并不妨碍政治对手仍将张国维视为东林学派。

钱谦益"东林党魁"之说由来已久，时人编纂各类东林党人名单，钱氏均赫然立于其中。如天启五年（1625）十二月，逆党魏忠贤矫旨颁示天下的《东林党人榜》三百零九人之"钱谦益"。[3]《东林党人榜》是魏忠贤于天启五年（1625）十二月乙亥朔矫旨颁示天下，用以禁锢东林士人的文告。文告中列举所谓"东林党"人三百零九人，"生者削籍，死者追夺，已经削籍者禁锢"。《东林党人榜》人数是魏忠贤党羽有意模仿北宋元祐党人碑三百零九人而作，并非东林党人确数。《夥坏封疆录》"翰林七人"之"钱谦益"。[4]《东林点将录》"守护中军大将十二员"之"天巧星浪子左春坊左谕德钱谦益"。[5]《东林点将录》一卷，该书是仿照《水浒传》晁盖、宋江等一百零八人天罡、地煞之名，将之比附、分配当时缙绅的名单，但在传抄过程中

---

[1]本书中的"师弟"即老师和学生。

[2]陈式：《钱马论》，张国维：《张忠敏公遗集》，《四库未收书辑刊》第6辑第29册，北京出版社1997年版，第756页。

[3]陈鼎：《东林列传》，《明代传记丛刊·学林类3》，明文书局1991年版，第16页。

[4]魏应嘉：《夥坏封疆录》，《四库全书存目丛书》史部第107册，齐鲁书社1996年版，第689页。

[5]王绍徽：《东林点将录》，《四库全书存目丛书》史部第107册，齐鲁书社1996年版，第693页。

人名有所损佚。《东林籍贯》"南直四十三人"之"钱谦益"。[1]《东林籍贯》一卷,将东林士人分籍贯罗列。作者姓名不可考,四库全书总目提要称"此书及《东林同志录》《东林朋党录》《天鉴录》《盗柄东林夥》皆天启中书。其作者虽不可考,要皆万历时旧人也。今附诸魏应嘉、王绍徽后,从其类也"[2]《东林同志》"词林十九人"之"钱谦益"。[3]《东林同志》一卷,为续《东林点将录》之作,分政府、部院、词林、卿寺、台省、部曹、藩臬郡邑等目罗列。《东林朋党录》"钱谦益":"(已处)庚戌苏州常熟人。"[4]《东林朋党录》一卷,该书所列前部为赵南星等九十四人,后部列东林协从顾秉谦等五十三人。每人名下各系以科分、籍贯、座主姓名,并注明"已处""未处""在籍""现任"等字样。凡是党人,无论其已获罪或未获罪,都悉数编入其中。《盗柄东林夥》"东林晚朋执朝权"之"钱谦益:少詹,卖举人,为民"。[5]《盗柄东林夥》一卷成书于天启末年,分东林初、盛、中、晚四部分详列人名、官爵,并注明其罪状,共三百九十三人,四库全书总目提要称其"词极丑诋"[6]。

"平生自分为人役,流俗相尊作党魁"(《十一月初六日召对文华殿旋奉严旨革职待罪感恩述事凡二十》其十)[7],这是钱谦益崇祯元年(1628)"枚卜"事件失败后的无奈告白,虽然自己无意于党争,但总是为政敌所攻击,在顾宪成、高攀龙等东林党魁相继陨落之后,他被贴上了"党魁"的标签,断送了大好的政治前途。"阁讼之兴,谦益为党魁"(《资德大夫正治上卿都察院左都御史赠太子太保安邑曹公神道碑》)[8],"余则继耀州之后,目为党魁"(《范勋卿文集序》)[9]。崇祯以后,在不同场合,钱谦益均毫不掩饰地声称自己为东林"党魁"。因为父亲钱世扬的援引,钱谦益不仅结识了东林党人王图,还在年少时就屡屡过访东林党魁顾宪成。"余年十五,从先夫子以见于端文,端文命二子与澄、与沐与之游。今老矣,白首屏废,实与

[1]《东林籍贯》,《四库全书存目丛书》史部第107册,齐鲁书社1996年版,第697页。
[2]永瑢、纪昀等:《影印文渊阁四库全书总目》第2册,台北"商务印书馆"1983年版,第372页。
[3]《东林同志》,《四库全书存目丛书》史部第107册,齐鲁书社1996年版,第703页。
[4]《东林朋党录》,《四库全书存目丛书》史部第107册,齐鲁书社1996年版,第708页。
[5]《盗柄东林夥》,《四库全书存目丛书》史部第108册,齐鲁书社1996年版,第12页。
[6]永瑢、纪昀等:《影印文渊阁四库全书总目》第2册,台北"商务印书馆"1983年版,第372页。
[7]钱谦益著,钱曾笺注,钱仲联标校:《牧斋初学集》,上海古籍出版社1985年版,第190页。
[8]钱谦益著,钱曾笺注,钱仲联标校:《牧斋初学集》,上海古籍出版社1985年版,第1476页。
[9]钱谦益著,钱曾笺注,钱仲联标校:《牧斋有学集》,上海古籍出版社1996年版,第746页。

东林党论相终始。"(《顾端文公淑人朱氏墓志铭》)[1]钱谦益真正卷入党争是万历三十八年(1610)庚戌科考,座主是东林党人王图和萧云举,他们非常赏识钱氏考卷,首辅叶向高也将其内定为状元,发榜前夕,司礼太监送帖致喜,贺客盈门。但榜发之日,状元成了韩敬,钱氏名列探花第三。金鹤冲说:"盖敬受业宣城汤宾尹。廷对,宾尹为敬夤缘以得之。"[2]钱谦益是东林党的最后一个代表人物,宦海沉浮五十余载,然立朝不足五年,前半生和东林命运与共,直至明朝灭亡。

二、与杨涟

天启三年(1623)三月,张国维谒选京师,借住在古刹。一天,张国维带着制艺文拜谒杨涟,杨读到张国维的《此非距心之所得为也》,震惊道:"他日为名谏议,当避此人出一头地。"[3]

张国维《此非距心之所得为也》云:

齐臣自诿其罪,上使之也。夫授之民而不得为,孰使之哉?此驾言以脱其责也。意谓自夫子以失伍律距心也,至举老弱流离,一一为距心罪,距心知罪矣。虽然,亦有说焉。凶荒者,岁也。补救者,权也。得为而为者,宜也。得为而不为者,旷也。子视距心,岂得为之时,而旷官之士哉?民犹是民也,此距心之民,非距心之民也。民之日,集于距心。距心之目,又别有寄,能转属而及于民否也。此距心之心,非距心之职也。距心之心,心于救民。距心之职,职于承令,能权宜而布之民否也。

吾起视四境而萧然,不能不忧也。然有忧而已矣,忧而不能为解也。(原有旁批:善为解释。)有如勇于为,而人得以亢绳我。冒于为,而人得以侵绳我,可奈何?此距心之蒿目焉,而付之长叹者也。吾起视老弱壮者而瘁然罢然,不能不痛也。然有痛而已矣,痛而不能为分也。有如以

[1]钱谦益著,钱曾笺注,钱仲联标校:《牧斋初学集》,上海古籍出版社1985年版,第1457页。
[2]钱谦益著,钱曾笺注,钱仲联标校:《牧斋杂著》,上海古籍出版社2007年版,第933页。
[3]张振珂编:《张忠敏公年谱》,张国维:《张忠敏公遗集》,《东阳丛书》第14册,浙江古籍出版社2015年版,第159页。

民故,而获戾于君。戾于君,而竟无益于民,可奈何?此距心之焦思焉,而莫知省循者也。故以夫子视距心,则局内也。以距心自视,则不啻局外也。何也?民有君而穷于请,君有民而屯其膏,而独恨其中隔一距心也。(原有旁批:古宕绝伦。)有如假兴废之权,而毋掣其肘。其起沟中而衽席之也,宁待今日乎?以民视距心,犹父兄也。以距心视民,则不得视犹子弟也。何也?欲叩阍而无以回釜鬵之听,欲袖手而无以谢待哺之情,而转恨其虚悬一距心之官也。有如授权宜之柄,而毋议其后。其鸠鸿雁而安宅之也,宁烦督责乎?哀在此民也。何不得于岁,不得于君,而复不得于恤民之有司也?冤哉,此距心也。何不谅于君,不谅于民,而复不谅于绳愆之夫子也?夫子而为民请也,夫亦为距心地乎?[1]

陈尔宣评价:"英雄掣肘,千年同慨,不独一距心为然。篇中无限低徊,情文欲绝。"

杨涟、左光斗、魏大中、袁化中、周朝瑞、顾大章合称"东林党六君子"。杨涟屡入阉党的"黑名单",如天启五年(1625)十二月,逆党魏忠贤矫旨颁示天下的《东林党人榜》三百零九人之"杨涟"。[2]《夥坏封疆录》"卿寺三人"之"杨涟"。[3]《东林点将录》"马军五虎将五员"之"天勇星大刀手左都御史杨涟"。[4]《东林籍贯》"湖广二十人"之"杨涟"。[5]《东林同志》"部院五十七人"之"杨涟"。[6]《东林朋党录》"杨涟""(重处)丁未湖广应山人,座师赵师圣"。[7]《盗柄东林夥》"东林晚朋执朝权"之"杨涟:给事中,历副都,毙狱"。[8]

天启五年(1625),杨涟因弹劾魏忠贤二十四大罪,被诬陷受贿两万两,历经拷打,惨死狱中。左光斗(1575—1625),字遗直,一字拱之、共之,号浮丘,又号苍屿。安庆府桐城县人,为官清正、磊落刚直,被誉为"铁面御史"。天启五年(1625)三月

[1]张国维:《玉笥先生传稿》,《东阳丛书》第14册,浙江古籍出版社2015年版,第15—16页。
[2]陈鼎:《东林列传》,《明代传记丛刊:学林类3》,明文书局1991年版,第15页。
[3]魏应嘉:《夥坏封疆录》,《四库全书存目丛书》史部第107册,齐鲁书社1996年版,第689页。
[4]王绍徽:《东林点将录》,《四库全书存目丛书》史部第107册,齐鲁书社1996年版,第692页。
[5]《东林籍贯》,《四库全书存目丛书》史部第107册,齐鲁书社1996年版,第699页。
[6]《东林同志》,《四库全书存目丛书》史部第107册,齐鲁书社1996年版,第703页。
[7]《东林朋党录》,《四库全书存目丛书》史部第107册,齐鲁书社1996年版,第707页。
[8]《盗柄东林夥》,《四库全书存目丛书》史部第108册,齐鲁书社1996年版,第12页。

十九日,因对抗权宦魏忠贤而下狱,七月二十六日在狱中被折磨而死。天启六年(1626),广州刺史某乃属魏党,他与张国维谈及杨涟、左光斗的事情。张国维说:"天不过欲不朽杨、左耳。若视委鬼为泰山乎?直冰山尔。见睍,则消矣。"[1]化用《诗经·小雅·角弓》诗句"雨雪瀌瀌,见睍曰消"[2],以表明其爱憎立场,正可说明他是站在东林党一边的,大义凛然,不肯稍加掩饰。

张国维这种立场、态度不只停留在语言上,还体现在行动上。崇祯元年(1628),张国维以卓异第一,擢刑科给事中,上《劾魏党疏》,劾罢副都御史杨所修、御史田景新,二人都是魏党之中的人。

三、巡抚应天时的党争暗流

张国维任应天巡抚时撰著的《抚吴疏草》中所记"溧阳焚抢事""桐城民变",表面上是地方事务,实则是当时政坛门户之争的暗流涌动,这对张国维无疑是一种严峻的政治考验。

"溧阳焚抢事"爆发于张国维赴任应天巡抚伊始。平民任氏叔侄与当地乡宦陈伯庸一家素有嫌隙,在张国维循旧例恭谒孝陵行至离溧阳仅一日之程时,任氏叔侄突然向陈氏家族发难,烧毁了陈家的店铺。当官府逮捕任氏叔侄时,便收获了任氏的"一纸冤帖","臣正在严限审招奏夺,乃闻有冤帖一纸,具说仇怨之情,内有一段云:陈宦献策扬言,与臣同年,将借臣珍灭之,以大快其宿忿"[3]。此"冤贴"称张国维与陈伯庸实为同年,暗指张氏在陈任冲突中有包庇乡宦陈氏之嫌。这个"具说仇怨之情"的无疑是戴埠任氏,而他所言之事若直达天听,如成,则张国维的巡抚之位不稳;如不成,以崇祯之秉性,起码在他这里让张国维留下结党之嫌的印象。所以,张国维权衡再三,晓得其中利害,他自我申辩道:"臣闻之,不胜骇异,夫以同闬共里之人,而怨毒至此,衅岂无因?自应穷治□怪,此倡乱者不顾王章国法,火人之居,发人之塚,如寇贼之过,都历块然,且畏臣简书之灵,先为此谲词,以

---

[1]张国维:《张忠敏公遗集》,《东阳丛书》第14册,浙江古籍出版社2015年版,第160页。

[2]程俊英、蒋见元:《诗经注析》,中华书局1991年版,第713页。

[3]张国维:《溧事解散疏》,《抚吴疏草》,《四库禁毁书丛刊》史部第39册,北京出版社2000年版,第13页。

制臣手足,欲图吞舟之漏,此其设机最险,设局最巧矣。臣天性孤耿,面目严寒,自为贱有司时已能独立不惧,今致身风霜之地,又藉皇上宠灵,岂复有所瞻徇?况陛辞之后,途中不见一人,不接一刺,万耳目之所共睹,何未受事而先有虚弦之惊乎?此不根之词无足置辩,然乱亦不可沮也,狱亦不可不平也,谨据厅县详覆彼此祸端,眉列以闻,惟皇上明罚敕法,臣得而奉行焉,除一面平情执法,以图善后外,合先具题,伏祈圣鉴施行。"[1]张国维认为这是针对自己的一个局,仅此一局,便可损害自己在江南的民望及威信,离间自己与崇祯帝之间的君臣关系,进而达到摧毁自己仕途的目的。[2]圣旨:"抚臣受任镇绥,凡禁暴除残,务期安靖地方,奏内冤帖谲词等语,奸计显然,张国维着一意秉公平狱,不得瞻徇。该部院知道。"[3]好在皇帝也认为此为"奸计"。一系列时间、地点、人物及情节的安排,如此之险、之巧,其幕后推手究竟是谁?估计张国维自有判断,但未明言。周佳有三种猜测:猜测一,宜兴民变中的"苦主"周延儒;猜测二,现任首辅温体仁;猜测三,周延儒与温体仁联手。无论溧阳焚抢事中的"吞舟之漏"是谁,任氏与陈氏无疑是被推到幕前的小卒,而真正隐在幕后的斗争却是不同政治势力对于江南地方、官方话语权的博弈。张国维以他新任的应天巡抚的官职是东林党在江南地方、官方的天然代表,而不明势力则为了把张氏从这个位置上拉下马来便设计了这么一局。[4]

"桐城民变"爆发于崇祯七年(1634)八月末,起事者数百人,影响颇大。在张国维的《桐变疏》[5]《报馘贼首疏》[6]《回奏桐事疏》[7]等奏疏中详细记载了桐城民变的前因后果。崇祯七年(1634)八月二十三日晚,知县杨尔铭与典史徐士良都不在桐城县城内,仅一学官当值,负责处理县中庶务,黄文鼎、汪国华等人聚集众多民众在桐城东门外,"放铳一声,起火为号"[8],先是于城外焚烧草房,然后城中内应

[1]张国维:《溧事解散疏》,《抚吴疏草》,《四库禁毁书丛刊》史部第39册,北京出版社2000年版,第13—14页。
[2]周佳:《〈抚吴疏草〉与江南"士民"冲突》,华东师范大学2010年硕士论文,第7页。
[3]张国维:《溧事解散疏》,《抚吴疏草》,《四库禁毁书丛刊》史部第39册,北京出版社2000年版,第14页。
[4]周佳:《〈抚吴疏草〉与江南"士民"冲突》,华东师范大学2010年硕士论文,第10—14页。
[5]张国维:《抚吴疏草》,《四库禁毁书丛刊》史部第39册,北京出版社2000年版,第50—54页。
[6]张国维:《抚吴疏草》,《四库禁毁书丛刊》史部第39册,北京出版社2000年版,第55—58页。
[7]张国维:《抚吴疏草》,《四库禁毁书丛刊》史部第39册,北京出版社2000年版,第74—77页。
[8]张国维:《桐变疏》,《抚吴疏草》,《四库禁毁书丛刊》史部第39册,北京出版社2000年版,第52页。

打开城门,众人便入城焚烧方、吴两位官宦人家的房屋,"并接烧民间数家,声势如雷,火光连天,仓库、监狱幸皆无恙……绅民惶恐,大半出城躲避,止存孤城"[1]。二十四日、二十五日,随同变乱的百余人"代皇执法",放火焚烧了"叶宦、吴宦、贡士潘映娄、方象乾、监生方若瑽、秀才吴石岭房屋"[2],然后"口称有仇之家房屋尽皆烧完,其余再不放火矣。并不干犯仓库、狱囚等语"[3]。二十六日,"结寨二里外,聚众鸣锣,追杀恶仆殷太岁、吴丙、吴保三人"[4],后斩"吴乡宦家属吴丙首级,悬挂东门"[5]。殷太岁即丁殷登。民变发生后,地方官吏一抚再抚,而地方士绅则一退再退,实在是因为桐城无兵、安庆无兵,无法派兵剿灭。后来,张国维暂驻句容,阳示戢安之名,阴施掩擒之计,密授安池道臣王公弼"探明贼穴,三路进师,假名换班,招徕向导,材官接应,保甲预防",将乱民一网打尽,"今日扬威缉乱,颇得臣所新募之力"。[6]

在张国维的《抚吴疏草》中,称桐城民变系当地望族的世家子弟及其恶仆豪奴滋事成习,累计民怨,最终激发所致。圣旨:"乱民、恶仆各有本等,情罪原不相掩,抚按官平时宜预为禁戢,有事一面奏报,一面详查,处治何得延缓?本内黄文鼎、方应乾、康进等俱着尽法,究拟吴应琦何故纵恶害民,叶灿何故致仆焚抢,且构衅非止数人,有无庇隐宦仆、凶徒,俱着严查,究拟速奏。"[7]崇祯帝显然认定了张国维为这些"劣绅恶仆"在"隐狗",因张国维身上或多或少有东林党的影子,故这表面上是"隐狗"之罪,而实际上未道尽之意便是疑其有"结党"之嫌。圣旨在最后直接要求"将各宦纵奸倚势不法事迹详明查奏",便已是认定"劣绅"有罪,而给了张

[1]张国维:《桐变疏》,《抚吴疏草》,《四库禁毁书丛刊》史部第39册,北京出版社2000年版,第50页。

[2]张国维:《桐变疏》,《抚吴疏草》,《四库禁毁书丛刊》史部第39册,北京出版社2000年版,第52页。

[3]张国维:《桐变疏》,《抚吴疏草》,《四库禁毁书丛刊》史部第39册,北京出版社2000年版,第51页。

[4]张国维:《桐变疏》,《抚吴疏草》,《四库禁毁书丛刊》史部第39册,北京出版社2000年版,第52页。

[5]张国维:《桐变疏》,《抚吴疏草》,《四库禁毁书丛刊》史部第39册,北京出版社2000年版,第51页。

[6]张国维:《报馘贼首疏》,《抚吴疏草》,《四库禁毁书丛刊》史部第39册,北京出版社2000年版,第57页。

[7]张国维:《回奏桐事疏》,《抚吴疏草》,《四库禁毁书丛刊》史部第39册,北京出版社2000年版,第76—77页。

国维"坦白从宽"的机会。[1]

的确,劣绅榜单中的方应乾、吴应琦、叶灿等人或自身或其亲属都属于桐城学派的中坚,并与东林党的继承者复社有着千丝万缕的联系。而崇祯七年(1634)会试中,复社成员中试者占比十分之一强,此事令时任内阁首辅的温体仁"大为骇异",为遏制复社势力的上升,竟因此而"废科目,用保举"[2]。崇祯帝明显感觉到复社作为一股上升的政治势力使他的执政地位产生了动摇。

四、明亡后与阉党余孽的斗争

据刘军的观点,晚明的东林党争可以划分为三个阶段:第一阶段主要是万历时期,是党争的形成和发展时期;第二阶段主要是泰昌、天启朝,是东林党的全盛时期,也是东林党与以魏忠贤为首的阉党展开激烈冲突和斗争的时期;第三阶段是崇祯及南明政权时期,是东林党逐渐分化和没落的时期。[3]

崇祯十七年(1644)燕都沦亡,消息传到江南时,南京文武大臣议立嗣君,在拥立福王朱由崧和潞王朱常淓的问题上发生分歧。一派以史可法为首,代表东林、复社党人,主张立潞王。按照明朝帝王的伦序,神宗的亲孙福王应当续嗣大统。崇祯十七年(1644)四月,南京参赞机务史可法、兵部侍郎吕大器、詹事姜曰广认为"福王有不孝、虐下、干预有司、不读书、贪、淫、酗酒七不可立"[4]。其实,真正的理由是东林党人怕福王嗣位,追究"梃击""红丸""移宫"三案而报复东林党人,立潞王则没有这个后患。东林党人之所以反对福王继统,是因为他的祖母是备受明神宗宠爱的郑贵妃,从万历到天启时期,朝廷上围绕储君问题展开的梃击、移宫等大案,都与其有直接关系。正是因为东林人士的不懈抗争,郑贵妃立福王朱常洵(即朱由崧之父)为太子的盘算才终告失败,所以东林人士坚决反对朱由崧即位,而竭力称扬潞王朱常淓的贤德,希望他继位。

---

[1]周佳:《〈抚吴疏草〉与江南"士民"冲突》,华东师范大学2010年硕士论文,第24页。
[2]陆世仪:《复社纪略》,《续修四库全书》史部第438册,上海古籍出版社2002年版,第510页。
[3]刘军:《顾宪成与晚明东林运动——传统士大夫政治研究》,南开大学2010年博士论文,第108页。
[4]徐鼒:《小腆纪传》,中华书局1958年版,第1页。

但另一派马士英勾结勋贵刘孔昭、南京守备太监韩赞周,又勾结高杰、黄德功、刘良佐等武臣,以凤阳总督和三镇联衔合署的方式,致书南京守备太监韩赞周,宣布拥立福王朱由崧,明年改元弘光。

这样,阉党就和南京、凤阳的内外守备、操江勋臣等形成了军事联盟,东林党一派在军事上陷入孤立。崇祯十七年(1644)四月二十七日,"兵部右侍郎吕大器,署礼、兵二部印,不肯下笔。吏科给事中李沾厉声言:'今日有异议者死之。'时士英握兵于外,与大将、靖南伯黄得功,总兵官刘泽清、刘良佐、高杰等相结。诸大将连兵驻江北,势甚张。大臣畏之,不敢违。于是以福王告庙"[1]。

东林党人在福王继承问题上的失策对局势发展非常不利,导致马士英入阁、史可法被排挤出朝、东林大臣遭排斥、阮大铖被起用、武将跋扈等一系列人事变动。本来天启帝时东林党与阉党斗争激烈,崇祯帝继位后大肆打击阉党,已经使党争基本消失。但福王朱由崧的继位,引发了南明新一轮党争。阉党攫取政权之后,根本不把民族危难和国家大计放在眼里,而是以打击清除异己为务。阮大铖得势后,即不遗余力地打击反对他的东林、复社人士和正直之臣。他们唆使弘光帝重新再版天启年间魏忠贤等所编的迫害东林党人的《三朝要典》,制订所谓"顺案",恢复了特务机构东厂,处死了东林党和复社的许多人士,进一步打击东林和复社党人。[2]

马、阮一旦操权,便重演旧怨,报复东林,钱谦益"先已上疏颂士英,且为大铖讼冤修好矣,大铖憾不释,亦列焉,将穷治其事"[3]。借审问僧人大悲,造出《蝗蝻录》,欲将参与议立潞王的东林、复社党人一网打尽,周镳、雷缜祚首先被杀,南都充满恐怖气氛。"马、阮成心翻覆,挟福王为奇货,并以七不可之议告王,使与诸正人构怨,罪以二心,由是诸忠尽斥外。马、阮当权,怂恿弘光为祖母复仇,尽翻逆案,促使南都一年而覆。"[4]不久,清军渡江,这才没有造成更大的党祸,但明朝也在连绵不断的党争中灭亡。关于《蝗蝻录》,《甲申朝事小纪·张玉笥纪》有记:"而福王立南都,以国维为京营尚书。马、阮恶之,以为东林党人,入《蝗蝻录》中。遂

---

[1]顾炎武:《圣安纪事》,《顾炎武全集》第4册,上海古籍出版社2011年版,第29页。
[2]苏辰:《明代南直隶兵防体制研究》,东北师范大学2017年博士论文,第209页。
[3]张廷玉等:《明史》,中华书局1974年版,第7941页。
[4]孟森:《明史讲义》,上海古籍出版社2002年版,第347页。

乞归省母,而南都失。"[1]《鲁之春秋》亦云:"福王召令协理戎政。国维请建三辅以藩南京,京口为东辅,芜湖为西辅,京师为中辅,各设重兵镇守,不果行。寻叙山东讨贼功,加太子太保,荫锦衣卫佥事。吏部尚书徐石麒去位,廷推属国维,马士英不听,用张捷。阮大铖撰《蝗蝻录》,以国维为东林党,列名其中,国维乃乞省亲归。"[2]《燐火录》记载,阮大铖与张孙振借僧人大悲而捏造十八罗汉、五十三参、七十二菩萨等目:"七十二菩萨,则指王志道、刘同升、赵士春、姜埰、金声、沈正宗、张采、熊开元、张有誉、马嘉植、沈宸、乔可聘、郭贞一、刘宗周、吴嘉允、黄端伯、祁彪佳、张国维、何刚、钱栴、王孙蕃等。"[3]

顺治二年(1645)十一月,严州总兵官方国安从金华赶来,马士英素来与方国安交好,偷偷藏匿在国安军中,申请入朝。张国维上《马士英十大罪疏》[4],马士英才不敢入朝。马自然对张恨之入骨,必定要伺机报复。

顺治三年(1646)四月,张国维率诸军攻打杭州,未能成功。唐王派遣金都御史陆清源送来十万银犒赏浙东军士,马士英教唆方国安纵兵夺饷,杀死陆清源。张国维悔之晚矣,除恶不尽,是为憾恨。方国安劫持鲁王而去,六月二日,清兵入绍兴,张国维收拾残兵,提兵追赶鲁王,到达黄石岩丰桥,方、马、阮兵断所过桥,方国安听从马士英的诡计,打算将鲁王作为投降的见面礼献给清政府。赶巧看守鲁王的人病了,鲁王才得以乘机逃脱。

明朝覆灭之后,弘光政权作为明朝的继承和延续,不思如何励精图治,复兴明朝,反而继承了明朝末年朝政的大部分缺点,党争严重,自私自利。内斗消耗了国家大部分的实力,最终弘光政权被清廷轻而易举地打败。

五、列入《东林列传》

陈鼎(1650—?),字定九,又字九符、子重,号鹤沙,晚号铁肩道人,江阴周庄镇

---

[1]抱阳生编著,任道斌点校:《甲申朝事小纪》,书目文献出版社1987年版,第601页。

[2]李聿求:《鲁之春秋》,浙江古籍出版社1984年版,第29—30页。

[3]李天根:《燐火录》,浙江古籍出版社1986年版,第390页。

[4]张国维:《张忠敏公遗集》,《四库未收书辑刊》第6辑第29册,北京出版社1997年版,第669—670页。

陈家仓人(现周西村人)。少年随父远至云南,长期生活在云贵高原,考察西南少数民族的风俗民情,对云南、贵州一带的地理、历史情况很有研究,后返归周庄故里定居。所撰《东林列传》共二十四卷,附录二卷,意为东林党人树碑立传,通过东林党人的言行事迹体现东林书院的兴废嬗变过程,以及东林党人的思想境地和高风亮节。卷一记载东林党发轫时期的杨时、罗从彦、喻樗、尤袤、李祥、蒋重珍和胡宋代七君子。卷二至卷二十四记载明代的邵宝、顾宪成、高攀龙、古光年、缪昌期、李应升等东林志士一百八十多人。每卷传数人,每传数百上千字不等。对每一传主,皆力求叙及其姓名、字号、籍贯、家世、生平事迹。其中与《东林书院志》重复者仅四十三人,比《明史》收录的相关人物列传多出百人以上,是对《东林书院志》和《明史》的重要补充,有很高的史料价值。《四库全书总目·东林列传》云:"是编所载一百八十余人,盖即东林党人榜及沈淮、温体仁等《雷平》《蝇蚋》诸录所著名者也。以节义炳著者,汇载于前。余亦分传并列,胪叙事迹颇详。其中硕士端人,固所不乏,而依草附木者,实繁有徒。厥后树帜分朋,干扰时政,祸患卒隐中于国家。足知聚徒讲学,其流弊无所不至。虽创始诸人,未必逆料如此,而推原祸本,一二君子不能不任其咎也。此书仿龚颐正《元祐党籍传》之例,于诸人之姓名、履贯,无不本末灿然。俾读者论世知人,得以辨别贤奸,而深思其熏莸杂厕之所以然。前事不忘,后事之师,其亦千古炯鉴矣。"[1]

录其《张国维传》全文如下:

> 张国维,字玉笥,东阳人,少以理学自励,慕东林名,走数千里来会讲。中天启壬戌进士,知广东番禺县,屡擒巨盗,以卓异擢刑科给事中,迁礼部,改太常少卿。秦中流贼起,渡河转战蹂躏黄凤滁泗间,朝廷忧之,遂命国维以佥都御史巡抚南直,至则察视沿江形势,而安庆孤悬江北,据陪京上游,楚豫之盗往来窥伺,时调徽宁及吴淞兵戍之,而海寇复窃发,国维乃募壮士,议增马步二千,于是皖为重镇。又以群盗出没,檄滨江诸邑修城郭、建敌楼,为永久计。治吴七载,威惠大行,每值旱蝗则请蠲请折,抗疏入告,而其大者尤在讲求水利,盖吴为泽国,明初开修水利,设有专官,至宣德中,周文襄忱为巡抚,秤土均粮,凡圩塍之灌注湖流

[1]永瑢、纪昀等:《影印文渊阁四库全书总目》第2册,台北"商务印书馆"1983年版,第298页。

者依重科亩浍之，进退潮汐者减轻，则其法尤为精密。弘正以来，屡命疏凿，自万历戊申后始渐废弛，农人竭蹶培壅，收获仍俭，坐是民多艰食，盗风日炽。国维乘单舸，遍探河渠，悉为图说，凡三吴诸水之故道会烦累朝濬画者次第编订，他如臣僚章奏、官司、案牍莫不蒐采，辑为《三吴水利全书》，共计三十卷，上于朝。又疏请修治吴淞、白茆，于滨江滨湖滨海之隘口筑堤创闸，以吐泄节宣之。朝廷知国维才，乃以兵工二部侍郎兼右佥都御史督河道。时天旱水竭，国维徒跣暴烈日中，祷于东岳，大雨如注，河遂通流。会大盗李青山起山左骚动，有旨会剿，而青山佯请内附，国维单骑造贼营，青山出不意，大惊，罗拜请死，国维阴察贼徒欲饵我，既还，遂部署将吏疾驰之，贼方置酒高会，谓其下曰："侍郎已堕吾术中矣。"略不设备，国维至，青山就缚，余贼悉降，捷奏，赐金币，荫一子锦衣。而沂州王明及齐见龙、张文宇等聚众剽掠，谋断饷道，国维悉用计擒斩之，东方遂宁。十五年，擢兵部尚书。我兵已入关，七日前上书称疾，弗允也。国维视事，乃论劾督师范志完巡抚总兵以下数十人，又檄蓟督赵光抃率诸将捍御，急调天下援师，国维见内外交讧，势甚危急，请驰军前自效，上以机务重，不许。而是时，永城叛将刘超拥兵观望，擅屠御史魏景琦家，表请入援，廷议授超以保定总兵官，国维独抗言曰："此赏奸也，若羽翼已成，又一曹闰矣。"乃属巡抚王汉图超，谋泄，汉为超所杀。国维密授巡按苏京方略，与督镇共除之，且敕丁启光斩叛自赎，超卒伏诛。方国维急调援师也，刘泽清入援，临清失守，御史蒋拱宸疏论之，国维言："都城告急，天下入援者恐后，若一方有事归罪中枢，必海内不举勤王之甲而后可。"未几，国维请告，上许之。而言者以周延儒用范志完为纵敌，上大怒，缇骑逮讯，并及国维下狱，刑科孙承泽疏救国维，次日上御文华殿，出疏示内阁及刑部诸臣，范景文力言："国维素著劳绩，罪有可原。"科臣言是。上命以原官督浙直兵饷，甫出，而都城陷矣。福王立南中，以国维为京营尚书，马、阮恶之，以为东林党人，入《蝗蝻录》中，遂乞归省母；而南都失，国维遂与方逢年、熊汝霖、孙嘉绩、郑遵谦、朱大典等迎鲁藩于台州，监国绍兴，国维为大学士，督师江上，适马士英自南中奔至，欲入朝，国维知之，首参其误国十大罪，士英惧，遂不敢入。时兵马云集，人治一军，不相统摄，国维请合诸将，尅期会战。十月，我兵至，方国安严阵当之。国维率王国斌、赵天祥接应，会天大风雨，火炮弓矢不得发，遂收兵。而唐王已即位闽中，颁诏至，鲁藩不悦，下令欲返台州。国维星驰至绍，上疏唐王，言："国当大变，凡为高皇帝子孙，所当同心协力，成功之后，入关者王。监国退守藩服，礼制昭然，若以伦序叔侄之分，在今日原未假易，且监国当众心奔散之日，鸠集为劳，若南拜正朔，鞭长不及，猝然有变，唇亡齿寒。臣，老臣也，岂若朝秦暮楚之客哉？"疏出，议始定。然闽浙成水火矣。浙东将士与我兵跨江相距，会闽中使陆清源赍敕犒师，而是时，马士英、阮大铖同依方国安，因唆国安斩之，且出檄，数唐王罪。国维闻之，叹曰："祸在此矣。"国安既斩闽使，恐闽发兵，又见杭州坚守不下，遂议抽兵属国维西征，以余煌兼兵部尚书代督师，时我兵方屯北岸，用火炮击南营，国安惧，拔营走江上，诸军皆溃，惟王之仁一旅独全，因具舟楫邀国维入海，国维不得已，乃率众迎扈鲁王。我兵渡江，国安、士英谋挟鲁王投降，遣人守王，会守者病，王得脱，传命国维趣防四邑，遂遁入舟山，而事不可为矣。先是我兵破会稽，有贻书招国维者，国维答以"身为大臣，谊在必死，惟乞全老母而已"。至破义乌，众劝入山，国维曰："误天下者，文山、叠山也，一死而已。"我兵至七里寺，国维具衣冠，南向拜，曰："臣力竭矣。"作绝命诗，有"精灵常傍孝陵坟"之句，从容赴园池死。其子亦被戮。

外史氏曰：嗟乎，当鲁监国扼守浙东，与闽联络，亦足以支吾也。乃马、阮二贼唆斩闽使，遂成水火，卒不可支。岂二贼与朱明有不共戴之仇耶？不然胡为必欲尽丧其土也。先生之死，重于九鼎矣，二贼能无愧乎？[1]

可惜，张国维"少以理学自励，慕东林名，走数千里来会讲"的相关记载史实不见其他资料，无以查验。

诚然，东林结党缘于东林人物之籍贯、科第、师友与亲属等诸多关系，以及政治上的共识与儒家思想的共同理念。《东林本末》云："予追溯东林所自始，而本之于争夺情，以其为气节之倡也。"[2]东林党的这种精神和气节不仅对当时的士风具

---

[1]陈鼎：《东林列传》，《明代传记丛刊：学林类3》，明文书局1991年版，第579—588页。
[2]吴应箕、吴伟业等：《东林本末（外七种）》，北京古籍出版社2002年版，第21页。

有提振作用,而且还一直延续到明末清初。陈鼎说:"前朝梁溪诸君子讲学东林垂五十年,天下靡然从之,皆尚气节、重名义。及国亡,帝后殉社稷,公卿百职,以及士、庶人、百工技艺、妇人女子,皆知捐躯效节,杀身成仁,讲学之功效,在五十余年之后亡国有光,于明为烈。"[1]这也许是当时及后世众多士人对东林党人持有赞赏和同情态度的原因所在。

---

[1]陈鼎:《东林列传》,《明代传记丛刊:学林类3》,明文书局1991年版,第1页。

第八章

张国维交游举要

张国维早年于家乡苦读,自三十岁授番禺知县,辗转为官二十余年,同学、同年、同事等不少,他"为人宽惠,得士大夫心"[1],又兼一身正气,一生必定交游广泛,可惜他不以诗名,兼作品散佚严重,故而交游资料严重不足,唯能举其要,略述其与钱谦益、陈子龙、吴之器、沈寿民等的交游,以见一斑。

一、钱谦益与张国维师弟关系考

钱谦益(1582—1664),字受之,号牧斋,晚号蒙叟、东涧老人,学者称虞山先生,常熟人。清初诗坛盟主之一。万历三十八年(1610)一甲三名进士,他是东林党领袖之一,官至礼部侍郎,因与温体仁争权失败而被革职。其诗作于明代,收入《初学集》,入清以后的收入《有学集》,另有《投笔集》。

从天启元年(1621)浙江乡试二人确立座生关系,到弘光元年(1645)钱谦益降清二人断绝关系,师弟之谊延续了二十四年。

(一)确立座生关系

万历三十八年(1610),钱谦益高中探花,授翰林院编修。同年,父亲钱世扬去世,回乡丁忧守制。万历三十九年(1611),东林党于京察中失势,钱谦益受到牵连,闲置十年。

天启元年(1621),钱谦益被起用,任浙江乡试主考官。张国维二十七岁,春,入邑庠。秋,乡试中式第七名。谒见时,钱谦益即以"国士"之礼看待张国维。钱谦益为张国维座师,二人交游自此开始。

金鹤冲《钱牧斋先生年谱》"辛酉天启元年条"载:

> 先生四十岁。八月,为浙江乡试正考官。还朝,补右春坊右中允,知制诰,分撰《神庙实录》。初,先生奉浙江之命,韩敬与秀水沈德符等,思有以中之,使奸人金保元、徐时敏冒充先生门客,授关节于士之有文誉

---

[1]万斯同:《明史》,《续修四库全书》史部第330册,上海古籍出版社2002年版,第490页。

者,约事成取偿。士多堕术中。榜发,敬力请抚、按,将全场朱卷刻板,表章人文。迨京省广布,所取士钱千秋首场文,用俚俗诗"一朝平步上青天"之句,分置七篇结尾。敬等即使给事中顾其仁举发,先生大骇。会千秋入京,先生召而诘之,得其情,即自具疏检举。保元、时敏、千秋俱下刑部狱。[1]

《明史·选举二》也说:"中允钱谦益典试浙江,所取举人钱千秋卷七篇大结,迹涉关节。榜后,为人所讦,谦益自检举,千秋谪戍。未几,赦还。"[2]其实,金保元、徐时敏二人都受韩敬指使,韩敬欲报京察被降黜之恨,于是伙同沈德符谋算钱氏,买通金、徐假冒其门客,制造科场关节案,再唆使顾其仁参劾。浙江是浙党发源地,韩敬为归安(今浙江湖州)人,故关节案是东林党和三党在科场斗争上的一个侧影。[3]钱氏以失察罚俸三月,不久即称病回籍。

(二)钱谦益撰《张子题辞》

天启二年(1622)会试即春闱,张国维登文震孟榜进士。夏,钱谦益撰有《张子题辞》:

> 东阳张子其四,盛年取高第,才名籍甚于浙河西东。乃张子益修然自好,帘阁篝灯,读书穷卷,若忘乎其所有事者。间出对客,抠衣拳手,退然如不胜衣。微窥其志气,盖不徒求贤于世之君子而足也。
>
> 张子于文章,才气横溢,涵肆演迤,如秋水时至,百川灌河,使尺幅掇拾之士眇然如河伯之望洋。乃其人顾静退间(闲)止如此。苏子瞻常举韩文公"以昌其诗"一语问王定国,而以为昌诗如膏画,不如昌其气与志。张子之文,其气昌矣。以其人观之,殆可谓昌其志者也。昔子瞻兄弟俱以贤科中第,子由留长安,而子瞻遗之诗曰:"遥知读《易》西窗下,车马敲

---

[1]钱谦益著,钱曾笺注,钱仲联标校:《牧斋杂著》,上海古籍出版社2007年版,第933—934页。

[2]张廷玉等:《明史》,中华书局1974年版,第1705页。

[3]姜正万:《论钱谦益和"东林"的关系》,《宁夏大学学报》(社会科学版)1994年第3期,第38页。

第八章　张国维交游举要

门定不应。"今之君子知此志者,或鲜矣。张子殆可以语此。[1]

　　这是钱谦益为张国维《玉笥先生传稿》之题辞。"《张子题辞》则对张国维的为人和为文做出综合评价,认为其人志昌,其文气昌。"[2]"以昌其诗"出自韩愈的《贞曜先生墓志铭》:"于戏贞曜!维执不猗,维出不訾;维卒不施,以昌其诗。"[3]下言苏轼事,出自《韩退之〈孟郊墓铭〉云:以昌其诗。举此问王定国,当昌其身耶,抑昌其诗也?来诗下语未契,作此答之》:"昌诗如膏面,为人作容姿。不如昌其气,郁郁老不衰。虽云老不衰,劫坏安所之。不如昌其志,志一气自随。养之塞天地,孟轲不吾欺。"[4]所引苏轼诗句出自《九月二十日微雪,怀子由弟二首》其二:"江上同舟诗满箧,郑西分马涕垂膺。未成报国惭书剑,岂不怀归畏友朋。官舍度秋惊岁晚,寺楼见雪与谁登。遥知读《易》东窗下,车马敲门定不应。"[5]钱谦益勉励人"读书尚志"意又见于《季沧苇诗序》:"昔者苏子瞻兄弟既举进士,子瞻官凤翔,寄子由于长安,其诗曰:'遥知读《易》西窗下,车马敲门定不应。'古人荣进之初,读书尚志,其厚相期待如此。今之君子,知此意者鲜矣。余之期沧苇以有成者如此,不独以其诗也。"[6]知生莫若师,张国维的确是读书为己而非为功名者。

　　另,张国维从弟张国正有题识:

　　先阁部公玉笥先生,才堪支厦,志欲扶危,移孝作忠,舍生取义,伟业著于当代,芳名垂于奕禩,彪炳史册,沛塞苍旻,固不藉帖括以寿世也。然学必有本,言为先资。今展读其遗稿,其旨邃而深,其气古而韵,其理精而核,其辞丽以则。凡一章一句,皆直抒心得,以见性灵,非止取科第之蒿矢也。兹本计文四十余篇,为座师钱牧斋先生鉴定,谨重付梓,以为后学津梁。[7]

[1]张国维:《玉笥先生传稿》,《东阳丛书》第14册,浙江古籍出版社2015年版,卷首第1页。
[2]赵会娟:《钱谦益集外文四则》,《文献》2015年第3期,第100页。
[3]韩愈撰,马其昶校注:《韩昌黎文集校注》,上海古籍出版社1986年版,第447页。
[4]王文诰辑注,孔凡礼点校:《苏轼诗集》,中华书局1982年版,第1805页。
[5]王文诰辑注,孔凡礼点校:《苏轼诗集》,中华书局1982年版,第154—155页。
[6]钱谦益著,钱曾笺注,钱仲联标校:《牧斋有学集》,上海古籍出版社1996年版,第759页。
[7]张国维:《玉笥先生传稿》,《东阳丛书》第14册,浙江古籍出版社2015年版,卷首第2页。

113

“其旨邃而深，其气古而韵，其理精而核，其辞丽以则”，评价可谓高矣。原文四十余篇，现存十二篇：《〈诗〉曰周虽》《如切如磋》《大畏民志》《所藏乎身》《若有一个》《食之者寡》《凡事豫则立》《敦厚以崇礼》《得道者多助》《我非尧舜之道》《此非距心》《我亦欲正人心》。从题目与内容看，大概是张国维为准备科举考试而拟撰的应试文章，是研读《大学》《中庸》《论语》《孟子》等经典的心得体会，为圣人代言，自砺自试，大类于白居易的《策林》，这说明他为应试做过长期的准备与努力，“非止取科第之蒿矢”“以为后学津梁”，即为明证。其他诸如《礼之用和》《退而省其》《颜渊季路》《居敬而行》《必也临事》《兴于诗》《舜有臣五》《菲饮食而》《达巷党人》《子张问善》《足食足兵》《百姓足》《子路问政》《为臣不易》《君子和而》《仁者必有勇》《王孙贾治》《乐节礼乐》《乐道人之善》《视思明》《月无忘其》《所谓立之》《谨权量》《有孺子歌》《孝子之至》《夫义路也》《其君用之》《君子不可虚拘》等散佚不存。[1]“为座师钱牧斋先生鉴定”，是说这个集子是经钱谦益论定审核过的，是比较权威的版本，推测钱谦益因之而作《张子题辞》。

（三）钱谦益撰《大中丞张公靖海纪事碑》

大约崇祯九年（1636），钱谦益撰有《大中丞张公靖海纪事碑》：

国家奉天御宇，旌旄所向，悉臣悉庭。惟江壖海介间，尚多伏莽，啸聚乌合，陷坎胁从。二百年来，秦播、王艮之徒，煽祸不休。今又勾连闽海，出没飞扬。上窥淮、楚，下躏江、浙。内衅外讧，天下大计，毫发有间，则举体为之不宁。匡卫无缺，则宵旰纾其忧顾。海波靖而东南始成安壤，东南安而江、淮、闽、浙始无震邻，势使然也。当此时，乂安南服，必有桓毅过人之略，直亮不回之节，开诚布公，内为当宁信倚，外为众志詟服，然后能沉几先物，斧劈理解，动而建非常之功。我中丞张公，则其人也。

自公节钺三吴，式是百辟，为宪万邦。揆文奋武，吏治民怀，罔不纲举目张，尤毅然以靖海为仔肩。两年以来，置蒙冲而列斗舰，备龙骧而壮虎牙，平洋寇舰，拔营南遁。然根孽未剪也。今年五月，复联艅直上，分

[1]张国维：《玉笥先生传稿》，《东阳丛书》第14册，浙江古籍出版社2015年版，卷首第1—2页。

犯江海。我将士受命而前，以必杀之威，予螳臂当车者；以不杀之仁，予稽颡投戈者。枭音将变，鹰眼尚存。亟谋桑土，以成抚局。公历选将士，知储将杨芳辈，堪兹委任。驾驭策力，密授方略，用芳辈为臂指。阴阖阳辟，展转开导。海中枭獍，顾忠、王有才、王斌之属，咨嗟涕洟，如寐方觉，如醒方醒。六月哉生魄，公遣使宣尺一之诏，传示洋中，开自新之途，广并生之德。洗心易向，共享升平。是以有八月乘间来降之约。九月五日，洋中遣使报命。公摩盾草檄，应时飞谕。海众捧檄手额，继以泣下，北向呼拜，遂自大阴沙联艅扬帆，衔尾而进杨家嘴。公遣官侦探得实，会同督镇道诸公，谋纳降之礼。九月九日，提督马公，挈小舟飞渡顾忠舰中，扬皇恩，颂公德。越一日，诸舰齐泊上海。松守臣张筵宴劳，陈列饩牵酒肴，均饭共醉，欢声如雷。公解衣脱帽，投赠倡率受抚者。其余赏赉有差。金钱币帛，皆公等蠲资预储，不烦公帑。二千余众，一时厥角稽首，复为良民。维我伏波横海之虎臣，脱剑而拱手。水犀鱼丽之军容，有备而不阵。卷紫气于河球，韬神芒于浦剑。神功骏烈，莫之与京矣。往时邓茂七之自建昌流也，叶宗留之自处州奔也，蒋福城之自尤溪起也，詹师富之自卢溪聚也，或资四省夹攻之力，或赖中朝推毂之重，经岁月始平。今公命世才底定东南，驰一纸书，贤于十万。允文允武，不竞不絿，真社稷之勋哉！

人咸知公庙算之精，奏凯之速，而不知公自受事以来，操履若饮冰雪，勤劳若茹荼蓼，身在雉门堂皇之上，而心游鲸波瀚海之中。苦心筹画，精诚孚感。鬼神莫测其略，而人天共佑其成。公既有功不伐，谦退若不自胜。而怀铅握椠，称功颂德者，亦罕有能知其所以然者也。海波荡平，吴、越底定。肤功上闻，予玄衮而贶彤弓，将在旦晚。布昭圣武，矢其文德，既庭既同，丰功懋绩，固当载在策府，传之带砺，兹不敢赘及也。

公讳某，以金都御史开府三吴。督臣马公，讳某。提督臣马公，讳某。巡按御史李公，讳某。镇臣梁公，讳某。道臣张公，讳某。皆一心同德，以成抚事。松江守臣李君正华，苏州海防汪君汝祺，松江海防施君洪烈，上海知县阎君绍庆，皆协力襄事，例得书。所谓腹心爪牙之任，则将臣杨芳其最也。

余海滨老民，获有宁宇，咏歌太平，敢窃取嘉美晋公平淮之义，为文以纪其事,系之以诗。[1]

此为碑文,此碑立于何处不详。从文中"自公节钺三吴""两年以来"推断,时间似为1636年。碑文叙写张国维用人得当,剿抚结合,肃清海寇,还东南安宁。唐朝裴度督统诸将平定淮西之乱,以功封晋国公,韩愈为之撰《平淮西碑》。钱谦益自比韩愈,而将张国维比之裴度。可惜文末所提及之诗难觅。

另王焕如《东海巡汛》所记也可作为参考:"迩年武备嗟弛废,贪弁隐占杂疲癃。张公建牙抚士卒,申明号令气春(春)容。鼓舞忠义人争奋,师干赫赫皆罴熊。交驰羽檄稽勤惰,兜鍪铠仗耀烟烽。倏焉蛾贼皖城逼,挑锐西援走艨艟。兵去不闻汛守弱,分合众寡心腹同。奸民捍罔航海贩,扬戈迅获如追风。崔苻乘间偶张鬣,擒渠斩馘满江红。桑土绸缪根本固,东南息壤一丸封。"[2]王焕如,苏州庠生,曾参与编纂《吴中水利全书》。

(四)钱谦益丁丑之狱

崇祯十年(1637),钱谦益和瞿式耜因张汉孺诬告而被逮,是为丁丑之狱。同邑何云慨然相从,"丁丑春尽赴急征,稼轩并列刊章,士龙相从,草索渡淮而北"[3]。"何云,字士龙,言山先生之孙。服习家学,读书能古文词。尤熟唐史,凡唐人诗有关时事及门户党局者,历历指出如目睹身涉者。钱宗伯延致家塾。宗伯丁丑之狱,慷慨誓死,草索相从。"[4]闰四月二十五日,下刑部狱。

瞿式耜(1590—1650),字起田,号稼轩、耘野,又号伯略,江苏常熟人,崇祯一朝官至户科给事中。晚年参加抗清活动,拥立桂王朱由榔。顺治七年(1650),城破被捕,与张同敞在桂林风洞山仙鹤岭下英勇就义。自万历乙巳年(1605)瞿式耜入拂水山庄从钱谦益读书,至永历四年(顺治七年,1650)瞿式耜就义,前后共四十五年时间,其与钱谦益之间的师弟之谊从未稍懈。

---

[1]钱谦益著,钱曾笺注,钱仲联标校:《牧斋杂著》,上海古籍出版社2007年版,第485—488页。
[2]张国维:《张忠敏公遗集》,《东阳丛书》第14册,浙江古籍出版社2015年版,第108页。
[3]钱谦益著,钱曾笺注,钱仲联标校:《牧斋初学集》,上海古籍出版社1985年版,第355页。
[4]高士鹍、杨振藻修,钱陆灿等纂:《康熙常熟县志》,《中国地方志集成:江苏府县志辑21》,江苏古籍出版社1991年版,第499页。

早在崇祯二年(1629)六月,在温体仁、周延儒等人的排挤下,阁讼案终结,钱谦益以准宰相而坐杖论赎,南归,而温体仁杀他之心不死。崇祯十年(1637),温体仁收买了常熟县衙师爷张汉儒诬告钱谦益鱼肉乡里,说他是"喜怒操人才进退之权,贿赂握江南生死之柄"[1],罗织钱谦益与瞿式耜五十八条罪状。钱谦益在《丁丑狱志》中记载了这次蒙冤入狱的始末:"乌程以阁讼逐余,既大拜,未尝顷刻忘杀余也。邑子陈履谦,负罪逃入长安,召奸人张汉儒、王藩与谋曰:'杀钱以应乌程之募,富贵可立致也。'汉儒遂上书告余,并及瞿给事式耜。"[2]同年二月,"先生与瞿公赴逮。顾大韶等具呈于抚按衙门,请为贤绅昭雪。而巡抚张国维、巡按路振飞合词以白其冤,且曰:'怨家自有对头,是非岂无公论。'"[3]钱谦益狱中上《微臣束身就系辅臣蜚语横加谨平心剖质仰祈圣明洞鉴疏》[4],自我辩解,大概意思有四:其一,温体仁自表清白是欲盖弥彰,属于此地无银三百两;其二,张汉儒与温体仁两人身份悬殊,但在许多问题上都口径一致,这才是真正的结党;其三,枚卜之后,温体仁始终心存芥蒂,多番罗织罪名,企图杀人灭口;其四,温体仁当政后一心排除异己,却置国事边事于度外,毫无建树。这四点回应也算不卑不亢,掷地有声。[5]《永历实录·瞿严列传》载:"体仁怒不解,阴遣人至苏,募无赖子张汉儒诬式耜与谦益结为死友,侵国帑,谤朝廷,危社稷。击登闻鼓,疏达上,下所司按问。江南巡抚张国维檄苏、松、镇三府会讯。镇江知府印司奇力持诬状,国维以上闻。"[6]

崇祯十年(1637)四月初十,张国维上《回奏钱瞿二宦疏》云:

> 题为遵旨回奏事。本年正月初旬,臣因贼警,移镇京口,于十四日准刑部咨内开,接刑科密封红本三件,据常熟县民张汉儒奏为"直陈江南之大害,预鸣天下之隐忧"等事,奉圣旨:"据奏,钱谦益、瞿式耜婪横事情,殊可诧恨,着该抚按拿解来京,究问本内及单款有名各犯通着严提,从重究拟,作速奏夺,不许延狥。该抚案向来何无禁缉纠参,并着自行回奏。

[1]计六奇撰,魏得良、任道斌点校:《明季北略》,中华书局1984年版,第215页。

[2]钱谦益著,钱曾笺注,钱仲联标校:《牧斋初学集》,上海古籍出版社1985年版,第802页。

[3]钱谦益著,钱曾笺注,钱仲联标校:《牧斋杂著》,上海古籍出版社2007年版,第936页。

[4]钱谦益著,钱曾笺注,钱仲联标校:《牧斋初学集》,上海古籍出版社1985年版,第1815—1817页。

[5]肖虹:《论钱谦益与瞿式耜在崇祯朝的政治起落》,《文化学刊》2020年第10期,第223页。

[6]王夫之、钱秉镫:《永历实录 所知录》,上海古籍出版社1987年版,第18页。

这本单冗袭非体姑不究，该部知道，钦此。"钦遵。备咨到臣，臣恭绎明旨，责臣等向无禁缉纠参而犹宽以回奏雷霆之严，复垂日月之照，臣不胜战悚，不胜感激，时值贼氛正炽，身在行间，未及详查颠末，不敢漫然回奏，一面严催钱谦益、瞿式耜起解，并备抄本内单款，檄行道府速审去后，三阅月以来，驰驱江上，晷刻靡宁，今以贼遁，还镇苏州，查钱谦益、瞿式耜已经起解在途矣，臣只奉明纶，敢不据实上陈乎？臣叨中乡试，时系钱谦益主考，于臣为座师也。臣自奉抚吴之命，窃见江南财赋重地，每图欲弭衅端，为皇上安此一方，以备储糈，缓急痛，绝情面，爱护小民于门墙之间，尤为凛凛。而钱谦益亦以道义相成，足迹不入郡城，通国可问，然臣犹恐有事涉有司，臣所不及知者，每于道府县谒见必加叩问，皆无一人訾议，凡受小民诉告，亦必勤勤察访，曾未有一言及之，即巡方之臣如祁彪佳、王一鹗、路振飞，臣所同事者阅三人矣，每向臣言，钱绅谦益一札不通，似咸谅其素履，臣所咨询，实实如此。至瞿式耜，于臣从无所干，于地方亦向未闻有争讦也。年来寇警纵横，所在骚然，而江南尚自安堵，方幸无愤激不平之民情干上听而烦圣怀者，不意张汉儒所奏钱谦益、瞿式耜之婪横，殊骇听闻，据单款，累累不止数年之事，乃查臣未任以前俱无牵及之案，从前抚按非尽门生故旧，亦无白简相抨弹者，抚按所凭，非由道府之开报，即系百姓之控理，两者寂然无有，虽欲强搏风力，能乎？臣之向无禁缉纠参，实未尝有所见闻，不敢一字欺饰以冒铁钺也，今事之有无虚实，审时自明，而臣有不得不吁请者焉，究拟有名人犯，奉有明旨，臣仰惕天威，虽不敢不矢诸天日，但人情或以师生见疑，无以昭奉法之公，有嫌宜引查大律内一款：凡官吏于诉讼人内有服亲及婚姻之家，若受业师及旧有仇隙之人并听移文回避，违者笞四十。臣伏思之，座师与受业师均师也，嫌疑之际，申禁綦严，臣兢兢恐悖明律，非敢有所规避，伏乞皇上专敕按臣从公究拟，庶三尺无私，而狱情称允矣。仰惟圣鉴施行。

崇祯十年四月初十日具题，闰四月十三日奉圣旨："钱谦益等婪横事情，前旨甚明，何云俱无闻见？又以座师引嫌，显属狗庇。其单款有名各犯,即着该按据实究拟速奏。该部知道。"[1]

张国维装糊涂,借口忙于剿贼,对此事无所闻见,又引明律而避嫌,这显然瞒不过皇帝。张国维的调查结果,以及巡方之臣祁彪佳、王一鹗、路振飞的相关证言,显然也不为皇帝所采纳。路振飞"按苏、松,请除输布、收银、白粮、收兑之四大患,民困以苏。会常熟钱谦益、瞿式耜为奸民张汉儒所讦,(温)体仁坐振飞失纠,拟旨令陈状。振飞白谦益无罪,语刺体仁。体仁恚,激帝怒,谪河南按察司检校"[2]。

当时,巡抚为张国维,道臣为慈溪冯元飏,苏州知府为闽之陈洪谧,巡按路振飞,镇江知府印司奇。"抚按檄苏松常镇四府印官,并四府理刑推官,就苏府讯,抚台命诸官曰:赃私狼藉若此,诸官各从公讯,即有分毫犯法,本院亦不能为座生庇。须竭各被害词,且据之入告,毋枉纵也。"[3]

崇祯十年(1637)九月,张国维上《回奏张汉儒诬讦疏》[4],其时对陈履谦、张汉儒已有圣旨:"是陈履谦著发边远,张汉儒、王藩发边卫,各充军终身,仍著锦衣卫拿至长安右门外,各打一百棍,用一百五十斤枷,枷号三个月,满日发遣。"针对张汉儒原疏提出"遁词者"六项,张国维此疏论明张汉儒所谓"六大害之诬",又针对单款提出若干自相矛盾之处,"从来谳牍无无人之款,无无证之案,无无因之贿,无不承认之事主,无怀旧德之冤对,无守贞之淫行,无杜门之横行,有之,自汉儒讦奏始"。结论是:"单内奸占纷纷,有如载鬼;纸上抢诈累累,俱成捕风。"圣旨云:"据奏,此案推勘尽属无稽,钱谦益、瞿式耜何故独被恶名,张汉儒何故首发难端,地方官不据实事情本末明白直奏,欲一概抹杀了事,殊属徇隐。张国维、王志举本当处治,姑着矢心从实查勘,速行奏夺,不许违延取罪,张国维降任级俸次数,如何不行开列姑不究。该部知道。"皇帝虽然明白此案均属无稽之谈,然而还嫌张国维奏疏太笼统,对于事情的前因后果需要详细了解。"张国维降任级俸",张国维因此案而受到惩处。《鲁之春秋》言:"国维斥汉儒等诬罔,忤执政温体仁,夺俸。"[5]能在钱谦

---

[1]张国维:《抚吴疏草》,《四库禁毁书丛刊》史部第39册,北京出版社2000年版,第311—313页。

[2]张廷玉等:《明史》,中华书局1974年版,第7075页。

[3]冯舒:《虞山乱妖志》,《丛书集成三编》第85册,新文丰出版公司1997年版,第186页。

[4]张国维:《抚吴疏草》,《四库禁毁书丛刊》史部都39册,北京出版社2000年版,第380—384页。

[5]李聿求:《鲁之春秋》,浙江古籍出版社1984年版,第28页。

益处于最危难时刻出援手相助，积极应对，为此还付出了一定的代价。可见二人的座主门生关系不可谓不深。

崇祯十一年（1638）正月，张国维上《再覆张汉儒诬讦疏》[1]，主要回答圣旨所问"钱谦益、瞿式耜何故独被恶名，张汉儒何故首发难端"。据张汉儒之子张兆麒的调查，"张汉儒系粮衙书手，犯法逃京，陈履谦即二宦仇人，图报无隙，汉儒性痴而贪，乘圣明韬铎广开觊条陈维噉名之阶，履谦谋狡而险，因二宦废弃忤时，遂决策为含沙之计，狼狈相依，鬼蜮咸射，噉儒酒食，谎儒富贵，不啻当场傀儡，任人线索，予以单款，嗾以上书，宛然借彼鸥张供我鸮毒"，"盖钱谦益博学多闻，砥砺名节，瞿式耜亦素性硁硁自许，但二人踽凉持己，疾恶太严，宵小不无怀忌，陈履谦积恶布闻闾里，于谦益、式耜旧含嫌怨，逃匿京邸，图报睚眦者几十年，所矣一闻汉儒之人，知其擅名刀笔，又欲条陈时事，因密诱而重啗之，授以夙构之捏单，假手制刃"。

稍后，张国维继续上书《逐款登答张汉儒诬讦疏》，多达一万八千余字，登答钱谦益、瞿式耜同列之单共十七款：

据张汉儒疏奏，钱谦益、瞿式耜钻谋起废，并说入学科举遗才帮补及贿嘱列荐等情，前件该臣看得，学臣关防之法甚严，巡方保举之责綦重，谦益、式耜废弃十载，有何拳力？而既已荐人，又复自荐，此必不得之数，稍知自爱者必不为也。至云遇富豪辄诈，遇缙绅亦诈，遇宗党姻亲无不诈，势必人与为仇矣，何以并无不平之鸣乎？诬张为幻亦已甚矣。据张汉儒疏奏，钱谦益、瞿式耜主使腹仆干谋充粮库吏侵欺钱粮等情，前件该臣看得，常熟钱粮涸淆，皆由那借不清，征比不力，县官文册可查，窟穴其中者必系刀笔无赖取欢一旦，明犯不原，臣自到任以后即严查檄拿，次第追究，而今硬指为谦益、式耜腹仆腹干，此讼师装头诬陷之故智，不可以欺明察之吏，而可以欺天网聪明之圣主乎？县令何故而献帑藏之金，国课何由而入乡绅之橐，此今古所罕闻，律例所不载，情理所绝无者也。据张汉儒疏奏，钱谦益、瞿式耜纵令家奴结党寻趁投献封钉图诈逼夺灸诈说事讲银等情，前件该臣看得，豪奴害民之说，足以倾陷仕绅，故款内装

---

[1] 张国维：《抚吴疏草》，《四库禁毁书丛刊》史部第39册，北京出版社2000年版，第468—472页。

点其横状几于无恶不作矣,三吴焚抢成风,岂有如此播恶而不激成地方之祸者?乃汉儒讦奏以后,问为两家颂冤者,则众诺成群,求为两家冤对者,则总属乌有,人情安可强,名节安可诬乎?据张汉儒疏奏,钱谦益、瞿式耜纵奴充兵冒饷,地方失事,并匿游士,任侵饷银两等情,前件该臣看得,常熟设兵甚寡,饷额无多,绅仆而良耶?侵渔扞法所不敢蹈,绅仆而豪耶?执殳荷戈所不肯为,而□□主人□至于县□不及之游士任,亦欲借为侵饷之证,是无蒹菲而成具锦矣。据张汉儒疏称,恶少倚恃谦益、式耜门生亲族借声势为豪举快事等情,前件该臣看得,士风关于提调,提调宽则败类多,提调严则才俊出。今以士习责之乡绅,是犹庖人不治庖,而诿过尸祝也。至于衔蠹张太等一案,久经遣配,忽焉横砌,有何实证?据张汉儒揭开谦益、式耜主使腹仆门干谋充库吏,历侵常熟金花漕折、馈献、庇护等情,前件该臣看得,钱粮完欠关系考成,谁敢以功名身家徇人者?乃硬指蠹胥干仆而坐谦益、式耜以侵献庇护,不思钱粮出入皆由县官经手,非乡绅所可与闻,何所用其侵渔?安如磬以拟遣毙狱,周昌宪以拟遣发卫,刘时昇以假批论斩,张永祚、邹日昇以领侵拟遣,悉核于法,案卷昭然,庇护者固如是乎?此诬周之最显著者也。据张汉儒揭开谦益、式耜造《五陵注略》授许重熙刊布等情,前件该臣看得,许重熙《五陵略》刊自京师,纠参原疏,未尝只字及谦益、式耜也,此事奉旨处分已久,犹欲借端移祸,所谓以李代桃,牵捏何所不至?据张汉儒揭开谦益、式耜各托同族心腹钱养志、瞿成相等进京钻布起废馈送书仪等情,前件该臣看得,进京钻营之说最易动人听闻,然所称馈仪五千两何无一处指实?况钱养志久归泉下,瞿成相年已龙钟,事同说鬼,了无相涉。据张汉儒揭开谦益、式耜打点起废硬要乡绅大户富室银两,并收盐户见面钱,通邑都送照贺等情,前件该臣看得,营谋秘事,岂令人知?若以未然之灰强派多人之助,岂能令其嘿嘿已乎?孙陆两绅子姓何无质证,阖县大户,阖族富室以及崇明沙上盐户,何无指名?且起官杳然,而贺照先送,此事理之必无者也。据张汉儒揭开谦益、式耜私造浮屠,硬派大户,逼诈富民,积赃三十余万等情,前件该臣看得,该县浮屠之建,始于故令杨忠烈公,时谦益、式耜尚未登仕版也,后地方为阖邑文峰计,置簿募助,始获合尖二宫第列名公举之中,即遭诬蔑,且约费仅三千余金,丝毫可稽,而驾称馈送三十余万,何以服众?据张汉儒揭开谦益、式耜挟制已故陆巡抚妾□次冒封诈金珠古玩银两等情,前件该臣看得,封典奉有宸纶,岂容挟诈?无非谓陆问礼物故,不能起之九原,而其子见在,不任受诬也。观生员陆季章及问礼两男辩豁之辞,更深驾祸之恨。据张汉儒揭开谦益、式耜凡院道有司必要推用心腹等情,前件该臣看得,朝廷用舍,岂岩居可以操纵?乃谓院道有司尽由私托推用,既诬廷推,并诬铨法矣。至关说何事,受祸何人,指证茫无,殊为狡捏。据张汉儒揭开谦益、式耜强占城基,各造市房等情,前件该臣看得,常邑城基给与死事之裔,始自嘉靖年间,至今王氏子孙世守弗失,有王族具呈,粮里勘结可据,强踞之诬,不辩自明。据张汉儒揭开谦益、式耜乘监生钱时倬房婢缢死扛身,讲和诈银生息等情,前件该臣看得,钱族名时倬者有婢病故,为义男郭奉诬告,县快徐耀岩诈时倬银三十两,此衙役故态,岂仕绅所为?况郭奉以仆噬主,路人共愤,而谦益、式耜宁与之同谋耶?据张汉儒揭开谦益、式耜霸截昆城湖华荡,每年诈渔船网户佃田小民银七百两等情,前件该臣看得,常熟东西二湖华荡共计三千六百余亩,业户六十六名,分管见载县册可查,各里排金结可证。国课输将不减,东南水利常通,谦益、式耜于何索例,于何霸截乎?据张汉儒揭开谦益、式耜各出银三百两,分送廪增附生员具呈营荐等情,前件该臣看得,荐举大典,按臣自采公评,岂书生所能关说?且廪生徐时震、王兆瑚并无列名本县及该学,原缴公呈可查,乃妄言多金分送,殊属无稽。据张汉儒揭开谦益、式耜见土豪陈壁打死故宦孙朝肃家人,分得银一千两,把持免抵假借上疏反要吓诈孙宦银二万两等情,前件该臣看得,许素殴死郁达谳案甚明,陈壁与孙宦总属波及,久已审释结招矣,况陈家四壁,安觅千金?孙族世姻,何从吓诈?见有孙朝昌等诉辩可据,岂得捏已故之孙林以为口实耶?[1]

登答钱谦益名下之单共二十四款:

据张汉儒疏奏钱谦益主使恶奴造船入海兴贩私盐等情,前件该臣看

[1]张国维:《抚吴疏草》,《四库禁毁书丛刊》史部第39册,北京出版社2000年版,第473—476页。

得,浙直沿海官兵星罗棋布,无获私盐,则扣粮充饷,若双桅大船横行兴贩,吸商人之髓,夺官兵之食,碍郡县之考成,亏国家之正课,将所在起而仇之,盐臣宁无白简乎?且不独关盐政也,据称恶奴百人,各造大船百号,合之则万艘矣,谦益措大生涯,何以赡其日用之需?且其舟不知何处藏,何处运,其人不知何以聚,何以散,岂盐徒能盗掩耳之铃,抑远近官兵皆聋耶?据张汉儒揭开谦益说进学帮廪科举遗才应验孤寒痛等情,前件该臣看得,衡文公典竿牍岂可幸通?乃进学补廪辄指索谢数百,有何凭据?且陈煌图为乡宦陈星枢子而云是监生明枢子,黄裳为黄复南子而云是定南子,又府学非县学也,至毛凤苞以孤寒宿学而录一遗才,株累更可矜矣。据张汉儒揭开谦益家人顾扁头谋反事露力托上司开释门干李遵俭斩罪等情,前件该臣看得,顾扁头之谋叛谳案久定,岂系谦益家人?且原卷绝无李遵俭名氏也,遵俭既非问斩,贿嘱何庸?据张汉儒揭开谦益纵令家奴打造大船,贩卖私盐,通番贸易等情,前件系重讦,已经于别款登答。据张汉儒揭开谦益谋取顾大章白玉杯馈送崔呈秀等情,前件该臣看得,谦益以忤珰削籍,岂复媚逆求免?顾大章下狱,家徒壁立,罄产不足完赃,金玉珠宝从何来耶?若果有谋取,伊子顾麟生岂能隐忍,而何以力为诉辩也?据张汉儒揭开谦益私受翁源德花园金珠古玩藏匿十年不出对理等情,前件该臣看得,翁源德花园别售有主,与谦益无涉,源德缘事远避浙江多年,始获未闻匿于里中,伊母欲捐金造塔忏悔,以公议不容中止,通邑共知,乃云私受窝藏、造塔赎罪种种不根。据张汉儒揭开谦益假契踞占赀郎范成吾基房一所,价值万金等情,前件该臣看得,范成吾基房一所卖与谦益,授受分明,范氏二子见在,并无异议,乃驾称占踞,则是民间契券为不足凭矣。据张汉儒揭开谦益见佟进士钱时俊身故强抢月华等四妾,罄掳金银珠宝古玩等情,前件该臣看得,谦益故佟副使钱时俊有二妾月容、小满各已配夫,并无月华、娇姐等名,通族公呈可据,且谦益非抢妾之人,佟妾无可抢之理,玷人闺阁,蔑人宗枋,此小人倾陷之习,其诬已甚。据张汉儒揭开谦益占棍徒陈俊妻为妾,认俊子为儿,通族耻笑等情,前件该臣看得,朱氏为谦益侍儿,得生一子,乃斥为陈俊之妻,以辱其血胤,至拟徒并无案卷,刑厅毫无怨嫌,种种厚诬,直欲破巢毁卵而后甘心,妯蜴之毒甚矣哉。据张汉儒揭开谦益乘佟钱裔穆家奴身死,唆奴弟具告揆身调处吓银害侄立扫万余金等情,前件该臣看得,田登为钱裔穆世仆,因兄田丰病故,辄驾人命,诬告裔穆,犯分无等,孰此为甚,谦益方义切同仇,岂反之左袒,事理之最不可信者。据张汉儒揭开谦益荐监军游士任侵饷三万五百投献谦益囊橐,张思任买田三百亩,俱系谦益收受等情,前件该臣看得,游士任与胡维宁之侵饷见有钦案,张思任与顾象泰之田价并无交关,乃一指为投献,一指为受值,无非以士任等俱已物故,无从质辨耳,捏造至此,何异黎丘之鬼耶?据张汉儒揭开谦益荐侄钱斗取富监谭公度古玩千金用药酒鸩死公度,奸占其妻,尽橐资囊,投献谦益等情,前件该臣看得,谭公度并非粟监,一窭人耳,且身死之日,嫠妻已老,而乃诬谦益,以鸩诬谦益之侄,以占展转株累其如谭仕登之不任受何?据张汉儒揭开谦益谋吞陆明礼基房,殴死长子廪生陆廷祁等情,前件该臣看得,陆廷祁名家才子,力学早夭,而乃指为人殴毙,使死者冒不题之名,今伊父尚在,为其子辨,复为谦益辨,奈何反谓伊父含冤也。据张汉儒揭开谦益见医官周似虞身故埋葬,夷其坟塚,白占为园等情,前件该臣看得,周似虞之山地,谦益凭中明买,契书可据,假如所称白占,岂后能缄伊子周愚之口乎?据愚诉称,汉儒以假参骗银,为父发觉,向怀惭恨,今嵌子名以报睚眦,小人之螫太毒矣。据张汉儒揭开谦益见孙振南大船入海兴贩被获,为发书关说等情,前件该臣看得,孙振南历充柜役,并非盐徒,汉儒止因向年发其飞洒,故捏此以报复,然振南无被访之案,则谦益无发书之事,亦既昭然矣。据张汉儒揭开谦益乘刑部郎中赵玄度身故,螯抢古书四十八厨等情,前件该臣看得,赵玄度鬻书治丧,谦益用价转售,伊子赵振海等呈辨甚明,如何诬以螯抢?仕绅买书亦为罪案,真投足成穽矣。据张汉儒揭开谦益托心腹马涵宇、李子长打点起用无期将子长毙狱等情,前件该臣看得,李子长糊口京邸,被周来伯诈财谋杀,骸骨不归,见有伊子胤熊质命,刑厅谳案可据,汉儒与来伯狼狈相倚,逆知其事终必败露,故拣此一款,以驾祸于谦益,乃奸党脱卸之狡谋,将谁欺乎?据张汉儒揭开谦益登第后托侄钱斗、钱伸酷诈一方,占田奸女等情,前件该臣看得,奸占遍于一方,岂无一二可以指证?乃所占者何人之田?所奸者何人之女?欲求指实,茫如捕风,且钱伸以被访殒命,则谦益之不为庇护可知矣,何得借题相蔑也?据张汉儒揭开谦益奸占监生陈玉陛妾小满,又挟制吓诈银八百两等情,前件该臣看得,小满见有夫沈元,则非陈玉陛之妾,可知既与陈玉陛无与,何缘而吓其金珠,奸占之诬,无烦再辩。据张汉儒揭开谦益造花楼迷药淫污族党及家人妻女等情,前件该臣看得,奸人憎正人之好修,反借宣淫二字以极诋之,蔑其生平,而并污其三党九族,花楼药酒字字凿空,固不足与之深辩也。据张汉儒揭开谦益受族举人钱赓银二千两说情营布藏匿其子钦犯钱启心等情,前件该臣看得,举人钱赓父子济恶,经臣问拟,奉旨褫究,三尺无贷,谁为说情?且谦益早已摈其冒族嫉之如仇矣,尚肯纵匿打点,自立汗淖之中乎?据张汉儒揭开李于宸打抢杨县丞馈送谦益银三百两,嘱托周理刑止问徒罪,见今又荐粮衙作作等情,前件该臣看得,此案因衙蠹张太燮乱漕规以致鼓噪殴伤杨县丞,经问遣问徒,既已执法正罪,岂有馈托之事?据张汉儒揭开谦益乘友陆伯符身故,诱妾罟资等情,前件该臣看得,生员陆伯符为谦益石交,伯符萧然环堵,谦益每周其贫,士论多之,其中年弃世,从无婢资,谁为诱罟?此陆氏兄弟所以代为含冤而具诉雪辩也。据张汉儒揭开谦益养术士张思任,有四玄之嘲等情,前件该臣看得,小人害正詈言不已,后造戏谈以衰圣听,罔上极矣。[1]

　　钱谦益、瞿式耜于崇祯九年(1636)冬奉逮捕之命,十年(1637)春北行,夏至京下狱。崇祯十一年(1638)五月,钱、瞿等人得到宽褫,秋八月,被处以轻罚之后获释,冬始抵家。《虞山乱妖志》言:"比抚按疏上,五十八款,昭雪无余,遂无一字有影响者。刑部亦据之入告,三上,徒瞿杖钱,始得俞旨释归,则戊寅之秋也。"[2]这起诬陷中,台前是张汉儒、陈履谦,幕后则是温体仁。结果是:"张汉儒以恨必谦往,而祸及钱瞿,死不怨也。履谦借汉儒以杀钱瞿,而反借汉儒以自杀。体仁借王璠以杀钱瞿,而反以自败。"[3]《明季北略》记云:"既奉旨提问,履谦等得志,遂捏造'款曹和温'等虚词,多方吓诈。款曹者,谓谦益尝作故太监王安祠记,曹化淳出王安门,宜款之;和温者,谓温与谦益有隙,宜和之。曹化淳访知之,愤发其奸。至

[1]张国维:《抚吴疏草》,《四库禁毁书丛刊》史部第39册,北京出版社2000年版,第476—481页。
[2]冯舒:《虞山乱妖志》,《丛书集成三编》第85册,新文丰出版公司1997年版,第192页。
[3]冯舒:《虞山乱妖志》,《丛书集成三编》第85册,新文丰出版公司1997年版,第193页。

是,刑部尚书郑三俊审出真情,陈履谦、张从儒各打一百棍,立枷三月死。谦益等寻释归。"[1]张从儒当为张汉儒。

(五)送行与《张中丞奏疏序》

崇祯十三年(1640)正月二十九日,张国维在应天巡抚任上接到升迁为工部右侍郎加兵部右侍郎,兼都察院右佥都御史、总理河道、提督军务之命,即交代公务,二月初三,辞孝陵北上。入京前,张国维与钱谦益辞别。钱谦益作诗送行,并作有《张玉笥中丞抚吴七载晋秩少司空总河奉旨召见枉别山堂渍酒先陇于其行也赋长句送之兼以为赠四首》[2]云:

其一

喧呼节钺碎蒿莱,罨画旌旗照水隈。

伏腊村翁看上冢,弓刀小队候登台。

桥边彩仗差新柳,花外金鞍糁落梅。

衰晚惭恩兼怅别,苇间自棹钓船回。

其二

吴关楚望上游赊,天堑真成只手遮。

东海云帆输北极,西陵候火到南沙。

发兵每见头须白,忧国还看鬓发华。

早晚丹青传画像,为君点笔继乖厓。

其三

金陵铁瓮赖帡幪,新领河堤节镇同。

橘柚秋苞长向日,桃花春水正分风。

马衔沈璧开前路,龙护探珠徙旧宫。

千里洪河才一曲,恩波取次到江东。

---

[1]计六奇撰,魏得良、任道斌点校:《明季北略》,中华书局1984年版,第215页。

[2]钱谦益著,钱曾笺注,钱仲联标校:《牧斋初学集》,上海古籍出版社1985年版,第573—574页。张国维抚吴时间实际为六年,部分文献所记七年、八年,原文照录。

其四

秘殿传宣画诏馀,材官传遽趣锋车。

少陈南服疮痍状,徐奏东封暇豫书。

漏刻从容成故事,天章笔札久单疏。

顿年侧席劳明主,莫讶神铃撼直庐。

诗四首多叙离情别绪,用典颇多。其二"发兵每见头须白",典出《后汉书·岑彭传》:"敕彭书曰:'……每一发兵,头须为白。'"[1]"早晚丹青传画像",典出沈括《梦溪笔谈》:"(张)忠定在蜀日,与一僧善。及归,谓僧曰:'君当送我至鹿头,有事奉托。'僧依其言,至鹿头关,忠定出一书封角付僧曰:'谨收此,后至乙卯年七月二十六日,当请于官司,对众发之。慎不可私发,若不待其日及私发者,必有大祸。'僧得其书,至大中祥符七年岁乙卯,时凌侍郎策帅蜀,僧乃持其书诣府,具陈忠定之言。其僧亦有道者。凌信其言,集从官共开之,乃忠定公真容也。其上有手题曰:'咏当血食于此。'后数日,得京师报,忠定以其年七月二十六日捐馆。凌乃为之筑庙于成都。蜀人自唐以来,严祀韦南康,自此乃改祠忠定至今。"[2]"乖崖",典出王偁《东都事略·张咏传》:"(咏)尝自号乖崖公,以为乖则违众,崖不利物云。"[3]其三中的"分风",典出《水经注》:"(庐山下)山庙甚神,能分风擘流,住舟遣使,行旅之人,过必敬祀,而后得去。故曹毗咏云:分风为二,擘流为两。"[4]其四中的"锋车",典出《晋书·宣帝纪》:"及次白屋,有诏召帝,三日之间,诏书五至。手诏曰:'间侧息望到,到便直排闼入,视吾面。'帝大遽,乃乘追锋车昼夜兼行,自白屋四百余里,一宿而至。"[5]"徐奏东封暇豫书",典出韩愈《潮州刺史谢上表》:"宜定乐章,以告神明,东巡泰山,奏功皇天,具著显庸,明示得意。"[6]契嵩《镡津集·非韩》曰:"韩子既谪潮州,乃奏书谢天子,讽其天子封禅。谓己文章可以振锡功德,编乎诗

[1]范晔:《后汉书》,中华书局1965年版,第660页。

[2]沈括著,胡道静校证:《梦溪笔谈校证》,上海古籍出版社1987年版,第662—663页。

[3]王偁撰,孙言诚·崔国光点校:《东都事略》,《二十五别史》,齐鲁书社2000年版,第355页。

[4]郦道元著,陈桥驿校证:《水经注校证》,中华书局2007年版,第925页。

[5]房玄龄等:《晋书》,中华书局1974年版,第13页。

[6]韩愈撰,马其昶校注:《韩昌黎文集校注》,上海古籍出版社1986年版,第620页。

书而不让古人。吾窃笑韩子所发轻率而事不稽古。"[1]"莫讶神铃撼直庐",典出《新唐书·五行志》:"翰林院有铃,夜中文书入,则引之以代传呼,长庆中,河北用兵,夜辄自鸣,与军中息耗相应,声急则军事急,声缓则军事缓。"[2]

钱谦益又撰有《张中丞奏疏序》:

> 江南海内财赋奥区,号根本重地。顷以接壤越、闽,江海鲸襟带,鲸波震动,则以腹腴而兼边地,其要害百倍往昔。当宁南顾盱食,自非才品并茂,文武兼资者,不轻畀以节钺。而辽左魁翁张公,资望深重,实膺其选。公闻命战兢,宵征受事。渡江之日,投璧而誓曰:"某以囧寺散僚,特承宠命,建牙秉钺。所以不捐竭顶踵,镞砺冰蘗,奠安此一方以报国者,有如江水。"盖公甫下车,声光肃穆,清风扇而膏雨舒,四履之内,人人皆洗心涤虑,摩厉祓濯。遐陬蔀屋,咸若公分身巡历,目炙其丰容,而耳聆其训诲者。在事五载,保厘告最。四境乂安,百废具举。文恬武熙,远至迩安。大江以南,歌乐土而诵化国,靡不额手公嘉惠,而因以叹简在之得人也。

> 公之诚心实政,良法美意,府无虚牒,史不悉书。请姑言其尤异者。以言乎其弹压,则以明镜止水之心,兼秋霜冬日之用。属吏之猴而冠、虎而翼者,狼贪而鼠窃者,木蛊而瓜窃者,或望风而解绶,或饮冰而营职。于是乎金矢罢征,苞苴绝迹,公庭息头会之敛,井邑屏鼙鼓之呼。此公之所以肃吏治也。以言乎其综核,积岁之征逋,烦如结缕,多方之会计,棼如治丝。鼠穴有窦蒌之藏,牛渚无燃犀之照。公振衣絜领,举网提纲,既斧劈而理解,复烛照而数计。于是乎搜爬弊窦,勾稽宿蠹,泉府一清,辁车免推。司计省握筹之烦,大农舒仰屋之叹。此公之所以理国计也。以言乎其抚字,民亦劳止,军兴多故。资粮扉屦,未绝于征求;竹箭干糇,不胜其供亿。合唇捕舌,去将安之?反裘负薪,曷维其已?公苏其困敝,予以恩膏。视疮痍如痌瘝,易水火而衽席。于是乎人无奔命,役不淹时。

---

[1]契嵩:《镡津集》,《影印文渊阁四库全书》集部第1091册,台北"商务印书馆"1986年版,第591页。

[2]欧阳修、宋祁:《新唐书》,中华书局1975年版,第914页。

当蹈天蹐地之余,享仰父俯子之乐。此公之所以恤民隐也。以言乎其经画,缮城隍,饰楼橹,蒐卒乘,补行伍,增余皇,庀渠答,教火攻,习水战。于是乎士饱马腾,壁垒改色。山于有蔽,海于有牢。军无庚癸之呼,士无戊己之扰。此公之所以壮国威也。以言乎其建置,酌量利病,调剂缓急。更张化瑟,疏瀹胶柱。陈东南之民害,列海岛之隐忧。事无察眉,言皆中窾。至于禁戢悍兵,纠参运弁,均输漕兑,清豁钦赃,改折苏困,平允详刑,报罢织文,蠲除筐贡。无计不关于百世,无事不便于万民。此则公之所以绸缪桑土,蒿目苦心者也。

公前后奏牍,无虑数万言。敷奏剀切,条列详明。五谷疗饥,药石治病。远可以考元龟,近可以征掌故。谏必转圜,言必底绩。盛矣哉!信可以著诸廊庙,勒之金石者也。而其事最艰,功最钜者,莫大乎招抚之役。盖吴中海氛不靖,自秦璠、王艮之后,实繁有徒。乃者伏莽遗奸,狼奔豕突。倚漳、泉为窟穴,凭潮汐以往来。急则掉头尾以遁逃,缓则飏羽毛为向导。公灼知情形,洞见虚实,把持其党与,摇撼其腹心。彼固已情见势穷,回心内向。然后蹙之以重兵,啗之以醲赏,布德威以招其来,倾心腑以坚其至。由是运艘方舟,投戈卸甲,莫不叩头流血,搏颡乞哀。僄东面之徂征,誓南人之不反。自此勾引路断,间谍计穷。薄海兵民,高枕鼾睡者,三年于此矣。不费一镞,不折一矢。折冲在尺蹏片檄之中,而奏捷在楼船漂血之表。此攻心之妙算,伐交之上策也。公奏报之疏,初未尝张皇其事,夸大其词,固曰朝家之宠灵也,督镇之方略也,将士之用命也,臣何力之有焉?劳而不伐,有功而不德,古之大人君子,何以加诸?

公以命世之资,际大行之会。呼吸风云,步武日月。才可以兼数器,锋可以当八面。然而身不胜衣,言不出口。以静宅神,以恬养智。立身以廉静善退为本,为治以休养无事为福。放衙稍暇,焚香读书。涵养道腴,契会佛理。退然如名儒韵士,萧然如高僧禅老。然则筹海之役,有功不居,盖其生平学问得力,上善若谷之一端也。而岂其矫情镇物,以抐损为能事也哉?余尝考镜国史,名臣巨公,开府南畿者,以庐陵周文襄、三原王端毅为领袖。文襄擅经国之才,如海涵地负,探之而不可穷。端毅具砺世之品,如岳峙川渟,望之而不可即。以公德业,方诸二公,其才其品,庶几金春玉应,前辉后光。此岂非方镇之盛事、琬琰之美谈也哉!

公以拮据勤劳,请假休沐。勋名位望,彪炳于玉衡大吕之间,旦夕喉舌北斗,羽仪上京。或如古黄丞相重临旧郡,宸座之前,对扬敷奏,以东南民力为念。三吴之群黎百姓,仰藉帡幪,固无一日而免于公之怀也。公之将行也,余以绛县之老,与班白秀眉,沐浴恩波,不胜扳辕留犊之思。敬读公奏疏,申言于末简。朴学不文,罔敢为謷悦之词。谨授据实录,书其梗概,以备惇史之采择。史失而求诸野,庶几无虚美焉耳。[1]

观文中"公之将行也",当指张国维离开苏州而入京赴任之前。"敬读公奏疏,申言于末简",推测起来,大致是张国维赴京前请座师钱谦益为其《抚吴疏草》作序,就如当年求其为己《玉笥先生传稿》题词一样。而细检现存明崇祯刻本《抚吴疏草》,里面却无这篇序文。如果《抚吴疏草》的刊刻时间晚于钱谦益降清,那么极有可能是张国维坚决撤掉了老师的序,政治立场不同,竟至于此!所幸此文保留于钱谦益的《牧斋杂著》中。

钱谦益将张国维数万言的奏疏分成五类,弹压类以肃吏治,综核类以理国计,抚字类以恤民隐,经画类以壮国威,建置类以绸缪桑土、蒿目苦心,纲举目张,条分缕析,不愧为大手笔。对其奏疏总评为:"敷奏剀切,条列详明。五谷疗饥,药石治病。远可以考元龟,近可以征掌故。谏必转圆,言必底绩。"

衡之德业、才品,钱谦益将张国维与周忱、王恕相提并论,鼎足而三,这是相当高的评价。明初周忱总督江南税粮期间,整顿田赋,与苏州知府况钟一同进行经济改革,调整了官田税率,减轻了百姓的负担;又创"平米法""济农仓",平均农民赋役,赈济贫苦百姓。明中期王恕任南京户部左侍郎,数月后,升任南京兵部尚书,仍兼协助守备处理机要事务。其间王恕屡上谏言,先后应诏陈述政事二十一次,提出建议三十九次,都极力阻止权贵宠臣的胡作非为。

(六)钱谦益为张国维三子撰《张峙君墓志铭》

崇祯十五年(1642)六月,张国维三子张世鹗偕同张国维弟子陈式往济上省亲,死在路上,年仅十六岁。钱谦益为之撰《张峙君墓志铭》:

---

[1]钱谦益著,钱曾笺注,钱仲联标校:《牧斋杂著》,上海古籍出版社2007年版,第646—649页。

秀才陈式来告我,曰:"崇祯壬午五月,东阳张叔子觐省其父中丞公于济上,而式与之偕。病暑,疾增剧,六月三日卒于台庄舟中。生十六年。叔子名世鹏,字岵君,少惊悟,与其二兄竞爽,气腾墨飞,风发泉涌,文人才士弗如也;治《毛诗》及《尚书》《戴记》,穿穴训诂,证据今古,专门老宿弗如也。其为人孝友顺祥,无子弟之过,能使其大母安于家中,中丞公安于官,成人长德弗如也。卒之前一日,诵《出师表》《祭十二郎文》,琅琅有金石声,戒傔从弗以病闻,贻大人忧。舟次清口,梦旛幢从空下,有朱衣援笔点其额,挟以上升。卒之时,彩云压舟如幔,移时而散。将反葬,中丞公抚棺而恸曰:'儿知读书,即好虞山夫子所谓古文,诵夫子赠余诗"发兵头白,忧国鬓丝"之句,未尝不涕渍于箧也。今其死矣。假宠于汝师,乞夫子之一言以葬。汝而有知,庶不悼其不幸于土中,而亦可以慰汝祖母于堂上。'式闻之,不自知其泣下沾襟也。为论次其事,以请于天子[1]。"呜呼,中丞昔保厘南国,功德在人。闻叔子之丧,巷不歌,春不相,如丧其昆弟也;悯叔子之亡,而忧中丞之失其爱子,而蠡伤如忧父母也。余于中丞有一日之长,犹其州民也,铭何忍辞。中丞名国维,以都察院右佥都御史兼工、兵二部侍郎、总理河道,朝议推择为大司马。

铭曰:生而趾美,命弗长也;没而修文,梦告祥也。我刻斯铭,以童汪锜之例书之,可弗殇也。[2]

张世鹏本为读书的种子,可惜夭折。他爱好钱谦益提倡的所谓古文,且喜吟诵钱谦益题赠张国维之诗,这其中不排除张国维的引导与影响。有此种因缘,陈式出面请钱谦益为张世鹏撰写墓志铭,钱慨然应允,一是出于座生关系,抚慰弟子丧子之痛,二是出于官民关系,感念张国维抚吴之功德。且依据《左传》汪锜之例,钱谦益视张世鹏为成年人而铭。《左传·哀公十一年》:"公为与其嬖僮汪锜乘,皆死,皆殡。孔子曰:'能执干戈以卫社稷,可无殇也。'"[3]

---

[1]"以请于天子"疑为"以请于夫子"。
[2]张国维:《张忠敏公遗集》,《东阳丛书》第14册,浙江古籍出版社2015年版,第152—153页。
[3]杨伯峻编著:《春秋左传注》,中华书局1990年版,第1660—1661页。

（七）踏破衣钵，迥异人生

崇祯十七年（1644）三月十九日，崇祯帝自缢于煤山，明亡。钱谦益在家乡闻知事变，奔赴南京，与原东林党人谋划，拟推举潞王。马士英、阮大铖等捷足先登，拥戴福王。钱谦益依附之，为礼部尚书，更欲以纠弹侯恂曾、夏允彝为代价，与阮大铖做政治交易，以换取自己"入阁"，且上疏为原阉党分子开脱，《续幸存录》记云："钱谦益素称儒林之望，迨使过之疏一出，而名节遂扫地矣。谦益之意不过欲得揆席，出此丧心之语。而士英即借此以用匪人，而杨维垣遂以副院用矣。究也士英愈疑谦益，反绝揆望，则小人枉为小人而已。"[1]拜相乃钱谦益一生念兹在兹的理想，无奈却始终未能实现。

福王召还张国维，以原兵部尚书回部，协理京营戎政。

阮大铖专权，撰《蝗蝻录》，以东林为蝗，复社为蝻，以打击报复政敌。张国维被认为属于东林党，列名其中。吏部尚书徐石麒去位，众议归张国维。马士英不用，而用张捷。约半年后，张国维乃乞省亲归东阳。

师弟同朝为官，老师钱谦益依附阉党，学生张国维却被列入《蝗蝻录》，愤而告归。这实在是一种鲜明对比与绝妙反讽。

弘光元年（1645）五月初九，清军渡江。钱谦益参与降清密谋，当必须以牺牲个体的生命为代价时，面对肉体与灵魂、生存本能与道德信守之间两难的生死抉择，钱谦益的个体生命意识里选择了生存。[2]五月十五日，清军进逼南京，钱谦益与大学士王铎、守备赵之龙等，打开南京城门，大雨中捧着舆图册籍，出郊跪降。降清后，领清兵搜宫，《三垣笔记》云："豫王先遣兵千余，命钱宗伯谦益、梁少司马云构等统之搜宫。"[3]

张国维大节不夺，立场鲜明，政治头脑清醒，即使面对自己一向尊敬的老师也照样公私分明，不假辞色。陈式《钱马论》云：

---

[1]夏完淳：《续幸存录》，《续修四库全书》史部第440册，上海古籍出版社2002年版，第557页。

[2]周静：《论钱谦益的生死观与人生道路》，《深圳大学学报》（人文社会科学版）2010年第4期，第113页。

[3]李清：《三垣笔记》，中华书局1982年版，第241页。

　　钱谦益为张玉笥辛酉座师，南都亡，谦益徘徊江上，玉笥致书，略云：
君臣大义也，师生私恩也，维断不以私恩废大义。谦益遂不敢渡。时人
谓之踏破衣钵。[1]

　　阎若璩言："明之士夫积习，师弟重于父子。得罪于父母者有之，得罪于座主
者未之有也。门户重于师弟，以师之门户为门户者固多，不以师之门户为门户者
亦不少也。富贵又重于门户，有始附正人，既而与之为敌者；有始主邪说，既而窥
其党将败，遂反攻之者，皆惑于富贵也。"[2]张国维一反流俗，不愧为特出之才。关
涉原则、立场的问题，他毫不含糊，绝不夹带私情。

　　事实上，张国维未能阻止钱谦益降清。马士英、阮大铖在南京拥立福王，钱谦
益依附之，为礼部尚书；后降清，为礼部侍郎。虽然不久他就告病归，与反清势力
保持联系，但毕竟这是钱谦益人生的污点，无论如何，于大节有亏，不容抹杀。师
弟相较，老师更应惭怍。

　　瞿式耜拥立桂王，被俘就义后，钱谦益作《哭稼轩留守相公一百十韵》："师弟
恩三纪，君臣谊百年。哀音腾粤地，老泪洒吴天。"[3]长歌当哭，情深义重。吴伟业
云："稼轩在囚中，亦有《频梦牧师》之作。盖其师弟气谊，出入患难数十余年，虽末
路顿殊，而初心不异，其见于诗文者如此。"[4]而张国维去世后，钱谦益在有生的十
八年中，几无一语及之。按照吴伟业的说法，钱张乃"末路顿殊""初心有异"了。
同样是学生，老师的态度却迥然不同，两两相较，堪可玩味。

　　诚然，对于钱谦益的降清，学界众说纷纭：有谴责其叛国投敌、大节有亏者；有
考量其时情境之迫不得已，而谅其心者；有以钱谦益入清后又不忘故国，积极参与
抗清活动而为之辩护者。三百余年后之今日尚如此议论纷纭，而处当时环境中钱
谦益之心境，可以大略想象一二。钱谦益降清，贪生畏死之念必定有之，但其眷念
故国故主之情应该不是伪饰出来的。钱谦益另一声名甚巨之弟子归庄于《祭牧斋
先生文》中这样来评价老师的降清之举："窥先生之意，亦悔中道之委蛇，思欲以晚

[1]张国维：《张忠敏公遗集》，《四库未收书辑刊》第6辑第29册，北京出版社1997年版，第756页。
[2]阎若璩：《潜邱札记》，《清代诗文集汇编》第141册，上海古籍出版社2010年版，第31页。
[3]钱谦益著，钱曾笺注，钱仲联标校：《牧斋有学集》，上海古籍出版社1996年版，第138页。
[4]吴伟业著，李学颖集评标校：《吴梅村全集》，上海古籍出版社1990年版，第1147页。

盖,何天之待先生之酷,竟使之赍志以终。"[1]钱谦益有《与邑中乡绅书》一文,对同乡之人于己身降清的非议有详切的叙述:"天南地北,关河邈然。回首暮云,能无感恋?风闻吾邑物议,大以不肖为射的。标榜士论者,与挟持宿怨者,交口弹驳,体无完肤。此固薄德所招,亦是宿业所积。齐(斋)心持戒,朝夕向如来前发愿忏悔。亦有情理违背,不甘任受者,辄举平生义气,略陈本末,以正告于桑梓之贤者。诸公果以剃头责我,以臣服诮我乎?诸公仗节举义,顶天立地,个个是张睢阳,人人是文信国。仆之愚劣,玷辱乡党,俯仰惭愧,更复何言!若谓大兵入虞,出自不肖主张,此大冤也,此大诬也。大兵到京城外才一日,仆挺身入营,创招抚四郡之议。此时营垒初定,兵势汹汹,风鹤惊危,死生呼吸。仆真见大事已去,杀运方兴。拼身舍命,为保全万姓之计,触冒不测,开此大口。上天眷佑,慨然允从。便分派差官,要王玄冲一面往郡,周子静一面到县,惟恐招抚少后,本县不得保全也。今都谓不肖主意,要杀害常熟,有是理乎?吴中变后,面启豫王,恳求禁戢抢杀,别明逆顺。抗论往复数四,王颇变色动容,众皆缩舌栗股。南都文武大臣,叹息相告。以故豫王令旨,有'志救生灵'之语。欲残害乡里者,固如是乎?服则舍之,叛则讨之,此大兵律令,不独吴中也。谓吾邑之兵,由我力请,则江阴、昆山、嘉定之兵,又何人请之乎?"[2]由此可见,当时钱谦益对于剃头降清而遭受众人唾骂是甘心受之的,但他不能忍受的是别人诬陷他故意引清兵入常熟。对于这种诬陷,钱谦益觉得是天大的冤枉。而他极力主张招抚,是出于保护民众的需要。对于这一点,从清廷的角度考虑,是帮助他们更顺利地南下,钱谦益无疑是助纣为虐;但若从另外一个角度考虑,若勉强抵抗无济于事,纳款投诚反而可以使广大民众免于江阴十日、嘉定三屠那样的悲剧,未尝不是一种选择。陈寅恪先生说:"牧斋之降清,乃其一生污点。但亦由其素性怯懦,迫于事势所使然。若谓其必须始终心悦诚服,则甚不近情理。夫牧斋所践之土,乃禹贡九州相承之土,所茹之毛,非女真八部所种之毛。"[3]陈先生指出钱谦益"素性怯懦",正可谓一针见血,指明了要害,的确是平心之论。

总之,一个是大节有亏的文坛盟主,一个是忠孝两全的明末名臣,面对生死抉

[1]归庄:《归庄集》,中华书局1962年版,第471页。
[2]钱谦益著,钱曾笺注,钱仲联标校:《牧斋杂著》,上海古籍出版社2007年版,第823—824页。
[3]陈寅恪:《柳如是别传》,生活·读书·新知三联书店2001年版,第1045页。

择,书写了不同的人生,二人维持二十四年的师弟之谊也因之戛然而止,留给后人无尽的思考。

二、张国维与陈子龙之交游

陈子龙(1608—1647),字人中,更字卧子,号大樽,云间华亭今上海松江人。他与复社领袖张溥交好,为复社成员之一,并参与创立云间几社,为"几社六子"之一。因与同郡李雯、宋徵舆诗文唱和,又有"云间三子"之名。有《岳起堂稿》《采山堂稿》《属玉堂稿》《平露堂稿》《白云草》《湘真阁稿》《安雅堂稿》《陈卧子兵垣奏议》等著作存世,主持编写了《皇明诗选》《皇明经世文编》等书,是明末清初的著名诗人、词人、文学思想家,云间派的领军人物,被称为"云间绣虎"。朱东润称其为少年名士、中年志士、晚年斗士。[1]

(一)陈子龙《上张中丞论御贼事宜书》

张国维可能于抚吴后得识陈子龙。陈子龙早于崇祯八年(1635)春三月即有《上张中丞论御贼事宜书》:

> 伏惟阁下,以方叔召虎之才,当明天子左右之寄,出镇旧京,作牧扬土。值狂寇南窥,淮西不靖,而阁下亲总元戎,出临江外,使贼氛阻遏,瞻顾不前。凡三吴之民,士安于室,农安于野,无犬吠之警,皆阁下之明赐也。子龙海滨之鄙儒,无一长之可录,而阁下过采所及,奖拔逾情,尝自悚然,莫必所效。方今麾旌在郊,躬擐甲胄,而子龙又不能率良家之子,结奇材之客,效命旗鼓之前,退而自思,生平所习,书传所记,保疆弭盗之方,参之当今地形时势诚有合者,故敢献其区区之说,惟阁下有以采择焉。方流寇之在庐凤也,势逼江介,然以阁下之威名,长江之天险,虽江

---

[1]朱东润:《陈子龙及其时代》,《朱东润传记作品全集》第3卷,东方出版中心1999年版,第267页。

南之妇人孺子皆知其不能南渡也。今寇虽稍远,大众在豫,然豫之村屯小邑皆已残破,其名城大都皆已设备,其势不能多掠,而西北劲兵蹑之于后,虽江南之妇人孺子皆忧其南下也。而愚以为不必忧。夫我所患贼者,食多兵胜耳,但令贼以数十万之众,饥困于中原,挫折于官军,不得已而南下,则必残败离散之余为乞活之计耳。是天欲以大功授阁下也。昔者毅皇帝时流寇之南也,覆没于狼山之间,议者以为适有天幸,愚以为不然,虽无大风不能复振,何则?彼固残败离散之余也,何况当时在事者,皆庸夫懦将,又非今日之比哉?虽然事不可不豫集,谋不可不豫定,朝廷以讨贼之事属诸道,以守江之事专属阁下,此胜算也。愚以守江之事在江以外者有二,在江上者有二,在江以内者有三,请得而详论之:其一曰屯重兵于北岸。自古称守江者守之于外,不守之于内,南北所辖,势既相错,事仍一体,皖桐而下,瓜仪而上,地亘千里,要害不过数处。昔吴人筑城于皖舒,立坞于濡须,而李椿亦云,如欲保江,则高邮、六合、瓦梁、濡须、巢湖、北峡皆要地也。以今贼势,若作渡江之计,非西出皖城,东趋维扬,则中窥历阳。然以愚观之,维扬财赋重镇,设备已久,且贼众在西,未必东犯,若大兵逐之,计必复掩皖城,盖进可扼吴之上流,退可西遁蕲黄,为迁延之策。若不出此,必直趋历阳以瞰金陵。昔吕范从孙策破庐江,还从横江东渡,下小丹阳。而苏峻之反也,亦从历阳袭姑熟。韩擒虎之南也,亦由横江以济。我师之取采石也,先收舟师于巢湖。由此观之,渡江之势未有便于历阳者也。援兵由麻黄以至安庆者,愚谓莫若留之以镇上流,盖期于控扼,使贼易歼耳,不必以趋战为功也。又当择道将之能者总江南之劲卒,出镇历阳,外控江淮水陆之冲,内为金陵藩蔽,二地既有重兵,三吴之民可高枕而无忧也。其一曰集淮右之流亡。夫贼之周行天下而愈众者,非他,从之者多也。破城邑,掠村落,其遗民之屋庐毁矣,妻子亡矣,既无以自存,而官又无以抚绥安戢之,则其势必至于作贼,故流民者流贼之资也,即不作贼而流徙侨居,其故乡之井牧里闾不可复识,事虽平定,犹为数世之患。今江北残破,州县不下十余,其民之未死于贼而无以自存者,何啻数十万,若扶携东渡,则惧藏奸间,势不可纳,又不可拒,莫若速檄两淮新抚,就近早择良吏,修治残破州县,安插流民,不特江南无就食之忧,而淮西赤子惕于惨祸,保聚必严,亡羊补牢,岂非明喻?

此二者,愚所谓设防于江以外者是也。其一日分信地以结营垒。夫江州而下以至于海,沿江戍卒散在诸郡,平时出江哨探特名而已,非有聚屯一二万人守要害也。今贼在楚豫,为我吴患:在楚者恐其顺流而东,在豫者恐其尽出淮右。则莫若驻劲兵于九江池阳之间,使楚贼东下,则合皖桐之兵以拒之,豫贼南窥,则继历阳之甲以奸之,此形势之至便也。昔虞允文之拒金人也,亦语陈康伯以驻兵江池之间,若敌出上流,则荆湘之军捍于前,江池之军援于后;若出淮西,则池之军出巢县,江之军出无为,是一军而有两用也。以势言之,政今日之事也。至于沿江之守,恐贼暗渡,尤不可不密,似宜与陪京操巡画地而守,险峻之地,戍卒量减,平坦之区,防御增设,守江之兵尤宜专一,如王霆所云,创屋于江岸以居之,而又置瞭望于高山,明斥堠于北岸,使先知贼出何道,则举烽集众,厚其兵力,矢石火器,随以击之,使其进退失据,何贼不奸? 其一日练舟师以任冲击。夫贼之渡江也,大约掠民船以载耳,非必具战舰也。水战之法,敌舟大者,以小舟绕攻之;敌舟小者,以大舟冲荡之。今江中原设黄鹰沙铁等船,虽非巨舸,苟加练习,亦可任用。昔虞允文采石之战,以海鳅触敌舟,舟皆平沉。其转战京口也,以戈船为不足,复修马船为战舰,卒赖其用,此今日之急务也。又敌之渡江,必先据州渚以为固。而我之守江也,必屯兵洲渚以为伏。今江中洲港最要害者,如长枫夹、荷叶洲、陈家洲、白鹭洲、太子洲之属,皆平时水盗之奥薮,勾接外寇,必由此等,莫若先行扫除屯兵戍之随,复团结鱼业、水手、舟夫、芦丁多聚弓弩火器,此唐璘守建康法也。无事则与岸兵会哨以壮声势,有事则出奇兵以资控扼,势既联络防御自固。此二者,愚所谓设防于江上者也。其一日修兵政以壮内地。夫明旨所谕江南,民不知兵,欲令乡镇间闾,各自团结为根本,计至深切也,但江南赋役繁重,民困已极,且风俗散薄,既无暇日以修其事,又无同心以应其求,此令虽行,徒虚语耳。议者又欲令荐绅富民各练丁壮,愚以为其意虽美,其法未善。夫兵欲其聚者,欲齐其步伍击刺之法也,且使兵习其将,将习其兵也。今荐绅意不急公,而富民畏于多事,其肯应者鲜矣。即有应者,所习不过十余人,一旦有事,岂能合数家之兵而用哉? 今夫郡县之额兵,大都老弱居半耳,若能试其技勇,汰其无用,不取市井游猎,而募乡民之勇,而无田者补之,使廉勇之士为之统率,一去向时花枪走阵之套习，惟以比试步作为主习之有尝，必成劲旅矣。至于射者，六艺之一，尤君子周身之防也，苟人有长技，虽遇丧乱，犹可自脱，何至糜烂耶？且射者君子以为艺，小人以为戏，固人之所乐从事也，其令郡县约立射法，凡博士弟子以及乡之俊秀、武夫、小民各自为偶，而官以暇日较其胜负而赏赍之，其荐绅富民之好事者，令其悬金以听能者之自取。如是则郡县尝有数百人善射者也，一郡一县而尝有数百人善射，则贼必有所畏而不敢犯，此无兵之名而有兵之实也。其一曰严保甲以绝奸诡。盖闻寇之破城邑也，多用间谍，已奉明檄，无不严网，但江左浮华之地，游食之徒，椎埋之子散在市井，虽在平时，犹宜驱摈。今一闻贼耗，顿足相贺，广布流言，望贼之来，如望雨焉。此等之人皆欲为贼间谍者也。今设守关之吏，下挟持之令，求异言异服之人而获之，不知为贼用者，岂必秦晋之剧盗，楚豫之奸民哉？所患更在土著耳。诚能严设保甲，约束户口，使郡县之吏朝而坐于堂上，凡十里之城，万家之郭，街巷井曰如指诸掌，奸诡之民无以自藏，虽不用讥察，彼非尝之人何所投足哉？如此则民心齐一，贼无向导，必无中变之患矣。其一曰拯贫困以固根本。今江南之民困极矣，有死于催科者，有死于徭役者，有死于饥馑者，有死于污吏之攘夺者，有死于豪家之横逆者。十年以来，虽素封富室，皆已萧然，至于贫困，不保朝夕。今愁霖浃旬，菽麦败烂，而挞扑愈急，兵事纷纭，民之思乱，十室而九寇在门庭，而人心如此，揆之往古，未有不乱者。前阁下缓征宿逋之旨，欢动百姓，而下所奉行未能如法，惟阁下断然行之，严敕属吏禁火耗之尝例，绝差役之下乡，设赈饥之法，行平籴之术，内难不作，外寇何忧？凡古之大圣贤人咨嗟告诫，未尝不以民心为本，而在今日，独为迂论，此愚生所不敢信也。此三者愚所谓守于内地者也。凡此七端，皆儒生之固说，非有奇论，以阁下之明智诚一，所以保厘南土者，非小人之所能测，而寇盗未全殄，民生未全安者，子龙不揣敢有进焉。夫居节镇之任，处方岳之位，当其无事，则优游抚绥其民，以奉天子；当其有事，则不能无所变通以济缓急，方今外之所急，莫甚于将内之所急，莫甚于吏，夫唐之方镇所以兵强而食足者，其将士皆能自择功成而请于朝命，故所任必良也。今虽不能以意行，然主上所以任阁下者，权不为不重矣。外自大将而内自方面之吏皆可一言而更置。今夫将之懦敌而吏之残民者，不可谓无其人矣,惟阁下详察而断之耳。至于三吴多才之地,凡谋计之士,武健之徒,可备幕府之用者,当收而试之,不宜散之在野,异日事定功成,阁下入掌枢密参佐之英,部曲之选,皆得拂撰以自见,虽佐主上东扫奴西收套亦有余矣。子龙草泽冗品,冒昧献书,不胜悚惧。[1]

陈子龙不在其位而谋其政,披肝沥胆,知无不言;另一方面,也说明陈子龙早为张国维所赏识,故而直切敢言。陈子龙虽然不是一个完全意义上的将军,但是在明末特殊的历史时代当中,从他拥有的军事经验和战略眼光来看,应该说他在战略思想和战略战术方面都已经形成了自己的特点,在整个明代的军事思想中也应有一席之地,并且他还进一步丰富和发展了明代的军事思想,不论是对他自己,还是对于明代军事理论,甚至对于整个中国传统军事发展史都有一定的影响和意义。[2]陈子龙最重要的论兵著作是《陈卧子兵垣奏议》三十八篇,又称《陈忠裕公兵垣奏议》,集中讨论战术的《武经论》七篇,以及以论兵为核心内容的序文、书信近三十篇。虽然从写作时间上看,《陈卧子兵垣奏议》写于陈子龙鼎革之后任职南明期间,但他对于军事的浓厚兴趣早在崇祯时期就已经表现出来了。

(二)《农政全书》的编校与刻印

崇祯八年(1635),陈子龙得徐光启《农政全书》手稿。这年的重阳节,在苏州,陈子龙遇到应天巡抚张国维发师北征,便呈上《农政全书》稿本,随后又呈给苏州知府方岳贡。陈子龙《农政全书凡例》云:"公薨又二年,子龙于公次孙尔爵得《农书》而录焉。偶以呈大中丞张公,公以为经国之书也,亟以示郡大夫方公。公亦大喜,共谋梓之。"[3]徐光启卒于崇祯六年(1633),又二年,推知为本年。又《农政全书·方岳贡后序》:"(徐光启)迨捐馆经年,嗣君稍出其遗书。卧子陈子携一编以示余。"[4]可互证。其实,这一次陈子龙所献的是《农政全书》草稿。

[1]陈子龙:《安雅堂稿》,《续修四库全书》集部第1388册,上海古籍出版社2002年版,第180—184页。
[2]张亭立:《陈子龙研究》,华东师范大学2007年博士论文,第122页。
[3]徐光启撰,石声汉校注:《农政全书校注》,上海古籍出版社1979年版,卷首第5页。
[4]徐光启撰,石声汉校注:《农政全书校注》,上海古籍出版社1979年版,第1808页。

陈子龙呈《农政全书》于张国维，并一起纵论国事。《安雅堂稿》卷十七有《上张玉笥中丞》：

冬寒凝固，伏惟道履，安吉狂胡，内侵逾燕攻赵，蹂躏之惨，几遍河朔。神京阻绝，不通声问者两月矣，凡在率土，罔不忧愤，莫知所措，矧明公忠孝性成，匡济宿抱，又当连师之任，有保厘之责，枕戈投袂，更何待言？自当纠合义旅，克日渡江，以纾君父之急。然以愚计之，宜先购死士，或从海道，或从山右入都探问，使声息稍通，则人心自安，讹言可息，且可为进兵缓急之计，至于江东根本之计尤不可不为之深虑也。夫江东王业所兴之地，而财赋之薮也，又不幸有富饶之名，故有备则能称雄于天下，而为国家不拔之基；无备则为芳饵，而足以动奸人之欲。今以方千里之地环江海之间，困于厚赋，疲于重役，不知几年矣。又加之以师旅，因之以饥馑，民之未忍为乱者，以祖宗休养生息之恩及明公抚绥喣育之德耳，然今者虏骑日南，流言四起，寇气东下，烽火殷江内，则薄暮探丸，劫人于市，攘臂偶语，睨视富室在在见告。夫小盗为大盗之招，内寇为外寇之导，早则鞭箠，使之而有余；迟则干戈，取之而不足。其势然也。天下之事，当其未然而图之，则有不信之患；当其已成而为之，则有不及之忧。今三尺之童，莫不知其乱形而幸于变之未作，所谓七年之病，求三年之艾，此其时也。况明公以明世之英，济时之器，适当其会哉？子龙受知深厚，不敢默默同于众人，谨疏四端，以尘清晏，极知庸陋，庶几土壤之益焉。一曰修吏治。夫设官分职以为民也。今之为吏者，催科听讼，犹曰不得已焉，至于不情之应酬，非时之期会，皆可已而不已计其一日之间，劳形疲神，而问其用心于地方者，盖亦寡矣。非不肯用心，而势有所不能，时有所不暇也。月废一日之功，则所积已多，而况当日不暇给之时乎？今江左十郡之间所当修备兴革者，料明公皆洞然于中，而尤莫若令郡县各疏其急务讨论既定，次第行之，以观厥成，必期寔可以捍灾御变息乱安民而无取于文具，至于词讼之可省者，交际之可减者，皆当痛为裁抑，以展余功。明公康济为怀，身先率下，凡司道州郡，孰敢不遵？必不以簿书参谒妨损功实也。二曰察民情。今江南之乱萌，果安在哉？奸民倡之于前，而饥民随之于后也。今之汹汹而语难者，率恶少年耳，非饥民也。若冬无雨雪，则饥民之患乃在明年四五月间，苟既无重罚，以遏奸民，又无积储以惠饥民，则乱成而不可解矣。今须法在必行，凡遇城市乡镇结党焚掠者立诛无赦，而令郡县修立常平，广储米谷，彼小民见仓廪盈溢方且安，意幸慰，奈何从奸宄而试法哉？王文成公之救荒也，曰：饥民必救，乱民必斩。夫惟饥民之必救也，是故乱民可得而斩矣。此恩威所以相济也。至于修治堤堰，凿浚塘泺，假贷牛种，招集流移，使明年岁事有成，虽驱之不乱，尤为治本之计。三曰设守御。愚观寇起以来，江北诸邑皆以有备而存，无备而败，大概可睹见。今江南郡县，类皆有城，然濠之深广者鲜矣，濠不能深广而有羊马城炮台者尤绝少矣，城外有高岗大阜，丽谯浮屠，可以内瞰城中者，往往见矣。至于楼橹、箭帘、钩枪、巨斧之属，为守城之具者，皆当豫备。火药则多蓄之，井泉则多凿之。盖行于无事之日则可以精详，而渐举精详则器足用，渐举则民不扰，何至卒然有变，而四顾无所恃哉？四曰蓄武勇。夫材干胆力不择地而生，谓吴人柔靡者，非也。阖闾能用其民抗衡上国，孙武审兵势为权家之祖，其后桓元子称北府兵可用，北府即今润州也。唐讨叛藩，每用宣润弩手。至我高皇帝应天顺人，不可以尝情论，然所以西摧劲汉，北讨强胡，率皆吴人也。孰谓吴人不可用哉？盖磊落非尝之士固不可多得，至于勇悍善射，或任侠负气不为乡曲所容，混于耕钓之中者，皆当收而置之幕府，不特可资群策，亦以阴消乱萌，至于防乱，必当增兵，增兵必当益饷，饷既不可得，则莫若汰老弱而拣精锐，以所汰之饷厚所留之兵。令郡县正官延募教师，躬亲训练，必期一可当十。又或以暇日，悬金购射，如李抱真之于泽潞，种世衡之于青涧，自然人渐习兵，家有捍御。至沿海卫所，迩年抽调一空，锋锐销耗，皆当特命强敏文职比试世弁，选练军余，使为内地之援。又三吴泽国，陆战十三，水战十七，今方时绌不能分置二军，仲谋诸将所云，上岸杀贼，洗足下船，固知水陆可兼矣。修战舰，习舟师，诚当今之急务也。此四事者，皆明公已经举行，条教谆切，而沿习既久。人无远猷，事关钱谷，尚尔奉承，一系地方，未免挂壁，此皆工于身谋，何尝一为民计？即有贤者，反笑为迂，今欲振衰举废，必须综核名实，凡事尽力，何忧不成？近者又闻流人意窥江表，至有二三为群，伪托商贩，或附漕艘潜踪东渡者，若此问果真，则讥察非尝，增置尉候，亦不可缓。昔有唐泾原之变,韩晋公在江左筑城积粟,修立壁坞,耀兵江上,运米入关。先朝也,先盗边,朝廷复以周文襄巡抚旧京,内戢黎元,外资挽运,此即萧何、寇恂之功也。今明公任寄同于昔人,进则有勠力共奖之勋,退则有保境固圉之责,狂瞽之言,无当万一,聊自负于九九之见,或不以人废耳。前承专使赐以《水利全书》,经纬条悉,区画精审,水学复兴,民免昏垫,皆明赐也。徐相国《农书》缮录呈览,治水明农,同源共贯,欲求强兵,必先治赋,如其书足传,爰命下客袁润梓行之,何如?[1]

陈子龙自称"受知深厚",向张国维提出四条建议:一曰修吏治,二曰察民情,三曰设守御,四曰蓄武勇。这说明陈子龙见识超群,所提建议颇能切中肯綮。陈子龙对张国维的《吴中水利全书》评价甚高,将其与徐光启的《农政全书》相提并论。文末称:"徐相国《农书》缮录呈览,治水明农,同源共贯,欲求强兵,必先治赋,如其书足传,爰命下客袁润梓行之,何如?"他建议张国维想办法刊行徐光启的《农政全书》。

崇祯十二年(1639),听闻清军攻破济南,陈子龙上书巡抚张国维、兵部职方孙嘉绩,献却敌之策。《安雅堂稿》卷十八《与孙职方硕肤》云:"白檀失御,胡尘几满河朔,书生时从里中贵人问边书,惟有咄咄长叹。……此酋本非刘、石之雄,而一二叛人皆庸奴,非中行说比也。孤军深入,已犯兵家之忌。目今春水将生,势必狼顾。若俟其饱飏之时,处处设伏,以劲骑数千扼险而横截之,可尽覆也。"[2]

陈子龙读书于南园,与同郡诸子编校《农政全书》。据陈子龙《农政全书凡例》,知全书编者为陈子龙、谢廷桢、张密,相与商榷者为李待问、徐孚远、宋徵璧、徐凤彩,校订者为徐光启甥陈于阶,长子徐骥,诸孙尔觉、尔爵、尔斗、尔默、尔路。

到崇祯十二年(1639)五月,徐光启的《农政全书》完成编校付刻,内收录张国维序、方岳贡序、张溥序及陈子龙所订凡例。因陈子龙主持其事,人们用其堂号称该版为平露堂刊本。《农政全书》得以传世,陈子龙与张国维等功不可没。

[1]陈子龙:《安雅堂稿》,《续修四库全书》集部第1388册,上海古籍出版社2002年版,第184—186页。
[2]陈子龙:《安雅堂稿》,《续修四库全书》集部第1388册,上海古籍出版社2002年版,第199页。

(三)陈子龙《再上张中丞》

崇祯八年(1635),陈子龙复有《再上张中丞》:

前番阁下出镇润州,耀兵江外,远震寇志,内消乱萌,衽席三吴,民受其赐,至于励兵入卫,我武奋扬,既已气驰伊吾之北,而庙算以根本为忧,抑而未许。今闻逆奴破济南,蹂邹鲁,云亭玉简乃染胡尘,洙泗讲坛,翻施龙帐,观其狼豕之意,乃欲缀我援师于南,而阴图射天之计,逆谋诡志,其机甚深。今劲兵北首,固属鞭长,而靖绥南服,实非早计,恐春水未生,河淮清浅,未可恃也。夫兵有形有声,形欲藏之于不见,声欲示之以先知,江南兵力止及固圉,而夺人之声在于进讨,计虏中向导多是北人,未测东吴虚实,重以阁下威名远播九域所钦,此时躬提劲旅,伫节京江,多其旗帜,诡以更番,号称数万,声言克日济师,虽大兵止于境上,而流传远近,一则寝狂虏南牧之心,一则壮两淮后继之气,所谓以进为退,以攻为守,以虚为实,亦权家之所尚也。阁下沉几先物,妙略通神,格天之勋,绰然度内,岂伊愚蒙敢参末议?特以阁下虚怀茹纳,荛菲不遗,而子龙受知极深,故忘其鄙贱,屡尘清览。今有一事,上系朝廷之命脉,下关江左之安危,敢佐箸筹,以俟采择。夫度支所给,半仰东南之漕,而汶济之间,胡马充斥。今自江以南,漕艘鳞集,有司以速兑为安,漕规以攒催为事,若依限而北,竟贵盗粮,如稍缓交兑,各留地方,万一邀天之灵,狡奴速遁,庙堂必以担误漕期见责郡县。方今主计之,臣但守规局,不识变通,止顾一己之苟安,不审天下之大计,每每然也。且漕船四五千,便有漕卒五六万,所过之地,鸡犬不遗,甚至劫盗纵横,莫敢谁何,若久留内地,甚足生变,其势如此,安可但如每年尝例而不为之区处乎?以愚计之,唐自开元中,裴耀卿建武牢、雏口诸仓以便节级转运,刘晏之在江淮,凡扬州、河阴、渭口在在设仓递运。宋人之漕于汴也,亦立转般仓于真、扬、楚、泗诸州,昭代之于淮安、临德、通津在在设仓者,非独以节劳逸便支运,亦以防意外之变,如河淤路梗之类也。今为有司之计,惟有速行交兑,以免地方骚扰之虞,而阁下宜与漕抚朱公商榷安顿漕米之策,一面具题,一面便宜从事,令各卫弁,或于瓜洲,或于广陵,借定官仓民房,若月内北信不减,便应收敛而泊空艘于江南,其诸漕卒或量留守仓,而散其余归卫,或统以大将屯之要地,以为两淮声援行粮,即是军需卫弁,便为将率,俟虏势小退,昼夜攒行,亦守财弭乱之一道也。若以起剥不便,恐滋侵渔耗折,则击泊江中,既患于风浪衔尾内地,又惧生他虞,莫若豫于常镇地面,择一空旷容蓄之区,如孟渎之类,聚诸漕艘,檄督粮道,亲自弹压,略行军中之法,使漕卒不得无故离伍,则内地可以安枕,而运道一通,飞挽如故。苟抢攘未定,则此米仍在江南,尤为至便之计也。又闻虏在山东,土人从之者甚众,即虏退之后,咽喉绾毂,时时可虑,远观元季,大为寒心,虽圣明御宇,无烦过忧,而臣子忠猷,何妨深计?如海运故道,若王敬所、潘冲庵诸公之说,亦宜预为讲求,或有可用之时,其功非细,阁下忠贞天植,匡济渊深,凡属绸缪,久已经虑,子龙不胜杞忧,累冒尊严。[1]

陈子龙又重申"受知极深",张国维应该是每信必复,可惜张国维的回书现已不存。这封信主要提醒张国维尽快解决漕运的问题。

(四)张国维《经世文编序》

崇祯十一年(1638)十一月,陈子龙《经世文编》编成,寄书给倪元璐、张国维求序。张国维序曰:

> 云间陈卧子仝,徐闇公、宋尚木所集《经世编》成,郡守以其书示余。余读而叹曰:猗与旨哉!我国家治安三百年,列圣之所畴咨,诸臣之所竭思,大约可见于兹矣。夫士大夫之学术,知今而不知古,其蔽也凡陋;知古而不知今,其蔽也迂疏。必欲兼之,则知古易而知今难者。前代之事业有成史,诸儒之所论列,类聚群分,各有典要,学者加岁月之功,固已举其流略矣。至于本朝之所以麟炳往古焯乎来兹者,虽典制多陈,而谟谋

---

[1]陈子龙:《安雅堂稿》,《续修四库全书》集部第1388册,上海古籍出版社2002年版,第187—188页。

未著。金匮石室之所藏，既不能无挂漏于上；文苑家乘之所缉，又不能无散轶于下。则虽深心掌故之家穷年搜讨，未究万一。今三君俱以通达淹茂之才，怀济世安邦之略，采遗文于二百七十年之间，裒盛事于数月之内，而郡守又能于政事之暇，兼统条贯，以扬历厥事，故功相得而速成，后之君子其欲览观于斯者，岂非有不劳之获哉？嗟乎！是数十百人者，皆国家之名公巨卿，得志于时者之所为也；不然，则其时之不及为，而徒其言之存也，不然，则其人之不足录，而其言之不可废者也。本朝二祖以来，贤圣继作，山岳降灵，英人杰士比肩相望，昌言伟论不绝于时。然求其说行于君，而功见于世，如三杨之于宣宗，于忠肃之于景帝，李文达之于英宗，刘忠宣之于孝宗，永嘉之于世宗，江陵之于神宗，寥寥寡俦，不可概见。故得君行道，古人以为难。而其他议出而争起，策行而谤生者，不可胜计。及其事定之日，则是非得失，朗然皆见，数传之后，犹可获其言之利焉。愚尝观西汉之隆宣帝练群臣、核名实，而丞相高平侯数上封事，皆称上旨。然其所以为能者，不过好观汉故事及便宜章奏，如贤臣贾谊、晁错、董仲舒所言奏请施行之而已。今皇帝神圣，非汉宣中庸之主能较其万一，而十四朝之鸿文伟略有不止于贾董诸人者。假使公卿之中，有一人为高平侯，则夷狄安足御，而盗贼安足平哉？余待罪江南，未闲军旅，然于异度之士，廉勤之长，未尝不尽心焉。既嘉三君有当世之志，而又多太守能博尽英才之意，以布之天下，而即以卜诸贤异日之所树也。于是乎言。[1]

张国维所称"三君"即陈子龙、徐孚远、宋徵璧，"太守"即松江知府方岳贡。方岳贡为《明经世文编》的编纂出版提供了经济上的支持，并联络了其他官员共同参与。《明经世文编》于崇祯十一年（1638）二月开始编纂，十一月编成，全书五百零四卷，另有补遗四卷，共五百零八卷，四百多万字，书中提到的作者，实有四百四十一人。成书的迅速、顺利与政府官员的资助是分不开的。

全书内容大致分四类，即政治、武备、文教、皇室，涉及时政、礼仪、宗庙、职官、

---

[1]陈子龙等选辑：《明经世文编》，《续修四库全书》集部第1655册，上海古籍出版社2002年版，第6—9页。

国史、兵饷、马政、边防、边情、边墙、军务、海防、火器、贡市、番舶、灾荒、农事、治河、水利、海运、漕运、财政、盐法、刑法、钱法、钞法、税法、役法、科举、宗室、弹劾、谏诤等各个方面,收录了与国家制度、政策、治国方略有关的文章奏疏,记述了整个明代典章制度沿革和朝臣论政的意见,反映了明代各个时期的政治、军事、经济、文化、民族关系、对外关系等方面的真实情况。[1]这是从明代人的著作中选辑的一部经世文类书。朱东润认为,此时的陈子龙更了解他的时代,他不再是一位普通的文士,而是一位认识时代并决心为时代出力的志士了。[2]

(五)陈子龙恭贺张国维升任兵部尚书

崇祯十四年(1641)十月,张国维升任兵部尚书,陈子龙有《送张玉笥中丞擢河道少司空随召陛见》,题注云:"公抚吴六年。是为崇祯十三年(1640)迁工部右侍郎兼右佥都御史总理河道。明年(1641),陈新甲下狱,擢公兵部尚书。"[3]

> 旧京开府静牙璋,诏领河堤入未央。
> 周室保厘分郏鄏,汉家底绩念宣房。
> 九天星宿穿秦塞,万里梯航走冀方。
> 会语至尊南顾日,不堪重问海陵仓。
>
> 帝奠天河九曲清,司空持节蓟门行。
> 不沈白马祠川后,自负黄龙答圣明。
> 葱岭雪消春涨浅,莲峰月落夜涛平。
> 论功应便分如带,禹迹茫茫万古名。[4]

---

[1]张亭立:《陈子龙研究》,华东师范大学2007年博士论文,第92—93页。

[2]朱东润:《陈子龙及其时代》,《朱东润传记作品全集》第3卷,东方出版中心1999年版,第110页。

[3]张国维:《张忠敏公遗集》,《东阳丛书》第14册,浙江古籍出版社2015年版,第109页。

[4]陈子龙:《湘真阁稿》,《续修四库全书》集部第1388册,上海古籍出版社2002年版,第257—258页。

陈子龙赞张国维为国家栋梁、中流砥柱，恭贺其荣升，为国为民做出更大贡献，并盼望其早日南归。

陈子龙又有《贺大中丞玉翁张老公祖荣擢司空总督河道特诏陛见序》：

朝廷设诸幕府控制天下，三吴居天下中，为天下根本，三吴安，则天下举安，天下安而后九边乃可图也。盖其权甚重，实十倍于边抚云，乃往往束于文法，不得以其意为治，异日者当宁，颁下科条，务在绳防郡邑，三载而绩成，行其殿最，开府以下，求所塞尚书问状安能无急诸吏？吏恐上之负殿，辜有所归，亦安能无急诸民？民乃始嚣然愁搔，无所藉赖，而岁之不时不虞之浯至，即东南号称根本，夫亦惟是惠文三尺以相弹治乌睹，所谓休养生息与天下安，与天下危哉？岁在甲戌（1634），御史中丞东越张公实奉简书来抚我吴，公由琐垣出，中外想望风采。上谓公博大长者，委重股肱之地，假之岁月，以观厥成，公以是获一意奉行麻德，孳孳不倦，与诸使节大夫申讨章程，下之列郡，使治赋之吏时其催科而毋敢尽利。使执法之吏以谳典明决而毋敢为荼，与脂使候望之吏以时送迎，困滞宾旅，而毋市私。使守闾之吏干挩四境而毋骚启闭，察吏之墨与苛以上诸司寇而毋讳奥疆，察征敛之无蓺以请于司徒而毋避谯让。行之六年，东南赖以安辑，而雨旸蝗螟不能害。属当秦晋楚豫之流氛，倏散倏聚，公时而移镇皖口，时而拥节三山，崎岖于戎马，出入之间，区处于兵饷，单匮之际，而不见有抢攘之形，拮据之状，枞阳小池之隘，连挫狂锋，贼转至濡须、谯郡，渐逼留都，公以偏师击之，贼前麾巳至云亭，遂巡畏逃，而不敢进陵园安寝，神京晏然，伊谁之力也？公以其闲日修城障守御而为之备，太湖棠邑雉垒崇堞倏增而高，采石鸠兹哨望墩台倏增而险，而又核其屯伍，平其践，更讲其卒乘，严其刁斗，督材官将士按古兵法为军阵，教射戏马，行赏罚，韎韦跗注鱼丽鹤列日相耀于辕门，鼓角之间，士饱马腾，投石超乘，气若飘风，谓猝有缓急，鸣剑赴之，直须击单于之颈，斩郅支之头，以报陛下耳，此其忠诚。念主文武筹时，宁与诸幕府守一障之边，当一路之塞者，同日谭乎具区跨三郡，烟波浩淼，诸郡不逞匿迹于萑苻葱菁，四出剽掠，自武林塘栖以至平江松陵，行旅经年，不敢问渡，公不烦一卒，计擒其渠魁，道路始得通焉。他如大浮之寇，惊梁溪之民变，公皆谭笑定之。近福山团狼之间,大盗出没,祸且及于内地,公廉得其主名,奋然移檄,合大江南北而董擒焉,旦晚且就缚,而治河之使阙主爵者,疏公名上报,可,会中枢有不当于上意,上因骑而召,公若曰无容即至河,且有再命。盖公所葺《三吴水利全书》久庋御览,上方河漕输挽之,是亟故急召公,而公保厘吴会惟是生聚彰瘅,治平水寇以为民卫者,咸已播之歌谣,藏之盟府,上之念公久矣,两报,三年满,不即召劐然夜半之趣前岂非以河之为利害哉? 不然,上能一日不念东南耶? 谭者曰:天下有艰大之任,而有所不得不用之臣悬于人之耳目如此者,其人重见以为不得不用也,越独知之契,而暴之天下如此者,其官重夫使人重官亦重,而职未有不举者也,以予所闻,先朝行河大臣如朱镇山、司空潘印、川宫保俱有殊猷卓绩,宠锡元圭河淮尸祝之丹青图画焉。孝宗朝马端肃公为司马造都,陈蓍比于宅,揆以世庙之神武股肱累绩,而杨襄毅公揆策如石投水,主上英明果断,动法上祖,方以两重急公,公今之人而趋对,防河兵略,了若指掌,其即畀公元枢之任,令居中调度,从容谋画,惟命其以司空出而荒度缵禹之绩而益光大之。公素所自负者深矣,耳目之所狃,精深之所寄,有忘于水者,宗社亿万年之长计在是,夫伊耆之世最多才任水惟二人,古唐帝四姓之臣,其功德食人者远矣,而至今犹颂禹之烈于不衰,当世直不得两张公耳,何以对上使慰拊髀之思更美,微禹之叹乎? 崧高烝民之诗,咏申伯仲山甫之功而归本张仲,与宣王坐论黼扆用能使任贤勿疑,尽文武之用,内顺治而外威严,周道灿然中兴焉。天子知人善任,委公以东南,既有成效矣,而晋之司空,召之入见,以风励劳勋之臣。即日且举,而位之百僚之上。公益懋其才猷,以福四海,鸿号诞敷,光耀先后,四海之内,必有歌咏,其所由生以比于上世者,于中兴之业,不犹炳炳乎? 监司总戎诸公,覆公宇下,于公之入也,谋所以贺公而征赠言,焉敢为之? 诠次如此。[1]

文中主要从军事、水利两方面略述张国维抚吴六载的功绩,字里行间充溢着崇敬之意。依此序意推测,应是张国维之僚友、亲朋贺之以诗文,所有赠言汇之一

[1]张国维:《张忠敏公遗集》,《四库未收书辑刊》第6辑第29册,北京出版社1997年版,第739—741页。

编,陈子龙加以诠次,并为之序。可惜这些作品无存。陈子龙上面的七律诗很可能即选入其中。

　　附带提一下陈子龙的下落。陈子龙也是一位忠心耿耿的爱国志士。崇祯十七年(1644)三月,李自成破京城,崇祯帝自缢于煤山,明朝覆灭。顺治二年(1645)五月,南京既陷,张国维等拥鲁王朱以海称监国于绍兴。陈子龙则于八月初一在松江起兵抗清。九月二十二日,清兵陷于松江,陈子龙逃避藏匿起来,顺治四年(1647)五月被捕。他在关押期间,乘着守者不备逃出,投水而死。[1]1647年,已经投降清朝的苏松提督吴胜兆谋反清,请陈子龙写奏疏向当时的鲁王监国归顺,投城。陈子龙冒着生命危险起草了奏折,监国遂任命陈子龙为兵部尚书,总督七省军务。事败之后,清巡抚土国宝至松江追捕陈子龙,陈子龙不幸被捕。土国宝要求陈子龙供出同党,陈子龙不屈,临死前说:"今日肯为文信国,海内无第二人。"奋力绝锁郎当,自投右浦死。[2]陈子龙这句话包含两个意思:首先,他是以文天祥为榜样的,要做明末的文天祥;其次,他慨叹明末投降清廷的人太多,很少人能够像文天祥那样保持气节。这句话饱含对时势的激愤态度。[3]

　　陈子龙"在未死之前,千方百计,争取国家的存在;及至计穷途绝,奋身自杀。这才是真正的志士,真正的爱国者"[4],他是后于张国维殉难的抗清士子,与张国维一样值得后人敬仰。

三、张国维与吴之器之交游

　　吴之器(1596—1686),字赐如,号神岳,义乌人,曾祖为刑部尚书吴百朋。父亲存中,字致之,擅作古文辞,声名在外,可惜三十二岁就去世了。吴之器侍学于祖父吴大缵,八岁即能通读《史记》,十一岁就通过童子试了,远超众人,成为诸生。

[1]谢羽:《陈子龙师生关系初探》,《安徽文学》2010年第8期,第149页。
[2]朱溶:《忠义录》,《明清遗书五种》,北京图书馆出版社2006年版,第613页。
[3]陈文亮:《明末绝命词中的文天祥形象》,《井冈山大学学报》(社会科学版)2019年第5期,第125—126页。
[4]朱东润:《陈子龙及其时代》,《朱东润传记作品全集》第3卷,东方出版中心1999年版,第268页。

家有抱甕园,拥有十多间屋子的藏书,他坐卧其间,浏览讽诵,废寝忘食,终成通儒。崇祯元年(1628),因为曾祖百朋荫为官生。崇祯十五年(1642),试南畿,得与乡举,排名第三十。崇祯十七年(1644)十二月,吴之器被任命为兵科给事中,不久归乡。为人介然特立,以著述自任,笃于古文,为诗绪密思清,精沉宏丽,卓尔成家。万历四十六年(1618),与东阳斯一绪、兰溪徐应亨和章有成、义乌龚士襄和陈达德等六七公为八咏楼社(又作元畅楼诗社),为艺林推重。所著今存《婺书》八卷,另有《元畅楼稿》《婺书别录》《明月斋稿》《明月斋后刻稿》等,可惜当今多未见传本。《金华文略》录其文两篇,《金华诗录》录其诗十九首。

张国维与吴之器订交于何时不可考。吴之器是义乌人,张国维是东阳人,义乌与东阳毗邻,大概两人在青少年求学时就已相识相知,且友谊维持终生。张国维死后,吴之器仍然时常去踏访张国维曾经生活过的遂初堂、白云洞,留下诗歌若干。

(一)天启五年至崇祯元年

天启四年(1624)九月,张国维选授广东番禺县知县,十二月到任。崇祯元年(1628),三年考满,张国维以考绩"卓异"第一升刑科给事中。其间,吴之器作《山中即事赠止庵》:

> 千岩万壑拥霓旌,虎旅宵兴唱跸行。
> 溪引宫醪皆圣泽,山围羽驾即曾城。
> 封丘已仵班生石,系粤还劳使者缨。
> 堂上神兵原不战,于今伊吕正持衡。[1]

从诗句"系粤还劳使者缨"推测,该诗当作于张国维为番禺知县时,且说明二人保持经常性的联系。最后一句将张国维拟之为伊尹、吕尚,"持衡"比喻其掌握国家大权。看来,张国维被誉为"神明父母"的事,吴之器应该早已知晓。

---

[1]张国维:《张忠敏公遗集》,《东阳丛书》第14册,浙江古籍出版社2015年版,第113页。

（二）崇祯七年

崇祯七年（1634）二月初十奉旨，擢升张国维为右金都御史，巡抚应天、安庆等十府。四月，张国维抵姑苏任。吴之器得到这个好消息，又恰逢四月二十八日张国维生日，特作诗以贺。其《张止庵先生初度时有视师吴越之命》云：

> 东南黎老祝生申，四海安危系此身。
> 旸谷神龙照白夜，蓬山霜鹤鲁青春。
> 雕弓已沐河山宠，惇史还推社稷臣。
> 不用崆峒倚长剑，悬弧即是洗兵晨。
>
> 风尘大出武侯师，又值宁亲昼绣时。
> 归袞乍回东土舃，投醪还引北堂卮。
> 五云制就莱衣彩，双璧栽来谢树枝。
> 家庆主恩俱冠代，匡王更仁镐京诗。[1]

第一首，吴中百姓共祝张国维生日，毕竟吴中安危自此全系于张一身。吴之器相信张国维定能不负众望，不久便可靖氛抚绥。"洗兵"，传说周武王出师遇雨，认为是老天洗刷兵器，后擒纣灭商，战争停息。事见汉刘向《说苑·权谋》："武王伐纣，晨举脂烛。过隧斩岸，过水折舟，过谷发梁，过山焚莱，示民无返志也。至于有戎之隧，大风折旆，散宜生谏曰：'此其妖欤？'武王曰：'非也！天落兵也。'风霁而乘以大雨，水平地而啬，散宜生又谏曰：'此其妖欤？'武王曰：'非也！天洒兵也。'卜而龟熸，散宜生又谏曰：'此其妖欤？'武王曰：'不利以祷祠，利以击众，是熸之已。'故武王顺天地、犯三妖，而擒纣于牧野，其所独见者精也。"[2]后用以表示胜利结束战争。

第二首是想象张国维省亲的情景，衣锦还乡，全家沾沐皇恩。实际上，由于形势紧迫，张国维无暇回东阳老家，而是直赴任所。张国维《报代疏》云："因闻流贼

---

[1]张国维：《张忠敏公遗集》，《东阳丛书》第14册，浙江古籍出版社2015年版，第112页。
[2]刘向撰，向宗鲁校证：《说苑校证》，中华书局1987年版，第329页。

蔓延,与臣属安庆接壤,水陆交警,多事之秋,非臣子暇豫之日,随于三月十三日陛辞,越三日,束装就道,不敢抵家将母,叱驭兼程,于四月十七日入所属六合县地方。"[1]"昼绣",《汉书·项籍传》载,秦末项羽入关,屠咸阳。或劝其留居关中,羽见秦宫已毁,思归江东,曰:"富贵不归故乡,如衣锦夜行。"[2]《史记·项羽本纪》作:"富贵不归故乡,如衣绣夜行,谁知之者!"[3]后遂称富贵还乡为"衣锦昼行",省作"昼锦"。"镐京诗"似指歌颂文王迁丰、武王迁镐。《诗经·大雅·文王有声》中有云:"镐京辟廱,自西自东,自南自北,无思不服。皇王烝哉!考卜维王,宅是镐京。维龟正之,武王成之。武王烝哉!"[4]

(三)崇祯九年

崇祯九年(1636),吴之器前往北京的途中,一路联络、拜访故交、名士或是在当地仕宦的同乡。他经过苏州,作《过吴门寄讯张玉笥开府》,后收入《明月槎稿·北都纪游》。其诗曰:

其一

推毂新膺主眷偏,汉庭蝉冕美华年。

碧油幢照层湖月,绿玉樽开茂苑烟。

北固地形封古塞,南都天堑控艨船。

鸡窗初记刘琨在,壮志先输士雅鞭。

其二

宝帐清笳万斛留,胡床独坐自轻裘。

鹳鹅阵起江涛静,獬鹰冠横海色秋。

南国词人传左癖,东吴死士按纯钩。

清谈有客扁舟至,小队应须出郭游。[5]

[1]张国维:《报代疏》,《抚吴疏草》,《四库禁毁书丛刊》史部第39册,北京出版社2000年版,第9页。

[2]班固:《汉书》,中华书局1962年版,第1808页。

[3]司马迁:《史记》,中华书局1959年版,第315页。

[4]程俊英、蒋见元:《诗经注析》,中华书局1991年版,第797页。

[5]《吴宁托塘张氏宗谱》卷32,2005年重修,第104页。

第一首,以想象之词,模拟张国维的工作状态,流露出艳羡的口吻,结尾用闻鸡起舞的典故。吴之器自比刘琨,以祖逖比张国维。祖逖字士雅,他曾率部北伐,收复黄河以南之地。

第二首,吴之器自称"南国词人",有《左传》癖,称呼张国维为"东吴死士",巡抚吴中,随时待命。戎马倥偬间,如有朋友来访,估计张国维也会抽空接待的吧。

吴之器业已年过四十,却迟迟未能出仕,对比张国维已经官至正四品,颇有寥落之感。

《义乌县志》载:

> 居尝自言曰:"生不为宰相,则为谏官。"……谙知今古兵农利害通塞之故,挟策游二京,慨然有匡世志,数陈军国大计,言往往验,或尼之,投策叹曰:"管幼安、郑康成何人哉?"赋诗曰:"岧岧泰山桐,制为漆鸣琴。徽以阆河玉,绹以朱丝绳。清夜来抚之,殊音肃泠泠(泠泠)。一终舞云鹤,再变贯秋旻。钟旷久已往,此曲谁为听。"[1]

建言陈策之路不通,以己之力挽狂澜的少年理想不可能实现,又兼清兵劫掠,百姓流离、皇陵毁坏之惨状,吴之器亲历此次兵燹,感受到了明朝的国势倾颓已无可挽回,心情特别沉抑。[2]

崇祯九年(1636)夏,吴之器母亲龚氏去世,张国维为其撰写墓志铭。

(四)崇祯十二年

崇祯十二年(1639),张国维刻郑思肖《心史》,建立祠堂,将《心史》原稿及铁函珍藏祠中。吴之器作《止庵抚吴时,有浚寺井者得遗书于铁函,皆记宋德祐事。止

---

[1]诸自毅等修,程瑜等纂:《义乌县志》,《中国方志丛书·华中地方第82号》,成文出版社1970年版,第366页。

[2]陈婺:《〈婺书〉整理与研究》,浙江师范大学2015年硕士论文,第13页。

庵为梓之,题曰《井中心史》》:"井石冥冥古寺阴,铁函遗史墨痕深。年过四百人三祀,犹见孤臣一日心。"[1]赞颂宋朝遗民郑思肖的一片赤胆忠心。入清后,吴之器归隐乡间,以著述为事,身上颇有郑思肖的影子。

(五)崇祯十六年

崇祯十六年(1643)四月,兵部尚书张国维上《请军前图效疏》。此时清兵已侵入京师管辖的地区,张国维檄赵光抃螺山拒敌,八总兵之师皆溃。言官毁谤张国维,张国维被免职归里。吴之器邂逅张国维,作《湖上遇止庵司马赐告还里有赠》:

> 颂声谁不美人龙,忧国还深尽瘁容。
> 溪上玉璜初纪瑞,庙中金鼎屡铭恭。
> 江湖遍起棠留忆,河济重开禹凿踪。
> 剑履雍容霄汉迥,更闻禅草擅登封。
>
> 仗钺身分社稷忧,东征霜雪满旌斿。
> 紫宫始壮三阶气,黄石仍包九伐谋。
> 帷幄功成堪治第,歌钟赐渥正宜秋。
> 遥怜明月澄双岘,何限清光庾亮楼。[2]

第一首总结了张国维的政绩,将之喻为人中之龙。张国维以自己的立身行事,赢得了一片颂扬之声。吴之器相信他的功绩一定会载入史册,尤其是总督河道、兴吴中水利功勋卓著。结尾极言张国维因之而受到皇帝的优待。"剑履",古代得到帝王特许的大臣,可以佩着剑穿着鞋上朝,被视为极大的优遇。《史记·萧相国世家》:"于是乃令萧何第一,赐带剑履上殿,入朝不趋。"[3]"禅草",指汉司马相如的《封禅文》。相如善文辞,病笃,武帝遣使往取其书而相如已死,家中仅有遗札一

---

[1]张国维:《张忠敏公遗集》,《东阳丛书》第14册,浙江古籍出版社2015年版,第113页。
[2]张国维:《张忠敏公遗集》,《东阳丛书》第14册,浙江古籍出版社2015年版,第111—112页。
[3]司马迁:《史记》,中华书局1959年版,第2016页。

卷言封禅事,见《史记·司马相如列传》。登山封禅,指古代帝王登泰山祭天祭地。张守节《史记正义》云:"此泰山上筑土为坛以祭天,报天之功,故曰封。此泰山下小山上除地,报地之功,故曰禅。"[1]

第二首说张国维身为兵部尚书,东征西讨,为国分忧,文韬武略,样样精通。以运筹帷幄之功转而治家,自然绰绰有余。其他都不要去想了,回乡安然度日即可。预想月照双岘,光满小楼,岂不妙哉!"庾亮楼",指风流儒雅之场所。刘义庆《世说新语·容止》记载:"庾太尉(亮)在武昌,秋夜气佳景清,使吏殷浩、王胡之之徒登南楼理咏,音调始遒,闻函道中有屐声甚厉,定是庾公。俄而率左右十许人步来,诸贤欲起避之。公徐云:'诸君少住,老子于此处兴复不浅。'因便据胡床与诸人咏谑,竟坐甚得任乐。"[2]《晋书·庾亮列传》曰:"亮在武昌,诸佐吏殷浩之徒,乘秋夜往共登南楼,俄而不觉亮至,诸人将起避之。亮徐曰:'诸君少住,老子于此处兴复不浅。'便据胡床与浩等谈咏竟坐。其坦率行己,多此类也。"[3]

(六)张国维逝后

顺治三年(1646),鲁王入海,泊舟山,传命张国维相机图恢复。张国维还守东阳。六月二十五日,大兵破义乌,抵七里寺。六月二十六日,张国维从容赋绝命诗三章,赴园池死。

吴之器《止庵殉节赋浩然吟》云:

> 一决何惭简竹青,浩然霜色上秋冥。
> 倥偬许国无虚语,慷慨酬恩有独醒。
> 河岳生来原间气,乾坤异后识英灵。
> 自怜我辈皆巾帼,不用为公涕泪零。
>
> 漠漠衰荷隐废池,城阴孤旐不胜悲。

---

[1]司马迁:《史记》,中华书局1959年版,第1355页。
[2]徐震堮:《世说新语校笺》,中华书局1984年版,第339页。
[3]房玄龄等:《晋书》,中华书局1974年版,第1924页。

田横岛畔空多士,勾践台边只一麾。

东鲁春秋存日录,西陵风雨暗云旗。

滴残絮酒肠还断,却愧当年鲍叔知。[1]

第一首说张国维从容赴义,浩然正气,青史留名而无愧。张国维以身许国,说到做到,以死谢恩,众人皆醉他独醒。与之对比,苟活之辈则不必为张国维洒泪,因为他们不配。

第二首从张国维投水的园池、出丧时引路的旗幡写起,营造了一种悲壮的氛围。"田横岛畔空多士,勾践台边只一麾",田横不肯称臣于汉,守义不辱而自刎,手下五百门客也全部自杀。"一麾",中国古代郡太守、州刺史的别称。诗中以勾践比鲁王,"一麾"指张国维。结尾耐人寻味,"却愧当年鲍叔知",用了管鲍之交的典故。由此推测,张国维可能曾经荐举过吴之器,不知何故,事竟不成。

吴之器《雪霁登雨花台,有怀张止庵大司马并简熊伯甘水衡、吴雪厓驾部》云:

崇冈积素外,陟寒广遐寄。江天发明迥,万壑含森异。城阙窈窕开,浩然神州丽。濯濯清禁色,井井园陵势。燕齐多氛雾,秦赵已芜秽。微管托明牧,横流庶无畏。兰锜俨霜列,龙旆长云萃。制胜在群策,伐谋匪锋锐。葛藟庇本根,上智静民志。咱彼东山诗,恻隐若躬至。亦有匡定勋,凤联孝友袂。孔棘戎马间,弥敦岁寒意。宁烦越石忧,岂待祖生忌。[2]

诗题《雪霁登雨花台,有怀张止庵大司马并简熊伯、甘水衡、吴雪厓驾部》,《张忠敏公遗集》中标点有误,应改为《雪霁登雨花台,有怀张止庵大司马并简熊伯甘水衡、吴雪厓驾部》。熊人霖(1586—1666),字伯甘,别字鹤台,江西进贤县人,崇祯十年(1637)进士,崇祯十一年(1638)出任义乌知县,十三年(1640)主修《义乌县志》。《义乌县志》以类相从,有明一代之史事及前朝旧事悉备载,终成一代名志。崇祯十五年(1642),熊人霖升南京工部主事,至太常寺少卿。之后不足二年,明王

[1]张国维:《张忠敏公遗集》,《东阳丛书》第14册,浙江古籍出版社2015年版,第114页。
[2]张国维:《张忠敏公遗集》,《东阳丛书》第14册,浙江古籍出版社2015年版,第112页。

朝即被李自成起义军推翻了。熊人霖南归，赋闲在家二十余年，度过残生。明亡后，熊人霖与吴之器仍保持联系，称诗谈艺，不问政治。顺治八年（1651），熊人霖寄诗探问，吴之器有《豫章熊伯甘先生以诗来讯附答效谢惠连体》，诗中多有思念和共勉坚守初时之志的意思。吴之器又有《以所作宫绣赋卷贻伯甘先生寄怀并邀同作》等。“水衡”，水衡都尉、水衡丞的简称。吴国琦（生卒年不详），字公良，别字雪厓，安徽桐城人，崇祯四年（1631）进士，初授浙江兰溪知县，后升漳州推官，疏沉狱八百余案，再升兵部主事，著有《水香阁集》等。

诗开头描写雨花台周围的环境、地理，联及政治形势，回忆张国维生前的文治武功，“亦有匡定勋，夙联孝友袂”，满是崇敬与同情。“葛藟庇本根”，典出《春秋左传·文公七年》：“昭公将去群公子，乐豫曰：‘不可。公族，公室之枝叶也；若去之，则本根无所庇阴矣。葛藟犹能庇其本根，故君子以为比，况国君乎？’”[1]“东山诗”，借指征人行役之苦。《诗经·豳风·东山》：“我徂东山，慆慆不归。我来自东，零雨其濛。我东曰归，我心西悲。”[2]意味深长的是，结尾又以刘琨自比，将张国维比之祖逖。

吴之器《朱文似贻示止庵诗怆然有和》云：

殉国还兴六月师，复仇大义独公知。
钱唐弩激江潮却，采石营开汉帜奇。
陈力未能逃党锢，致身空欲系安危。
千金享士谁为报，愁绝孤臣涕泪时。[3]

朱文似，其人不详。朱文似为张国维赋诗，且请吴之器过目。吴之器有感而和，追忆张国维生前荦荦大者，不禁涕泪交加。

吴之器作为当时名士，又多交结南明权贵，对于举荐征召，他仍然能够介然独立。吴之器审时度势，深感风波险恶，且党派之间的权力争斗更甚于前，南明已不可救药。“陈力未能逃党锢”句下自注：“以螺山师溃下狱。”吴之器认为，张国维螺

---

[1]杨伯峻编著：《春秋左传注》，中华书局1990年版，第556—557页。
[2]程俊英、蒋见元：《诗经注析》，中华书局1991年版，第421页。
[3]张国维：《张忠敏公遗集》，《东阳丛书》第14册，浙江古籍出版社2015年版，第113页。

山师溃下狱,被罢兵部尚书,乃是党争使然,结果张氏"致身空欲系安危"。由此可见,吴之器对当时政局已有清醒认识:朋党之间的争斗,实际控制浙江的鲁王与在福建的唐王之间的对立,不能成功阻止清军的南侵。这些都让吴之器感到寒心。尽管心中对平生的志向有无尽的愧意,也不愿卷入朋党纷争。[1]

吴之器《洞游述怀三十韵》云:

> 乍向幽岩里,苍茫不自知。石泉犹洒壁,乳窦尚通池。槛废云全过,桥崩涧半危。乱蔌封座处,饥雀散檐垂。杉小游麇损,苔深野鹿疑。朱轩今就圮,白日早如驰。忆昔匡床夜,曾偕旧雨诗。谈经争意气,献策费神思。自尔称先达,嗟余已后时。无衣歌较晚,有马借何迟。六月成师出,三驱授律奇。握机衡并轴,峙糇茧重丝。逐北除秦帝,吹南什楚累。铜鍱招列郡,羽檄下单疃。岂谓天心改,终惊国步移。鼓三声遂竭,木一力难支。王蠋言能践,庄光道不欺。姓名虽未变,志计竟空施。怅望松楸近,辛勤稼穑宜。匪遵高士迹,聊信小人为。物外甘长惫,林间号绝痴。荆随留璞在,湘畹避兰摧。常使茅茨掩,穷搜简竹遗。河梁追古调,邺下继芳词。栏药盈盈态,江梅淡淡姿。陂平循造物,去返待花期。岭色开村树,秋风入杖藜。偶然寻壑至,忽起恫途悲。隔世伤存没,同盟念别离。孤怀萧远甚,告语可因谁。[2]

崇祯十七年(1644),张国维与马士英、阮大铖不合,告归,上《乞恩例祭葬疏》。筑遂初堂于白云洞,奉母居住。张国维描述当年的白云洞:"洞之出泉有三:其一为瀑布。自洞巅奔腾而下,高十数丈,广半之,四时不绝,春夏尤盛。掷地铿然,作金石声,众山皆响。是一奇也。稍折而右,石缝中迸出一泉,味敌惠泉、虎跑,注楮成池,不乞灵于瀑布。瀑布微时,此泉转盛。是又一奇也。当洞之中盎,有一石盆,体圆底平,围经三尺许,盆内水尝满,满而不溢,绝不知其所自来,甘冽与石缝无异。斟之略尽,应时仍满。是又一奇也。"[3]

---

[1]陈婺:《〈婺书〉整理与研究》,浙江师范大学2015年硕士论文,第15页。
[2]张国维:《张忠敏公遗集》,《东阳丛书》第14册,浙江古籍出版社2015年版,第118—119页。
[3]张国维:《张忠敏公遗集》,《东阳丛书》第14册,浙江古籍出版社2015年版,第89页。

　　吴之器再来游白云洞，自然风光无大异，不过已经物是人非，槛废桥崩，雀散麋游，苔深轩坫，不禁怅然。忆及曾经在这里与张国维对床夜雨，谈经论诗，更难为怀。他总结张国维一生为国为民，鞠躬尽瘁，终落得独木难支的结局，只能发一浩叹。以张国维比王蠋。王蠋，战国时齐人，不肯降燕，自杀身亡。自比庄光，即严子陵，少时与汉光武帝同学，光武帝即位后，屡征不仕，隐居于富春山。吴之器用严光比况自己，隐居不仕，坚贞守节，即表明了自己与一些殉国的抵抗人士不同的选择。[1]吴主动选择了归隐，著书立说，以诗文自娱，然而内心深却有着不为人所知、不能向人道的隐痛。所谓"忽起恸途悲"，用阮籍典，《晋书·阮籍传》："时率意独驾，不由径路，车迹所穷，辄恸哭而反。"[2]

　　"隔世伤存没，同盟念别离。孤怀萧远甚，告语可因谁。"不论存没，都是人的自主选择，生死隔世，却是同盟，他们的心是相通的，只不过无尽的思考与坚忍留给了生者，即使有满腔的心事，又该说给谁听呢？吴之器自觉无愧于心，相信好友张国维会理解他的。

　　吴之器《往同王兰陔年丈集白云洞，题石曰"太傅岩"。今秋过之，漫灭久矣，赋此》：

> 拂石留题绝壁间，莓苔风雨已成斑。
> 从他删尽摩厓迹，终是江东谢傅山。
> 麟阁摧残事事哀，愚厓只字亦成灾。
> 须知断碣零碑下，大有遗民吊影来。
> 羊叔虚嗟陵谷移，世情何必异时知。
> 试看此石留痕处，已作人间堕泪碑。[3]

　　王兰陔，无考。据诗题，吴之器曾同王兰陔会集于白云洞，吴之器为纪念张国维，在一块岩石上题有"太傅岩"三字，等某年的秋季，吴之器再次来访时，过去的题字已经漫灭不清了。这说明吴之器不止一次故地重游，"须知断碣零碑下，大有

---

[1]陈婺：《〈婺书〉整理与研究》，浙江师范大学2015年硕士论文，第15页。
[2]房玄龄等：《晋书》，中华书局1974年版，第1361页。
[3]张国维：《张忠敏公遗集》，《东阳丛书》第14册，浙江古籍出版社2015年版，第118页。

遗民吊影来",这就是他频来此地的真正目的。

羊祜(221—278),字叔子,原费县南城(今属平邑县)人,西晋著名政治家、军事家。《晋书·羊祜传》载,一次,羊祜登岘山,对同游者说:"自有宇宙,便有此山。由来贤达胜士,登此远望,如我与卿者多矣！皆湮灭无闻,使人悲伤。如百岁后有知,魂魄犹应登此也。"[1]当地百姓为纪念羊祜而建立羊公碑,又名"堕泪碑",该碑位于湖北省襄阳市的岘山上。

此外,吴之器还有《白云洞览旧题》:"一痕冰瀑溅风松,苔古岩层翠万重。独坐石潭闲照彰(影),云衣片片落芙蓉。""山枫如雨积寒荄,曲岛苍烟冷客怀。石烂泉枯人事改,旧题犹见遂初斋。"[2]诗题下自注:"洞前遂初斋,止庵别墅也。"可谓一生知音,至死不渝。

四、张国维与沈寿民之交游

沈寿民(1607—1675),字眉生,号耕岩,南直隶宣城人。所著有《闲道录》《姑山遗集》《剩庵诗稿》。《明史》有传,黄宗羲《南雷集》中有《征君沈耕岩先生墓志铭》。与沈士柱合称"江上二沈"。明亡后隐居不仕,与徐枋、巢鸣盛合称"海内三遗民"。与吴应箕、沈士柱、杨维斗、刘伯宗合称"复社五秀才"。"顺治十一年作《谒吴楼山坟追数往事拟杜七歌》,康熙三年作《街南卖药行为吴雨若赋》,康熙十年作《卖画行为蔡玉及赋》,痛定长吟,歌颂贞幹,皆诗中之史。《闾里中诸子放歌》《访姜如农先生城北》《答尚白》,亦有激越之语。明清之际多奇节之士,惟遭陆沉之祸,著作不显,当亟传之。"[3]崇祯九年(1636),行保举法,举贤良方正,巡抚张国维以沈寿民应诏。时逢杨嗣昌夺情起兵部尚书,崇祯十一年(1638),沈寿民抗疏劾之,二月上《劾兵部尚书杨嗣昌疏》,四月又上《再劾兵部尚书杨嗣昌疏》,通政张绍先故意扣留不上。沈寿民写信督责,绍先乃请上裁,杨嗣昌则惶恐待罪。皇帝认为上疏字多逾格,下令今后不许再呈进了。五月,寿民櫽栝两疏上《三劾兵部尚书杨

---

[1]房玄龄等:《晋书》,中华书局1974年版,第1020页。
[2]张国维:《张忠敏公遗集》,《东阳丛书》第14册,浙江古籍出版社2015年版,第118页。
[3]袁行云:《清人诗集叙录》,文化艺术出版社1994年版,第51页。

嗣昌疏》，留中不报。京师少詹事黄道周叹曰："此何等事，在朝者不言而草野言之，吾辈愧死矣。"[1]后黄道周、何楷等相继抗疏，沈寿民有首发之功，于是名动天下。黄宗羲于《征君沈耕岩先生墓志铭》中云："有明之辅臣以夺情见劾者三人，曰李贤、张居正、杨嗣昌。然劾贤之罗一峰，劾居正之赵、吴、艾、沈、邹，皆有禄位于朝，唯劾嗣昌之沈耕岩，则诸生也。贤与居正，当天下无事之日，所失不过一身。嗣昌当危急存亡之秋，所关乃在社稷。耕岩之言，拯溺救焚，县记后言，不爽累黍，又非一峰诸公所言仅在一时也。"[2]黄宗羲总结了明代三宗有名的夺情见劾案，弹劾李贤、张居正的都是在朝为官者，唯独弹劾杨嗣昌的沈寿民乃在野诸生。而且时局不同，杨嗣昌关乎社稷安危，从中足见沈寿民之胆略及眼光。"故识者以为此番保举，得耕岩一人，可以谓之不虚矣。"[3]由于沈寿民太出色了，鹤立鸡群，他将此次其他被保举者都比下去了。

沈寿民回归故里后，督学御史劝他出应试，张国维也多次劝他，但他均婉拒。崇祯十二年（1639），沈寿民给张国维写信。其《奉举主张抚台书》云：

东南天幸，徼惠圣明，以老师握节临之，始获宁宇，虽周文襄、海忠介之前烈未足方也。仰藉宏愭，何物不覆，岂谓荣渥尤笃，征躬乃者，造谢重阶，亲佩宠锡，知己之眷，诚灰没不足称其施矣。顾惟士虽一介，进退宜□，道虽大通，言行宜副。伏承老师屡谕赴试，敢不恪遵？第执□□还顾逢所好，既已希心于肥遁，抗语归耕，宁复□□于宾与旋图利用万一，进而得效，似亦难谊北山之讥，有如摈而不逢容尚睹颜□生之后，且以武陵之肆焰也，后先指斥者，轻则迁，重则逮，无一免矣。寿民以首事触机之人，独见宽放，使夫圣怒早及，不既先诸君子委身斧锧乎？犹得优游汤火之余，觊觎进取耶？未及与众正同其罪，自应与众正同其忧，不必与贤者同其兴，政宜与贤者同其废。区区之见，盖实如此。近本县猥采浮誉，备启文宗，且俟转详便督赴试，鄙志决矣，逾垣以避耳，乞曲留降骤，沛然顺许，死罪，死罪！[4]

[1]张廷玉等：《明史》，中华书局1974年版，第5699页。
[2]黄宗羲：《征君沈耕岩先生墓志铭》，《黄梨洲文集》，中华书局1959年版，第176页。
[3]黄宗羲：《征君沈耕岩先生墓志铭》，《黄梨洲文集》，中华书局1959年版，第177页。
[4]沈寿民：《姑山遗集》，《四库禁毁书丛刊》集部第119册，北京出版社1997年版，第47页。

阮大铖一事对沈寿民影响颇深,他认为自己是整个事件的导火索,自身反而没有受到伤害,所以对受连累的诸友十分愧疚。沈寿民对举主张国维还算是客气的了。陈名夏降清后,想要特意上疏推荐沈寿民,专门派遣使者送来书信,沈寿民竟然不打开信封,当着信使的面将书信烧掉了。沈寿民回信说:"龚胜、谢枋得,其智非不若皋羽、所南也,而卒以陨厥躯者,缘多此物色故耳。故凡今之欲征仆荐仆者,直欲死仆者也。"[1]至此,沈寿民对于出处问题十分慎重。1648年,沈寿民《答沈云侯职方书》云:"夫济天下之大难者,存乎才,收振古之极勋者,占乎器任;违其才,动必遭踬;用爽其器,举必无成:是以昔人每量力以树芳,不冥行而贻戚。"[2]遭踬即遭遇不测,无成即不得其用,无益于事。贻戚指给自己的声名留下污点。他意识到投身于难以预测之政局可能带来的危害,所以为了保全自身,决定远离政局,不再做毫无价值的牺牲。

当初沈寿民在参劾杨嗣昌的奏疏中有云:"大铖妄画条陈,犹鼓煽于丰芑。"[3]直白地指责阮大铖,而顾杲、吴应箕认可沈寿民之意,草拟《南都防乱揭》,想聚合天下名士共同攻击阮氏,阮大铖恨透了这群人,以为背后的主谋是礼部主事周镳。弘光时,阮大铖得志用事,独掌朝廷大权,找理由杀了周镳。阮氏按揭中姓氏,逐一痛下杀手,其中包括黄宗羲,而以沈寿民为首,必欲逮捕杀之而后快,以泄其心头郁积已久的宿恨。沈寿民得到消息,乃改名为王子云,携家逃入金华山中,"往来兰溪、武义,为蒙士师。或与畸人静者探幽发奇,以泄其羁孤感郁之思。时给谏姜公应甲隐于缁流,号石顽和尚,心迹相契,游处甚密"[4]。1645年,南京陷落后,沈寿民匿迹深山,采藜藿为食。乙未(1655)才回到自己故乡,但仍不踏入城市半步。当权者因事邀请他到城里,他走到半路,又转头回去了。乙卯(1675)五月逝世,享年六十九岁。

崇祯十七年(1644),明朝灭亡,许多文人以死殉国,而沈寿民选择保全自身,归隐不出。戴名世在为沈寿民作传时道:"沈先生清风高节,不可及矣。当明之既亡,东南遗民义不忍忘故国,多有愚昧以触罪戾,至于覆其宗祀。海上之役,金坛、

---

[1]黄宗羲:《征君沈耕岩先生墓志铭》,《黄梨洲文集》,中华书局1959年版,第178页。
[2]沈寿民:《姑山遗集》,《四库禁毁书丛刊》集部第119册,北京出版社1997年版,第62页。
[3]沈寿民:《姑山遗集》,《四库禁毁书丛刊》集部第119册,北京出版社1997年版,第29页。
[4]王崇炳:《金华征献略》,《东阳丛书》第15册,浙江古籍出版社2015年版,第543—544页。

丹徒、宣城三县士大夫受祸尤烈。先生独超然远览,自全于耕凿之间,可不谓智勇绝人者乎。"[1]戴名世认为,沈寿民为保全自身而隐居是智勇之举。

---

[1]戴名世:《戴名世集》,中华书局1986年版,第156页。

第九章

文化出版

作为政治家,张国维深知,驱奸抑邪固然是弘扬正气、伸张正义的一个方面,但更重要的是全社会应该形成重义轻利、人人争做英才俊杰的氛围。而整个环境的改变,则需要有正确的思想引导和切实的行动准则,潜移默化,才能收到良好的效果。为了引领社会风尚、传播文化知识,张国维极其重视文化出版,不遗余力进行文化建设。崇祯十二年(1639)仲秋,张国维主持刻印徐光启《农政全书》六十卷,并作序。刻郑所南《心史》,建立祠堂,将《心史》原稿及铁函珍藏祠中。

一、助刊《农政全书》

明朝徐光启的《农政全书》是我国四大农书之一(其余三部是北魏贾思勰的《齐民要术》、元王祯的《农书》、清乾隆敕修的《授时通考》)。就其内容之丰富和详备而言,《农政全书》是最完整的一部。如果没有张国维和陈子龙的大力协助,这部举世闻名的巨著可能有湮没佚失的危险。

徐光启和张国维是年龄相差一代的明代历史人物,他们都生于明朝晚期政治日益腐化,民生日益困难,内忧外患日益加重,终于走向亡国亡君的年代里。他们都有一颗赤胆忠心,挽狂澜于既倒的抱负,他们身体力行所做出的业绩和贡献,至今仍为人们所怀念和敬仰。

徐光启中举后,曾任少詹事兼河南道御史,练兵通州,天启时任礼部侍郎,崇祯初为礼部尚书,后兼东阁大学士,入参机务。他虽为政治人物,但对自然科学情有独钟,青壮年时爱好农业试验,任京官后曾跟利玛窦学习天文、历法、数学等西方科学知识,翻译《几何原本》《测量法义》,主编《崇祯历书》等。徐光启学问虽杂,但殊途归本于"农"。他用算学之法治水治田,以天文历学适时农务,以强兵治赋、治赋明农将农业与国防关联,在屯田、水利方面的理论总结与实务探究更是为中国古代农业发展做出了卓越贡献。他编撰了许多与农业相关的著作,如《农遗杂疏》《屯盐疏》《种棉花法》《甘薯疏》《种竹图说》《北耕录》《宜垦令》《农辑》等。《明史·徐光启传》云:"光启雅负经济才,有志用世。及柄用,年已老,值周延儒、温体仁专政,不能有所建白。"[1]这是对他毕生政治生活的一个概述。

---

[1]张廷玉等:《明史》,中华书局1974年版,第6494页。

他的这部农书正如陈子龙所指出的：“其生平所学，博究天人，而皆主于实用。至于农事，尤所用心。盖以为生民率育之源，国家富强之本。故尝躬执末耜之器，亲尝草木之味，随时采集，兼之访问，缀而成书。”[1]《农政全书》并非一蹴而就，而是他长期实践，阅读文献，杂采众家，兼出己见，慢慢积聚而成的巨著。“文定所集，杂采众家，兼出独见，有得即书，非有条贯，故有略而未详者，有重复而未及删定者。”[2]天启五年至七年间（1625—1627），徐光启因受到气焰嚣张的魏忠贤的排挤，称病在籍家居。魏忠贤党羽以他久不赴任，追究他的“练兵一事，孟浪于对”，控以“代庖越俎”“骗官盗饷”等莫须有的罪名，使其被降旨免去礼部右侍郎等职。他正好利用这段时间，抱病整理编辑以前积累的资料，于天启七年（1627）完成了农书的初稿（暂名《种艺书》）。而这段时间发生了满洲五六万骑兵攻打宁远，袁崇焕等奋力抵抗，满主努尔哈赤重伤身亡，朱由校死后弟弟朱由检嗣位，次年改年号为崇祯，魏忠贤自杀被磔尸等一系列大事。魏忠贤既死，徐光启立即于崇祯元年（1628）奉召进京朝见，便再也没有时间处理家中的农书初稿了。

到崇祯六年（1633），徐光启在北京终因为国事积劳成疾，不治辞世。临终时，他还念念不忘农书的事，对孙子徐尔爵说：“速缮成《农政全书》进呈，以毕吾志。”

到崇祯八年（1635），陈子龙在徐光启故乡华亭读书，向徐尔爵借得农书的草稿本数十卷，进行抄录，这是农书首次面世。张国维是于徐光启逝世后一年，即崇祯七年（1634）被升任为右金都御史巡抚应天十府的。正是由于有这个任职，陈子龙有机会在一个偶然的场合，将农书的草稿本呈送给张国维过目。张国维看了以后，就说这是部“经国之书也”[3]，并且立即转给当时任松江府知府的方岳贡看，方岳贡看了也是非常赞赏，于是两人共同商定设法给予梓刻。张、方二人还决定给农书作序。方岳贡序云：“是以大中丞张公，保厘南土，适见此书，大加会赏，亟命梓之。所以率群吏，以惠黔首，奉承明天子德意至渥也。”[4]农书的草稿本是徐氏未定稿，他平时是有得即书，非有条贯，其中有重复而来不及删定的，有资料需要查对的。张国维属意陈子龙担任这个修订任务。陈子龙又请了博学多才的谢廷祯和张密二人协助，“使任旁搜覆较之役，而子龙总其大端，遂灿然成书矣。大约

[1]徐光启撰，石声汉校注：《农政全书校注》，上海古籍出版社1979年版，卷首第4—5页。
[2]徐光启撰，石声汉校注：《农政全书校注》，上海古籍出版社1979年版，卷首第5页。
[3]徐光启撰，石声汉校注：《农政全书校注》，上海古籍出版社1979年版，卷首第5页。
[4]徐光启撰，石声汉校注：《农政全书校注》，上海古籍出版社1979年版，卷首第1806页。

删者十之三,增者十之二。其评点俱仍旧观,恐有深意,不敢臆易也"[1]。陈子龙对于张国维和方岳贡主持促成其事之举,称赞道:"中丞公与大夫公所以阐扬前哲,加惠元元之意,庶几无负乎!"[2]"外若相与商榷者,李孝廉待问、徐太学孚远、宋孝廉徵璧、徐太学凤彩也。校订者,文定之甥陈贡士于阶,暨其长嗣荫君骥,诸孙尔觉、尔爵、尔斗、尔默、尔路也。"[3]据此知道,全书编者为陈子龙、谢廷桢、张密,相与商榷者为李待问、徐孚远、宋徵璧、徐凤彩,校订者为徐光启甥陈于阶,长子徐骥,诸孙尔觉、尔爵、尔斗、尔默、尔路。

到崇祯十二年(1639),张国维刻印完成《吴中水利全书》。同年,徐光启的《农政全书》也完成刊刻。书中收张国维序、方岳贡序、张溥序及陈子龙所订凡例。

徐、张两位不约而同地在国难方深的年月里,各自向国家和后世献出了重农的心血结晶。于徐光启,是完成了他生前的夙愿,可以告慰他于黄泉之下了。崇祯十一年(1638),陈子龙《上张玉笥中丞》云:"前承专使赐以《水利全书》,经纬条悉,区画精审,水学复兴,民免昏垫,皆明赐也。徐相国《农书》缮录呈览,治水明农,同源共贯,欲求强兵,必先治赋,如其书足传,爰命下客衷润梓行之,何如?"[4]

张国维《农政全书序》云:

> 班史《艺文志》,列农书诸家之一,后世因之。隋唐所收,仅十有九家;《宋中兴书》演至六十四家;郑渔仲博精载籍,其所裒乃仅得十二部四十七卷。内最著者,如汉议郎《氾胜之书》三卷,后魏贾思勰《齐民要术》十卷,又有李淳风《续贾书》若干卷。李书当时已湮没,而贾氏所传,在宋遂为秘本,非劝农使者,不得受赐;民间传写纰陋,特赝本耳。而贾元道《农经》、王旻《要术》及何亮《本书》,流行最广。下迨《禾谱》《耕织图》,并花木竹药诸谱,各随好事之手,以辟新领异。合之,则皆农家言也。今为末作奇巧者,一日作而五日食;农夫终岁之作,不足以自食也。然则民舍本事而事末作,则田荒国贫之患,谁实受之?故凡农者,月不足而岁有余者也。语亦有之:"农之气,杲乎如登于天,杳乎如入于渊,淖乎如在于

---

[1]徐光启撰,石声汉校注:《农政全书校注》,上海古籍出版社1979年版,卷首第5页。

[2]徐光启撰,石声汉校注:《农政全书校注》,上海古籍出版社1979年版,卷首第5页。

[3]徐光启撰,石声汉校注:《农政全书校注》,上海古籍出版社1979年版,卷首第5页。

[4]陈子龙:《安雅堂稿》,《续修四库全书》集部第1388册,上海古籍出版社2002年版,第186页。

海,卒乎如在乎己。"是故此气也,不可止以力,而可安以德;不可呼以声,而可迎以音。非举八政四术之要,以安集而招徕之,则民腹尝馁,民情尝迫,而尚可谕以仁义,慑以刑威乎?且人所以恶雀鼠者,谓其有攘窃之行;雀鼠所以疑人者,谓其怀盗贼之心。上以食而辱下,下以食而欺上;上不得不恶下,下不得不欺上,各有所切也。则何不举其平日所切,而豫为训之戒之,且图之、策之?是以《无逸》首陈艰难,而《王制》急先储蓄。思文率育,则上配昊穹;分地用天,则敦立人极。下至霸国之佐,尽力之教,莫不辨垆壏、沙埴之形,讨蚼蛆、狼穗之实。故曰:"智如禹汤,不如尝耕;圣如宣尼,不如农圃。"夫有所用之也。国家当经纶之始,首重民事。以农桑责诸郡邑,以屯种责之卫所,合文武氓兵而总围于滋源固本之内。此王业所由寖昌也。高皇帝有志复井田之旧。其于验丁限亩,酌古准今,既严禁抛荒,又深恶侵占。而于郡国水利,设有专官;诚见陂塘池堰,无可蓄之利,则沟遂疆理,无可划之防。水利不兴,而欲挈农政要领,此必不得之术也。江南千古称为乐国,不第广川大泽,画断戎马,即有鲸鲵封豕,无所纵其驰驱;至于物产所宜,税赋所出,地无不耕之土,而农无不贡之毛。假令惠绥拊循,利济率作,犹可息其疲辙,而责以重担。今如病尪之人,日行百里,巾箱囊箧,喘汗临深,而犹鞭叱不令稍止。噫!亦危矣!余前刻有《水利全书》,所谓急则治标,因病立剂者;今又得徐少保农政全帙,所谓缓则治本,悬方救病者也。云间陈卧子,以弥纶巨手,羽翼经术,博综群雅,而尤留心于经济之书。是帙则其手加阐润,提要钩元,农扈之言,纤悉备具。余同年方君守松,扶衰起敝,治以验方;欲公之同志,谋梓之于余。余读之而釽然喜,僭为叙数言,以付剞劂氏。典型具在,亦唯渔阳蒲亭爱民之长,实实举行之耳,岂仅列签插轴,夸为百家之一而已哉?

明崇祯己卯岁仲秋,钦差总理粮储、提督军务兼巡抚应天等处地方、都察院右佥都御史张国维书于苏署之待旦堂。[1]

张国维对于自己的《吴中水利全书》和徐光启的《农政全书》,有一个很谦虚的

---

[1]徐光启撰,石声汉校注:《农政全书校注》,上海古籍出版社1979年版,第1803—1805页。

比较,他说:"余前刻有《水利全书》,所谓急则治标,因病立剂者;今又得徐少保农政全帙,所谓缓则治本,悬方救病者也。"张国维认为水利是治标,兴农才是治本。

在封建社会的历史上,凡农业兴旺的时期,必然是重视水利、大兴水利的时期;同样,历史上凡农业衰败的时期,必然是水利破坏失修、无人问津的时期。在《农政全书》中,水利部分的篇幅超过了农本、田制、开垦、农器、树艺、蚕桑、种植、牧养等部分的内容,充分反映了徐光启对当时水利失修的迫切关注,在理论和实践上都做了全面的申述和呼吁。在这一点上,张国维与徐光启是完全相同的。陈子龙在《农政全书》凡例中,特别提出:"东南水利,莫重于震泽三江,张大中丞《三吴水利全书》详矣,兹其大略焉。附以越东滇南,则溪涧陂池之制可推也。"[1]意即,《吴中水利全书》的内容是很详备的,《农政全书》因是综合性的农书,其所提及的水利部分只能是一个大略。陈子龙在修订时,加入了浙江水利和云南水利(越东滇南),把溪涧陂池的水资源利用也包括在内了,这是陈子龙对水利部分的一个虽小却很重要的补充。

修订后的《农政全书》包括农本三卷、田制二卷、农事六卷、水利九卷、农器四卷、树艺六卷、蚕桑四卷、蚕桑广类二卷、种植四卷、牧养一卷、制造一卷、荒政十八卷,计十二门六十卷。从农政史方面来看,全书以农本与荒政首尾,二目为重,荒政有十八卷,几乎占全书的三分之一;农本三卷,可以看作是对中国农业思想史和历代农业政策史的概括性论述。《农政全书》征引的文献多达二百二十五种,是中国古代农业文献的总结性成果。

二、捐刻《心史》

郑思肖(1241—1318),字忆翁,号所南,自称三外野人,祖籍连江(今属福建),生于临安(今浙江杭州)。他身处宋元易代之际,始终心系南方,宋亡后更名"思肖",寓意思念眷怀宋朝国姓"赵(赵)",而本名自此之后隐而不彰。"所南""忆翁"寓不亡故国。晚年寓居于苏州的承天寺。为了表达对"大宋"王朝的眷怀之情,他把寺中的住处命名为"本穴世界",称"本"字之"十"置"穴"中,即"大宋"。平常的

---

[1]徐光启撰,石声汉校注:《农政全书校注》,上海古籍出版社1979年版,卷首第2—3页。

坐卧必南向,闻北语必掩耳。郑思肖工书画,尤擅墨兰,宋亡后画作皆不画土根,其意谓"蒙元夺我疆土,无所凭依"。凡此种种,无不体现出强烈的"故国之思"和高尚的爱国气节,而他终生以不能舍身殉国为恨。其《六砺三首》其三写道:"操得南音类楚囚,早期勠力复神州。须知铁铸忠臣骨,纵作微尘亦不休。"[1]

郑思肖生前亲手将凝聚着一生辛酸血泪的慷慨悲歌编订成《咸淳集》一卷、《大义集》一卷、《中兴集》二卷,并和《久久书》一卷、《杂文》一卷、《大义略序》一卷合抄在一起,总题之曰《心史》。《心史》记叙了蒙古灭金、灭宋的过程,记录了南宋爱国者英勇斗争的形象和卖国者的种种丑行,进而分析南宋灭亡的原因。书中还介绍了元世祖至正二十年之前的蒙元历史等。之所以命名为"心史",郑思肖在《后叙》中解释道:"所谓诗,所谓文,实国事、世事、家事、身事、心事系焉。"那么,自己身历战乱,以及国家覆亡之际所作的诗、文,也就具有了"天下乱,史寄匹夫"的价值和意义。因而郑思肖始终坚信,自己的拳拳爱国之心自能千古不灭于天地间,即如他所言:"纸上语可废坏,心中誓不可磨灭!若剐、若斩、若碓、若锯等事,数尝熟思冥想,至苦至痛,庸试此心,卒不能以毫发紊我一定不易之天!"[2]郑思肖在卷尾题写了一首七律,首联曰:"一诚盟檄死弥坚,终了婆娑未了缘。"[3]夹杂着亡国的悲痛和精神永恒的自我期许,这是一种何等复杂的情感!至元二十年(1283),郑思肖把这部精心抄录的《心史》书稿层层密封,置于铁函之中,以蜡封存,沉于承天寺的井底。

《心史》出井于崇祯十一年(戊寅)十一月初八,即1638年12月12日。发现者是承天寺僧人达始(君慧)。最早知道此事的是文人赵均,他告诉了陆嘉颖。不久,赵离苏远游,陆考虑只有文从简、文柟父子与寺僧较熟,便托他们与寺僧商借。经过三个多月奔走联系,文氏父子好不容易才于翌年三月二十六日(1639年4月28日)借得原稿。读后,陆氏父子与文氏父子等便分头摹抄。随后,陆、文等人便有刊刻之意,但因缺少资金而为难。于是,陆嘉颖与文从简便在五月初各写了一篇跋文,在友人间传观,并募捐刊刻的经费。六七月间,他们又特意请复社名流杨维斗题跋,以便"上诸名公"。中秋前,卜居苏州的吴江人张世伟因《心史》刊刻的

[1]郑思肖:《心史》,《四库禁毁书丛刊》集部第30册,北京出版社1997年版,第37页。
[2]郑思肖:《心史》,《四库禁毁书丛刊》集部第30册,北京出版社1997年版,第106页。
[3]郑思肖:《心史》,《四库禁毁书丛刊》集部第30册,北京出版社1997年版,第106页。

事访问杨,因而也主动写了跋文。在这以前,张世伟也曾听说《心史》出井之事,但未知其详,又因年逾七旬而忘了。不久前丘民瞻来看他,他才了解其详细情况,于是也为刊刻之事操起心。这样,在己卯年中秋前后,杨、张、丘,以及华渚、许元溥、郑敷教、姚宗典、姚宗昌等人都写了跋文。但刊刻的经费问题仍未解决,于是由诸生张劭和丘民瞻两人将抄本并诸人题跋上呈应天巡抚张国维。张国维读后深受感动,充分肯定题跋诸君的精神,立即捐出自己的俸禄,并命张劭等负责刻印。其后,张国维于"己卯长至"即冬至日(1639 年 12 月 22 日前后)作了序,[1]即《宋郑所南先生心史序》:

　　史者,文也。所以扶纲尝、辨统系、佐征伐之穷者也。心者,精也。所以植天经、立人极、代命讨之大者也。《春秋》一书,为史外传心之要,而其义在尊王黜僭,诛乱贼而大复仇。故曰:"裔不谋夏,夷不乱华",万世之防凛凛焉。五胡北魏,云扰相仍,然中国正朔尚有属。自蒙古篡统,乃胥左衽,每读《元史》,恨未有秉《春秋》法黜之者。不谓宋郑所南《心史》先获我心也。吴门张子、丘子,持以相示,述其事甚奇。余受而读之,见其正统一论,斤斤乎正名辨分,于夷夏之防独三致意,作而言曰:夫非先圣史法耶!序跋、传记以及诗赋,拳拳反正,恋恋故君,热血时抛,忠肝欲碎,靡不足泣鬼神而动天地。所著终于至元二十年,每篇仍冠德祐之号。主无少康而戴夏不改,支微昭烈而思汉弥坚。草檄立盟,尽黜胡元之统;似符若谶,誓开大明之天。精诚大类愚公,锐志真能格帝,果祚我明启运,直接宋之正统焉。综而论之,《春秋》为衰周之《心史》,故笔削定而万年之伦纪不淆;《心史》为故宋之《春秋》,故予夺严而九世之仇仇终复。洵足为生民立心,宁第自完忠孝尔尔耶?居恒吊文信国精忠大烈,千古无两,而前史所载,间有蝉缓不脱弱宋气,私殊讶之。今睹此书,始知忌之者之点染之也。使当时执简以往,事遂著明,九死无憾。然恐触忌,而此史与此身同尽无益,徒绝传信耳。故宁善藏其用,俟之后世,三百五十余年,不濡不灭,信国诸英魂实呵护之。珥笔君子,宜急取以补前史,孤忠实录,良在兹也。嘻!彼误国事虏以取富贵者,尘消烬熄,遗秽莫湔;

---

[1]陈福康:《崇祯末〈心史〉刊刻经过及序跋者考》,《学术月刊》1998 年第 12 期,第 81 页。

而董狐笔方出井底，燦炳人世，公之讨贼，不伸一时，伸千载矣！揽郡乘，公阃产而披袭吴地，意此中必有忠义之侣，相与悲歌慷慨，泽畔行吟者，而湮灭不载，惜夫！今海内文章节义，莫首吴门，此史一出，竟若历斗扪星者之表章恐后。记云：藏之名山，传之其人。余独奇九渊能藏，而又嘉诸君子皆其人也。授梓而弁以序。时崇祯岁舍己卯长至古婺张国维题。[1]

张国维高度肯定、赞扬了文天祥等人的精忠救国精神，称之为千古无两。张国维认为，统治者尽管歪曲、篡改历史事实，甚至加上污蔑之词，但文天祥诸英烈的事迹，不会由于人为的因素而尘消烬息、湮灭无闻。历史终究是历史。《心史》的发现，就是历史彪炳文天祥诸英烈的信物。要了解、研究宋末元初的真实历史，就要细读《心史》这部秉笔直书的"故宋之《春秋》"，它能奏"立民心""完忠孝"之效。

以江南士绅为代表的"清流"，对国事怀有高度的热情，同道间频繁的交游、结社，已然成为当时一道独特的风景。他们对新发现的"井中奇书"尤为感兴趣，《心史》很快就成为江南士绅相互砥砺气节的"精神资源"，在很大程度上激发了他们的爱国热情，使他们积极参与到抗清斗争当中。

《四库全书总目》记载："此书至明季始出，吴县陆坦、休宁汪骏声皆为刊行。称崇祯戊寅冬苏州承天寺狼山中房浚井，得一铁函，发之有书，缄封上题'大宋孤臣郑思肖百拜封'十字。因传于时。"[2]这里所说的明末刊本共有两种，是对的；但说最早的刊刻者为"吴县陆坦"，实误。实际上，陆坦只是该本众多作跋者中并不特别重要的一位，而该本最主要的出资镌刻者是张国维。余嘉锡《四库提要辨证》卷二十四《集部·别集类存目》记载："张国维本虽刻成，流行不广，《提要》亦未之见，致展转传闻，误以为吴县陆坦所刊。不知坦跋中明云：'今幸遇我大中丞张太公祖，表微阐幽，梓以行世。'坦何尝刊此书乎？"[3]

《国寿录·内阁兼兵部尚书张国维传》云：

---

[1]郑思肖：《心史》，《四库禁毁书丛刊》集部第30册，北京出版社1997年版，第2—4页。
[2]永瑢、纪昀等：《影印文渊阁四库全书总目》第4册，台北"商务印书馆"1983年版，第634页。
[3]余嘉锡：《四库提要辨证》，科学出版社1958年版，第1531—1532页。

张国维,号玉笥,浙江金华东阳人也。举天启二年进士。崇祯末年,为都察院右佥都御史,巡抚苏松,时天宁寺得宋忠臣郑思肖文集。思肖字所南,教授常州,宋鼎废,集诸誓书及伤时诸诗歌一帙,号《心史》,以铁匣封固,藏苏之天宁寺井底。国维抚观之,叹曰:"此书出,我明数行厄矣!"[1]

张国维认为,此书一出乃明朝不祥之预兆。

张振珂在《〈心史〉题后》中补充了一些细节:

道光庚戌冬,读《明季南略》,姑苏井中铁匣记,知先忠敏公有《心史》之刻。记云:岁崇祯戊寅十一月初八日,苏州承天寺井中,屡有白气冲上。入井淘之,得一铁匣,封缄甚固,外书"大宋铁函经"五字,内书"大宋孤臣郑思肖百拜封"十字。是时恭宗德祐止二年,端宗景炎止三年,帝昺祥兴止二年,史内所载数十年事,每篇仍冠德祐之号,不书一元字。中丞张公见而异之,梓以行世云。搜其书,无有存者。咸丰壬子,获一卷,惜残缺不完。癸丑冬,晓庵述武林邱春生藏有全部,购之归。展读之:《咸淳集》一卷,《大义集》一卷,《中兴集》一卷,《久久书》一卷,《杂文》一卷,《大义略序》一卷,后序五篇,失国时作,皆痛哭流涕之言。其自跋云:"此书虽曰纸也,当如虚空焉,天地鬼神不能违,云雾不能翳,风不能动,水不能湿,火不能燃,金不能割,土不能塞,木不能蔽,万万无能坏之者。"《久久书》云:"吾闻有志者,人莫破之,鬼神莫破之,天地莫破之,生死莫破之。夫如是,我知《久久书》必开大明之天,终集厥成也。"果入水亘三百五十六春秋无恙,忽从井底出,俟公起而表章之,昭揭幽魄,显耀今古。而我公精忠大节,为有明一代完人,知与先生及文信国、陈、刘、文、武数巨公,并升为日星,镇为河岳,荡为风雨,震为雷霆,化为千百万亿忠臣孝子之身,立千百万祀三纲五常之极,虽死如生矣!呜呼!忠义之气不可磨灭,而神物吐现有时,即今幸获是书,亦岂偶然哉?按《心史》未刻以前,有张异度,文彦河、陆子垂、杨惟斗、姚瑞五跋,刻后有钱希声题识,此

[1]查继佐:《国寿录》,中华书局1959年版,第82页。

175

册仅载张跋,翻刻者之遗之也。手录补之,并述得是书之由,俟后重镌者之增入焉。[1]

钱希声,即钱肃乐,其《读郑所南心史诗》序有云:"今圣天子在上,政教翔洽,士大夫皆崇尚节义,岁戊寅而郑所南先生《心史》见于承天寺井中,抚军张公梓以行世,海内见先生之史者,无不知先生之心矣。然此心非独先生有也,余以暇日偶览斯编,成诗十律,岂敢附吟咏之末,亦以性情所钟,不能自绝,世有览者,得位置希声于行道乞人足矣。"[2]所提"抚军张公"即张国维。

明末清初之学者、思想家、考据家顾炎武对此书的真实可信、张国维刻印之功绩有定论。其《井中心史歌》并序云:

崇祯十一年冬,苏州府城中承天寺以久旱浚井,得一函,其外曰"大宋铁函经",锢之再重,中有书一卷,名曰《心史》,称"大宋孤臣郑思肖百拜封"。思肖号所南,宋之遗民,有闻于志乘者。其藏书之日为德祐九年。宋已亡矣,而犹日夜望陈丞相、张少保统兵外来,以复土宇,至于痛哭流涕,而祷之天地,盟之大神,谓气化转移,必有一日。于是郡中之人见者无不稽首惊诧,而巡抚都院张公国维刻之以传。又为所南立祠堂,藏其函祠中。未几而遭国难,一如德祐末年之事。呜呼悲矣!其书传至北方者少,而变故之后,又多讳而不出。不见此书者三十余年,而今复睹之富平朱氏。昔此书初出,太仓守钱君肃乐赋诗二章,昆山归生庄和之八章,及浙东之陷,张公走归东阳,赴池中死。钱君遁之海外,卒于瑯琦山。归生更名祚明,为人尤慷慨激烈,亦终穷饿以没。独余不才,浮沈于世。悲年运之日往,值禁罔之逾密,而见贤思齐,独立不惧,故作此歌,将发挥其事云尔。

有宋遗臣郑思肖,痛哭元人移九庙。独力难将汉鼎扶,孤忠欲向湘累吊。著书一卷称《心史》,万古此心心此理。千寻幽井置铁函,百拜丹心今未死。厄运应知无百年,得逢圣祖再开天。黄河已清人不待,沈沈

---

[1]郭佐唐、旭文:《爱国名臣张国维》,内部资料,1995年版,第125页。
[2]钱肃乐:《钱肃乐集》,浙江古籍出版社2014年版,第149页。

水府留光彩。忽见奇书出世间，又惊牧骑满江山。天知世道将反覆，故
出此书示臣鹄。三十余年再见之，同心同调复同时。陆公已向厓门死，
信国捐躯赴燕市。昔日吟诗吊古人，幽篁落木愁山鬼。呜呼！蒲黄之辈
何其多，所南见此当如何！[1]

　　康熙十七年(1678)，顾炎武在富平朱家得以再读《心史》，有感于南明覆亡"一
如德祐末年之事"，作《井中心史歌》，亦即借郑思肖的酒杯浇自己心中之块垒，长
歌当哭，以释愤懑。前半篇写郑思肖《心史》的历劫往事，后半篇写三百年后自己
读《心史》的感叹唏嘘。虽然世道反复，但是人心不死，天理不灭，《心史》就是为臣
为人的典则规范（"臣鹄"）。诗人强调"同心同调复同时"，既慨乎历史之重演，又
突出前贤的志节。举其荦荦大端，丞相陆秀夫负帝昺死于厓山，信国公文天祥慷
慨就义于燕市。在明亡之后，即有张国维死于东阳，钱肃乐卒于琅琦山，归庄亦穷
饿以殁。昔日吊古人者，而今也已作古，幽篁落木与山鬼为邻。故旧零落，思之更
觉怃然。以上历史事件都用明暗复线交叠贯穿，交融一体，兴会淋漓。悲剧氛围
虽浓，豪气壮志不减，且有诗情流注其间。最后以"呜呼"感喟作结，明写南宋史
迹，暗寓亡明时事。"蒲黄"指宋末变节事敌且为虎作伥的蒲寿庚与黄万石。"所南"
句一则照应《心史》作者，二则表明自己义愤心迹，虽蒲黄之辈滔滔皆是，但节义之
士自知去从。"当如何"不作问句解，而是拍案而起的愤语，大义凛然，读之起舞。

　　顾氏所云归庄和钱肃乐诗即《读郑所南心史已成七十韵，后钱希声明府以十
律见示，复次韵得十章》[2]。其《读心史七十韵》题注为："宋末隐士郑所南著。崇
祯戊寅冬，苏州承天寺浚井得之，今张中丞梓以行世。"[3]

　　张国维建立郑所南祠堂，将《心史》原稿及铁函珍藏祠中，使这一部爱国史诗
得以不朽，鼓舞了不少爱国志士。辛亥革命前夕，《心史》还被倡导革命者大量翻
印发行。

---

[1]顾炎武：《亭林诗文集》，《顾炎武全集》第21册，上海古籍出版社2011年版，第484—485页。
[2]归庄：《归庄集》，中华书局1962年版，第12页。
[3]归庄：《归庄集》，中华书局1962年版，第2页。

第十章

张国维思母奉母组诗欣赏

《吴宁托塘张氏宗谱》载,张国维母亲,即张希武夫人:"华溪虞氏,端庄静一,淑慎慈祥,绰有孟母风,累赠一品太夫人。生于嘉靖甲子(1564)十月十一日申时,卒于顺治戊子(1648)三月初七午时。"[1]

万历四十年(1612)正月初七,张国维兄长张国缙去世。万历四十六年(1618)七月三十日,父亲去世,张国维时年二十四岁。自此后,张国维母子相依为命,母亲操劳持家,勉励张国维励志苦学,是慈母,又似严父,母子感情极深。顺治三年(1646)六月二十六日丑时,张国维具衣冠,从容赋绝命诗三章,赴园池死。太夫人得知后,说:"今而后,始无愧吾儿。"[2]张国维虽死犹荣,母亲一直以他为骄傲。

张国维留下思母组诗三组,奉母组诗一组,每组八首,计四组三十二首。每组用韵相同,反复次己韵。通过欣赏这些诗歌,我们可以稍窥张国维的家国情怀、忠孝观念,以及母慈子孝,骨肉深情,于不知不觉间,心灵会受到震撼,进而获得生动的亲情教育、爱国主义教育。

一、《免归思母八首》

崇祯十六年(1643)四月,张国维上《请军前图效疏》。此时清兵已侵入京师管辖的地区,张国维檄赵光抃螺山拒敌,八总兵之师全部溃败。言官毁谤张国维,张国维被免职归里。张国维作《免归思母八首》:

> 游子言归戴主恩,庭萱遥想露华繁。
> 八旬将届称觞日,十载初招陟屺魂。
> 屈指承颜思缩地,先朝寄鲤祝加飧。
> 慈闱忆我还殊甚,飞梦时时见倚门。[3]

免归正可奉母,估计今年能够亲自为母亲祝寿了,可以了却游子十年漂泊在

[1]《吴宁托塘张氏宗谱》卷12,2005年重修,第294页。
[2]张国维:《张忠敏公遗集》,《东阳丛书》第14册,浙江古籍出版社2015年版,第165页。
[3]张国维:《张忠敏公遗集》,《东阳丛书》第14册,浙江古籍出版社2015年版,第81页。

外的思念。回家心切,恨不得有缩地之术,马上来到母亲面前。换位思考,张国维
清楚,其实母亲思念他更深切,他常常梦见母亲倚门望归。

"陟岵",是指久役在外的人想念父母,出自《诗经·魏风·陟岵》:"陟彼岵兮,瞻
望母兮。"[1]"缩地",传说中化远为近的神仙之术。晋葛洪《神仙传·壶公》曰:"(费
长)房有神术,能缩地脉,千里存在目前,宛然放之,复舒如旧也。"[2]此后便称两地
相距遥远不能迅速会晤为缩地无术。以"倚门"或"倚闾"表示父母望子归来之心
殷切。《战国策·齐策六》记载:"王孙贾年十五,事闵王。王出走,失王之处。其母
曰:'女朝出而晚来,则吾倚门而望;女暮出而不还,则吾倚闾而望。'"[3]

> 欲献高堂一物希,空囊惟办老莱衣。
> 思鲈归隐严陶鲊,解组还初惕孟机。
> 养是恒言今始逮,耕为子职永相依。
> 悬知饥渴关亲甚,念易鸡豚待聿归。[4]

张国维觉得多年在外为官,未能克尽孝道,心中惭愧,现在免职了,正好可以
回家母子相依了。想着要送给母亲一件礼物,囊中羞涩,只能置办一件老莱衣了。
两袖清风,洁身自好,绝不会送陶鲊而连累母亲,卸任后仍须勤学不辍。

"老莱衣",老莱子穿的五彩衣。相传春秋时楚国隐士老莱子,七十岁时还身
穿五彩衣,模仿小儿的动作和哭声,以使父母欢心,后用以表示孝顺父母。《艺文类
聚》之《人部四·孝》引《列女传》:"老莱子孝养二亲,行年七十,婴儿自娱,着五色采
衣。尝取浆上堂,跌仆,因卧地为小儿啼,或弄乌鸟于亲侧。"[5]后用老莱衣为孝养
父母之词。"思鲈",出自《世说新语·识鉴》:"张季鹰(张翰)辟齐王东曹掾,在洛,见
秋风起,因思吴中菰菜羹、鲈鱼脍,曰:'人生贵得适意尔,何能羁宦数千里以要名
爵?'遂命驾便归。"[6]后以"思鲈莼"比喻思乡归隐。"陶鲊",泛指奉养父母的美食。

---

[1]程俊英、蒋见元:《诗经注析》,中华书局1991年版,第297页。

[2]葛洪撰,胡守为校释:《神仙传校释》,中华书局2010年版,第317页。

[3]刘向:《战国策》,《影印文渊阁四库全书》史部第406册,台北"商务印书馆"1986年版,第
324页。

[4]张国维:《张忠敏公遗集》,《东阳丛书》第14册,浙江古籍出版社2015年版,第81页。

[5]欧阳询:《艺文类聚》,上海古籍出版社1982年版,第369页。

[6]徐震堮:《世说新语校笺》,中华书局1984年版,第217页。

《世说新语·贤媛》："陶公(侃)少时作鱼梁吏,尝以坩鲊饷母。母封鲊付使,反书责侃曰:'汝为吏,以官物见饷,非唯不益,乃增吾忧也。'"[1]断织督学,典出《列女传·母仪传》:"孟子之少也,既学而归。孟母方绩,问曰:'学何所至矣?'孟子曰:'自若也。'孟母以刀断其织。孟子惧而问其故。孟母曰:'子之废学,若吾断斯织也。夫君子学以立名,问则广知,是以居则安宁,动则远害。今而废之,是不免于斯役,而无以离于祸患也。何以异于织绩而食,中道废而不为,宁能衣其夫子而长不乏粮食哉?女则废其所食,男则堕于修德,不为窃盗,则为虏役矣。'孟子惧,旦夕勤学不息,师事子思,遂成天下之名儒。君子谓孟母知为人母之道矣。"[2]

> 昔年扶侍恋居诸,岭海燕吴色笑舒。
> 游纪东征曾作赋,情牵北望久悬舆。
> 颇嫌孝养资征檄,不信瞻依忍绝裾。
> 母子余生将互倚,终焉岂独爱吾庐。[3]

过去在任所,如条件许可,张国维必将母亲接过去侍奉,其乐融融,光阴可爱。"岭海",指两广地区。其地北倚五岭,南临南海,故名,这里偏指广东。张国维任番禺知县期间,天启五年(1625)二月,张国维迎虞太夫人至番禺任上。天启七年(1627)十月,太夫人自番禺回东阳。"燕吴",指北京、吴中,张国维离开番禺任京官,继巡抚吴中,崇祯八年(1635)正月,迎虞太夫人至姑苏任上。崇祯十年(1637),虞太夫人返东阳。其实,母亲不在身边时,张国维何尝不是魂牵梦萦呢?说起来,如此辛苦,其中有部分原因是赚取孝养之资罢了,至于温峤的绝裾而去,估计他是学不来的。想想余生,他终将与母亲相依为命,回到自己熟悉的故庐,岂不是因祸得福?!

"悬舆",指致仕之年,通常指七十岁。《诗经·邶风·日月》曰:"日居月诸,照临下土。"[4]"居""诸"本是语助词,后借指光阴。"瞻依",瞻仰依恃,表示对尊长的敬

[1]徐震堮:《世说新语校笺》,中华书局1984年版,第375页。
[2]刘向:《列女传》,《影印文渊阁四库全书》史部第448册,台北"商务印书馆"1986年版,第15页。
[3]张国维:《张忠敏公遗集》,《东阳丛书》第14册,浙江古籍出版社2015年版,第81页。
[4]程俊英、蒋见元:《诗经注析》,中华书局1991年版,第72页。

意,语出《诗经·小雅·小弁》:"靡瞻匪父,靡依匪母。"[1]"绝裾",出自《世说新语·尤悔》:"温公(峤)初受刘司空使劝进,母崔氏固驻之,峤绝裾而去。"[2]"爱吾庐",出自陶渊明《读山海经十三首》其一:"孟夏草木长,绕屋树扶疏。众鸟欣有托,吾亦爱吾庐。"[3]

> 不因予假蹈栖迟,特诏迎亲天宠滋。
> 自古貤恩膺紫诰,几曾召养赍纶丝。
> 仆夫未驾光先被,子姓分荣乘永垂。
> 介寿承欢歌帝德,能令菽水胜琼饴。[4]

即使被免归,张国维心中对皇帝毫无怨恨,有的只有感激、感恩,认为自己及家人所得已多,有机会膝下尽孝,他是求之不得的,并对未来充满了期待。

"貤恩",指朝廷对外戚和命官的亲属尊长移授封爵名号的恩典。"介寿"为祝寿之词,出自《诗经·豳风·七月》:"为此春酒,以介眉寿。"[5]

> 力竭胼胝复治戎,呼亲无计托征鸿。
> 我生分向离愁尽,子舍翻疑隔世通。
> 灯下低徊开喜烬,堂前洒扫绕薰风。
> 鬓霜揽镜还成惧,恐动哀怜减泄融。[6]

殚精竭虑,戎马倥偬,自己甚至没办法与母亲经常通信,保持联系。想及马上就要母子团聚,恍如隔世,疑其非真,设想见面后的喜庆氛围,不觉心动。可看着镜子里霜鬓的自己,且喜且惧,害怕引起母亲的哀怜甚而减轻了相聚的欢乐。这样矛盾复杂的心理活动,着实让人动容。

---

[1]程俊英、蒋见元:《诗经注析》,中华书局1991年版,第602页。
[2]徐震堮:《世说新语校笺》,中华书局1984年版,第482页。
[3]逯钦立校注:《陶渊明集》,中华书局1979年版,第133页。
[4]张国维:《张忠敏公遗集》,《东阳丛书》第14册,浙江古籍出版社2015年版,第81页。
[5]程俊英、蒋见元:《诗经注析》,中华书局1991年版,第413页。
[6]张国维:《张忠敏公遗集》,《东阳丛书》第14册,浙江古籍出版社2015年版,第81页。

"融",和乐的样子;"泄",笑语杂沓的样子;"泄融",形容大家在一起融洽愉快。出自《左传·隐公元年》:"公入而赋:'大隧之中,其乐也融融。'姜出而赋:'大隧之外,其乐也泄泄。'"[1]

> 教忠母训似严君,夷险谆谆励立勋。
> 敢效闲居夸晏乐,差将无死答恩勤。
> 闻归疑信思难定,溯别悲欣转莫分。
> 一夕凝思浑若岁,频年何以度忧薰。[2]

慈母一如严君,自小就谆谆教诲张国维要精忠报国。张国维回想之前行事,似乎没有辜负母亲的教诲。免归的消息传来,他还半信半疑;临别之时,却又悲欣交集。简直是度日如年,不记得这么多年是如何度过的了。

> 昨秋朝暮望归人,今日南鸿傍逐臣。
> 愤切时艰遑偃仰,情干天听释邅迍。
> 清温迟暮犹无子,生死维持赖有亲。
> 何事依云空伫立,双眸已入画溪春。[3]

张国维不计个人进退,只密切关注时艰,虽遭放逐,却心有不甘。不过换个角度想,恰好可以回家尽孝,以了却对母亲深深的思念,是因祸得福了。他甚至归心似箭,迫不及待地要欣赏家乡画溪的春景了。

> 三祝端因教孝宽,一邱冀以报刘欢。
> 北山于役仍堪隐,斓彩兼冠不用弹。
> 仰托春晖华尚白,俯全方寸质犹丹。
> 君亲大德咸无极,向日循陔意不阑。[4]

---

[1]杨伯峻编著:《春秋左传注》,中华书局1990年版,第15页。
[2]张国维:《张忠敏公遗集》,《东阳丛书》第14册,浙江古籍出版社2015年版,第81页。
[3]张国维:《张忠敏公遗集》,《东阳丛书》第14册,浙江古籍出版社2015年版,第82页。
[4]张国维:《张忠敏公遗集》,《东阳丛书》第14册,浙江古籍出版社2015年版,第82页。

即使一天之内多次被革职,张国维也能泰然自若,这也许是移孝作忠的效用吧。今后但愿固守一丘一壑,尽心奉养老母。虽然担忧北方的战争,但兵权被革,他也是有心无力了,估计起复无望。头发斑白,却有老母疼爱,所幸自己的一片赤胆忠心至死不改。

"三褫",是指兵权在一天之内三次被剥夺,语出《周易·讼》:"或锡之鞶带,终朝三褫之。"[1]"报刘欢",以李密《陈情表》中祖母刘氏代指张国维母亲。"弹冠",出自《汉书·王贡两龚鲍传》:"吉与贡禹为友,世称'王阳在位,贡公弹冠',言其取舍同也。"[2]意谓王吉若在官位,则贡禹亦将弹去冠上之尘准备出仕。后以"弹冠"为出仕的典故。"循陔",指奉养父母,语出束皙《补亡诗·南陔》:"循彼南陔,言采其兰。眷恋庭闱,心不遑安。"李善注:"循陔以采香草者,将以供养其父母,喻人求珍异以归。"[3]后称奉养父母为"循陔"。

二、《在狱思母八首依前韵》

崇祯帝追究张国维兵败事,于崇祯十六年(1643)八月,逮捕张国维入京,至崇祯十七年(1644)二月出狱。在狱中,张国维作有《在狱思母八首依前韵》:

> 露雷迭用总衔恩,负国违亲罪实繁。
> 徒羡深林乌乌意,堪怜三宿子规魂。
> 权词告出啼为笑,对食兴悲泪和飧。
> 梅信须传归指日,依言子影在圉门。[4]

朝廷宽严相济,张国维总是感念皇恩,觉得是自己有负国家,犯了罪就要承担责任。如今身陷囹圄,只能空自羡慕林中的乌鸦反哺,闻见杜鹃啼血,也是感同身

[1]李学勤主编:《十三经注疏:周易正义》,北京大学出版社1999年版,第50页。
[2]班固:《汉书》,中华书局1962年版,第3066页。
[3]萧统编,李善注:《文选》,上海古籍出版社1986年版,第905页。
[4]张国维:《张忠敏公遗集》,《东阳丛书》第14册,浙江古籍出版社2015年版,第82页。

受。他变着法子宽慰母亲,母亲破涕为笑,自己却悲从中来、和泪就餐。梅花传信,母亲指望他早日出狱;而他茕茕孑立,徘徊在监狱门口,情难自已。此诗描写自己在狱中凄苦难堪的生活,渴望出狱奉母。

> 逾八高龄古更希,赭衣泪渍似斑衣。
> 臂呼心动悲离膝,目极情移恐下机。
> 重巽曾容亲是觐,阳光定照命相依。
> 寄声色养糟糠妇,莫向尊亲怅不归。[1]

从第一句推测,作诗时间当为崇祯十七年(1644),张国维母亲八十一岁。老母亲以泪洗面,日日盼着儿子能够平安出狱。"重巽",借指帝王的诏命。皇帝准许亲属探监。张国维对未来抱有信心,认为自己一定能够出去与母亲团聚,现在只有拜托妻子代他尽孝母亲膝前了。

"糟糠妇",典出《后汉书·宋弘传》:"时帝姊湖阳公主新寡,帝与共论朝臣,微观其意。主曰:'宋公威容德器,群臣莫及。'帝曰:'方且图之。'后弘被引见,帝令主坐屏风后,因谓弘曰:'谚言贵易交,富易妻,人情乎?'弘曰:'臣闻贫贱之知不可忘,糟糠之妻不下堂。'帝顾谓主曰:'事不谐矣。'"[2]

> 时当严沍入囚诸,职旷冬温惨不舒。
> 雷电合章刑有属,棘薪匪令德无舆。
> 五更柝击孤臣梦,两岘霜寒寿母裾。
> 安得微躯生羽翮,有怀三徙是吾庐。[3]

记得当初于天寒地冻之时入狱,心头的凄惨不知如何宽解。朝廷法律严明,自己犯了错,就该受罚。虽低贱如棘薪,但在母亲言传身教下,自信品德无亏。五更的柝声惊破寒梦,张国维孤枕难眠,不禁又想起了母亲,多希望身生双翼,返回久违的故乡啊。

---

[1]张国维:《张忠敏公遗集》,《东阳丛书》第14册,浙江古籍出版社2015年版,第82页。
[2]范晔:《后汉书》,中华书局1965年版,第904—905页。
[3]张国维:《张忠敏公遗集》,《东阳丛书》第14册,浙江古籍出版社2015年版,第82页。

以雷比刑罚,以电比人之明察,比喻朝廷严明的法律,语见《周易·噬嗑》:"《象》曰:'雷电','噬嗑',先王以明罚敕法。"孔颖达疏:"雷电欲取明罚敕法,可畏之义,故连云'雷电'也。"[1]"棘薪",可以为薪的棘木,语见《诗经·邶风·凯风》:"凯风自南,吹彼棘薪。"[2]"三徙",即孟母三迁,事见刘向《列女传·母仪·邹孟轲母传》:"邹孟轲之母也,号孟母,其舍近墓。孟子之少也,嬉游为墓间之事,踊跃筑埋。孟母曰:'此非吾所以居处子也。'乃去舍市傍。其嬉戏为贾人衒卖之事。孟母又曰:'此非吾所以居处子也。'复徙舍学宫之旁。其嬉游乃设俎豆揖让进退。孟母曰:'真可以居吾子矣。'遂居。及孟子长,学六艺,卒成大儒之名。君子谓孟母善以渐化。"[3]

> 帝城春动日迟迟,暗室沈阴别泗滋。
> 望眼各天昏似雾,白头两地乱如丝。
> 兵归独子刑还异,孝感遗羹事有垂。
> 惟愿慈颜怡献岁,备尝荼苦悉如饴。[4]

北京的春天来了,自己却身处阴森森的牢狱,止不住涕泗横流。望见外面天空昏沉似雾,想想与老母分隔两地,白发乱如丝,犹难遣怀。唯有内心祈愿母亲长命百岁。

"遗羹",郑庄公因共叔段之事,与母不和。一次庄公赐食颍考叔,考叔故意说舍不得吃肉。庄公问其原因,对曰:"小人有母,皆尝小人之食矣,未尝君之羹,请以遗之。"[5]庄公为之感动,遂与母和好。事见《左传·隐公元年》。后以"遗羹"为赞颂孝道之典。

> 省愆切诚易谈戎,怨慕嗷嗷北塞鸿。
> 括母思深叨弗坐,徐生心乱系难通。

---

[1]李学勤主编:《十三经注疏:周易正义》,北京大学出版社1999年版,第102页。
[2]程俊英、蒋见元:《诗经注析》,中华书局1991年版,第82页。
[3]刘向:《列女传》,《影印文渊阁四库全书》史部第448册,台北"商务印书馆"1986年版,第15页。
[4]张国维:《张忠敏公遗集》,《东阳丛书》第14册,浙江古籍出版社2015年版,第82页。
[5]杨伯峻编著:《春秋左传注》,中华书局1990年版,第15页。

瞻云依梓晼南服,寄帛传音阻北风。

孝治首关明主意,宁令一物外春融。[1]

此次因兵败吃罪,张国维提醒自己今后不再谈兵,这当然是一时激愤之言。"括母",赵括母亲,这里代指张国维母亲。"徐生",西汉鲁人,从高唐生受《士礼》,善为颂。文帝时,任礼官大夫。这里是张国维自指。张国维赞颂母亲具有远见卓识,自己此时心烦意乱,难以厘清思绪。想象自己站上云端,遥望家乡,发觉家乡的衣服已经好久没有穿过了。母亲寄来寒衣,传达殷殷关切,阻遏北风侵袭。张国维对未来比较乐观,相信皇帝迟早会体察他的孝心,体谅他的劳苦,春天万物复苏,皇帝不会忘记他的。

公元前260年,秦军攻赵,赵王中了秦的反间计,用赵括代廉颇为将去与秦军作战。赵括的母亲上书赵王,指出赵括虚骄鄙吝、缺乏实际的治军才能,"不可使将",但赵王不听。结果,赵军在长平为秦将白起所败,赵括阵亡,赵军覆没。事见《列女传·赵将括母》:"赵将马服君赵奢之妻,赵括之母也。秦攻赵,孝成王使括代廉颇为将。将行,括母上书言于王曰:'括不可使将。'王曰:'何以?'曰:'始妾事其父,父时为将,身所奉饭者以十数,所友者以百数。大王及宗室所赐币者,尽以与军吏士大夫。受命之日,不问家事。今括一旦为将,东向而朝军吏,吏无敢仰视之者。王所赐金帛,归尽藏之;乃日视便利田宅可买者。王以为若其父乎?父子不同,执心各异。愿勿遣。'王曰:'母置之,吾计已决矣。'括母曰:'王终遣之,即有不称,妾得无随坐?'王曰:'不也。'括既行,代廉颇。三十余日,赵兵果败,括死军覆。王以括母先言,故卒不加诛。君子谓括母为仁智。"[2]

家陲每蕲报明君,宁数波臣尺寸勋。

自取触藩隳顾复,空烦和胆助辛勤。

写忧携杖谁为御,抱郁增疴孰与分。

怅望无聊成假寐,魂归失路倍忧薰。[3]

---

[1]张国维:《张忠敏公遗集》,《东阳丛书》第14册,浙江古籍出版社2015年版,第82—83页。

[2]刘向:《列女传》,《影印文渊阁四库全书》史部第448册,台北"商务印书馆"1986年版,第34—35页。

[3]张国维:《张忠敏公遗集》,《东阳丛书》第14册,浙江古籍出版社2015年版,第83页。

张国维始终抱有忠君爱国之念,虽建寸勋,无法抵罪,反省之下,实在是咎由自取,害得老母亲为他担惊受怕。之前在任上所做的一切努力,不值一提。忧郁于怀,携杖徘徊,又增新病,有谁分担?狱中生活愁苦,百无聊赖,失魂落魄,郁郁寡欢。

"触藩",比喻碰壁,进退两难,语出《周易·大壮》:"九三:小人用壮,君子用罔,贞厉。羝羊触藩,羸其角。"[1]"上六:羝羊触藩,不能退,不能遂。无攸利,艰则吉。"[2]"顾复",指父母之养育,语见《诗经·小雅·蓼莪》:"父兮生我,母兮鞠我。拊我畜我,长我育我,顾我复我,出入腹我。"[3]

> 相看各念北堂人,对泣非关为累臣。
> 触绪如抽还哽咽,含情难语益逦迤。
> 踽身废养皆人子,上寿尸饔独我亲。
> 自顾区区诚莫赎,窃将垂白乞余春。[4]

张国维与狱中难友一起交流,思念各自母亲。人子常情,张国维为甚。

> 义当灰骨答君宽,身愧完名拂母欢。
> 初度先成垂老别,南音岂作等闲弹。
> 恋阘恍惚寻残梦,继血潺湲出寸丹。
> 但得生还重聚首,风光不为暂离阑。[5]

在狱中,盘旋在张国维心中最多最深的还是"忠孝"二字,决心尽忠,又恐惹得母亲不高兴,所谓忠孝自古难两全。"初度"即生日,张国维母亲十月过生日,他没能在身边庆贺。设想如果这次侥幸得以生还,自己一定会膝前尽孝,全心侍奉老母。

---

[1]李学勤主编:《十三经注疏:周易正义》,北京大学出版社1999年版,第149页。
[2]李学勤主编:《十三经注疏:周易正义》,北京大学出版社1999年版,第151页。
[3]程俊英、蒋见元:《诗经注析》,中华书局1991年版,第627页。
[4]张国维:《张忠敏公遗集》,《东阳丛书》第14册,浙江古籍出版社2015年版,第83页。
[5]张国维:《张忠敏公遗集》,《东阳丛书》第14册,浙江古籍出版社2015年版,第83页。

张国维《白云洞遂初精舍学则·循分》云:"人生惟忠孝二字,不可须臾离。鞠躬尽瘁为忠,赤心随分亦为忠;立身扬名为孝,菽水承欢亦为孝。完得忠孝,斯谓不负吾君,不负吾亲,不负吾所学。"[1]综观张国维一生行事,当真做到了"忠孝"二字未曾"须臾离"。

三、《释用思母八首再依前韵》

崇祯十七年(1644)正月,苏民诣阙乞贷。二月初八,张国维出狱,复故官,督理浙、直军饷,上《生财七事疏》。初十,出都。三月十九日凌晨,崇祯帝在北京煤山自缢,大明灭亡。而此时张国维刚刚抵达苏州。张国维作有《释用思母八首再依前韵》:

> 枯林忽荷再生恩,拊畜身存积思繁。
> 近恋枫宸摅苾恫,遥依萱树释惊魂。
> 樊笼乍脱期还哺,禄养重欢戒素飧。
> 三月乡愁烽火遍,万金归信到衡门。[2]

前三联皆忠孝并言,感谢皇帝开恩,释放他出狱,让他有机会回报母亲的养育之恩。重生之欣喜,不言而喻。尾联大有杜甫《春望》"烽火连三月,家书抵万金"[3]之况味。

"拊"通"抚","畜"通"慉",表喜爱,语出《诗经·小雅·蓼莪》:"拊我畜我,长我育我。"[4]"枫宸",指宫殿。"宸",北辰所居,指帝王的殿庭。汉代宫廷多植枫树,故有此称。何晏《景福殿赋》云:"芸若充庭,槐枫被宸。"[5]"衡门",横木为门,指简陋

---

[1]张国维:《张忠敏公遗集》,《东阳丛书》第14册,浙江古籍出版社2015年版,第79页。
[2]张国维:《张忠敏公遗集》,《东阳丛书》第14册,浙江古籍出版社2015年版,第83页。
[3]杜甫撰、仇兆鳌注:《杜诗详注》,中华书局2015年版,第272页。
[4]程俊英、蒋见元:《诗经注析》,中华书局1991年版,第627页。
[5]萧统编、李善注:《文选》,上海古籍出版社1986年版,第526页。

的屋舍,语出《诗经·陈风·衡门》:"衡门之下,可以栖迟。"[1]也指隐士的居处。

> 寻常画锦舞斑希,返及春华好试衣。
> 寿母晨昏仍慰望,塞翁得失尽忘机。
> 小人久缺三牲养,君子今歌四牡依。
> 节制喜连桑梓地,不因远志弃当归。[2]

　　想一想就激动人心,不久就可以长住故庐,换上南衣,尚可观赏余下的春光。每天早晚向母亲问安,忘却一切得失成败。许久未能膝前尽孝,不料马上就可以得偿所愿了。尾句巧妙嵌入远志、当归两种中草药名,借其义,归结到"忠孝两全"上。

　　"塞翁",原为《淮南子》中的人物,"故福之为祸,祸之为福,化不可及,深不可测也"[3]。衍生为成语"塞翁失马,焉知非福",现在形容忘身物外,乐天知命,不以得失为怀的人。"忘机",道家语,意为消除机巧之心,即忘却功利机巧,备纯白之心,用以指淡泊清净,忘却世俗烦庸,与世无争,语出《列子·黄帝篇》:"海上之人有好沤鸟者,每旦之海上,从沤鸟游,沤鸟之至者百住而不止。其父曰:'吾闻沤鸟皆从汝游,汝取来,吾玩之。'明日之海上,沤鸟舞而不下也。故曰,至言去言,至为无为。齐智之所知,则浅矣。"[4]"三牲养",出自《孝经·纪孝行》:"虽日用三牲之养,犹为不孝也。"邢昺疏:"三牲,牛、羊、豕也。"[5]《诗经·小雅·四牡》:"驾彼四骆,载骤骎骎。岂不怀归?是用作歌,将母来谂。"[6]

> 马老知途未舍诸,鸡初离镬翰音舒。
> 还乡遍喻相如檄,隆养高旋季子舆。
> 驿路花明迎采帔,庭闱风暖动长裾。

[1]程俊英、蒋见元:《诗经注析》,中华书局1991年版,第368页。
[2]张国维:《张忠敏公遗集》,《东阳丛书》第14册,浙江古籍出版社2015年版,第83页。
[3]何宁:《淮南子集释》,中华书局1998年版,第1258页。
[4]杨伯峻:《列子集释》,中华书局1979年版,第67—68页。
[5]李学勤主编:《十三经注疏·孝经注疏》,北京大学出版社1999年版,第39—40页。
[6]程俊英、蒋见元:《诗经注析》,中华书局1991年版,第443页。

驰驱便道申归省,敢效怀安恋敝庐。[1]

张国维此次回家乡,正似老马识途一般。经此变故,如同鸡刚刚脱离鼎镬,无异于死里逃生。他想象回乡应像当年苏秦衣锦荣归一样,遍告四乡,大家夹道相迎,母亲也早早做着迎接的准备。但他不便招摇,只想抄近路赶紧回家,宁愿学重耳流亡途中那样留恋妻室,余生尽孝,再也不要离开。

"翰音",语出《周易·中孚》:"翰音登于天,贞凶《象》曰:'翰音登于天',何可长也。"[2]鸡鸣振动翅膀,引颈高唱,称为翰音。"相如檄",典出《史记·司马相如列传》:"相如为郎数岁,会唐蒙使略通夜郎西僰中,发巴蜀吏卒千人,郡又多为发转漕万余人,用兴法诛其渠帅,巴蜀民大惊恐。上闻之,乃使相如责唐蒙,因喻告巴蜀民以非上意。檄曰……"[3]司马相如在担任郎官期间,曾为了告知巴蜀百姓,唐蒙所为并非皇帝的本意,写了《喻巴蜀檄》。后用"相如檄"指晓谕军民的文告。季子,即苏秦。《史记·苏秦列传》记载,衣锦荣归,合纵成功后,苏秦自楚北上,向赵王复命,途经洛阳。车马行李、各诸侯送行的使者颇多,气派比得上帝王。周显王听到这个消息感到害怕,便为他清扫道路,并派人到郊外犒劳。苏秦的家人也匍匐在地,不敢仰视。苏秦感慨万千,说:"此一人之身,富贵则亲戚畏惧之,贫贱则轻易之,况众人乎! 且使我有雒阳负郭田二顷,吾岂能佩六国相印乎!"[4]于是散发千金,赏赐给亲戚和朋友。"绂",系印玺的丝带。"怀安",谓留恋妻室,贪图安逸,语出《左传·僖公二十三年》:"(晋公子重耳)及齐,齐桓公妻之,有马二十乘。公子安之。从者以为不可。将行,谋于桑下。蚕妾在其上,以告姜氏。姜氏杀之,而谓公子曰:'子有四方之志,其闻之者,吾杀之矣。'公子曰:'无之。'姜曰:'行也! 怀与安,实败名。'"[5]

每闻噬指怅音迟,秣马晨征浥露滋。

企望高堂华若锦,宠衔王命贲如丝。

[1]张国维:《张忠敏公遗集》,《东阳丛书》第14册,浙江古籍出版社2015年版,第83页。
[2]李学勤主编:《十三经注疏·周易正义》,北京大学出版社1999年版,第244—245页。
[3]司马迁:《史记》,中华书局1959年版,第3044页。
[4]司马迁:《史记》,中华书局1959年版,第2262页。
[5]杨伯峻编著:《春秋左传注》,中华书局1990年版,第406页。

帘前爱日鞴时卷,袖里青风橐自垂。

无限天伦离合意,开颜加膳更含饴。[1]

噬指音迟,归心似箭,张国维于早上跃马踏上归途。祝愿母亲一切安好,今后即可共享天伦之乐了,母亲一定会绽开笑颜,连饭量都大增了呢。

"噬指",指母子相眷念。《后汉书·周磐传》云:"磐同郡蔡顺,字君仲,亦以至孝称。顺少孤,养母。尝出求薪,有客卒至,母望顺不还,乃噬其指,顺即心动,弃薪驰归,跪问其故。母曰:'有急客来,吾噬指以悟汝耳。'"[2]"爱日",即冬日,亦常比喻恩德。《左传·文公七年》云:"狄侵我西鄙,公使告于晋。赵宣子使因贾季问酆舒,且让之。酆舒问于贾季曰:'赵衰、赵盾孰贤?'对曰:'赵衰,冬日之日也;赵盾,夏日之日也。'杜预注:'冬日可爱,夏日可畏。'"[3]

任兼吴越重元戎,力报劬劳视骏鸿。

行者心因居者喜,大儿音企小儿通。

归帆已映沧江月,亲梦犹萦朔北风。

浩荡天波惊望外,人言贤母福昭融。[4]

官复原职,感恩戴德,张国维意欲戴罪立功,以尽忠孝。想一想就要见到日思夜想的母亲,张国维不禁心下狂喜,两个儿子也声气相通,盼望着他回家。张国维已然踏上回家的路,亲人们却仍在担忧他的牢狱之灾。惊喜出狱,他宁愿相信这是托母亲的福气所致。

"劬劳",是指父母生养我们子女非常辛劳,出自《诗经·小雅·蓼莪》:"蓼蓼者莪,匪莪伊蒿。哀哀父母,生我劬劳。"[5]"昭融",谓光大发扬,语出《诗经·大雅·既醉》:"昭明有融,高朗令终。"[6]

[1]张国维:《张忠敏公遗集》,《东阳丛书》第14册,浙江古籍出版社2015年版,第84页。
[2]范晔:《后汉书》,中华书局1965年版,第1312页。
[3]杨伯峻编著:《春秋左传注》,中华书局1990年版,第561—562页。
[4]张国维:《张忠敏公遗集》,《东阳丛书》第14册,浙江古籍出版社2015年版,第84页。
[5]程俊英、蒋见元:《诗经注析》,中华书局1991年版,第626页。
[6]程俊英、蒋见元:《诗经注析》,中华书局1991年版,第813页。

不须来谂动仁君,睿鉴原情念细勋。

万死是甘咸倏霁,半生乖养慕空勤。

入春已作两年别,抵里才为八月分。

所奉云軿莅吴会,昔游风景蔼如薰。[1]

　　这次能够侥幸出狱,得益于皇帝念在他过去治河有功的分上。雷霆一怒,他万死不辞,只是大半生在外为官,不能及时尽孝,辜负了母亲。崇祯十六年(1643)八月,张国维于家中被带走,来年入春,母子分离满打满算也就八个月的光景,却是跨年了,算作是两年。"云軿",指神仙所乘之车,以云为之,故云軿。回忆自己曾迎接母亲至苏州任上,曾同赏春景。

昨年觐省致归人,何似今朝蹇蹇臣。

子舍将旋神竦跃,简书难胜意邅迍。

莅官夙夜虞亏孝,积虑渊冰凛辱亲。

乘暇称觞沾赐沥,婆娑颜渥数杯春。[2]

　　同样是回乡,情况截然不同,去年是免归,这次是出狱复官,心情当然也是不同。忠孝不能两全的念头又回来折磨他了,张国维固然要以国事为重,兢兢业业,如临深渊履薄冰,唯有抽空为母亲上寿了。

　　"蹇蹇",艰难的样子,语出《周易·蹇》:"王臣蹇蹇,匪躬之故。"[3]"渊冰",语出《诗经·小雅·小旻》:"战战兢兢,如临深渊,如履薄冰。"[4]后以"渊冰"喻危险境地。

风尘北望思难宽,靡盬宁耽啜饮欢。

慈诲原为修业励,南薰堪作解忧弹。

奉公协望胜馨膳,怡志蠲疴过内丹。

[1]张国维:《张忠敏公遗集》,《东阳丛书》第14册,浙江古籍出版社2015年版,第84页。

[2]张国维:《张忠敏公遗集》,《东阳丛书》第14册,浙江古籍出版社2015年版,第84页。

[3]李学勤主编:《十三经注疏·周易正义》,北京大学出版社1999年版,第166页。

[4]程俊英、蒋见元:《诗经注析》,中华书局1991年版,第593页。

寿宇宏开逢道泰,百年佳气绕门阑。[1]

王命在身,就要担负起责任。母亲从小就教诲张国维要建功立业,为国为民,因而在忠孝二者之间,他义无反顾地选择"忠"。有国才有家,国泰民方安,他知道母亲会理解他的,会支持他的。

"靡盬",指(公事)没有止息,出自《诗经·唐风·鸨羽》:"王事靡盬,不能蓺黍稷,父母何怙?"[2]《诗经·小雅·采薇》:"王事靡盬,不遑启处。"[3]"南薰",指《南风》歌,相传为虞舜所作,歌中有"南风之熏兮,可以解吾民之愠兮。南风之时兮,可以阜吾民之财兮"[4]。

四、《奉母八首仍依前韵》

张国维的《奉母八首仍依前韵》,似不作于一时一地。

> 慈帏荣被九天恩,炳焕泥封晋宠繁。
> 黄耇迎和谁奉膝,白云伫望几飞魂。
> 欲周钟阜宣行乐,拟禊秦淮助进飧。
> 遣迓频驰佳信至,轻轩就道掩蓬门。[5]

母以子贵,母子共沐皇恩。张国维每天想着哄母亲开心,比如爬遍钟山以消遣娱乐,又计划去秦淮河边修禊,等等。小车频繁出入,不亦乐乎。

"黄耇",指年老,语出《诗经·小雅·南山有台》:"乐只君子,遐不黄耇?"[6]

---

[1]张国维:《张忠敏公遗集》,《东阳丛书》第14册,浙江古籍出版社2015年版,第84页。
[2]程俊英、蒋见元:《诗经注析》,中华书局1991年版,第323页。
[3]程俊英、蒋见元:《诗经注析》,中华书局1991年版,第465页。
[4]李学勤主编:《十三经注疏·礼记正义》,北京大学出版社1999年版,第1099页。
[5]张国维:《张忠敏公遗集》,《东阳丛书》第14册,浙江古籍出版社2015年版,第84页。
[6]程俊英、蒋见元:《诗经注析》,中华书局1991年版,第485页。

龙章鹤发妇仪希，士女纷看一品衣。

隽母欢颜时问政，敬姜懿训每鸣机。

林移珍果家园似，阶列名花几席依。

更托丹青供赏玩，体安意适浑忘归。[1]

张国维母亲也算是借儿子光了，累赠一品太夫人。母亲鹤发童颜，容德规范，世所罕有，惹得士女们纷纷来观摩效仿。张国维母亲如隽不疑母亲一样，时常关心政事，还敬姜犹绩，时时提醒他不忘根本。山珍常有，名花在阶，更可赏玩字画，张国维母亲身安意适，有些乐不思蜀了。

《列女传·隽不疑母》："汉京兆尹隽不疑之母也，仁而善教。不疑为京兆尹，行县录囚徒，还，其母辄问：'所平反活几？何人？'即不疑言多所平反，母喜，笑饮食，言语异于他时；或无所出，母怒，为之不食。由是故不疑为吏，严而不残。君子谓不疑母能以仁教。"[2]"敬姜懿训"，《国语·鲁语下》载，春秋时文伯歜已为鲁相，其母敬姜犹纺绩不辍，歜问之，敬姜曰："今我寡也，尔又在下位，朝夕处事，犹恐忘先人之业，况有怠惰，其何以避辟！"[3]后遂以"敬姜犹绩"为富贵而不忘根本的典实。

洞房璇室似方诸，冬日凝温寝食舒。

襦拥华茸欣对雪，杖携灵寿代登舆。

老人南极明天汉，王母西池绚珮裾。

退食优游承色笑，娱亲何敢厌周庐。[4]

官舍居住条件很好，设施齐全，冬暖夏凉，仿若仙境，张国维公务结束回家，和颜悦色，奉母惟谨。

"色笑"，指和颜悦色的态度，语本《诗经·鲁颂·泮水》："载色载笑，匪怒伊教。"[5]"周庐"，指古代皇宫周围所设警卫庐舍。《史记·秦始皇本纪》："卫令曰：'周

[1]张国维：《张忠敏公遗集》，《东阳丛书》第14册，浙江古籍出版社2015年版，第84—85页。

[2]刘向：《列女传》，《影印文渊阁四库全书》史部第448册，台北"商务印书馆"1986年版，第76页。

[3]徐元诰撰，王树民、沈长云点校：《国语集解》，中华书局2002年版，第198页。

[4]张国维：《张忠敏公遗集》，《东阳丛书》第14册，浙江古籍出版社2015年版，第85页。

[5]程俊英、蒋见元：《诗经注析》，中华书局1991年版，第1005页。

庐设卒甚谨,安得贼敢入宫?'"裴骃《史记集解》引三国吴薛综曰:"士傅宫外,内为庐舍,昼则巡行非常,夜则警备不虞。"[1]

> 颐养高年旦起迟,庭前春色动华滋。
> 筵张南第迎梅萼,曝倚东轩拂柳丝。
> 干禄幸来青紫侍,扬名惭乏事功垂。
> 诸孙罗列将朋酒,共祝长生拟玉饴。[2]

春日迟迟,母亲颐养天年,早上起床有点晚了,庭院里的春色已有几分,颇有枝繁叶茂的模样了。酒席摆在南第,顺便可以观赏梅花;饭后去东轩晒晒太阳,顺便看看杨柳拂水。张国维意在求官,终于青紫加身,现今也是扬名在外,只是自己感到惭愧,未建立不世之事功。母亲有孙子们环绕敬酒,大家恭祝老人家长命百岁。

"干禄",求禄位,求仕进,典出《论语·为政》:"子张学干禄。"[3]"青紫",典出《汉书·夏侯胜传》:"胜每讲授,常谓诸生曰:'士病不明经术;经术苟明,其取青紫如俯拾地芥耳。学经不明,不如归耕。'"[4]本为古时公卿绶带之色,因借指高官显爵,亦指显贵之服。

以上几首似乎写于张国维巡抚吴中时期,即崇祯八年(1635)正月,迎虞太夫人至姑苏任上。崇祯十年(1637),虞太夫人返东阳。第一首出现了钟山、秦淮等南京地名。第二首之"林移珍果家园似,阶列名花几席依。更托丹青供赏玩,体安意适浑忘归"等数语,显而易见,张国维母亲并不在东阳老家。第三首"退食""周庐",亦可见张国维公务在身,居住在官舍。创作第四首时,张国维为应天巡抚,阶正四品,应属"青紫"无疑。

> 陈情暂许释临戎,扶侍登身逐渚鸿。
> 耋齿虞驰车马悴,故山喜报涨流通。

---

[1]司马迁:《史记》,中华书局1959年版,第274—275页。

[2]张国维:《张忠敏公遗集》,《东阳丛书》第14册,浙江古籍出版社2015年版,第85页。

[3]杨伯峻译注:《论语译注》,中华书局1980年版,第19页。

[4]班固:《汉书》,中华书局1962年版,第3159页。

江鱼跃入资供馔，角枕凉生藉御风。

缅想东征犹昨日，出当秋晏返春融。[1]

张国维向皇帝陈情，准假归省，走水路，日夜兼程，心情兴奋而愉悦。江鱼跃入船舱，正好做下酒菜，春寒料峭，东风正可助他扬帆。回想东征仿佛就在昨天，离开家乡时是秋天，这次回来正赶上是春天。

崇祯十五年（1642）九月，兵部尚书的张国维上《陈情疏》：

为微臣积瘁成疴，积思成剧，恳乞圣明垂慈允放，以遂首邱，以申子职事。伏念臣至愚极陋，兼以禀气素羸，七年抚吴，精血耗竭，两疏乞骸，未蒙俞允。谬简治河，叨恩陛见，亲承天语叮咛，宠赐优渥，仰戴隆遇，誓捐七尺，以图称塞。履任之初，值异常大祲，赤地数千里，远近徨徨。臣搜泉兴浚，单骑驰驱，手口拮据，靡事不为。是年运务乃竣，届冬盗贼蜂起，所在焚劫，人致相食，编户十死其八，沿河村落俱空，州县闭城婴守。臣日日于豺虎穴中问水问船，此身之几死者屡矣。且直省遍地伤灾，兵饷、河银征解不前。无食而兵不可去，无银而工不可废，无夫而运不可停，方圆交画，独拍势穷。臣一面训兵以接运，一面蓄水以待船，冲塞暑，废寝飧，须发无一茎黑者。去冬催船往夏镇，染疬一危症，勺水不入口者半月，因运务方棘，不敢上陈。未几，李逆变起，力疾督剿，仓皇收捷。臣并躬亲挑浚诸事，隆冬罔辍。两年新正，未尝在署。春间会剿徐峄诸贼，运道毕通，仍竭力于催空督起放湖，获浚旧漕，接踵新运。赖皇上之灵，轴舻迅度，诸湖满收之水，涓滴未泄，可待来年。屈指臣受事以来，三载告竣，而狗马疾困，遂不能支。九月，正乘部檄南催白粮，忽然昏晕，不省人事，扶掖归署，延医周瀛选胗视，谓系积劳所致，非急急谢事静调，必无生理。臣于迷瞆中闻之，不禁泫然泗下。缘臣有至情隐痛未舒，疾病则呼天，有不得不披沥于皇上之前者：臣弱冠失怙，兄弟早夭，臣母甘贫操作，勉臣于学，今克为皇上效犬马，臣母成之也。向曾迎养于苏，后仍以多病，两期而返。迨臣叨量移，奉陛见之旨，不敢过里门而辄北。母每寄

书勖以"尽瘁报国,毋念老身"。臣虽奉以周旋,然而独子违养,中夜疚心,未尝不魂飞梦绕,肠断泪枯!今春臣母悯臣鞅掌,遣臣幼子趋视,而中途夭折,重增母戚。况母明年八十,臣事陛下之日长,报刘之日短矣。坐视百端交集,憔悴支离,实由于此。惟时当多故,臣不敢言劳;谊切致身,臣不敢言病;圣明宵旰,臣不敢以私情请。但积瘁已极,勉撑徒有殒身;方寸既乱,引重必致误国。方今众正汇征,才能济济,庸碌如臣,犹之溟渤一凫,焉能为有?伏乞皇上垂矜允放,速简才望代任。臣获以未死之身,归见母面,即遽填沟壑,亦当矢报来生。万一残喘尚存,异日仍可以肝脑答圣恩也。缘系陈情,字数逾格,伏惟圣明鉴宥施行。[1]

张国维素来羸弱,抚吴六年间,曾两上《请告疏》,皇帝均不准。张国维本是长期带病工作,由于始终无法得到将养,这无疑反过来更加重了他的病情。即使重病缠身,但张国维从来不敢懈怠,总是焚膏继晷,亲力亲为,鞠躬尽瘁。他母亲是理解他的,怕他在外面担心,反而常常写信慰勉他"尽瘁报国,毋念老身",好一位深明大义的老母亲。母亲本来是好心派遣张国维三子张世鹗去山东探视他,不料张世鹗于途中病逝,母子的伤痛可想而知。

根据诗意,皇帝准假了。张国维整治行装,踏上返家之路。

> 母子承恩矢报君,鹓班空点愧无勋。
>
> 恫私独获叨休沐,侍养时闻教慎勤。
>
> 白粲尝芬携倍足,春醪御旨彻还分。
>
> 潘舆自觉王畿出,遍识江南草木薰。[2]

母子感戴皇恩,誓死报国,张国维自谦寸功未立而忝列朝班。皇帝准许请假休养,他还是精心做了一定的准备,比如白米加倍备足,御赐的春酒分给亲朋。想想又可以经常听到母亲大人的教诲了,他迫不及待地离开京城,日夜兼程,奔往东

---

[1]张国维:《张忠敏公遗集》,《四库未收书辑刊》第6辑第29册,北京出版社1997年版,第664—665页。

[2]张国维:《张忠敏公遗集》,《东阳丛书》第14册,浙江古籍出版社2015年版,第85页。

阳,赏不尽的一路江南春色。

"鹓班",指朝官的行列。"休沐",指休息洗沐,犹休假。"潘舆",出自潘岳《闲居赋》:"太夫人乃御版舆,升轻轩,远览王畿,近周家园。体以行和,药以劳宣。常膳载加,旧痾有痊。"[1]后用"潘舆"为养亲之典。

> 舟度金阊拥万人,共扬有母晶为臣。
> 导舆幕府欢堪忆,回首并州恋似迆。
> 每悯尘容仍顾我,相看素发忍违亲。
> 越山一路皆娱目,偕隐情偏指富春。[2]

张国维经过苏州,回忆起在苏州任上奉母的情景,欢乐宛在,母子都将苏州视为第二故乡。居家有暇,再过绍兴,一路风光怡人,想起母子二人曾乘舟经过,都觉得富春江一带确是隐居的理想之地。

"金阊",指苏州金门、阊门两城门,代指苏州。贾岛《渡桑干》云:"客舍并州已十霜,归心日夜忆咸阳。无端更渡桑干水,却望并州是故乡。"[3]

> 荏冉还家子念宽,闲居万事总承欢。
> 欲拚曦驭池重浴,肯任春光指一弹。
> 园蔌供甘林笋紫,庭花迎笑海榴丹。
> 朝朝问寝华堂启,宝鸭祥烟出画阑。[4]

一路颠簸,张国维终于到家了。闲居日常,其乐融融。每天向母亲请安问寝,他很是享受这种平安静好的日子。大好春光,值得好好珍惜。园中蔬菜自种自吃,庭院花朵,出入笑迎。毕竟,张国维在外为官,尤其抚吴期间,戎马倥偬,殚精竭虑,无暇陪伴母亲,故而这对于张国维也许是一种极好的补偿吧。

张国维的这些诗作典雅醇厚、赤诚坦率,用典多而活且巧,非为文造情者,又

---

[1]萧统编,李善注:《文选》,上海古籍出版社1986年版,第705—706页。
[2]张国维:《张忠敏公遗集》,《东阳丛书》第14册,浙江古籍出版社2015年版,第85页。
[3]贾岛著,李嘉言新校:《长江集新校》,上海古籍出版社1983年版,第113页。
[4]张国维:《张忠敏公遗集》,《东阳丛书》第14册,浙江古籍出版社2015年版,第85页。

非无关宏旨者,其中表现了一个正直而上进的官吏所具有和达到的职业素养、人格境界。在忠孝之间,他从来都是以忠为先、为重,在条件许可的情况下,他能够兼顾"孝",力争忠孝两全。在政治上遇到波折、打击后,他很少患得患失,而是心怀感恩,将更多心力投入到尽孝之中。于他,这反倒是一种难得的平衡甚或自赎。

第十一章

《吴中水利全书》研究

张国维撰《吴中水利全书》二十八卷,计七十多万字,是我国古代篇幅最大的水利学巨著,也是研究苏、松、常、镇四郡的至关重要的水利文献,具有极大的史料价值。

一、释名

(一)吴中

张国维于《凡例》中言:"又披往牒,止叙苏、松、常、镇四郡,径称三吴,称江南。夫建业、绥安、姑孰、宛陵、新安并在江南,吴兴、临安乃西吴,仅附见水源,遽以统呼,于义未称,今酌名吴中为当。"[1]这里的吴中,指长江下游南岸,从镇江起到上海的长江出海口,再包括丹阳、金坛、宜兴一线往东的太湖流域。笼统地说,它包括太湖流域的七府,即苏、松、常、镇、杭、嘉、湖七府的地域。不过实际上本书所涵盖的范围,为张国维巡抚江南时的主要辖区,即苏、松、常、镇四府。这一地区水利的蓄泄、洪汛的防范、旱涝的治理,攸关这一地区人民生命财产、土地耕稼的安危。事实上,太湖平原从唐代以来,已成为我国农业经济最发达、最富庶的地区之一,因此太湖地区的农业经济收入也就保障并决定着朝廷赋税的丰啬。"天下之赋,半在江南,而天下之水,半归吴会。"[2]"今天下大计,莫重于财赋,而苏、松等府地方财赋所入,乃略当天下三分之一。"[3]张国维《进呈水利全书疏》曰:"三吴民力,半以佐国家之需。"[4]《吴中水利全书序》言:"尝翻历代史,核农田贡赋,于唐、宋以还,即偏重吴中。"[5]从中我们也可以看出治理太湖的重要性和必要性。

苏、松重赋由来已久,而且是以当时的"两浙"或"江南"为大背景的。如丘濬所云:"韩愈谓'赋出天下而江南居十九'。以今观之,浙东西又居江南十九,而苏、

---

[1]张国维:《吴中水利全书》,《东阳丛书》第13册,浙江古籍出版社2015年版,卷首第10页。
[2]谷应泰:《明史纪事本末》,中华书局1977年版,第387页。
[3]吕光洵:《兴修水利疏》,张国维:《吴中水利全书》,《东阳丛书》第13册,浙江古籍出版社2015年版,第599—600页。
[4]张国维:《张忠敏公遗集》,《四库未收书辑刊》第6辑第29册,北京出版社1997年版,第661页。
[5]张国维:《吴中水利全书》,《东阳丛书》第13册,浙江古籍出版社2015年版,卷首第1页。

松、常、嘉、湖五郡又居两浙十九也。"[1]可见,从唐代后期开始,随着全国经济重心的南移,以苏、松、常、嘉、湖五郡为中心的江南地区就已经成为国家财政的重要来源。

(二)全书

张国维于《凡例》中言:"东南水利曰'集'、曰'录'、曰'书'、曰'考',种种繁夥,然言持一家,议主一时,惠偏一郡、一邑,或师古而悖今,或详今而略古。兹纂自三代以还,凡关水利典故文章,纤悉毕收,以备参核,故曰'全书'。"[2]《吴中水利全书》不限于一家、一时、一地,通古今之变,成七十余万言,确为我国古代篇幅最大的水利学巨著。相较于宋朝单锷撰《吴中水利书》一卷,明朝归有光撰《三吴水利录》四卷,明朝童时明撰《三吴水利便览》等,确乎可称之为"全书"了。

二、编著人员及经过

张国维于崇祯七年(1634)四月至姑苏抵任,到九年(1636)腊月已经写好了书序,详细地述及编书的初衷与经过,他说:"自万历戊申后,十常八灾,蚩蚩之氓,膏血已殚。国维闻之未信,顷奉简书,来莅兹土,则闾右凋残,腊歌绝响,追捕之案山积,有司停俸镌级,补过不遑……国维更悚然愧汗,于驰驱戎马之际,得暇晷,篝灯披故牍上下千百世之典实,汇辑《水利全书》。"[3]"乡绅蔡懋德参懋德,向尝伏阙上言水利,深切究心,实与国维共诠次焉。而参稽勤力,则属之嘉定令万任、苏庠生王焕如。"[4]我们从他的书序中知道,勤力同心参与此书编纂工作的还有乡绅蔡懋德、庠生王焕如和嘉定县令万任。蔡懋德序云:"公珥笔纂辑,德读《礼》荒邱,谬谓粗知水学,辱缄商订,诚不敢自讳其愚,然不贤识小,奚裨公万一。剖劂既竣,计楮叶盈二千二百有奇,皆公正手提衡,而顾问时及。万侯则治境滨吴淞之壅口,三冬

[1]丘濬:《大学衍义补》,《影印文渊阁四库全书》子部第712册,台北"商务印书馆"1986年版,第336页。
[2]张国维:《吴中水利全书》,《东阳丛书》第13册,浙江古籍出版社2015年版,卷首第10页。
[3]张国维:《吴中水利全书》,《东阳丛书》第13册,浙江古籍出版社2015年版,卷首第1页。
[4]张国维:《吴中水利全书》,《东阳丛书》第13册,浙江古籍出版社2015年版,卷首第3页。

农隙,嘉无漕糈,靰掌稍闲,得与野老较量晴雨,参核水政。"[1]蔡懋德崇祯元年(1628)上《请浚吴淞白茆等江港疏》中云:"乃今水利之不兴已数十年,吴淞江入海故道化为平陆矣。白茆、七浦、盐铁等泄水大川仅存一线矣。"[2]万任后序云:"先授枣梨,属任参订。"他自谦道:"若汇次较雠,则蔡参知经纶凤抱,王文学淹博共推,辱公延礼,殚厥心力。而公又手自裁定,夫何待于任?"[3]但张国维本人在百忙之中仍付出了巨大的劳动,他于书序中说:"若夫水性之顺逆,所谓因势利导之故,国维则溯寻原委而分疏之,并绘图幅,毕肖其纵横纡直。此于巡汛观兵,组练舻艎之日,躬为指勘,按察形区,附系复说。"[4]又于《进呈水利全书疏》中说:"臣尝单舸巡汛,探溯河渠,各绘水图,括以说略,昉诸郊原郛郭,毕以湖浦江海,首尾喉腹,若纵若横,若纡若直,若远若近,摹肖形区,全吴诸水之故道,曾烦列圣之睿画者,恍在目前矣。"[5]张国维逐一实地踏勘,事必躬亲,真可谓是备极辛劳,不遗余力了。张国维于《召对纪事》中记录他对崇祯帝所言:"臣于河道,向尝考究大略,今沿途咨访,亦得其概。但地形之夸险,天时之盈涸,工力之难易,非亲历其地,不能遥拟。向来积弊,尤在奸胥蠹委,扣克钱粮,滥派夫役,工食给不及时;印河官又不躬亲稽督,或将钱粮挪用,各衙门复有种种陋规,以致亏工病役。"[6]《进呈水利全书疏》云:"臣愚不揣,簿书稍隙,遍稽典故,奉绎二祖列宗诏敕暨皇上纶綍,字字典谟,谨遵奉编辑,以昭示万世。他如臣僚奏章,官司案牍,凡纪述疏浚圣政者,悉汇采成书,共计三十卷。内附志记、论说等类,总以证修治之便宜,资费之靡约,鉴察往事,确有成则,臣不敢妄参意见于其间也。"[7]《吴中水利全书序》云:"于驰驱戎马之际,得暑暇,篝灯批故牍上下千百世之典实。"[8]工作余暇,张国维做了大量文献编辑工作,实践加理论,可谓完备了。

[1]张国维:《吴中水利全书》,《东阳丛书》第13册,浙江古籍出版社2015年版,卷首第5—6页。
[2]蔡懋德:《请浚吴淞白茆等江港疏》,张国维:《吴中水利全书》,《东阳丛书》第13册,浙江古籍出版社2015年版,第664页。
[3]张国维:《吴中水利全书》,《东阳丛书》第14册,浙江古籍出版社2015年版,第1351页。
[4]张国维:《吴中水利全书》,《东阳丛书》第13册,浙江古籍出版社2015年版,卷首第2—3页。
[5]张国维:《张忠敏公遗集》,《四库未收书辑刊》第6辑第29册,北京出版社1997年版,第661页。
[6]张国维:《张忠敏公遗集》,《四库未收书辑刊》第6辑第29册,北京出版社1997年版,第662页。
[7]张国维:《张忠敏公遗集》,《四库未收书辑刊》第6辑第29册,北京出版社1997年版,第661页。
[8]张国维:《吴中水利全书》,《东阳丛书》第13册,浙江古籍出版社2015年版,卷首第1页。

三、成书时间

关于本书成书的年份,有不同的说法。清朝冯桂芬于《重建张忠敏公祠记》中说:"公书成于崇祯丙子。"[1]丙子即崇祯九年(1636)。《剑桥中国明代史》亦标注为1636年,且评曰:"这是一部全面论述江苏南部河道的治理与灌溉的专著,根据的是作者本人的经验和有据可查的文献,包括地图和文献材料。"[2]《康熙金华府志·张国维传》则云:"十一年,筑镇江漕渠,皆报竣,乃辑《吴中水利全书》。"[3]说他在苏南多年修筑水利工程之后,纂辑是书。《康熙新修东阳县志·张国维传》曰:"十一年,筑镇江漕渠,由丹徒、丹阳逶逦百里,皆报竣。余小疏凿不与焉。越明年,乃辑《吴中水利全书》。"[4]该书比《金华府志》说得更详细、明确一点。类似的说法还有张世鹏《明特进光禄大夫上柱国太子太傅赐尚方剑行边兵部尚书兼东阁大学士元考玉笥公行述》:"十一年,之镇江府漕渠,由丹徒则自江口坝起至京口闸,丁卯港起至华家庄,剥厘起至夹冈心,由丹阳则自草头舍起至东关,坍山起至西城湾,黄泥坦起至七里庙,二邑连境,逶逦百里,皆计日报竣,其余小疏凿不与焉。越明年,政成,乃手辑《吴中水利全书》三十卷进呈,上嘉之,为留览焉。"[5]之所以出现以上不同说法,也是事出有因的,因为编辑刻印出书是一项浩繁的工程,需要一段相当长的时间。张国维在《吴中水利全书》序言的末尾,交待了三位参稽勤力的同道后,文末署名"崇祯九年腊月,题于苏署待旦堂"。但是,从他抵任苏州,至此不过两年半多一点时间。从他写的序言看,对于《吴中水利全书》的安排、构想都已非常清楚,而且各项具体工作都进展顺利。认为此书成于崇祯九年(1636)者,主要

[1]冯桂芬:《重建张忠敏公祠记》,《显志堂稿》,《清代诗文集汇编》第632册,上海古籍出版社2010年版,第500页。

[2]牟复礼、崔瑞德编,张书生等译:《剑桥中国明代史》,中国社会科学出版社1992年版,第827页。

[3]张荩修,沈麟趾等纂:《康熙金华府志》,《中国地方志集成:浙江府县志辑49》,上海书店1993年版,第247页。

[4]赵衍主编:《康熙新修东阳县志》,西泠印社出版社2018年版,第356页。

[5]张国维:《张忠敏公遗集》,《四库未收书辑刊》第6辑第29册,北京出版社1997年版,第627—628页。

根据他的这篇序言。然而崇祯十年（1637）之后，他对吴中的水利兴筑还在继续，又完成了不少工程。我们检视《吴中水利全书》卷十四《章疏》末，其中收有崇祯十年（1637）李模《请浚吴淞白茆并复设水部臣疏》，疏末称："抚臣张国维察见民情孔亟，采辑成书，将摹画缮写恭进睿览。臣不敢赘，伏乞敕下该部，逐一详议，覆请裁决施行。"[1]可见《吴中水利全书》的摹画缮写尚在进行之中。《吴中水利全书》卷十《水治》末尾，还记有崇祯十一年（1638）浚太仓湖川塘的事实，这可以证明完成此书至早应在崇祯十一年（1638）。在崇祯十二年（1639）仲秋，张国维为梓刻徐光启的《农政全书》作序时说："余前刻有《水利全书》，所谓急则治标，因病立剂者；今又得徐少保农政全帙，所谓缓则治本，悬方救病者也。"[2]这就说明《吴中水利全书》的刻成在崇祯十二年（1639）仲秋之前。我们再查检张国维在崇祯十二年（1639）五月所上的《进呈水利全书疏》，文中说"前岁书成，拟即进呈御览"[3]，很可能这里指的是抄本。因为种种其他原因，推迟了呈览的时间，到崇祯十二年（1639）五月，才"谨盥沐拜疏，先将全书恭进御前"[4]。从以上前前后后所述的种种情况推敲来看，这样一部大型水利专著，要敲定它在哪一年成书，有一定的难处。不过我们可以有把握地说，在崇祯十一（1638）、十二年（1639）之际，《吴中水利全书》已刻印成书，十二年（1639）五月进呈朝廷。这个结论似更合乎实际情况。

四、内容

陈继儒在《吴中水利全书序》中，将书中内容分为两个部分，即纪事部分和纪言部分，这样划分应该说是比较恰当的。纪事部分为卷一至卷十，其中：卷一、卷二为苏南四府（苏、松、常、镇）及各县的水利图与系说；卷三为水源（水系来源，兼及杭、嘉、湖、广德、宁国、应天诸水系）；卷四为水脉（自太湖入江达海之水系脉络）；卷五、卷六为水名（四府所属鉴湖荡漾之名册）；卷七为河形（指诸河宽广长短）；卷八为水年（自汉代以下历年水旱灾纪年）；卷九为水官（历来设治水专官纪

---

[1]张国维：《吴中水利全书》，《东阳丛书》第13册，浙江古籍出版社2015年版，第679页。

[2]徐光启撰，石声汉校注：《农政全书校注》，上海古籍出版社1979年版，第1804页。

[3]张国维：《张忠敏公遗集》，《四库未收书辑刊》第6辑第29册，北京出版社1997年版，第661页。

[4]张国维：《张忠敏公遗集》，《四库未收书辑刊》第6辑第29册，北京出版社1997年版，第661页。

年);卷十为水治(历代治水疏浚兴筑史实)。这十卷中,前七卷为横向的水系形态与名称,后三卷为纵向的历史纪事。纪言部分,指历代以来关于吴中水利的文字资料,从朝廷的诏命敕书,到大臣的奏状章疏,以及各种文字资料,乃至策对、祀文、诗歌等。

卷一、卷二为水利图,计五十三幅:东南水利总图、苏州府全境水利图、苏州府城内水道总图、苏州府城内东北隅长洲县分治水道图、苏州府城内东南隅长洲县分治水道图、苏州府城内西北隅吴县分治水道图、苏州府城内西南隅吴县分治水道图、长洲县全境水利图、吴县全境水利图、吴江县全境水利图、吴江县城内水道图、常熟县全境水利图、常熟县城内水道图、昆山县全境水利图、昆山县城内水道图、嘉定县全境水利图、嘉定县城内水道图、太仓州全境水利图、太仓州城内水道图、松江府全境水利图、松江府城内水道图、华亭县全境水利图、上海县全境水利图、上海县城内水道图、青浦县全境水利图、青浦县城内水道图、常州府全境水利图、常州府城内水道图、武进县全境水利图、无锡县全境水利图、无锡县城内水道图、江阴县全境水利图、江阴县城内水道图、宜兴县全境水利图、宜兴县城内水道图、镇江府全境水利图、镇江府城内水道图、丹徒县全境水利图、丹阳县全境水利图、丹阳县城内水道图、金坛县全境水利图、金坛县城内水道图、太湖全图、吴江县境沿湖水口图、吴县境沿湖水口图、无锡县境沿湖水口图、武进县境沿湖水口图、宜兴县境沿湖水口图、吴淞江全图、娄江全图、白茆港全图、沿海纳潮泄水港浦图、沿江纳潮泄水港浦图。"盖具区东下之水,邑为首冲,利在宣,而病在遏。故昔人有撤桥迅流之议,此固未可轻谈,唯垂虹左右菤芦壅淤,渐成平陆,芟除凿浚,恐不待知者而后察也。虽然,吴淞江实为下流,下流不治,即尽决长桥,洪涨滔滔疾趋,徒令长洲、昆山、青浦并罹波涛之虑,吴江亦未必益,反均受其害矣。试取吴淞江全图与此图互参证焉,乃可毕是说。"[1]张国维于《凡例》中言:"吴为泽国,左江右海,震泽汇于中,翕受宣泄,有建瓴之势。其远近纵横,高庳纡直,非画图莫辨,此古人所以重图经也。乃历来诸刻皆忽之,即单子(单锷)一书,垂之千祀,而画竟不传,尚论者恨之。止吕沃洲(吕光洵)以后,始绘图幅,然讹缪相仍,笔法苟简,全失方舆位置,转令观者眩惑,有乖《周礼·职方》之制。今详按形区,濡毫点染,分疏密于

---

[1]张国维:《吴中水利全书》,《东阳丛书》第13册,浙江古籍出版社2015年版,第17页。

丝发之间,具有意义。水利关要,瞭如指掌。"[1]《吴中水利全书》中共有水图五十三幅,都是张国维在实地考察的基础上绘制而成的。"臣尝单舸巡汛,探溯河渠,各绘水图,括以说略,昉诸郊原郛郭,毕以湖浦江海,首尾喉腹,若纵若横,若纡若直,若远若近,摹肖形区,全吴诸水之故道,曾烦列圣之睿画者,恍在目前矣。"[2]他对此很是自信和自豪,如《苏州府城内水道图说》云:"翻阅郡邑各志,摹勒成图,水道大半挂漏舛错。盖城广地宽,方幅诚难布置,而笔法粗疏,则非楮狭之故矣。今先绘总图,以全城区画两邑辖界,次析四隅为四图,曲肖各河远近,表识桥梁疏密,即久壅淤旧迹,按图可稽,则斯图之点拨位置,不綦难乎?曰欲理苏城血脉,何敢自惜苦心。"[3]《长洲县全境水利图说》云:"长洲、吴两邑,从无舆图,皆缘辖境互错,莫肯庸心有之。自兹始参核疆界,以辨水道,有志经国者,其可忽诸。"[4]

卷三水源,包括天目山发源、杭州府来源、湖州府来源、常州府水源、宁国府来源、应天府来源、镇江府水源、嘉兴府来源。"水源详究其高下来脉,与经绕分合,自远而近之形势,故叙次及外郡。"[5]《凡例》中又云:"吴水自宣、歙、临安大坏等处发源,由雪、苕、故鄣、荆溪而下,并潴具区。槜李一郡,洪涛直注南境。又濒江沿海所翕受则以潮汐为吐纳,陂塘川泽,累累若贯珠。故先叙水源,次叙水脉,其间分合疾徐,流衍归宿,皆有一定之理,自然之势,开峡纵览,方知疏治无容或废。"[6]

卷四水脉,包括苏、松、常、镇四府。"吴水自湖达海入江,周环四郡,遍地通驶,形如脉络,故叙水脉。脉随西东南北,一顺厥性,使治水者亦如察脉,斯得其理矣。"[7]

卷五水名,"苏郡七属,水名备列兹卷。盖苏水最繁,不独所辖州邑之多也。堰、栅、坝、闸附"[8]。苏郡七属即长洲县、吴县、吴江县、常熟县、昆山县、嘉定县、太仓州。

---

[1]张国维:《吴中水利全书》,《东阳丛书》第13册,浙江古籍出版社2015年版,卷首第10页。

[2]张国维:《张忠敏公遗集》,《四库未收书辑刊》第6辑第29册,北京出版社1997年版,第661页。

[3]张国维:《吴中水利全书》,《东阳丛书》第13册,浙江古籍出版社2015年版,第11页。

[4]张国维:《吴中水利全书》,《东阳丛书》第13册,浙江古籍出版社2015年版,第13页。

[5]张国维:《吴中水利全书》,《东阳丛书》第13册,浙江古籍出版社2015年版,第127页。

[6]张国维:《吴中水利全书》,《东阳丛书》第13册,浙江古籍出版社2015年版,卷首第10—11页。

[7]张国维:《吴中水利全书》,《东阳丛书》第13册,浙江古籍出版社2015年版,第144页。

[8]张国维:《吴中水利全书》,《东阳丛书》第13册,浙江古籍出版社2015年版,第183页。

卷六水名,"松、常、镇三郡水名,合载兹卷。松境稽天皆水,常次之,镇又次之,堰闸陂塘一切罗入"[1]。松江府包括华亭县、上海县、青浦县,常州府包括武进县、无锡县、江阴县、宜兴县,镇江府包括丹徒县、丹阳县、金坛县。

卷七河形,"河形自昔宽广,兹列隆、万间官核丈尺,以后修浚仿此。吴淞、白茆等大港见志说,兹不载"[2]。苏州府包括府学四环河、吴县治前河、长洲吴二县合治城外运河、长洲县城外各乡河、吴县城外各乡河、吴江县城内河、吴江县城外各乡河、常熟县城内河、常熟县城外各乡河、昆山县城内河、昆山县城外各乡河、嘉定县城乡各河、太仓州城内河、太仓州城外各乡河。松江府包括府城内河、华亭县城外各乡河、上海县城内河、上海县城外各乡河、青浦县城内河、青浦县城外各乡河。常州府包括府城内河、武进县城外各乡河、无锡县城内河、无锡县城外各乡河、江阴县城内河、江阴县城外各乡河、宜兴县城乡各河。镇江府包括府城各河、丹徒县城外各乡河、丹阳县城内河、丹阳县城外各乡河、金坛县城内河、金坛县城外各乡河。

卷八水年,"水灾流行自昔不免,唯吴田洼下,岁罹水患滋多,自汉而下,殆不胜书。并纪旱年,盖滨海沿江及山乡畏旱,仰藉夫水,亦关水利云"[3]。

卷九水官,"治水仰藉专官,历代建置因革不常,皆以慎厥职也。至昭代尤重是役,官必奏绩,历历可稽矣"[4]。

卷十水治,"治水自夏禹而后,代见成绩,而宋、元为盛,昭代尤以贡赋半出东南,三百年疏导勤密,故利赏班班可考"[5]。

卷十一至卷二十八纪言部分各类文体统计情况如表11-1所示。

表11-1　卷十一至卷二十八纪言部分各类文体

文体	南朝梁	唐	南唐	宋	元	明	小计
诏命	0	0	0	0	0	15	15
敕谕	0	0	0	0	0	13	13

---

[1]张国维:《吴中水利全书》,《东阳丛书》第13册,浙江古籍出版社2015年版,第254页。
[2]张国维:《吴中水利全书》,《东阳丛书》第13册,浙江古籍出版社2015年版,第314页。
[3]张国维:《吴中水利全书》,《东阳丛书》第13册,浙江古籍出版社2015年版,第417页。
[4]张国维:《吴中水利全书》,《东阳丛书》第13册,浙江古籍出版社2015年版,第429页。
[5]张国维:《吴中水利全书》,《东阳丛书》第13册,浙江古籍出版社2015年版,第437页。

文体	南朝梁	唐	南唐	宋	元	明	小计
奏状	1	1	1	29	9	0	41
章疏	0	0	0	0	0	46	46
公移	0	0	0	2	7	41	50
书	0	0	0	3	0	18	21
志	0	0	0	11	14	28	53
考	0	0	0	2	0	14	16
说	0	0	0	2	2	31	35
论	0	0	0	0	2	22	24
议	0	0	0	1	3	43	47
序	0	1	0	0	1	16	18
记	0	1	0	19	6	56	82
策对	0	0	0	1	0	3	4
祀文	0	0	0	1	0	5	6
诗歌	0	0	0	0	10	33	43
合计	1	3	1	71	54	384	514

据表11-1可知,总数五百一十四篇(首),其中明代三百八十四篇(首),占比七成多,宋代次之,占比一成有余,元代占比约一成,其他朝代只有五篇,即南朝梁一篇、唐代三篇、南唐一篇。由此观之,稍有"详今而略古"之嫌。

五、治水实践

综观有明一代,对江南地区的水利治理主要围绕太湖下游的排淤、圩田塘浦的治理,以及江浙海塘的修筑等几方面进行,并取得了相应的经济效益和社会效果，即"古人所云开江、治浦、围田，三者缺一不可"[1]。张国维在这几个方面都有所建树。

张国维于《进呈水利全书疏》中言："亟延揽诹咨，知吴为泽国，历代讲求水利，故成沃壤。高皇帝定鼎金陵，即允苏民俞守仁开修水利之请。文皇帝特命专官，大浚吴淞、白茆。宣朝又允先臣周忱之请，称土均粮，凡丘塍灌注湖流者，其土润，依重科；畎浍进退潮汐者，其土燥，减轻则。成、宏、正、嘉以后，列圣循故事遣官浚凿，靡有十载弗举者。神宗皇帝先命台臣，继设道臣，遍浚江港。嗣后停遣，至今将周甲子。"[2]张国维指出，太湖流域至今将近有六十年未曾有专官大规模治理了。

（一）太湖下游的排淤工程

以太湖为中心的太湖流域是江南地区的中心地带，是我国经济发展的重要区域。太湖，古称震泽，又名具区，承纳发源于浙江天目山的苕溪（分东西苕溪）和发源于苏南茅山的荆溪的来水，现在通过太浦河、吴淞江、黄浦江、胥江、望虞河、梁溪河、京杭大运河等河道入江归海，具有独立的太湖水系。而古时太湖洪流出海，有所谓娄江、东江、吴淞江"三江"之称。历来治理太湖的标准是《禹贡》中提到的"三江既入，震泽底定"。由于太湖地区中间低洼周围稍高，似一个碟形洼地，水利的主要问题是处理太湖出水问题。明代的大型水利工程都是围绕这个中心问题进行的，其中比较重要的有永乐年间的夏原吉、正统年间的周忱、天顺年间的崔恭、弘治年间的徐贯、正德至嘉靖年间的李充嗣、隆庆时的海瑞、万历初的林应训等人的治水。

永乐元年（1403），工部尚书夏原吉奉命治理太湖水利，侍郎李文郁为副手。夏原吉至苏淞后，多次进行实地考察，主张治水先治吴淞江，他说："吴淞江旧袤二百五十余里，广一百五十余丈，西接太湖，东通大海，前代屡浚屡塞，不能经久。自吴江长桥至夏驾浦，约百二十余里，虽云通流，多有浅狭之处。自夏驾浦抵上海县

---

[1]张国维：《吴中水利全书》，《东阳丛书》第13册，浙江古籍出版社2015年版，卷首第3页。

[2]张国维：《进呈水利全书疏》，《张忠敏公遗集》，《四库未收书辑刊》第6辑第29册，北京出版社1997年版，第661页。

南跄浦口,可百三十余里,潮沙涨塞,已成平陆。"于是,他主张"浚吴淞南北两岸安亭等浦,引太湖诸水,入刘家、白茆二港,使直注江海","又松江大黄浦,乃通吴淞要道,今下流壅遏难流,傍有范家浜至南跄浦口,可径达海,宜浚令深阔,上接大黄浦,以达湖泖之水"[1]。"水道既通,乃相地势,各置石闸,以时启闭。每岁水涸时,预修圩岸,以防暴流,则水患可息。"[2]实际上是采用了元末周文英等人的意见进行施工的。《明史》本传云:"役十万余人。原吉布衣徒步,日夜经画,盛暑不张盖,曰:'民劳,吾何忍独适。'"[3]从永乐元年(1403)至二年(1404)完工,主要完成了四项工程。一是疏浚吴淞江的从吴江长桥至夏驾浦长一百二十余里。二是浚刘家港。开浚昆山县夏驾浦,掣吴淞江水北达刘家港。永乐二年(1404),挑浚顾浦、安亭、千墩等浦,南引吴淞江水,北由刘家港入海。这就是后人所说的"掣淞入浏"。三是开浚上海范家浜至南跄浦口。黄浦江原为吴淞江支流,明初黄浦江下游壅塞,夏原吉认为难于疏浚,而上海浦东旁有范家浜,大略是从今外白渡桥至复兴岛的河浦。夏原吉把这一段拓宽到三十余丈。于是,范家浜下游就上接黄浦江,直接导淀泖的水经黄浦江入海。黄浦江下游经此次改道由范家浜入海后,逐渐深广,形成今天宽阔的黄浦江,成了太湖下游最主要的出水河道,而原来主河道吴淞江反倒成为黄浦江的支流。四是疏浚了白茆河、福山塘和耿泾,导昆承湖、阳城湖水入长江,以分太湖水势。为了分阳城湖水入白茆,不使湖水独从七浦入海,夏原吉还在湖水与七浦交会处做斜堰工程,逼水分流注入白茆。

夏原吉治水恰处于明代鼎盛之际,拥有国帑完全的支持,而他治水放弃了吴淞江,专治南北两路,初时很有效果,但最终的后果却是吴淞之流被两翼取代后,吴淞江自夏驾浦加速淤塞。吴淞江淤塞引起了严重的水旱灾害,这一点不是单纯靠拓宽黄浦江所能消除的,而吴淞江沿途众多港浦灌溉的效益和它本身在航运方面的作用,也是黄浦江畅流所不能代替的,因此黄浦江在改道范家浜后三十余年,吴淞江已迫切需要重新整治。其后,周忱、崔恭、李充嗣、海瑞等人的治理工作都是围绕吴淞江的开浚进行的。

正统五年(1440)至正统十一年(1446),巡抚周忱主持太湖水利的治理。他治

[1]夏原吉:《浚治娄江白茆港疏》,张国维:《吴中水利全书》,《东阳丛书》第13册,浙江古籍出版社2015年版,第570页。
[2]张廷玉等:《明史》,中华书局1974年版,第2147页。
[3]张廷玉等:《明史》,中华书局1974年版,第4151页。

水的时间很长,工程遍布各地,但最重要的就是正统六年(1441)浚治吴淞江。周忱"常诣松江相视水利,见嘉定、上海间,沿江生茂草,多淤流,乃濬其上流,使昆山、顾浦诸所水,迅流驶下,壅遂尽涤。暇时以匹马往来江上,见者不知其为巡抚也"[1]。他亲自立表于江心,督民挑修,使水得以疏泄。周忱又详定了堤水岸式,修筑低圩岸塍。"正统中,周忱修筑溧阳二坝,皆用锷说。"[2]是说他采用了宋朝单锷《吴中水利书》中的主张。周忱采用决坝荡激的办法来处理潮沙沉积的问题富有成效,受到后人的赞扬。后来明内阁首辅申时行说:"余尝闻父老言,周文襄抚吴时,缮治津梁道途,以数十百计。所在廪庾皆满,间以抵无年之租,熙熙乎若成周之盛世。"[3]

天顺三年(1459),由于吴淞江下游水患严重,明廷派巡抚崔恭治水。崔恭认为,吴淞江道虽经疏浚,仍然容易淤积,不如从新地开挖简便。所开吴淞江起自大盈浦,东至吴淞江巡司,计两万二千丈。[4]天顺二年(1458),巡抚、左副都御史崔恭开吴淞江。[5]自此,吴淞江下游分成新旧两支。据《同治上海县志》,旧江也称作虹江。从嘉靖四十三年(1564)沈㟧《吴江水考》中的"吴淞江全图"可以看出,当时虹江已成为吴淞江的支流,而崔恭开的新江已成为正流。

弘治四年(1491)至弘治十年(1497),吴中连年大水。明廷委派工部侍郎徐贯和巡抚都御史何鉴共同治水,疏吴淞江和白茆河,这次治理以开浚白茆河的工程量为最大,"自帆归浦至分庄七十余里"[6]。但由于施工时间短,自弘治七年(1494)十一月十七日至弘治八年(1495)二月十五日止,工程质量不一,港口没有建闸,很快又淤塞如故。徐贯《奏报开浚吴淞江等处工完疏》有云:"于是督同委官人等,将苏州府吴江长桥一带菱芦之地,疏浚深阔,导引太湖之水,散入澂山、阳城、昆承等湖。又开吴淞江,并大石、赵屯等浦,泄澂山湖水,由吴淞江以达于海。开白茆浦并白鱼港、鲇鱼口等处,泄昆承湖以注于江。又开七浦、盐铁等塘,泄阳

[1]张廷玉等:《明史》,中华书局1974年版,第4215页。
[2]永瑢、纪昀等:《影印文渊阁四库全书总目:吴中水利全书》第2册,台北"商务印书馆"1983年版,第488页。
[3]申时行:《浒墅关修堤记》,张国维:《吴中水利全书》,《东阳丛书》第14册,浙江古籍出版社2015年版,第1308页。
[4]张萱:《西园闻见录》,《续修四库全书》子部第1170册,上海古籍出版社2002年版,第126页。
[5]顾炎武:《天下郡国利病书》,《顾炎武全集》第12册,上海古籍出版社2011年版,第429页。
[6]谷应泰:《明史纪事本末》,中华书局1977年版,第385页。

城湖水,以达于海。下流疏通,不复壅塞。开湖州之溇泾,泄天目诸山之水,自西南入于太湖。开常州之百渎,泄荆溪之水,自西北入于太湖。又开各斗门,以泄运河之水,由江阴以入江。上流疏通,不复湮滞。"[1]

正德十六年(1521)至嘉靖元年(1522),巡抚兼工部尚书李充嗣治水,工部郎中林文沛、水利郎中颜如环等协助。在正德年间,白茆河和吴淞江淤塞都很严重。李充嗣开凿从夏驾口到吴淞江旧江口的河段,又凿白茆河从常熟双庙到东仓的河段,同时施行其他一些工程,在嘉靖元年(1522)完工。王鏊《吴郡治水碑记》云:"初白茆自北达于江,河形结屈不可复通,乃改就东南挑平陆,直注诸海。自双庙至东仓通一万七千三百九十二丈,其深一丈五尺,阔三十三丈。白茆上流又开尚湖、昆承、阳城湖,各隰为塘、为洪、为港、为泾、为溇者,凡十有九。吴淞江上流颇通利,自夏驾浦至旧江口,不复容舟,因其旧形广之、深之,凡六千三百三十六丈,其深一丈二尺,阔十八丈。白茆港口海潮日至,沙泥易阏,则为石闸一。阳城湖水至斜堰,分流七浦塘,则可少杀白茆之流,又为堰一。淞势弱不能荡激,易瀸且阏,又为石闸一。……始事于正德十六年十月,嘉靖元年四月讫工。"[2]还可参见林文沛《分治白茆港等处水利工完呈》:"其双庙西至官庄汇河形浅窄,几如平陆;又起过苏、松、常等三府,太仓、镇海、苏州、金山等四卫,军民人夫三万七千二百八十八名,分委通判傅潮、指挥翁仁广等,督开过六千一百七十七丈。又官庄汇河西至常熟县东仓,河形虽在,亦已浅塞,仍起常熟县附近人夫,令备工食,官给犒赏,共二万二千九百八十二名,分委县丞赵经、周岐凤督开过七千六百五十八丈七尺。通计长一万七千三百九十二丈五尺,深始八尺,加至一丈五尺,阔始二十八丈,加至三十三丈,共用银二万九千九百三十五两一钱,米五万七千九百四十一石一斗,于正德十六年十月初十兴工,至嘉靖元年四月十四日工完。"[3]此次工程花费巨大,但是治理效果很好,"瀹故道,穿新渠,巨浦支流,罔不灌注"[4]《明史纪事本末》云:"开吴淞江四十余丈,十余年无水旱之忧。"[5]在开浚吴淞江时,他还吸取前人

[1]徐贯:《奏报开浚吴淞江等处工完疏》,张国维:《吴中水利全书》,《东阳丛书》第13册,浙江古籍出版社2015年版,第575页。
[2]王鏊:《吴郡治水碑记》,张国维:《吴中水利全书》,《东阳丛书》第14册,浙江古籍出版社2015年版,第1271页。
[3]张国维:《吴中水利全书》,《东阳丛书》第13册,浙江古籍出版社2015年版,第717—718页。
[4]张廷玉等:《明史》,中华书局1974年版,第2162页。
[5]谷应泰:《明史纪事本末》,中华书局1977年版,第385页。

经验,发明了一种叫"浚川爬"的治水工具,"用巨筏数百,曳木齿,随潮进退,击汰泥沙。置小艇百余,尾铁帚以导之。浚故道,穿新渠,巨浦支流,罔不灌注"[1]。"查得旧有铁扫帚置之船尾,装载如橹之状,待潮落时铁帚一齐摇动,刮扬沙泥,随潮入海。"[2]

隆庆三年(1569),江南又发水患,巡抚佥都御史海瑞主持江南治水工作。海瑞认为疏导吴淞江是排除江南水患的关键,亲至吴淞江水道查勘,认为吴淞江下游水道"潮泥日积,填淤本江,无所泄泻"[3],急需开浚,上报后批准开工。在松江同知黄成乐、上海县令张岗的协助下,于隆庆四年(1570)正月动工,不到两个月就"开浚王渡起至宋家港,其长一万一千五百七十一丈,阔三十余丈。今议减半,开河面一十五丈、底阔七丈五尺、深一丈五尺六寸"[4]。经过这次施工,吴淞江下游的河线确立。海瑞主持的这次治水时短效显,本来浚治吴淞江的费用即使在明代全盛时的夏原吉也惊叹"浩大",明代中期以后国库连年亏空,国库自然无力拨付庞大的专项资金,以供水利治理。面对这个难题,海瑞充分发挥了政治家的才干,仿照范仲淹守杭故事,除将每年的导河夫银、本衙门的赃罚银、各仓的储米都调集为用外,还上疏请求"量留苏、淞、常三府漕粮二十万石,准照前旨银数改折",要"凡应天等十一府州、县库贮,不拘各院道衙门项下无碍赃罚银两,听臣调用",以及苏松常杭嘉湖六府"库藏银亦如应天等府一例,容臣移会浙江抚臣取用"[5]。工程所需劳力,采取"分理兴工,于中兼行赈济"[6]的方法。经过合理调配,以工代赈,达到了治河与赈济的完美结合。在吴淞江工程结束后,海瑞又主持浚治白茆河的工程,由通判姜国华负责。不久海瑞迁官,白茆河的治理工程虽已基本上接近尾声,但因连降大雨,最后的收尾工作可能没按要求完成。

[1]张廷玉等:《明史》,中华书局1974年版,第2162页。
[2]林文沛:《水利兴革事宜款示》,张国维:《吴中水利全书》,《东阳丛书》第13册,浙江古籍出版社2015年版,第712页。
[3]海瑞:《请浚吴淞江疏》,张国维:《吴中水利全书》,《东阳丛书》第13册,浙江古籍出版社2015年版,第613页。
[4]谷应泰:《明史纪事本末》,中华书局1977年版,第386页。
[5]海瑞:《请浚吴淞江疏》,张国维:《吴中水利全书》,《东阳丛书》第13册,浙江古籍出版社2015年版,第614页。
[6]海瑞:《请浚吴淞江疏》,张国维:《吴中水利全书》,《东阳丛书》第13册,浙江古籍出版社2015年版,第613页。

海瑞的这次治河是明代对太湖水利体系的最后一次大规模的治理,兴百年之利,"不取民,不损官"[1],而水道畅通却维持了八十年之久。海瑞的治水难怪会得到百姓普遍的赞扬,即使是对海瑞颇有成见的大地主何良俊也对此做了高度评价:"前年海刚峰来巡抚,遂一力开吴淞江,隆庆四年、五年皆有大水,不至病农,即开吴淞江之力也。非海公肯担当,安能了此一大事哉。"[2]

万历以后,明朝已趋衰亡,国家财政濒于破产,御史林应训巡抚江南,太湖流域水利颓废,形势严峻,"自上海县江口宋家桥,至嘉定县艾祁八十里,曾经前巡抚都御史海瑞开浚,今尚通流,可以稍缓。自艾祁至昆山县慢水港六十余里,两旁俱涨滩,江流仅存一线"[3]。在首辅张居正的支持下,林应训开浚了前面海瑞浚治的上一部分,其实就是吴淞江的中段,共长九千五百二十九丈、宽二十余丈。万历六年(1578),林应训又开浚了白茆河中段四十五里,开广十二丈。[4]

万历三十六年(1608),江南又一次遭受大水,当时的巡抚周起元心急如焚,认为应该沿用海瑞的做法,寻找太湖出水故道,将其"浅者加深,窄者使广,应闸者建闸,应堰者筑堰,应石者甃石"[5]。倡行因势利导,但当时朝纲已坏,周起元的治水方略未能被采纳,水政废弛日益严重。

崇祯时期是关系明政权危急存亡的历史年代,为确保太湖流域的经济增长,不断有官员上疏,请求政府重视太湖流域的水利。自始至终,虽然动议不断,却极少付诸行动。如《明史》云:"至天启中,巡抚都御史周起元复请浚吴淞、白茆。崇祯初,员外郎蔡懋德、巡抚都御史李待问皆以为请。久之,巡抚都御史张国维请疏吴江长桥七十二洪及九里、石塘诸洞。御史李谟复请浚吴淞、白茆。俱下部议,未能行也。"[6]

[1]海瑞:《请浚白茆港疏》,张国维:《吴中水利全书》,《东阳丛书》第13册,浙江古籍出版社2015年版,第615页。
[2]何良俊:《四友斋丛说》,中华书局1959年版,第121页。
[3]林应训:《款陈开浚吴淞江工费疏》,张国维:《吴中水利全书》,《东阳丛书》第13册,浙江古籍出版社2015年版,第624页。
[4]高士鹍、杨振藻修,钱陆灿等纂:《康熙常熟县志》,《中国地方志集成:江苏府县志辑21》,江苏古籍出版社1991年版,第105页。
[5]周起元:《请浚吴淞白茆疏》,张国维:《吴中水利全书》,《东阳丛书》第13册,浙江古籍出版社2015年版,第662页。
[6]张廷玉等:《明史》,中华书局1974年版,第2169—2170页。

南明弘光政权也是如此。如"弘光元年,命工部主事朱子赧开吴淞江,因国难不果"[1]。

(二)明代对江南塘浦的治理

至和塘开凿于宋至和二年(1055)。明弘治十年(1497),工部主事姚文灏委托苏州通判昆山知县进行重修。东自新洋江口,西至九里桥,共四千九百六十五丈,用人夫九千六百五十工,计工受值一百三十五万。万历三十九年(1611),昆山县顾耀祖又筑至和塘,自城西问潮馆起,至长洲县界,长二十五里。万历四十二年(1614),长洲知县胡士容等又一次重修,当时的郡绅申时行等捐助,塘长六千六百四十丈,造桥五十二座。第二年,知县陈祖范又浚至和塘二十里。崇祯十年(1637),巡抚张国维等又重修。"建苏州九里石塘及平望内外塘、长洲至和等塘。"[2]

然而,治水必须和治田相结合。这是江南地区长期生活和实践经验的总结。圩田是江南田制的特色,在江南有着长远的历史。所谓圩田,元代农学家王祯在《农书》中给其下的定义是:"据水筑为堤岸,复叠外护或高至数丈,或曲直不等,长至弥望,每遇霖潦以捍水势,故名曰圩田。"[3]顾名思义,圩田的首要条件就是修筑圩岸,再于岸内安排农田,其实这是一种综合利用近水区域的良好方式。由于圩岸修筑坚固,使得纵浦横塘的水系各就其位。明代非常重视圩区的水利建设。圩区的水利主要以地方主持为主,还有许多是民办的。

关于圩田的修筑,永乐初年的治水专家夏原吉就非常重视。史鉴《吴江水利议》云:"其法常于春初编集民夫,每圩先筑样墩以为式,高广各若干尺,然后筑堤如之。其取土皆于附近之田,又必督民以杵坚筑,务令牢固。""厥后二公(夏元吉、赵居任)去任二三十年间岂无水患?而不至于大害者,良由堤防犹存之力也。"[4]他认为,永乐以后的二三十年间,苏松地区虽有水患而无大灾是因为堤岸修筑。

[1]顾炎武:《天下郡国利病书》,《顾炎武全集》第12册,上海古籍出版社2011年版,第442页。
[2]张廷玉等:《明史》,中华书局1974年版,第7064页。
[3]王祯:《农书》,《影印文渊阁四库全书》子部第730册,台北"商务印书馆"1986年版,第338页。
[4]史鉴:《吴江水利议》,《西村集》,《影印文渊阁四库全书》集部第1259册,台北"商务印书馆"1986年版,第816页。

宣德年间的巡抚周忱也非常重视圩田的水利建设。他将夏原吉的方法发展为堤水岸式,即堤"岸高六尺,基阔八尺,面阔四尺,谓之羊坡岸,其内有丈许深者。于大岸稍低处,植以桑苎,谓之抵水。环圩植以菱芦,谓之护岸。其遇边湖边荡,甃以石块,谓之挡浪。又于圩外一二丈许,列栅作埂,植菱树杨,谓之外护"[1]。周忱利用这种方法加固圩田堤岸,社会效益良好。清人钱泳称赞此方法是:"遇旱年则车水以入,遇水年则戽水以出,高低之田皆熟矣。"[2]特别是他征集民工在尚湖北面筑堤,阻止江水涌入,四周开渠道排泄湖水,开辟农田三万七千余亩。圩区内分级控制工程有界岸、抵水岸、分区岸堤和小圩岸等,被称作"芙蓉圩"。芙蓉圩是明代圩岸制的典型。

(三)江浙海塘的修筑

江浙海塘,北起江苏常熟界泾口,南至浙江杭州狮子口,次第经过江苏的常熟、太仓,上海的宝山、川沙、南汇、奉贤、金山,浙江的平湖、海盐、海宁、杭州,全长四百公里。面对之后日渐破落的景象,许多人都发出了感慨,但已处于颓势的明朝最终没有能够挽回局势。在明代二百七十六年的时间里,共修筑海盐、平湖段海塘二十多次,在修筑中多次进行工程技术上的改进,逐步将土塘或柴塘的建设推进到石塘的建设。

永乐二年(1404),海水涨溢,户部尚书夏原吉在疏浚吴淞江的同时,就责成水官何傅督修华亭海塘。成化八年(1472),因海塘年久失修,江苏巡抚毕亨主持修建,从嘉定到海盐,共修土塘五万两千五百一十七丈,面广二丈,高一丈七尺。还筑了戚漅到平湖界护塘五十三里。[3]崇祯七年(1634),松江知府方岳贡、华亭知县张调鼎,修建漅阙石塘,共二百八十九丈。[4]崇祯十三年(1640),又续建石塘二

---

[1]沈启:《堤水岸志》,张国维:《吴中水利全书》,《东阳丛书》第13册,浙江古籍出版社2015年版,第918页。

[2]钱泳:《履园丛话》,中华书局1979年版,第103页。

[3]杨开第修,姚光发等纂:《光绪华亭县志》,《中国方志丛书:华中地方第45号》,成文出版社1970年版,第327页。

[4]杨开第修,姚光发等纂:《光绪华亭县志》,《中国方志丛书:华中地方第45号》,成文出版社1970年版,第329—330页。

百二十八丈二尺五寸。[1]

《明史》载张国维"修松江捍海堤"[2]。

《张忠敏公遗集》卷首节录《吴中水利全书》，而查阅现存四库全书版及东阳丛书版《吴中水利全书》，均不见此内容：

> 明崇祯七年应天巡抚张国维濬松江府塘河：华亭县蒲汇塘长一千七百九十三丈五尺，官绍塘长一千四百九十一丈，沙冈长二千七十二丈五尺，上海县周围城濠长一千六百一十一丈，蒲汇塘长二千一百四十四丈五尺，莘村塘长一千二百三十五丈，青浦县蒲汇塘长八百二十二丈，张泾长一千二百丈，各河身并深一丈，面阔二丈。濬嘉定、上海二县虬江：上海彭越浦口起至并沙河长一千八百二十三丈二尺，面阔八丈，底阔五丈，加深八尺。嘉定浜口起至彭越浦口，长一千四百八十九丈五尺。濬无锡县运河：锡山驿前起至洛社共长五千二百一十三丈。八年，修吴江县石塘：全坍一千五十五丈，半坍二千八十六丈，平望西诸家铺筑内外塘七百六十丈，并修长桥、三江桥、翁泾桥。九年，修松江府漴阙捍海塘：中段长一百九十六丈，东西两段共长二百丈，迤西一带一百二十丈。疏导吴江县长桥鉷：自长桥七十二鉷至九里石塘通行开凿。十年，修至和塘：长洲县东境石塘共长四十五里。濬昆山县、嘉定县、宝山所各城濠并彭华浜及修槎浦海岸：昆山县城濠，嘉定并宝山所二濠，各加深四丈有奇。十一年，濬镇江府漕渠：丹徒县江口坝起至京口闸长二百四十六丈八尺，深五尺，阔五丈。丁卯港起至华家庄长一千九十三丈七尺，深三尺，阔三丈四尺。剥崖起至夹冈心长三百七十四丈，深四尺，阔三丈四尺。丹阳草头舍起至东关长四千三百六十六丈，内坍山、荆家坟、观音山、西城湾俱深四尺六寸，阔四丈，黄泥坝、张家渡、七里庙、西门、东关俱深六尺，阔五丈。又濬城内邗沟、东关至北关长四百三十一丈，北关起至观音山闸口长二百七十五丈，俱深四尺五寸，阔四丈六尺，两县连境，绵亘百里，不匝

[1] 杨开第修，姚光发等纂：《光绪华亭县志》，《中国方志丛书：华中地方第45号》，成文出版社1970年版，第331页。
[2] 张廷玉等：《明史》，中华书局1974年版，第7064页。

月工竣。濬太仓州湖川塘:长五千二百五十五丈,阔七丈,加深六尺、八尺不等。[1]

张振珂所编《张忠敏公年谱》中相关内容摘录如下:

> 崇祯七年甲戌 是年,浚松江塘河、嘉定、上海二县虬江、无锡县运河。
> 崇祯八年乙亥 是年,修吴江县石塘长桥、三江桥、翁泾桥。[2]
> 崇祯九年丙子 二月,上《覆请开浚吴江长桥碛疏》。修松江府淙阙捍海塘,疏导吴江县长桥七十二碛。[3]
> 崇祯十年丁丑 是年,修至河塘,浚昆山、嘉定县宝山所各城濠并彭华浜,及修槎浦海岸。
> 崇祯十一年戊寅 是年,浚镇江府漕渠、太仓州湖川塘。[4]

张世鹏《明特进光禄大夫上柱国太子太傅赐尚方剑行边兵部尚书兼东阁大学士元考玉笥公行述》中相关内容摘录如下:

> 崇祯八年,吴江之九里石塘与七十二碛,当太湖巨浸五百余里,盖纳宣歙、苕霅之水,悉由吴江始分为二,以达于海。而长桥七十二碛及九里石塘,实由孔道自两崖善喵而哽咽碛窦,濒塘之田无不没者,且为漕事患。府君请兴厘筑治之,并及平望以西诸家铺内外塘,松陵至今赖之。九年,之松江府淙阙捍海塘,此塘为浙、直海船辐辏之会,海水撼激,日月已久。时秋潮大至,自天妃宫以西迨旧盐场,崩坝四五里,漂没万余人,

---

[1]张国维:《张忠敏公遗集》,《四库未收书辑刊》第6辑第29册,北京出版社1997年版,第620—621页。
[2]张振珂编:《张忠敏公年谱》,张国维:《张忠敏公遗集》,《东阳丛书》第14册,浙江古籍出版社2015年版,第161页。
[3]张振珂编:《张忠敏公年谱》,张国维:《张忠敏公遗集》,《东阳丛书》第14册,浙江古籍出版社2015年版,第161—162页。
[4]张振珂编:《张忠敏公年谱》,张国维:《张忠敏公遗集》,《东阳丛书》第14册,浙江古籍出版社2015年版,第162页。

滨海田禾数十里,皆以潋波死。府君同郡守方岳贡,采石太湖,叠石塘以捍之,如海盐故事,赞襄其事而终始之者,为吴颖嘉、何刚两孝廉。十年,之长洲县至和塘,与江阴县运河,先是长邑令胡士容置义田,积租缮塘,后移用其税,岁久堤坏,妨农病涉。府君率各属修之,其长竟四十五里。而江阴运河淤塞,议移仓就兑,民咸不便。府君与常镇备兵使者曾化龙协浚之,自县南水关至小青阳四十五里,匝月告成,军民并利。十一年,之镇江府漕渠,由丹徒则自江口坝起至京口闸,丁卯港起至华家庄,剥厍起至夹冈心,由丹阳则自草头舍起至东关,坍山起至西城湾,黄泥坦起至七里庙,二邑连境,迤逦百里,皆计日报竣,其余小疏凿不与焉。[1]

冯桂芳《重建张忠敏公祠记》云:"吾吴于明代应天巡抚所治也,居是职者周文襄、海忠介、张忠敏三公名尤著,而皆以能治水闻,顾文襄治水无大举,忠介浚吴松,两月藏事,白茅工未就而去,皆不若忠敏公之任最久,而功最大。公抚吴凡六年,时流贼出没江介,东援西剿,无虚岁,乃于戎马倥偬之隙讲求水利,先后浚松江、塘河、虬江、无锡、镇江运河,长桥餙,昆山等县城濠,彭华浜、湖川塘,修淙、阙捍海塘、九里石塘,槎浦海岸,畚插之役,与为终始。"[2]周忱、海瑞、张国维为有明一代抚吴治绩最著者。冯桂芬通过比较,认为在治水方面,还是张国维任职最久,功绩最大。

六、治水思想

《吴中水利全书》是一部关于苏南四府水利工作经世致用的专著,搜集了吴中地区历代治理太湖流域上上下下水系脉络的有关资料,给予时人及后人治理太湖流域的宝贵经验和教训。太湖流域人民的安定生活和丰裕收入,有赖于太湖流域的综合治理。要治理好太湖流域,必须解决好天、地、人三者之间的协调关系,也

---

[1]张国维:《张忠敏公遗集》,《四库未收书辑刊》第6辑第29册,北京出版社1997年版,第627—628页。
[2]冯桂芬:《重建张忠敏公祠记》,《显志堂稿》,《清代诗文集汇编》第632册,上海古籍出版社2010年版,第500页。

就是要不断解决人与自然(包括水在内)的矛盾,做到天人合一。旱涝是自然现象,是天时(也包括气象条件)所决定的。太湖地区的地势西南高东北低,注定了太湖水系总的走向,处于不同河段或湖泊的居民和农民有着不同的利害关系,这不免会造成某些矛盾。太湖流域与长江下游三角洲连在一块,受到沿海潮汐的影响,容易产生河道的淤塞,这些都是地理条件所决定的。《管子·牧民》中就说:"不务天时则财不生,不务地利则仓廪不盈。"[1]于是,人们就采取修筑堤岸、导江开浦、置闸启闭、浚流泄沙等种种措施,除此之外还筹集大量经费与劳力,做到兴作有序,民不徒劳,官不徒费,专官责成。这些都得依靠行之有效的水政体制,这样才能处理好流域地区的人际关系。太湖地区历史进程中的成败得失,取决于对天人关系的认识正确与否和处理得当与否。《吴中水利全书》正是集纳了历史上各个时期采取的治水方略,它们是经过治水专家和群众的实地考研与实践的结晶,因此也是留给后人的一份宝贵遗产,我们可以以史为鉴,开发治理好太湖。所以这部水利全书,常常受到国内外历史学家和水利专家的重视和称道。清代《四库全书》总纂官称赞它"所记虽止明代,然指陈详切,颇为有用之言"[2]。

《明史纪事本末》结合夏原吉的太湖治理解释《禹贡》所云"三江既入,震泽底定":"大抵嘉、湖地据上流,故溪不入湖,则嘉、湖代受震泽之水。苏、松势处下流,故湖不入江,苏、松且代受三江之水。夏原吉躬履勘验,始称太湖泛溢宜浚吴淞。然苏之吴淞,沙泥淤塞,旋疏旋积。松之吴淞,菱苇丛生,渐成陆地。请于嘉定开刘家港,常熟开白茆港,而苏水入海。于松江更开范家坟以达大黄浦,而松水亦入海。广濬分支,共受三江之水,即所谓三江既入。多为尾闾,以杀震泽之怒,即所谓震泽底定。《禹贡》所书,明易简尽。原吉所治,委曲详至。"[3]张国维对此烂熟于心,他于《农政全书序》中云:"余前刻有《水利全书》,所谓急则治标,因病立剂者;今又得徐少保农政全帙,所谓缓则治本,悬方救病者也。"[4]其实,他认为农为本,治水为标,为应急之策,水利终归要为农服务。

张国维《进呈水利全书疏》云:

---

[1]黎翔风:《管子校注》,中华书局2004年版,第3页。

[2]永瑢、纪昀等:《影印文渊阁四库全书总目》第2册,台北"商务印书馆"1983年版,第493页。

[3]谷应泰:《明史纪事本末》,中华书局1977年版,第388页。

[4]徐光启撰,石声汉校注:《农政全书校注》,上海古籍出版社1979年版,第1804页。

　　臣伏查抚属苏、松、常、镇与浙属杭、嘉、湖,昔咸浙西地面,赋广境狭,仅在五六百里内,而西高于东数十寻,如建瓴甒。宣、歙、杭、洼诸水,由雪溪、苕溪,绥安、建康诸水,由金沙、阳羡,并趋震泽等湖。极东复有冈身偃仰盂受狂澜。夏禹辟三江,泄尾闾,又凿横江纵浦,以杀其怒奔之势。垂利无穷者。三江何?吴淞、东江、娄江是也。东江以筑捍海塘,废淞、娄之涨,北驶于白茆港,今娄江尚幸通流。吴淞、白茆,因纳潮最猛,停积泥沙,久不疏导,皆成平陆,蓄泻两艰,燎暵交病。则汇诸水之流,复三江之故,尤以治吴淞、白茆为纲领,而修浚务须合法,如吴水千流万派,脉络珠联,大储小涣,则去来顺逆之性宜辨也。濒湖、濒江、濒海之隘口,出入濡疾,古人于漴洄要处创闸筑坝,则盈缩节宣之义宜知也。泽、漾、泖、荡,高卑之势本自天造地成,今浚江港总归吐泄,则广深素定之形宜按也。开淘经费,有取于公而公不病,有资于民而民不扰,则樽节得宜,佚道而使之说宜讲也。相道里以鸠工,量土方以授值,谲回无所售奸,朴愿咸得沾惠,则宋臣范仲淹、苏轼等救田兼行饲饥之训宜师也。餐风吸露,野宿店栖,毋避怨嫌,不辞琐屑,则我明夏原吉、周忱、海瑞、姚文灏、傅潮、林文沛等国尔忘家之志宜励也。支放出入,必慎必明,官严篚篚之饬,吏绝狐鼠之丛,则相维相制之例宜核也。江港开则列郡并蒙其利,窒则苏松先被其患,勿蹈白圭之小智,以邻国为壑,则资力劻助,同休共戚之谊宜通也。设有专司,精神毕聚,验施为于实效,戒粉饰于报完,则课奏之法宜密,殿最之典宜明也。[1]

　　他擘画东南水利,谨循一条纲领,十宜之合法,即"以治吴淞、白茆为纲领",十宜为宜辨、宜知、宜按、宜讲、宜师、宜励、宜核、宜通、宜密、宜明。这其实涉及了治水的方方面面,诸如水性、水形、经费、制度、古训、往例、协同、考核等,这是实践—认识—实践的一个过程,说明张国维并非空口演说家,也非只知埋头苦干的实干家。他善于梳理大量相关文献,并结合自己的实地踏勘,深入民间调研,充分运用系统思维,兼顾开江、治浦、围田,又善于抓住重点,善于协同作战,才形成了张国

---

[1]张国维:《张忠敏公遗集》,《四库未收书辑刊》第6辑第29册,北京出版社1997年版,第661—662页。

维的治水思想。相较于明朝吕光洵的水利三事,即广疏浚以备潴泄、复版闸以防淤濒、量缓急以处工费,[1]张国维的治水思想无疑更全面、更系统,具有集大成的特点。

顾炎武云:"水利之说不一,而总其要,不过三四端而已。其曰复溧阳之五堰、杭州之长河堰、常州之望亭堰,务使水不入于太湖者,此杀其上流之说也。其曰开吴淞江、刘家河、白茆、七丫诸浦,使水或南或北,并入于海,此决其下流之说也。于江河之旁,仿古人之迹,各分为塘浦,是又于下流而贯通之也。筑圩岸以围田,作堰以遏水,使之毕归于塘浦,而东去之水自然满盈迅疾,所以为内之势也。置闸以限海水之至,使沙不入而水易出,所以为外之坊也。"[2]上流、下流、内势、外坊言简意赅,提纲挈领。因杭州、常州逸出吴中,故张国维对于"杀其上流之说"不太强调,其余则是统筹兼顾,尽力而为。

另外,《吴中水利全书》之卷一卷二图说中亦有不少真知灼见,《苏州府全境水利图说》云:"说者谓浚吴淞、娄江、白茆之余力,即兼治焉,以逮四境周环之河脉,斯实根本之论。"[3]《长洲县全境水利图说》云:"今惟治水开荒,两政并行,七百里芜赤,庶几免填沟壑乎!"[4]《吴江县全境水利图说》云:"吴淞江实为下流,下流不治,即尽决长桥,洪涨滔滔疾趋,徒令长洲、昆山、青浦并罹波涛之虑,吴江亦未必益,反均受其害矣。"[5]《吴江县城内水道图说》云:"故思治吴江水利,必先策浚吴淞,斯议最为握本。"[6]《常熟县全境水利图说》云:"故讲白茆、七鸦疏浚,不独长、昆等邑被无疆之利,而常熟之洼产尽成膏腴,安得尚有催科之困乎?"[7]《嘉定县全境水利图说》云:"然吴淞一江出海要害,偏属舆图,为全吴吐泄之尾闾,倘能疏瀹常流,不但嘉定获润之阡陌渐可栽禾,而各邑并祛沮洳之患,此之殷忧,可独厘嘉

[1]吕光洵:《兴修水利疏》,张国维:《吴中水利全书》,《东阳丛书》第13册,浙江古籍出版社2015年版,第600—601页。

[2]顾炎武:《天下郡国利病书》,《顾炎武全集》第12册,上海古籍出版社2011年版,第446—447页。

[3]张国维:《吴中水利全书》,《东阳丛书》第13册,浙江古籍出版社2015年版,第5页。

[4]张国维:《吴中水利全书》,《东阳丛书》第13册,浙江古籍出版社2015年版,第13页。

[5]张国维:《吴中水利全书》,《东阳丛书》第13册,浙江古籍出版社2015年版,第17页。

[6]张国维:《吴中水利全书》,《东阳丛书》第13册,浙江古籍出版社2015年版,第19页。

[7]张国维:《吴中水利全书》,《东阳丛书》第13册,浙江古籍出版社2015年版,第21页。

邑哉。"[1]《松江府全境水利图说》云："昔有东江一道,与吴淞江南北分泄,后东江废而海塘为障,黄浦遂成巨浸,惊涛蔽天,弥漫百里。然西、北二境之污潴,东境之枯涸,必藉吴淞通利,斯长流引注,高卑均益,如徒恃黄浦蓄聚,以为松郡水利尽矣,则无论近吴淞一带,高壤灌溉时穷,而低洼之畎亩遇雨陆沉,岂计之得乎?"[2]《华亭县全境水利图说》云："故围田修浚法宜并讲,古人之成言可验。"[3]《上海县全境水利图说》云："则吴淞之疏导,在上海亦为至急,观此益信苏、松利害相共,顾可秦越视乎?东鄙海塘为障,会黄浦洪流,并注吴淞,而泄滬渎,此废东江后之旧迹。如复不浚吴淞,强其纡回,北达娄江以出,谬贻两郡,百世之害云。"[4]《青浦县全境水利图说》云："昔唯吴淞江流快利,斯宣泄无阻,今一淤而水年频遭,艰办国课,敲筋吸髓,疲敝几不成邑矣。欲拯其困,唯急事导决,而洼产围坵,亦当兼行,以慰三农之望。"[5]这些都是他治水思想的具体体现,以作战为喻,他不在乎一城一地的得失,而要大规模协同作战。以治病为喻,他绝不是头痛医头、脚痛医脚,而是强调辩证施治、标本兼治。同样地,他对吴淞江、娄江、白茆港等的认识,依然是他治水思想的生动实践。

《吴淞江全图说》云:

> 吴淞江一名松陵江,即《禹贡》三江之一也。跨吴江、长洲、昆山、青浦、嘉定、上海六县,横亘二百六十里,自垂虹桥顺流东下,至尹山再北流,至甫里东流至澱湖,合北赵屯浦、东顾会浦、菘子浦、盘龙浦凡五湖,而至宋家桥东南流与黄浦会,而遮迤出海。自东江废,只此与娄江为东南水利之大关要。今吴淞自昆山以东并湮塞,而水患莫救,《全书》所载首重此江,兹不烦赘说。[6]

《娄江全图说》云:

---

[1]张国维:《吴中水利全书》,《东阳丛书》第13册,浙江古籍出版社2015年版,第29页。
[2]张国维:《吴中水利全书》,《东阳丛书》第13册,浙江古籍出版社2015年版,第37页。
[3]张国维:《吴中水利全书》,《东阳丛书》第13册,浙江古籍出版社2015年版,第41页。
[4]张国维:《吴中水利全书》,《东阳丛书》第13册,浙江古籍出版社2015年版,第43页。
[5]张国维:《吴中水利全书》,《东阳丛书》第13册,浙江古籍出版社2015年版,第47页。
[6]张国维:《吴中水利全书》,《东阳丛书》第13册,浙江古籍出版社2015年版,第100页。

娄江一名下江,相传亦《禹贡》三江之一也。自苏城娄关而东,历昆山、太仓直达刘家港入海,凡一百八十里。两岸港脉如蛇足,专受震泽西来诸水,或由陆泾坝、沙湖、夷亭、真义浦,或由吴淞江界浦,或由小虞浦,或由新洋江而入,谓之南路水。或由官渎出阳城湖,东行至傀儡、巴城等湖荡,出真义、十五淹、高墟等港而入,谓之北路水。今吴淞湮淤,而南水泛滥,白茆、七浦阻塞,而北水横驱。夫此娄江一线,能尽纳东南数郡之水,为尾泄乎?况在胜国时,开海运万艘经行,朱清力为疏导。入我明间,事春锸,今浅狭处渐亦涩流矣。此东南之命脉,司水者亟宜究心,又名至和塘,此宋丘与权所筑,北堤起娄关抵昆山止,俗乃袭讹,即太仓城中横河,犹称至和塘,失考甚矣。娄江出海东口曰刘家港,亦属无据,姑从之。[1]

《白茆港全图说》云:

白茆港在苏郡东北,自常熟县城东南迎春门起,至于海,长亘八十里。具区水从长洲、无锡顺流而下,如元和塘,如阳城等湖,会趋华荡、昆尚二湖者,并驱白茆以出,则白茆之关系,殆不亚于吴淞、娄江。古今人言之甚悉。盖白茆一港虽仅在常熟辖境,而纲维数郡之水利。历追往时,疏导亦协济兴工,今湮没,占佃木棉旱菽,涓流不通,虞邑士庶目击眉攒,而邻境不察,犹秦越视也。唯经国之君子,庸心水政,叩九阍,策当道,尝牍满公车,字字呕血,试阅斯图港旁之支脉,如鳞如翼,洪流不贯不将,仍反内境为壑乎?[2]

张国维更高明之处是运用系统思维,触类旁通,居然"先以治水之法,转而治寇,而旋俟平寇之后,治吴淞以平水灾"[3]。张国维说:"吾计之熟矣,三吴,泽国

---

[1]张国维:《吴中水利全书》,《东阳丛书》第13册,浙江古籍出版社2015年版,第108页。
[2]张国维:《吴中水利全书》,《东阳丛书》第13册,浙江古籍出版社2015年版,第111页。
[3]陈继儒:《吴中水利全书序》,张国维:《吴中水利全书》,《东阳丛书》第13册,浙江古籍出版社2015年版,卷首第9页。

也。吴不虞流寇,虞土寇,土寇不起于兵,起于荒;荒不起于旱,而多起于水;水不起于上流横,而起于下流之梗塞。下流梗塞,则三江之尾闾不通,而震泽之肠胃溃溢,苏之下,淞之上,弥望皆巨浪洪涛,田谷不生,盗贼滋起。故治兵以攻流寇,为民也,标证也;治水以销土寇,为民也,本证也。"[1]原来,东南祸患不起自行伍之间,而是百姓为荒歉所逼迫后铤而走险。东南的荒歉,往往不是因为干旱,反而多是由于水患,而水患又多是由下流梗塞所致。追根溯源,环环相扣,如此,张国维就站在了战略的制高点上,不是单纯为治水而治水,而是将水利与三农、治安、军事等都联系起来,抓住牛鼻子,一通百通。钱肃乐对此有深刻认识,他在《贺应天抚军张国维升二司空视河序》中写道:"公以水喻民,以治水之道治天下,昔者周、召二公出而营洛,后遂留以辅丰,万世而下称为硕宰,以公而观,又多乎哉?"[2]

---

[1]陈继儒:《吴中水利全书序》,张国维:《吴中水利全书》,《东阳丛书》第13册,浙江古籍出版社2015年版,卷首第8页。

[2]钱肃乐:《钱肃乐集》,浙江古籍出版社2014年版,第48页。

第十二章

《抚吴疏草》中的吏治

靳润成《明朝总督巡抚辖区研究》"应天巡抚"云：

> 又称苏松巡抚。
>
> 宣德五年由南畿浙西巡抚析置，辖南直隶之苏州、松江、常州三府。
>
> 景泰六年，增辖南直隶之镇江及浙江布政司之嘉兴、湖州共三府。
>
> 天顺五年，去浙江布政司之嘉兴、湖州二府，增辖南直隶之应天、太平、宁国、池州、徽州、安庆、镇江七府及广德直隶州。
>
> 成化元年，安庆府别属凤阳巡抚。
>
> 四年，安庆府还属。
>
> 二十年，增辖浙江布政司之嘉兴、湖州二府。
>
> 弘治六年，增辖浙江布政司杭州府。
>
> 正德二年罢。
>
> 五年复置，辖区当复天顺五年之旧。后常置不罢。
>
> 十四年，徽州府别属浙江巡抚。
>
> 嘉靖元年，徽州府还属。
>
> 十四年，郧阳抚治所辖之承天府来属，此为巡抚辖"飞地"之特例。
>
> 隆庆元年至三年间，承天府别属郧阳抚治。
>
> 崇祯十年，因析置安庆巡抚，安庆、庐州、池州、太平四府别属之。
>
> 该巡抚于嘉靖三十三年前当驻应天府句容县。自三十三年始，凡汛时移驻苏州，平时仍驻句容。万历三十一年暂移苏州府。[1]

张国维作为应天一府最高军政长官，监察与考核下属，是其行政职能的一部分，也是保证地方事务能够正常运行的必要措施。考察属吏、监察不法这一职责表现为对所辖地方文武官员进行考核与监察，对为官清廉、有功者给予举荐，对违法贪酷的官吏依据刑律严加惩处，并奏报朝廷。当然，这一职能并非巡抚独专，而是要会同巡按御史共同进行的。明初，多以"朝觐"的形式考察外官，或命京官会同地方按司进行考核。弘治年间，以地方官赴京考察不但往返开销甚大，有碍公务，且易发生内外交通之弊为由，将考察外官的权力下放给巡抚与巡按，自后未有

---

[1]靳润成：《明朝总督巡抚辖区研究》，天津古籍出版社1996年版，第77—78页。

变化。嘉靖十九年(1540)进而规定:"今后抚按官于六品以下有司,贪酷不法者,许径自拿问,不待劾奏。"[1]巡抚拥有像巡按御史一样的特权,能专断的自行决定,无法解决的上报中央。"盖以地大物众,法令滋章,三司谨奉教条,修其常职,而兴利除弊,均赋税,击贪浊,安善良,惟巡抚得以便宜从事。"[2]可见其职权较地方的巡按御史更为广大,弹劾监察的效力较之也更大。故时人云,"明之总督、巡抚,即行御史台之职"[3],将其比作地方之台宪,足见其权显势重。

一、监察不法

从宣德时期开始,朝廷才在某些重要地区长期设立巡抚,其后续有增添。他们都带有都御史一类的院衔,与巡按相似,都有考核的权力,日渐形成了巡抚、巡按二者考察官吏的通例。当巡抚、巡按任期结束之时,为管辖范围内的官吏开写考语,并层层递交吏部,作为考察的依据。对于官员的纠举,只要有一定的事实与证据,他们可以随时弹劾,并进行罢免。因此,巡抚、巡按的地位与作用日益凸显,形成了"天下司、府、州、县官吏贤否,独在抚按"[4]的局面。

明代的文官考课主要包括两个方面:一是考满,二是考察。《明史》载:"考满、考察,二者相辅而行。考满,论一身所历之俸,其目有三:曰称职,曰平常,曰不称职,为上、中、下三等。考察,通天下内外官计之,其目有八:曰贪,曰酷,曰浮躁,曰不及,曰老,曰病,曰罢,曰不谨。"[5]"考察之法,京官六年,以巳、亥之岁,四品以上自陈以取上裁,五品以下分别致仕、降调、闲住为民者有差,具册奏请,谓之京察。自弘治时,定外官三年一朝觐,以辰、戌、丑、未岁,察典随之,谓之外察。州县以月计上之府,府上下其考,以岁计上之布政司。至三岁,抚、按通核其属事状,造册具

[1]申时行等修,赵用贤等纂:《大明会典》,《续修四库全书》史部第789册,上海古籍出版社2002年版,第223页。
[2]张廷玉等:《明史》,中华书局1974年版,第4352页。
[3]稽璜、曹仁虎:《钦定续文献通考》,《影印文渊阁四库全书》第627册,台北"商务印书馆"1986年版,第498页。
[4]叶春及:《石洞集》,《影印文渊阁四库全书》集部第1286册,台北"商务印书馆"1986年版,第255页。
[5]张廷玉等:《明史》,中华书局1974年版,第1721页。

报,丽以八法。而处分察例有四,与京官同。"[1]其中,"丽以八法",意为以"八法"施加处分,"年老、有疾者致仕,罢软无为、素行不谨者冠带闲住,贪、酷并在逃者为民,才力不及者斟酌对品改调"[2]。八项察例从明朝初年开始出现,经过几百年的发展变化、充实完善,最终形成"八法",成为考察官吏是否有过错、违法情况的主要依据。其作为考察官吏日常工作的补充依据,逐步固定下来,体现了成文化与习惯化的发展特点。

沈德符于《万历野获编》中曾记述明代考察"八法"之发展,言及为缓和明初考察之法苛刻,明朝中期增添"浮躁"与"不及"两项标准:

> 旧例考察,自老病贪酷外,则素行不谨、罢软无为二项,一切罢斥,无降级调用者。后以立法太苛,谓疏放者似不谨,迟缓者似罢软,概弃不无可惜,乃创为浮躁浅露、才力不及二款为次等。京官降一级,调外任;若外计皆以贪酷等项罢斥,无降调之例。成化丁未年,太宰李裕始奏设才力不及一条,对品调用。嘉靖间,不及者俱降一级,其后渐有降二三级调用者,此法行之已久。至今上辛丑外察,延津李太宰、三原温御史为政,乃建议外吏岂无负才而轻佻者,亦宜增入浮躁,为不谨之次,其降级亦视罪之大小为轻重。上允之。今遂遵用之。或云是年有才士被妒,难处以不及,故立此例,未知信否。其年拾遗,即以浮躁处李本宁宪使,降一级矣。[3]

按《万历野获编》所记,"浮躁"成为考察标准后,先只适用于京察,其对应处分察例为"降一级,调外任",在朝觐考察中并未适用。至万历二十九年(1601)外察时,方将"浮躁"纳入朝觐考察标准之中,为"不谨"之次等,其对应的降调处分依"罪之大小"而定轻重。

《万历野获编》的记载可与《明会要》相印证。《明会要》载:"故事,考察目有四:曰老疾,曰罢软,曰贪酷,曰不谨。李裕为吏部尚书,言:'人才质不同,偏执类酷,

---

[1]张廷玉等:《明史》,中华书局1974年版,第1723页。

[2]申时行等修,赵用贤等纂:《大明会典》,《续修四库全书》史部第789册,上海古籍出版社2002年版,第221页。

[3]沈德符:《万历野获编》,中华书局1959年版,第841页。

迟钝类软,乞立'才力不及'一途,以寓爱惜人才之意。'帝善之,遂著为令。"[1]

明代中期,将"不及"一项设为考察标准,主要是基于朝廷爱惜人才之意,其实际意义在于对为官有过但性质较轻的官员小惩大诫。据《抚吴疏草》,职官有犯而劾之以"不谨"事例如表12-1所示,职官有犯而劾之以"贪"事例如表12-2所示,职官有犯而劾之以"浮躁"事例如表12-3所示,职官有犯而劾之以"不及"事例如表12-4所示。

表12-1 《抚吴疏草》中所载职官有犯而劾之以"不谨"事例

时间	人物、事由、考语	罪名	处分	圣旨	出处
崇祯七年七月二十八日	安庆府望江县知县刘太清政乏醇和,视吏事如秦越,才还龌龊,仗书识为中权,特鼻久穿,虽简押之未全逾,实铜墨之非	不谨	冠带闲住	八月二十六日圣旨:"吏部知道。"	入境纠劾疏
崇祯七年十月十四日	建德县知县何应明赋性既庸,居心亦鄙,甘一官为木偶,举百务皆废弛,纵亲识往来,受贿关说,乃至内外丛生,瀫狱颠倒,甚且滥取铺行,分文无价,惟知乡曲之情,罔恤民岩之痛	不谨	冠带闲住	十一月十四日,圣旨:"该部知道。"	劾何令疏
崇祯九年十一月二十二日	松江府通判朱启元质本颓柔,行多点染,职已旷于疏河,箴更隳于署篆	不谨		十二月二十五日,圣旨:"该部院知道。"	九年大计纠劾疏
崇祯九年十一月二十二日	安庆府怀宁县知县聂栋赋性庸庸,隳行冥冥,五官无主,满前尽是黎丘,终日醉乡,寇至不闻金鼓。朝气已衰,寸筹莫展	不谨		十二月二十五日,圣旨:"该部院知道。"	九年大计纠劾疏
崇祯十二年十一月十五日	宁国府通判聂国辅性多偏执,行复恣睢,任狐鼠之侵渔,误军国之大计。才品卑庸,事权旁落,濡迟押运已后急公之谊,透解轻赍,复无任事之能,迨至奸蠹烹分,皆由本官疏误	不谨	冠带闲住		十三年大计纠劾疏

[1]龙文彬纂:《明会要》,中华书局1956年版,第857页。

表 12-2 《抚吴疏草》中所载职官有犯而劾之以"贪"事例

时间	人物、事由	罪名	处分	圣旨	出处
崇祯七年闰八月初八	无锡县印简较苏万邦不称其任,处代庖之地而不能善刀,蔑视严条森饬,罔知明旨赫临	贪	革职提问	九月初九,圣旨:"该部知道。"	参苏幕疏
崇祯九年十一月二十二日	池州府通判王廷谟才局虚恢,廉隅全丧,库镪公然攫收,吏胥亦受勒诈。催漕陋规,科索殆遍	贪		十二月二十五日,圣旨:"该部院知道。"	九年大计纠劾疏
崇祯九年十一月二十二日	苏州府崇明县知县颜魁登恣睢冥行,宵小为政,瞀已委而不知喜怒,自由议既盈而不顾。垂气逾闲,小才偾事,能颇著于筮仕之初,秽实彰于输载之后	贪		十二月二十五日,圣旨:"该部院知道。"	九年大计纠劾疏
崇祯九年十一月二十二日	常州府靖江县知县唐尧俞智昏于利,政成于贿,无贷不取,苛索遍及市廛,割地与邻,怨咨盈蒲道路。民脂恣归私囊,国帑如同漏卮,小民之赔累倾家,后官之补苴束手	贪		十二月二十五日,圣旨:"该部院知道。"	九年大计纠劾疏
崇祯十年十一月初一	应天府照磨王治新纵恣意用罔,贪戾性生,诸务一任废弛,立念惟营耽逐,但其摄篆未久,病废已深	贪	革职为民	十二月二十二日,圣旨:"该部知道。王征文、王治新已有旨了。"	劾王倅举黄令疏
崇祯十二年十一月十五日	池州府知府庄尹辰年已衰颓,状多潦倒,恣溪壑之欲,而简柙全隳,纵卜夜之欢,而官方罔顾,崦嵫景迫,利令智昏,作事乖张,已贻笑于通国,恣情濡染,复腾怨于士民	贪	革职为民		十三年大计纠劾疏

表 12-3 《抚吴疏草》中所载职官有犯而劾之以"浮躁"事例

时间	人物、事由	罪名	处分	圣旨	出处
崇祯九年十一月二十二日	太平府通判杨叶新恃才既嫌独任,轻信复至生奸,遍摄三府,实滋多口	浮躁		十二月二十五日,圣旨:"该部院知道。"	九年大计纠劾疏

续 表

时间	人物、事由	罪名	处分	圣旨	出处
崇祯十年十一月初二	镇江知府印司奇才具尽可有为，而性多残忍，操持未免点染，而表率无方	浮躁	重加降处	十二月二十一日，圣旨："吏部知道。"	参镇守疏
崇祯十二年十一月十五日	应天府推官寇遵典内荏而示虚㤭，执拗长奸，独任而兼偏听。荏苒年华，入羶途而罔惜，凭陵城社任捉掇，而不知全无明允之能，徒余凌厉之气	浮躁	重加降调		十三年大计纠劾疏
崇祯十二年十一月十五日	苏州府同知张慎行未娴绳简佐郡，举动乖张，摄篆收支朦溷。守未决裂而乏烛奸之明，才可有为而多任性之失，虽已跻乎专城，议难宽于去后	浮躁	重加降调		十三年大计纠劾疏

表 12-4 《抚吴疏草》中所载职官有犯而劾之以"不及"事例

时间	人物、事由	罪名	处分	圣旨	出处
崇祯七年七月二十八日	苏州府水利署昆山县印同知吴祐西山未暮，醉乡已深，因署篆而不知水利，受事未几，不胜其任	不及	改调简僻以全器使	八月二十六日，圣旨："吏部知道。"	入境纠劾疏
崇祯九年十一月二十二日	安庆府知府皮应举性宽颇知爱民，才短不能驭下，钱谷因以溷淆，军情每至错误	不及		十二月二十五日，圣旨："该部院知道。"	九年大计纠劾疏
崇祯九年十一月二十二日	宁国府推官钟鼎臣虽禀清质，尚欠老成，缘初仕之肯綮未当，故剧郡之剸割不效	不及		十二月二十五日，圣旨："该部院知道。"	九年大计纠劾疏
崇祯九年十一月二十二日	苏州府吴县知县杨云鹤临下少庄凝之度，处事乏详密之规	不及		十二月二十五日，圣旨："该部院知道。"	九年大计纠劾疏
崇祯九年十一月二十二日	常州府无锡县知县陈志忠质禀柔和，见地迂缓，智不足以烛奸，才不长于理剧，但其操持未坏，器使可全	不及		十二月二十五日，圣旨："该部院知道。"	九年大计纠劾疏

时间	人物、事由	罪名	处分	圣旨	出处
崇祯九年十一月二十二日	宁国府南陵县知县王尚行优于坐镇,拙于理梦,居心一味慈祥,驭下全无明察。才品不配,人地非宜	不及		十二月二十五日,圣旨:"该部院知道。"	九年大计纠劾疏
崇祯九年十一月二十二日	池州府青阳县知县陈经正年资尚青,才谞未练,措置似欲有为,事权辄多旁落。规为局于拘谨,丛挫中于宽和	不及		十二月二十五日,圣旨:"该部院知道。"	九年大计纠劾疏
崇祯十年十一月初一	徽州府通判王征文防范全疏,施为多舛,总因察奸无识,遂迩丛蠹罔知,但青而守未坏,尚堪励以困衡	不及	降调	十二月二十二日,圣旨:"该部知道。王征文、王治新已有旨了。"	劾王倅举黄令疏
崇祯十一年五月十六日	无锡知县廖负暄一味宽柔,全无明察,事权旁落而不问,怨尤交集而罔闻。廉隅尚存,后效可策	不及	降调以全器使	六月十七日,圣旨:"吏部知道。"	参廖令疏
崇祯十二年十一月初二	昆山县知县叶培恕宽柔有余,严明不足,钱粮积欠不完,讼狱经年不结,更弦未能,无望朝气之锐,謦控不已,将增末路之隳	不及			纠叶令疏
崇祯十二年十一月十五日	建德县知县宛三奇任下多偏,居心不净,指每濡于尝鼎,神已枯于借丛。神明无主,线索由人,科罚及于卑官,借题何巧免申,悉由腹吏物议转滋	不及	重加降调		十三年大计纠劾疏
崇祯十二年十一月十五日	上海县知县王大宪以和缓之才处疲剧之地,立志亦欲兴厘,然以剚割之艰,而庶务多废,作事亦求休息,但以宽柔之过而法纪渐隳。操持未坏,振刷无闻,欲省事而流于废事,地方酿成丛挫之形,托无为而不能有为,输将且有不继之患	不及	量调简僻		十三年大计纠劾疏

续　表

时间	人物、事由	罪名	处分	圣旨	出处
崇祯十二年十一月十五日	常州府通判梁光鼎侏儒伎俩,猥琐庸才,辔已委于群奸,议旋滋于署篆。状貌不逾中人,胸次暗藏机械,黔技已见于摄符,线才难安于故物	不及	重加降调		十三年大计纠劾疏
崇祯十二年十一月十五日	镇江府通判朱盛湲庸庸为质,罔知簋篚之防,苟苟自营,遂致鼠猫之匿。此一官者,辔甘旁假,心易受濡,钱粮解少放多,罔知肯綮。濬河役贫漏富,不顾怨咨,既负乘之堪羞,或困衡而知励	不及	重加降调		十三年大计纠劾疏
崇祯十二年十一月十五日	石埭县知县乔熙疏憒生奸,优柔废事,倚衙蠹为腹心,城狐昼见,置民冤于膜外,讼牒尘封。以昏庸为浑厚,以卑鄙为执谦,衡文滥托匪人,士子之心尽失,投刺动称小弟,父母之体何存?	不及	量调简僻		十三年大计纠劾疏

据表12-1至表12-4统计,八法中纠劾为"不谨"者五人,"贪"者六人,"浮躁"者四人,"不及"者十五人,计三十人,其中:知府三人,同知两人,通判七人,推官两人,知县十四人,照磨一人,简较一人。品级则从正四品到从九品不等。

二、有司得人

赏罚严明,是官吏考核制度赖以巩固和推行的前提条件。赏罚不明,考核则形同虚设不起作用。考核是吏治的手段,赏罚黜陟同样也是手段。通过考核来治吏治民、巩固统治才是最后目的。[1]方岳贡曾对崇祯帝言:"欲天下治平,在择守令。察守令贤否,在监司。察监司贤否,在巡方。察巡方贤否,在总宪。总宪得

---

[1]王松安:《明初官吏考核制度述论》,《许昌学院学报》(社会科学版)1986年第4期,第33页。

人,御史安敢以身试法。"[1]崇祯帝以为善,将之超擢为左副都御史。层层考核,环环相扣,最要者在得人。这个道理,张国维当然也懂。他到任伊始,即上《入境纠劾疏》:

> 窃惟海内有司之难,至吴中极矣;吴中有司员缺数多,见在寥落至今日极矣。其难者,臣以之体恤贤能,而不敢以之宽待不肖;其寥落者,臣固怜黄台之蔓,而不敢忘鹰鹯之击。故受事以来,宁示精严而责事效,到任甫匝月,即趣完积岁延迟之会计青由,以清钱粮之根,诸凡解放之缓急,吏总之侵那,民生之疾苦,耗赎之浮滥,无不严剔细搜,谆谆布告,遇有实真奉行、趋事精敏之吏,无不护若爱子,倚如左右手,祈以此一片计安热肠灌注于群有司之肺腑,大家鼓励振起,实心实政,用少苏此穷黎。[2]

又于《劾何令疏》中言:"臣奉命抚吴,日惟以乂安地方为务,而民生之休戚,尤系于守令之贤不肖,故臣于守令以污洁衡其品,以干理程其材,以真心实政提醒其精神,刻刻与道府咨询,期尽破情面,力除害马。"[3]于《劾王倅举黄令疏》中言:"窃照臣西属六府一州民困极矣,江北之安庆岁遭蹂躏,江南之五郡相继转输,当此多事之时,求以苏其疾苦,惟在有司得人耳。有司贤,虽疮痍有孔迹之戴,有司不肖,虽代庖有腹削之虞,是不容不严为稽核也。"[4]他对这一吏治思想可谓贯彻始终、身体力行了。

兵备道大约萌芽于宣、正年间,成型于成、弘之后,一般由按察司副使、金事担任,全称是"整饬某地兵备某按察司副使(或金事)"。其职权范围因时因地而异,偶尔兼管地方钱粮,或带"兵粮道"衔。兵备道直接受所在省区督抚统辖,并与督

---

[1]张廷玉等:《明史》,中华书局1974年版,第6505页。

[2]张国维:《入境纠劾疏》,《抚吴疏草》,《四库禁毁书丛刊》史部第39册,北京出版社2000年版,第36页。

[3]张国维:《劾何令疏》,《抚吴疏草》,《四库禁毁书丛刊》史部第39册,北京出版社2000年版,第78页。

[4]张国维:《劾王倅举黄令疏》,《抚吴疏草》,《四库禁毁书丛刊》史部第39册,北京出版社2000年版,第418页。

抚一同成为明代省级体制和以文统武体制的重要组成部分。[1]兵备道多由督抚题奏设立,也有由巡按、给事中、兵部奏设的。兵备道赴任时,由皇帝赐予敕谕。因此,他与督抚、巡按一样,俱是朝廷的使臣。兵备道设置以后,官员多由按察司副使、金事担任,此为定制,但也有以其他官员担任者。

兵备道最大的特征是军事功能,但它并不像府、县官那样,有历代相承因而约定俗成并通过"诸司职掌"确认的职掌范围,而是根据各地的情况不一,因地制宜,通过"敕书"的方式予以具体确定。然而,兵备道的权力不断增大,其行政、财政、监察及其他方面的职掌范围扩大,从而不仅成为省之下、府之上的军事领导机关,而且取代分巡、分守道,成为同一级的军政首脑。[2]

兵备道为按察司分职机构,包括南、北直隶,各布政司都有设置。官员多由按察司副使与金事担任。其职责因时因地有所不同。大体而言,其两大职责是分理军务、监察官兵。但其仍负有其他职责,如管理卫所兵马、钱粮与屯田、受理词讼、操练卫所官军与地方民兵、巡视江防与海防、缉捕流民与罪犯等。[3]

明代应天巡抚统辖南直隶徽宁池太安庆广德和苏松常镇二兵备道,其中苏松常镇兵备道的设置变动较多,时而一分为苏松和常镇二兵备,时而又合二为一。

> 伏照监司一官转上下之毂,最为紧要,而江南之监司更与别省不同,别省有藩臬,又有守巡,可以分菅共理,政事易集。惟臣属十郡一州,除新设粮道之外,寥寥四道耳,诘戎治赋,察吏安民以及刑名邮传,靡一非监司之责,是非雄才、定识、经纶四应者奚足以胜其任而愉快者?常镇二府控扼大江,为江南锁钥,漕运咽喉,极称繁剧,迩年邻警时闻,人心易动,纷嚣凌竞之象,甚费辑绥。[4]

> 毋论道臣董师敌忾,方在行间竞奋执馘之功,轻言铅椠之寄,且三吴何地,今日何时乎?四郡江海交冲,财赋转毂,两监司事务之烦,甲于他

[1]罗冬阳:《明代兵备初探》,《东北师范大学学报》(哲学社会科学版)1994年第1期,第17页。
[2]曹崇岩:《明代兵备道研究》,西北师范大学2010年硕士论文,第28页。
[3]曹崇岩:《明代兵备道研究》,西北师范大学2010年硕士论文,第3页。
[4]张国维:《徐道久任疏》,《抚吴疏草》,《四库禁毁书丛刊》史部第39册,北京出版社2000年版,第61页。

省,在多事时尤为紧要,偶缺一员,已觉支吾,若两署并虚,助勷谁寄?[1]

窃惟常镇二府居江海之交冲,为东南之门户,赋重民疲,易动难静,即在平尝无事时,监司之任本须弘济之才,而今何时也?……流氛纵横江北,眈眈窥江,不惟震邻,而且剥肤矣。[2]

盖臣西属之在江南者五郡一州,仅有应徽两道臣管辖,春间贼逼安庆,五郡震邻,应太道臣张士第扼防安庆,徽宁道臣侯安国移驻江干,犄角互资,今张士第以押运行矣,五郡一州之担全属于侯安国一人,万一安国复以迁去,度接任之官自部推以至受事,远则半载,近亦数月,此地何地?而藩维之任可久虚哉?今流寇尚在蕲黄英霍之交,江南防御迄无已时,顷据婺源县复报邻省江西铅山县为无教作乱,震在接壤,人怀风鹤,不有道臣,谁司控驭?[3]

第安庐地界,吴楚最称要害,近来添设道臣专为剿御寇氛乂安封疆之计,时下荆襄告警,安庆震邻,庙堂亟以单弱为虑,臣方与文武操臣远近声援,而责专办贼之道臣反使之远事他务,倘风雨之寇飘忽骤至,谁为遏狂焰而奠危疆乎?以押军较之御寇,缓急固有攸分矣,矧兵燹之余,灾荒叠告,抚绥弹压,岂可一日离道臣哉?[4]

窃照江南财赋之地,首重苏松,一切转输征调,强半取给焉,其形势之险要,襟湖带海,对峙岛夷,每岁夏汛冬防,寒暑弗辍,而时虞奸宄勾引,或启戎心,加之兵力罢于调援,物力凋于灾沴,赋役烦而穷民无乐生之心,羽檄纷而奸民有伺衅之志,所以交防于内外,互画于方圆者,唯系于一道臣,其寄最为艰难烦苦者也。[5]

---

[1]张国维:《冯道留任疏》,《抚吴疏草》,《四库禁毁书丛刊》史部第39册,北京出版社2000年版,第229页。

[2]张国维:《曾道久任疏》,《抚吴疏草》,《四库禁毁书丛刊》史部第39册,北京出版社2000年版,第372页。

[3]张国维:《侯道加衔疏》,《抚吴疏草》,《四库禁毁书丛刊》史部第39册,北京出版社2000年版,第567—568页。

[4]张国维:《留汤道危押班疏》,《抚吴疏草》,《四库禁毁书丛刊》史部第39册,北京出版社2000年版,第673—674页。

[5]张国维:《方守补道疏》,《抚吴疏草》,《四库禁毁书丛刊》史部第39册,北京出版社2000年版,第626页。

目下漕运届期,千艘鳞集,告籴以应兑,措锃以濬河,拮据万状,刻刻有意外之虞,所藉抚绥而弹压之者,惟道臣是赖……春夏汛防,谁绸牖户?军民开兑,谁速挽输?流氛洊惊,谁任捍御?军兴孔棘,谁资料理?种种堕误,非臣一手一足所能补苴。[1]

藩臬即藩司和臬司,指明代布政使和按察使的并称。明代南北二京不设布、按二司,故无参政、参议、副使、佥事等职,所设道官寄衔于临近省布、按司官。[2]南直隶之道寄衔于山东者,太仓道、颍州道、徐州道;寄衔浙江、江西、湖广者,苏松道、漕储道、常镇道、庐凤道、徽宁池太道、淮扬道。应天府因而代之以兵备道,应天府算上新设之督粮道,通常共四道。

从上引可见,张国维对道臣的依赖程度之深。道臣的确成为他的左右手、他的亲密战友。他深深明白,孤掌难鸣,只有紧密团结几个道臣,方能应付如此烦难险恶之困境。安庐道臣乃为新设,不料冯元飚又被调走。可参看崇祯前期应天巡抚下辖兵备道情况(见表12-5)。

表12-5　崇祯前期应天巡抚下辖兵备道情况[3]

兵备道名	《抚吴疏草》中出现的起始时间	治所	辖区
苏松	崇祯七年六月至十二年十二月	太仓州	苏州、松江
常镇	崇祯七年五月至十二年十二月	江阴	常州、镇江
徽宁	崇祯七年四月至十二年十一月	旌德	徽州、宁国、广德州
安池	崇祯七年五月至十一年四月	池州	安庆、池州、太平、应天外六县
池太	崇祯十一年九月至十二年五月	芜湖	池州、太平、应天外六县
安庐	崇祯十一年十月至十二年十一月	庐州	安庆、庐州

张国维上请道臣徐世荫(常镇兵备道副使)、冯元飚(苏松兵备道右参议)、曾

---

[1]张国维:《陈守补道疏》,《抚吴疏草》,《四库禁毁书丛刊》史部第39册,北京出版社2000年版,第627—628页。

[2]张廷玉等:《明史》,中华书局1974年版,第1845页。

[3]夏斌:《明中后期安庆地区建置考述——以兵备道和巡抚的设置为中心》,《历史教学》2018年第20期,第54页。

化龙(常镇道按察使兼署苏松道事)、侯安国(徽宁兵备按察使)、汤开远(安庐兵备道右参议)久任,上请方岳贡(苏松兵备道松江府知府)、陈琯(尝镇兵备道事岁州府知府)就近升补道臣。除了上述这些道臣外,《抚吴疏草》中提及的道臣还有苏松兵备佥事宋继登、常镇道臣商周初、安池道臣应太道臣池太道臣张士第、安池道臣徽宁道臣王公弼、苏松兵备道右布政使周汝弼、安池道臣史可法、河南道臣戴东旻等。他盛赞徐世荫:"道臣徐世荫受事两载,巨细之纪纲毕举,军民之剂处咸宜,修葺械船,建造营房,练兵以消伏莽,捐俸以储技勇,悉苦心竭智,不爱发肤,而计周桑土,至于区处宜邑之变,才诚并运,使渠诛党戢,立奏敉宁,非猷略肝胆沉毅过人者,曷能有此? 今乱形初定,隐患未销,弹压良非易易,本官惠爱威□,众所倚信,使之久任责成,可以济缓急,可以弭未形,实为东南之保障,非徒籍其坐镇已耳。但其历俸既已及瓜,士民恐旦夕推迁以去,其切皇皇,而臣等择人共济,更有不啻舆情之关切者。为本官计,则加衔不如推擢,久任繁难不如易地而试,然根本重地,诚不可一日无此官,不暇为本官计其便也。"[1]力荐冯元飏:"地方之倚藉,元飏尤非寻常比也。本官守凛四知,才经百练,苦心求瘼,劲力担当,绸缪立办于咄嗟,方圆互应于左右,至罗材储用而将士奋乐死之心,苏困厘奸,而兵民庆更生之望,其嘉绩乃彰彰在人耳目者。今楚豫流氛,日传警报,顷接河南抚臣咨云,流寇自郧西山中突出,放火劫粮,又自深山纤透内乡,逼近镇平,势复猖獗,此狡谋又蹈昨岁故智,一时透出宛东,即密迩直省地方等因。又接总漕臣咨云,新头目浑十万等声势方张,旧头目老回回等路径原熟,镇平只尺,宛郡万一豨突难遏,势必复及沿江等因,则乘虚东窥,势所必然。舍经济素裕之监司,谁与效左右手之助乎? 臣为地方计,与自为计,俱不可一日无此官也。纵新任有人而推自他处者,安能遽至? 即至而兵食有纷如之头绪,防御有倏忽之机宜,未必驾轻就熟,犹无济于缓急也。况计期将届,所属官评悉与道臣咨酌,惟久在地方者衡鉴始真,此又大典所关属系更切矣。元飏品望素著,学宪之推自是借才之意,即为本官谋,其便东南之多,故不及闽地,兵备之拮据,不如提学,然臣止为三吴起见,他无所顾也。"[2]《明史·冯元飏》载:"寻起礼部主事,进员外郎中,迁苏松兵备参议。温体仁当国,唐世

---

[1]张国维:《徐道久任疏》,《抚吴疏草》,《四库禁毁书丛刊》史部第39册,北京出版社2000年版,第61—62页。

[2]张国维:《冯道留任疏》,《抚吴疏草》,《四库禁毁书丛刊》史部第39册,北京出版社2000年版,第230页。

济为都御史,皆乌程人,其乡人盗太湖,以两家为奥主。元飏捕得其渠魁,则世济族子也,置之法。迁福建提学副使,巡抚张国维奏留之。"[1]大概张国维奏留未允,圣旨有云:"押班遵旨,行张国维不得代请,该部知道。"[2]褒扬曾化龙:"道臣曾化龙品识端远,经济弘裕,清饷足储,而三军有饱腾之气,厘奸剔蠹,而万姓起来苏之讴。尤留心武备,新设火角营,无不以一当百,而神器制造之精,从来未有,江南备御从此改观矣。苏松道久未推补,曾化龙以一人兼四郡之剧务,竞绿适剂,左右咸宜。微臣督兵在皖,化龙转饷相属,曾无告匮,其干济之四应,又有如此者。有才如此,而或为他地所借,则地方失长城之寄矣。"[3]力挺侯安国:"道臣侯安国受事三载,百度聿新,董漕著飞挽之绩,厘蠹清肘腋之奸,应事运以精心,率属悉由真悃,擒治大盗,而地方宁谧,克诘戎兵,而壁垒改观,诚无忝屏藩之寄,堪扼三辅之要者也。"[4]夸奖起方岳贡来真是如数家珍:"方岳贡清绝一尘,才堪八面,惠政懿绩,不可枚举。其大者如筑捍海塘,清储义米,兴水利,缮甲兵,皆以拊绥而兼保障之事。军民爱戴,万口如一,巡方之首荐、特荐计不下数十次,且累膺卓异之举,其循良久在圣鉴中矣。今在任历十二年,劬劳罕有其比,监司之转久属应得。若即以之推补苏松道,积恩足以孚众志,素望足以系人心,才略足以济时变,朝拜命而夕受事,多事之地,遂屹然得所恃矣。"[5]《明史·方岳贡传》云:"崇祯元年出为松江知府。海滨多盗,捕得辄杖杀之。郡东南临大海,飓潮冲击,时为民患。筑石堤二十里许,遂为永利。郡漕京师数十万石,而诸仓乃相距五里,为筑城垣护之,名曰'仓城'。他救荒助役、修学课士,咸有成绩,举卓异者数矣。薛国观败,其私人上海王陛彦下吏,素有郤,因言岳贡尝馈国观三千金,遂被逮。士民诣阙讼冤,巡抚黄希宪亦白其诬,下法司谳奏。一日,帝晏见辅臣,问:'有一知府积俸十余年,屡举卓异者谁也?'蒋德璟以岳贡对。帝曰:'今安在?'德璟复以陛彦株连对,帝颔之。法司谳

[1]张廷玉等:《明史》,中华书局1974年版,第6642页。
[2]张国维:《留汤道危押班疏》,《抚吴疏草》,《四库禁毁书丛刊》史部第39册,北京出版社2000年版,第674页。
[3]张国维:《曾道久任疏》,《抚吴疏草》,《四库禁毁书丛刊》史部第39册,北京出版社2000年版,第372页。
[4]张国维:《侯道加衔疏》,《抚吴疏草》,《四库禁毁书丛刊》史部第39册,北京出版社2000年版,第567页。
[5]张国维:《方守补道疏》,《抚吴疏草》,《四库禁毁书丛刊》史部第39册,北京出版社2000年版,第626页。

上,言行贿无实迹,宜复官。帝奖其清执,报可。"[1]尝州陈琯赢得上下同声赞誉:"知府陈琯绥治以德,戡乱以才,浣身如水月之清,莅事若江河之决,诘戎蒐实,三军惠洽,投醪拯溺,拯焚灾黎,戴同慈母,诚为剧地之循良,一方之保障也。"[2]

督粮道,亦称管粮道,主要由各省布政司参政、参议担任。其基本职掌是"专督通税",催督押运苏松常镇四府漕粮,在一定职权范围内调整地方赋役编审和征收制度,替代苏松兵备道监督合并后的下江造船厂,兼理四府黄册事务,勘查灾情与监督地方水利工程,战时兼管地方军事。[3]苏松督粮参政自嘉靖二十七年(1548)动议,二十九年(1550)委官派设,正式成为主管江南苏松常镇四府钱粮的司道级管粮官,但此职的设置在明代并不稳定。张国维称,苏松督粮道曾在万历二十年(1592)至二十四年(1596)还有一次复设到归并的反复:"(万历)二十年,奉旨复设苏、松、常、镇粮储道一员,带湖广布、按二司衔(下注:布政使参政、参议、按察使副使、佥事无定秩),兼理水利。二十四年,题准改粮储道为常、镇兵备道,苏、松、常、镇兵备道为苏、松兵备道,析四府水利各就辖境兼理。"[4]可知,这次苏松督粮道短暂的复设,在四年后就被归并为常镇兵备道而再次退出历史舞台。"(崇祯)四年,奉旨复设苏、松、常、镇粮储道一员,带湖广布、按二司衔(下注:亦无定秩),兼巡视漕河,其水利、农务仍苏松、常镇二兵备道兼理。"[5]由此可知,在崇祯朝之前,江南各府钱粮大都由兵备道兼理,直到崇祯四年(1631)才再次设置苏松督粮道,专理四府漕粮。据《抚吴疏草》,应天府复设督粮道,如带管尝镇道事的督粮道按察使曾化龙、苏松常镇督粮道佥事赖万耀等。

三、武官考选与甄别

明朝对武官的考核有多种方法。全国普遍施行军政考选与风宪官举劾两种;

---

[1]张廷玉等:《明史》,中华书局1974年版,第6504页。

[2]张国维:《陈守补道疏》,《抚吴疏草》,《四库禁毁书丛刊》史部第39册,北京出版社2000年版,第628页。

[3]胡克诚:《明代苏松督粮道制考略》,《明史研究》第14辑,黄山书社2015年版,第25页。

[4]张国维:《吴中水利全书》,《东阳丛书》第13册,浙江古籍出版社2015年版,第435—436页。

[5]张国维:《吴中水利全书》,《东阳丛书》第13册,浙江古籍出版社2015年版,第436页。

"九边"地区又有阅视与甄别练兵官员两种专门的考核。[1]明代武官最先实行的考核方法是"军政考选",始于宣德八年(1433),成化二年(1466)开始五年一行,当时考选的对象是都司卫所武官,总兵等镇戍将领不在其内。[2]明制"军政考选"的"考选之法,兵部预先通行南北直隶、浙江等处巡抚都御史,转行都、布、按三司掌印官,各将所属卫所副、参、游以下,千户以上,贤否履历,访察明白,各注考语。径送抚按官处,另注考语,造册三本,限四月终旬,差人赍部(兵部)"[3]。而明代"军政考选"所形成的"考语"是兵部会官"参详(所考人员)去留"的重要参酌凭据之一。

明代督抚升迁交代,巡按御史年终复命时,要将察访所得的辖区内优异官员向朝廷举荐,不称职官员予以纠劾,可谓之"风宪官举劾",每年一行。风宪官举劾卫所武官,始于正统元年(1436);举劾镇戍武官,则始于弘治元年(1488)。参将以下将领与"司、总、管队"等基层武官都被纳入举劾的范围。甄别练兵官员,指年终由巡抚主持考核"九边"副总兵以下武官及文职司道等练兵、养马、修治器械三事之实效,将应举、应劾者上奏朝廷以供黜陟的制度。[4]张国维每于甄别奏疏的开头冠以如下比较程式化的一段话:题为两汛告竣,循例举劾防御官员,以饬海防事。案查准兵部咨,该本部题,以后沿海腹里地方,各该督抚等官每遇大小两汛完日,逐一体访,查照九边事例,于岁终将大小将领分别臧否疏请定夺。如其果贤,从公议留;如其不肖,据法议斥;如其人地或不相宜,不妨议调。道行各省直一体遵奉施行等因,奉圣旨:"是沿海近多警报,着通行申饬戒备,不许怠误,钦此。"钦遵,备咨前来,随经案行苏常二道遵照分防查覆开报去后,今照崇祯六年(1633)冬、崇祯七年(1634)春两汛事竣,据苏松兵备道右布政使周汝弼,常镇兵备道副使徐世荫各将查访过大小将领等官贤否造册呈送到臣,该臣谨会同巡按苏松等处监察御史祁彪佳看得……[5]从中可知,武职"甄别"的主管部门是兵部,固定期限是"大小两汛完日",参照系是"九边事例",兵备道分别查访过大小将领后,将武官贤否文册呈送给应天巡抚张国维;张国维再与监察御史(巡按)共同研讨,将结果上

[1]曹循:《明代镇戍营兵中的基层武官》,《中国史研究》2018年第1期,第144页。

[2]曹循:《明代卫所军政官述论》,《史学月刊》2012年第12期,第41页。

[3]申时行等修,赵用贤等纂:《明会典》,《续修四库全书》第791册,上海古籍出版社2002年版,第190页。

[4]曹循:《明代镇戍营兵中的基层武官》,《中国史研究》2018年第1期,第147页。

[5]张国维:《七年甄别疏》,《抚吴疏草》,《四库禁毁书丛刊》史部第39册,北京出版社2000年版,第38页。

奏皇帝。

军政考选与风宪官举劾的周期不同,军政考选要将考选过官员文册全部开送部、科备照,参详去留,重在惩处、贬黜,与文官京察、外察相似。而后者重在举荐、弹劾,且以举荐为主。

崇祯八年(1635)十二月,张国维上《军政纠劾疏》有云:

> 题为军政考选官员事。崇祯七年十二月二十六日,准兵部咨内开,今照崇祯八年例,该五年考选之期,相应题请通查案呈到部看得,两京卫所及在外各卫所军政官员五年一次考选,通行各处抚按衙门将应该考选官员预先博采贤否,秉公考选,毕日造册送部稽考,以凭会同参详去留上请等因,题奉圣旨"是,钦此。"钦遵,备咨前来,准此案查,先准本部咨,为集众议陈愚悃以裨戎务事,该巡视京营科道官傅来鹏等条陈一款复旧制,以储将材。该本部议覆,今后各边将领查照原议与腹里省直,如遇五年应考之期,本部预行各该总督抚按官将所属大小将领从公询试,如有贪酷庸懦,年老有疾等项,不拘多寡名数,会同具奏议黜,如罪恶未甚,年力堪以策励者,不得苛求等因题奉钦依移咨在卷。又案准本部咨内开,查照本部题奉钦依事理,会同巡按御史行令总兵副总兵但系都督职衔者依限自陈,其余副参游守但系都指挥使以下等官从公询试,一体考核。等因并咨在卷,案准前因,该臣行据苏松、常镇、安池、徽宁、九江五道呈送各营将领并卫所武职官员贤否事迹册到臣,看得军政钜典,时当多事,而边海要区关系尤重,谨将所属五年之内大小将领逐加查访,当面考察,矢慎矢公,毫无假狥。除将苏州等卫所各官分别职掌造册另行奏缴外,所有将领不职之尤者例应纠劾,谨会同巡按苏松等处监察御史王一鹗据实上陈,伏乞敕下兵部覆议。如果臣等所言不谬,将汪秉日等革任回卫,庶贪弁知警而有裨军政矣。[1]

中军、坐营、千总、把总、管队等管营官和操守、守堡、防守等守土官等基层武

---

[1]张国维:《军政纠劾疏》,《抚吴疏草》,《四库禁毁书丛刊》史部第39册,北京出版社2000年版,第126—127页。

官不在考选范围之内。考选仅限于将领,而甄别是包括基层武官的。在军政考选中,基层武官若是卫所世职,就要参加卫所军政考选,考选评语奏缴兵部,使朝廷掌握其基本情况。至于他们被疆臣委用与否、如何委用,明廷就不再过问了。也就是说,基层武官的考核是由督抚等自主施行的。

兹据《军政纠劾疏》,将张国维劾官三员情况统计如表12-6所示。

表12-6 《军政纠劾疏》劾官三员情况

时间	人物及其考语	建议处分	圣旨	出处
崇祯八年十二月初二	常熟福山营升任把总汪秉日驭兵无纪,黩贿有声,在任已赃官,方去后益腾物议	革任回卫	正月二十日,圣旨:"兵部知道。"	军政纠劾疏
崇祯八年十二月初二	常州陆营守备国初诣效科敛,偏工冒粮,纵兵疏防高卧,事事有玷营伍。阿堵熏心,廉隅扫地,虚兵糜饷,信地视若等闲,纵伍索粮,师律置同疣赘,安用木偶之形,以削兜鍪之色	革任	正月二十日,圣旨:"兵部知道。"	军政纠劾疏
崇祯八年十二月初二	上海练兵把总褚士麒贪鄙为心,疏懒成性,既纪律之罔知,更身名之不恤。醒龊肺肠,鼠猫面目,疏玩长骄,约束无闻,于戎伍实行比匿,索诈复遍于乡城	革任	正月二十日,圣旨:"兵部知道。"	军政纠劾疏

崇祯七年(1634)到十二年(1639),共有六次甄别,可惜崇祯七年(1634)、九年(1636)、十年(1637)疏残缺不全。《七年甄别疏》[1]荐官十八人次,劾官显示一人次,参照其他同类疏奏,推测劾官两人次。《甄别第二疏》[2]荐官二十二人次(少七),劾官两人次。《甄别第三疏》[3]荐官十九人次,劾官两人次。《甄别第四疏》[4]荐

[1]张国维:《七年甄别疏》,《抚吴疏草》,《四库禁毁书丛刊》史部第39册,北京出版社2000年版,第38—41页。

[2]张国维:《甄别第二疏》,《抚吴疏草》,《四库禁毁书丛刊》史部第39册,北京出版社2000年版,第109—113页。

[3]张国维:《甄别第三疏》,《抚吴疏草》,《四库禁毁书丛刊》史部第39册,北京出版社2000年版,第213—219页。

[4]张国维:《甄别第四疏》,《抚吴疏草》,《四库禁毁书丛刊》史部第39册,北京出版社2000年版,第411—415页。

官二十人次,劾官两人次(少一)。《甄别第五疏》[1]荐官二十三人次,劾官两人次。《甄别第六疏》[2]荐官二十三人次,劾官两人次。总计荐官一百二十五人次,劾官十二人次。其中有重叠,如许自强荐两次,张载赓荐两次、劾一次,杨大相荐三次,王国柱荐四次,陶拱极荐四次,张奇蕴荐四次,唐夔荐三次,方如斗荐五次,吴士遴荐四次,蒋若来荐三次,吴志葵荐四次,程周祜荐五次,朱寿增荐四次,李一凤荐三次,盛应魁荐三次,周建荐三次,章宏荐两次,童以振荐两次,王之弼荐两次,陈国计荐三次,韩懋功荐三次,陈良知荐两次,施历钦荐两次,曹舜龄荐两次,杨芳荐两次,钱国华荐两次,吕承周荐两次,鲍道传荐两次,王尚德荐两次,闵洪得荐两次,程应璠荐两次,沈亮荐两次,刘之向荐两次,等等。具体见表12-7甄别疏中荐官一览和表12-8甄别疏中劾官一览。

表12-7 甄别疏中荐官一览

时间	人物及荐语	上请	圣旨	出处
崇祯七年八月初一	江南副总兵官由武进士世职百户许自强,智勇并运,经纬交收,革陋规而拊循挟圹,严壁垒而号令如山,捐资制器,功高平贼	循资议用	八月二十六日,圣旨:"兵部知道。"	七年甄别疏
崇祯七年八月初一	海国长城永生营参将由三科武举世职指挥桂本枝韬龙素谙,汗马著劳,投醪之惠,部曲沾恩,以之备南北干城,恢乎余地矣	循资议用	八月二十六日,圣旨:"兵部知道。"	七年甄别疏
崇祯七年八月初一	金山营武进士参将张超胸藏黄石,气壮青萍,又能剿蠧伤营,先事绸缪,廉威已见一斑矣	循资议用	八月二十六日,圣旨:"兵部知道。"	七年甄别疏
崇祯七年八月初一	刘河营武进士游击郑维城搦管立就千言,谈兵足惊四座,不仅争能一剑者,近来屡获盐盗,已著成劳	循资议用	八月二十六日,圣旨:"兵部知道。"	七年甄别疏
崇祯七年八月初一	吴淞陆营把总由世职千户加级指挥朱士胤忧时蒿目,壮气填胸,昨岁与平海寇,近请缨防守安庆,军纪严明,秋毫无犯,击楫名流	循资议用	八月二十六日,圣旨:"兵部知道。"	七年甄别疏

[1]张国维:《甄别第五疏》,《抚吴疏草》,《四库禁毁书丛刊》史部第39册,北京出版社2000年版,第602—606页。

[2]张国维:《甄别第六疏》,《抚吴疏草》,《四库禁毁书丛刊》史部第39册,北京出版社2000年版,第692—697页。

续　表

时间	人物及荐语	上请	圣旨	出处
崇祯七年八月初一	吴淞水营武举把总闵洪得岳立丰标，风生谋议，夙习火攻，屡擒盐盗，功能已著，专阃可须	循资议用	八月二十六日，圣旨："兵部知道。"	七年甄别疏
崇祯七年八月初一	吴淞游兵营今议调福山营把总由世职指挥汪秉日壮懷出自小心，提躬兼能爱士，出汛建功，备尝险阻，到处长城可寄	循资议用	八月二十六日，圣旨："兵部知道。"	七年甄别疏
崇祯七年八月初一	标下标营三科武举守备项鼎镛韬略凤娴，冰霜自砥砺，于训练一旅，有赳桓气象，迥迈时夯	循资议用	八月二十六日，圣旨："兵部知道。"	七年甄别疏
崇祯七年八月初一	苏州陆营西总练世职指挥包文达慷慨英风，沈雄智胆，规画多关本计，督漕具见苦心，干城之选	循资议用	八月二十六日，圣旨："兵部知道。"	七年甄别疏
崇祯七年八月初一	福山营今议调吴淞游兵营三科武举把总张其威裹革雄心，请缨壮志，昼夜冒险游巡，能令萑苻屏迹，足备缓急之选	循资议用	八月二十六日，圣旨："兵部知道。"	七年甄别疏
崇祯七年八月初一	刘河水营三科武举总练守备张载赓胸蟠兵甲，掌运机权，擒盗多功，萑党尽息	循资议用	八月二十六日，圣旨："兵部知道。"	七年甄别疏
崇祯七年八月初一	宜与营总练杨大相悦礼敦诗之品，倚剑借箸之才，其弹帖嚣民，立擒巨叛，良将才也	循资议用	八月二十六日，圣旨："兵部知道。"	七年甄别疏
崇祯七年八月初一	苏州陆营东总练守备尹尚元雄伟沉深，老成详练，恩以遇卒，中坚壮猷	循资议用	八月二十六日，圣旨："兵部知道。"	七年甄别疏
崇祯七年八月初一	苏松道标营总练世职千户王国柱激昂壮气，爽练长才，摄营训练有方	循资议用	八月二十六日，圣旨："兵部知道。"	七年甄别疏
崇祯七年八月初一	常镇道标唬营总练世职百户陶拱极范度雅恒，持谋沉毅，足称智勇之兼备者	循资议用	八月二十六日，圣旨："兵部知道。"	七年甄别疏
崇祯七年八月初一	圌山营把总世职指挥刘之向技擅穿扬，守懷茹蘖，至事故月无漏报，尤为诸弁所难	循资议用	八月二十六日，圣旨："兵部知道。"	七年甄别疏

时间	人物及荐语	上请	圣旨	出处
崇祯七年八月初一	巡江营武举总练吴宗进颓然健将,卓尔雄风,靖江久标劳绩,京口益殚新猷	循资议用	八月二十六日,圣旨:"兵部知道。"	七年甄别疏
崇祯七年八月初一	柘林营会举把总程应璠智略夙饶,而约己束伍,足任当关。	循资议用	八月二十六日,圣旨:"兵部知道。"	七年甄别疏
崇祯八年十月二十六日	王尚德	循资升擢	十一月二十四日,圣旨:"兵部知道。"	甄别第二疏
崇祯八年十月二十六日	吴淞陆营武进士守备张奇蕴貌恂而志锐,力定而谋深,滨海信地安澜,援桐英略驰誉	循资升擢	十一月二十四日,圣旨:"兵部知道。"	甄别第二疏
崇祯八年十月二十六日	江阴营三科武举守备降一级管事唐夑沉毅出以安详,慈和本于严正,久任江营,训兵擒盗,累绩足纪,而挺然援皖,艰辛备尝,其劳尤难泯灭	循资升擢	十一月二十四日,圣旨:"兵部知道。"	甄别第二疏
崇祯八年十月二十六日	宜兴营实授守备杨大相于洁四知,智安群小,诘戎已奋,鹰扬御侮,更□□略,亦弁流人杰也	循资升擢	十一月二十四日,圣旨:"兵部知道。"	甄别第二疏
崇祯八年十月二十六日	宝山营武进士把总方如斗体貌雄奇,风猷沉劲,奇正历叩而不穷,训练身先而罔懈,远防皖城,勤勚尤著	循资升擢	十一月二十四日,圣旨:"兵部知道。"	甄别第二疏
崇祯八年十月二十六日	福山营武举把总吴士逵威信兼行,兵民并治,地当江海之交,任堪锁钥之寄	循资升擢	十一月二十四日,圣旨:"兵部知道。"	甄别第二疏
崇祯八年十月二十六日	标下新标营候推参将袭兆锦志甚雄长,才诚敏达,建肤功于东省,凤誉已彰,借前箸于三吴,新谟再竖,可称文武兼资,缓急攸赖者也	循资升擢	十一月二十四日,圣旨:"兵部知道。"	甄别第二疏
崇祯八年十月二十六日	标下将材加衔守备新总练蒋若来杀贼浑身是胆,尽忠惟赤此心,救江浦于累棊,固陪京于磐石,前劳不伐,壮气弥雄,足称名将	循资升擢	十一月二十四日,圣旨:"兵部知道。"	甄别第二疏

时间	人物及荐语	上请	圣旨	出处
崇祯八年十月二十六日	标下世职百户加衔守备新总练陈于王一生出自万死,独往可废千人,保全江浦,殊劳炳然,而气吞獭猢,更励寝戈,其忠勇有足多者	循资升擢	十一月二十四日,圣旨:"兵部知道。"	甄别第二疏
崇祯八年十月二十六日	标下中军武举加衔把总吴志葵负四矢而战出重围,轻一生而身亲数合,真不愧咽睛之勇,搴旗之雄也	循资升擢	十一月二十四日,圣旨:"兵部知道。"	甄别第二疏
崇祯八年十月二十六日	标下陆营总练武举官加衔守备程周祜英风迈爽,机智沉雄,剿寇则敢勇当先,束伍则严明振肃,可觇将略	循资升擢	十一月二十四日,圣旨:"兵部知道。"	甄别第二疏
崇祯八年十月二十六日	标下常川中军世职指挥朱寿增桓桓不愧世胄,铮铮绰有父风,劳著从征,尤能砥节	循资升擢	十一月二十四日,圣旨:"兵部知道。"	甄别第二疏
崇祯八年十月二十六日	苏松道标营总练世职千户王国柱练达久闲,营务传宣,深得士心,五载勤劬,四经刲荐	循资升擢	十一月二十四日,圣旨:"兵部知道。"	甄别第二疏
崇祯八年十月二十六日	常镇道标骁营总练世职百户陶拱极才能办卒,廉足诘戎,奉公守如捧盈,敢勇志期裹革	循资升擢	十一月二十四日,圣旨:"兵部知道。"	甄别第二疏
崇祯八年十月二十六日	标下将材部劄都司新总练李一凤忠矣一门,殉勇壮哉,百计复仇,灭贼心雄,赴征师锐	循资升擢	十一月二十四日,圣旨:"兵部知道。"	甄别第二疏
崇祯八年十月二十六日	标下中军将材加衔把总盛应魁即孝见忠,好谋兼勇,临敌倍能奋往,著劳不止传宣	循资升擢	十一月二十四日,圣旨:"兵部知道。"	甄别第二疏
崇祯九年七月二十六日	标下黔功加叙署副总兵管坐营事王尚德胸富甲兵,而出之沉毅,气雄虓虎,而运以雍容,饬备有法,拊士有恩,援皖之役,劳勋独多,自一时将材之矫矫者	例应荐扬,以备擢用	九月初八,圣旨:"兵部知道。"	甄别第三疏
崇祯九年七月二十六日	江阴营武举守备唐夔和门之略素闻,久敝之气顿刷,深心经济,不止火攻练阵之长技也。今援院十阅月,劳苦不辞,洵有用之才	例应荐扬,以备擢用	九月初八,圣旨:"兵部知道。"	甄别第三疏

时间	人物及荐语	上请	圣旨	出处
崇祯九年七月二十六日	原任金山陆营把总,今奉旨调管标营事武进士朱士鼎全副慷慨精神,一腔沉雄智虑,近擢新衔,刃锋愈淬	例应荐扬,以备擢用	九月初八,圣旨:"兵部知道。"	甄别第三疏
崇祯九年七月二十六日	吴淞水营武举守备闵洪得修伟雄姿,深沉大略,能涉险擒盗,可称冠军	例应荐扬,以备擢用	九月初八,圣旨:"兵部知道。"	甄别第三疏
崇祯九年七月二十六日	标下团营旗鼓中军武进士守备董喆居身谨饬,训练勤勍,传宜能得大体署幕士卒归心	例应荐扬,以备擢用	九月初八,圣旨:"兵部知道。"	甄别第三疏
崇祯九年七月二十六日	宝山营武进士把总方如斗训练简阅,力振积弛,事事实做,不以虚文为工	例应荐扬,以备擢用	九月初八,圣旨:"兵部知道。"	甄别第三疏
崇祯九年七月二十六日	刘河水营武举守备张载赓控驭有法,纪律无私,督兵出洋防剿,屡有获功,堪当一面	例应荐扬,以备擢用	九月初八,圣旨:"兵部知道。"	甄别第三疏
崇祯九年七月二十六日	太湖营世职中武进士把总朵允端伟貌雄才,韬钤熟谙,堪备筹边之选者	例应荐扬,以备擢用	九月初八,圣旨:"兵部知道。"	甄别第三疏
崇祯九年七月二十六日	柘林营会举把总程应璠智略夙饶,而约己束伍,具见廉威	例应荐扬,以备擢用	九月初八,圣旨:"兵部知道。"	甄别第三疏
崇祯九年七月二十六日	标下武举常川中军吴志葵技堪迈众,勇足摧坚,宿松之役,身被四矢,而拔镞鏖战,贼兢避其锋。今复领兵远援,艰危不避,良将才也	例应荐扬,以备擢用	九月初八,圣旨:"兵部知道。"	甄别第三疏
崇祯九年七月二十六日	陆营总练武举官程周祜有技有勇,援皖之役,劳苦不辞。今在营能汰弱简锐,悉心干办	例应荐扬,以备擢用	九月初八,圣旨:"兵部知道。"	甄别第三疏
崇祯九年七月二十六日	宜兴营恩贡参谋总练官杨大相借箸深心,却鲊遗意,调停抢攘之会,宽严中窾,允迈时流	例应荐扬,以备擢用	九月初八,圣旨:"兵部知道。"	甄别第三疏
崇祯九年七月二十六日	靖江营世职镇抚武举把总吴宗遥忠勇夙心,桓赳之貌,可称将种	例应荐扬,以备擢用	九月初八,圣旨:"兵部知道。"	甄别第三疏
崇祯九年七月二十六日	标下世职指挥常川中军朱寿增饶有才略,说礼敦书,不愧簪缨	例应荐扬,以备擢用	九月初八,圣旨:"兵部知道。"	甄别第三疏

时间	人物及荐语	上请	圣旨	出处
崇祯九年七月二十六日	苏松道常随官千户王国柱奋扬而沉练，律度自闲，约束得心，允觇才具	例应荐扬，以备擢用	九月初八，圣旨："兵部知道。"	甄别第三疏
崇祯九年七月二十六日	常镇道标唬营练兵百户陶拱极魄力豪雄，韬钤闲熟，竭力奉公，操凛茹蘗，足堪重任	例应荐扬，以备擢用	九月初八，圣旨："兵部知道。"	甄别第三疏
崇祯九年七月二十六日	松江陆营总练会举把总沈亮提躬整肃，饬伍严明，给饷无染，兵皆悦服	例应荐扬，以备擢用	九月初八，圣旨："兵部知道。"	甄别第三疏
崇祯九年七月二十六日	圌山营世职指挥把总刘之向英风壮略洁守，实心如事，故月无漏报，尤为诸弁所难	例应荐扬，以备擢用	九月初八，圣旨："兵部知道。"	甄别第三疏
崇祯九年七月二十六日	太仓陆营署总事千户姜云鹏老成历练，驭士得宜，能令行伍翻然改观	例应荐扬，以备擢用	九月初八，圣旨："兵部知道。"	甄别第三疏
崇祯十年十月二十日	镇守江南世职百户中武进士副总兵官都督金事许自强援枹严翼，抚剑澄清，纶巾靖海岛之风烟，跋履新皖封之壁垒，身经百战，力捍诸城，允矣东南保障	以备擢用	十一月二十四日，圣旨："兵部知道。"	甄别第四疏
崇祯十年十月二十日	金山营武进士参将周建严谨几追细柳，忠勤欲扫长星，克戒戎兵，习知海事，允为帅师长子	以备擢用	十一月二十四日，圣旨："兵部知道。"	甄别第四疏
崇祯十年十月二十日	刘河营三科武举游击章宏韬略夙娴，忠愤自鼓，著茹蘗饮冰之节，有说诗敦礼之风，真仗钺名流也	以备擢用	十一月二十四日，圣旨："兵部知道。"	甄别第四疏
崇祯十年十月二十日	镇江营武进士游击光忾能探隐符黄石之藏，绰有轻裘缓带之度，星门克诘，天堑增雄，洵为良将	以备擢用	十一月二十四日，圣旨："兵部知道。"	甄别第四疏
崇祯十年十月二十日	标下陆营武举把总程周祜静若处女，动如脱兔，披缨不避危地，挟纩能孚士心	以备擢用	十一月二十四日，圣旨："兵部知道。"	甄别第四疏
崇祯十年十月二十日	吴淞陆营武进士守备张奇蕴闻鸡饶具雄心，扪虱堪资前箸，训兵惠洽，御寇劳深	以备擢用	十一月二十四日，圣旨："兵部知道。"	甄别第四疏

续　表

时间	人物及荐语	上请	圣旨	出处
崇祯十年十月二十日	江阴营三科武举守备唐夔运奇正之略,驭节制之兵,鼓行足备前茅,火攻独称上策	以备擢用	十一月二十四日,圣旨:"兵部知道。"	甄别第四疏
崇祯十年十月二十日	宝山营武进士把总方如斗叱咤鲸鲵,息浪慷慨,雕鹗横秋,韬习九章,恩敷三单	以备擢用	十一月二十四日,圣旨:"兵部知道。"	甄别第四疏
崇祯十年十月二十日	南汇营会武把总童以振谋抽犬豹之奇,阵识龙云之变,规条井井,志概桓桓	以备擢用	十一月二十四日,圣旨:"兵部知道。"	甄别第四疏
崇祯十年十月二十日	崇明营武进士把总金玉度团练有方,谋猷具壮,厘剔能清,狐鼠纠桓,不愧熊罴	以备擢用	十一月二十四日,圣旨:"兵部知道。"	甄别第四疏
崇祯十年十月二十日	福山营武举把总吴士逵有胆有识,能毅能沉,刁斗不息于军中,艟艨时耀于海上	以备擢用	十一月二十四日,圣旨:"兵部知道。"	甄别第四疏
崇祯十年十月二十日	奇兵营三科武举守备吴孟璋一片忠肝,满腔秘略,壮气长鲸,卷窟雄姿,虓虎当关	以备擢用	十一月二十四日,圣旨:"兵部知道。"	甄别第四疏
崇祯十年十月二十日	游兵营武进士把总吴始蕴志存馘丑,气欲横戈,投醪之惠维均,超距之勇可贾	以备擢用	十一月二十四日,圣旨:"兵部知道。"	甄别第四疏
崇祯十年十月二十日	孟河营武进士把总陈万德干局深雄,精神朗映,地当北门之钥,人为泽国之城	以备擢用	十一月二十四日,圣旨:"兵部知道。"	甄别第四疏
崇祯十年十月二十日	常州陆营武进士守备王之弼神采亭亭,独上凤猷,矫矫不群,威惠兼行,精勤自矢	以备擢用	十一月二十四日,圣旨:"兵部知道。"	甄别第四疏
崇祯十年十月二十日	吴淞水营世职百户把总陶拱极奔走劳著,御侮才娴,轻车已驾于陆营,熟路更驰于水国	以备擢用	十一月二十四日,圣旨:"兵部知道。"	甄别第四疏
崇祯十年十月二十日	新标营原任都司总练李一凤浑忘宿露蒙霜,唯誓报仇雪耻,力战以卫孤城,指挥而摧强寇	以备擢用	十一月二十四日,圣旨:"兵部知道。"	甄别第四疏
崇祯十年十月二十日	署太湖营武举把总陈国计掌上有奇,目中无寇,悉其九攻之技,堪为一面之当	以备擢用	十一月二十四日,圣旨:"兵部知道。"	甄别第四疏

续　表

时间	人物及荐语	上请	圣旨	出处
崇祯十年十月二十日	嘉定营将材练兵官钱志操持廉洁,谋略沉宏,深得防御机宜,要地可资一臂	以备擢用	十一月二十四日,圣旨:"兵部知道。"	甄别第四疏
崇祯十年十月二十日	常镇道标下世职百户练兵官韩懋功廉平无染,果毅有谋,传宣已见一班,挥霍堪期分闸	以备擢用	十一月二十四日,圣旨:"兵部知道。"	甄别第四疏
崇祯十一年十一月初五	镇守江南武进士副总兵官陈良知英标迅发,智略周详,枕戈欲扫,櫜枪游刃,聿新壁垒,当受命叱驭,即冒暑趋御江北,凡四阅月,而后履任吴淞,忠奋罕俪,洵半壁长城也	循资升擢	十二月三十日,圣旨:"兵部知道。"	甄别第五疏
崇祯十一年十一月初五	金山营武进士参将周建猷宣仗钺,谋秘阴符,楼船碧海,波澄锁钥,全城永固,赴潜援剿,不避艰危,师中之吉	循资升擢	十二月三十日,圣旨:"兵部知道。"	甄别第五疏
崇祯十一年十一月初五	标下坐营世职指挥游击施历钦黄石传家,青萍淬志,驭士恩沾,挟纩从征,威著扫氛,允矣登坛之选	循资升擢	十二月三十日,圣旨:"兵部知道。"	甄别第五疏
崇祯十一年十一月初五	刘河营武举游击章宏恂恂儒将,矫矫虎臣,伤躬冰蘗,其操鼓枻,鲸鲵戢浪,海上干城也	循资升擢	十二月三十日,圣旨:"兵部知道。"	甄别第五疏
崇祯十一年十一月初五	标下标营武举守备吴志葵胆决斩蛟射兕,清操捧璧饮冰,惠洽三军,才堪一面	循资升擢	十二月三十日,圣旨:"兵部知道。"	甄别第五疏
崇祯十一年十一月初五	标下陆营武举把总程周祜叱咤可废千军,洁守必严一介,筑城剿贼,随在著有成劳	循资升擢	十二月三十日,圣旨:"兵部知道。"	甄别第五疏
崇祯十一年十一月初五	标下团营旗鼓中军世职指挥守备朱寿增谋堪惊座,技足挽强,宽严并济,而士卒怀畏	循资升擢	十二月三十日,圣旨:"兵部知道。"	甄别第五疏
崇祯十一年十一月初五	标下左游营革职戴罪守备蒋若来刚肠劲气,奸寇捐躯,孤城得以保全,忠勇可司专阃	循资升擢	十二月三十日,圣旨:"兵部知道。"	甄别第五疏
崇祯十一年十一月初五	吴淞营武进士守备张奇蕴壮志闻鸡起舞,赴援跃马长驱,就熟驾轻,成劳久著	循资升擢	十二月三十日,圣旨:"兵部知道。"	甄别第五疏

续 表

时间	人物及荐语	上请	圣旨	出处
崇祯十一年十一月初五	京口圖山营世职指挥中式会举把总张实知赳奋气同虓虎,诘戎识并然犀,材智超群,器优重任	循资升擢	十二月三十日,圣旨:"兵部知道。"	甄别第五疏
崇祯十一年十一月初五	宝山营武进士把总方如斗训练阵闲鹤鹳,调援气肃貔貅,智勇兼优,居然将品	循资升擢	十二月三十日,圣旨:"兵部知道。"	甄别第五疏
崇祯十一年十一月初五	太湖营武举把总陈国计威肃师中,令严阃外,擒贼建功,诸弁中之铮铮者	循资升擢	十二月三十日,圣旨:"兵部知道。"	甄别第五疏
崇祯十一年十一月初五	镇江营世职千户把总王国柱兵机畅于熟谙,巡缉能靖江洋,堪倚保障之任	循资升擢	十二月三十日,圣旨:"兵部知道。"	甄别第五疏
崇祯十一年十一月初五	福山营武举把总吴士逵谋勇兼材,折冲伟抱,缉捕惟勤,而屡获盐盗,可备缓急之资	循资升擢	十二月三十日,圣旨:"兵部知道。"	甄别第五疏
崇祯十一年十一月初五	杨舍营世职百户守备鲍道传英标岳立,擘画渊深,其敷恩驭下,绰有解推之爱	循资升擢	十二月三十日,圣旨:"兵部知道。"	甄别第五疏
崇祯十一年十一月初五	右奇营世职指挥守备曹舜龄叱咤雄威,狷清介守,士有挟纩之戴,泽无啸聚之奸	循资升擢	十二月三十日,圣旨:"兵部知道。"	甄别第五疏
崇祯十一年十一月初五	标下将材加衔守备中军盛应魁气励吞胡,兵歌挟纩,扦御潜太,备极辛勤,竚观大用	循资升擢	十二月三十日,圣旨:"兵部知道。"	甄别第五疏
崇祯十一年十一月初五	新标营将材加衔都司李一凤裹革雄心,穿杨妙技,士同甘苦,人倚金汤	循资升擢	十二月三十日,圣旨:"兵部知道。"	甄别第五疏
崇祯十一年十一月初五	新标营武举总练杨芳御贼披坚执锐,筑城沐雨栉风,任事数年,备尝百苦,地方仗为屏蔽	循资升擢	十二月三十日,圣旨:"兵部知道。"	甄别第五疏
崇祯十一年十一月初五	太仓陆营武进士守备钱国华技勇戎机,凤畅才能,英发新硎,不愧武科,允称将略	循资升擢	十二月三十日,圣旨:"兵部知道。"	甄别第五疏
崇祯十一年十一月初五	标下世职指挥中军岳世臣举动安详,传宣得体,立志卓然不苟,有用之材	循资升擢	十二月三十日,圣旨:"兵部知道。"	甄别第五疏

时间	人物及荐语	上请	圣旨	出处
崇祯十一年十一月初五	苏松道标下世职指挥中军吕承周勤敏出以小心,激昂足当大任,老成镇定,恬守不扰	循资升擢	十二月三十日,圣旨:"兵部知道。"	甄别第五疏
崇祯十一年十一月初五	常镇道标营练兵世职百户韩懋功清以束身,惠能洽众,遇艰目无盘错,奋武胸有韬钤	循资升擢	十二月三十日,圣旨:"兵部知道。"	甄别第五疏
崇祯十二年八月二十六日	镇守江南武进士副总兵官都督金事陈良知法凛冰霜,令驱霆电,当雄镇而设施懋建,历盘错而处置裕如,屡获走骜之奸,克振如罴之氛,自是元戎伟略	循资升擢	九月二十五日,圣旨:"该部知道。"	甄别第六疏
崇祯十二年八月二十六日	金山营武进士参将周建危疆久历,贤声素孚,东岛南洋无险不习,北援西剿闻令即行,诚干城之选也	循资升擢	九月二十五日,圣旨:"该部知道。"	甄别第六疏
崇祯十二年八月二十六日	标下坐营世职指挥游击施历钦报国肝肠,传家节概,才大而运以沉静,气壮而范我驰驱	循资升擢	九月二十五日,圣旨:"该部知道。"	甄别第六疏
崇祯十二年八月二十六日	标下陆营武举守备程周祜扛鼎函牛之气,穿扬贯虱之能,人倚金汤,士同甘苦	循资升擢	九月二十五日,圣旨:"该部知道。"	甄别第六疏
崇祯十二年八月二十六日	标下标营武举守备吴志葵提躬廉洁不渝,抚众爱威攸当,才堪一面,气雄万丈	循资升擢	九月二十五日,圣旨:"该部知道。"	甄别第六疏
崇祯十二年八月二十六日	标下团营旗鼓守备世职指挥朱寿增精勤不愧将种,雅饬绰有儒风,御士无哗,奉公匪懈	循资升擢	九月二十五日,圣旨:"该部知道。"	甄别第六疏
崇祯十二年八月二十六日	吴淞陆营武进士守备张奇蕴忠勤克娴将略,冲和最得兵心,入卫有劳,防皖不息	循资升擢	九月二十五日,圣旨:"该部知道。"	甄别第六疏
崇祯十二年八月二十六日	标下左游营革职戴罪将材守备蒋若来纠桓独著,叱咤称雄,鹹贼罔顾,身躯克敌,必期褫魄	循资升擢	九月二十五日,圣旨:"该部知道。"	甄别第六疏
崇祯十二年八月二十六日	标下右奇营世职指挥守备曹舜龄骨幹英杰,智胆沉雄,凤饶廉洁之声,士多爱戴	循资升擢	九月二十五日,圣旨:"该部知道。"	甄别第六疏

续 表

时间	人物及荐语	上请	圣旨	出处
崇祯十二年八月二十六日	杨舍雄世职百户守备鲍道传胆力过人,韬钤满腹,料敌沉雄有略,赴援果敢向前	循资升擢	九月二十五日,圣旨:"该部知道。"	甄别第六疏
崇祯十二年八月二十六日	松江陆营武进士把总沈亮驭众素有恩威,任事不辞劳瘁,士多鸣剑之气,人怀挟纩之恩	循资升擢	九月二十五日,圣旨:"该部知道。"	甄别第六疏
崇祯十二年八月二十六日	宝山营武进士把总方如斗捐资制器,分饷给军,守汛威令严明,调援出奇奏捷	循资升擢	九月二十五日,圣旨:"该部知道。"	甄别第六疏
崇祯十二年八月二十六日	南汇营会武把总童以振修垒旌旗,改色训伍,号令严明,壮猷义胆,足表一时	循资升擢	九月二十五日,圣旨:"该部知道。"	甄别第六疏
崇祯十二年八月二十六日	福山营武举把总吴士逵备御时严刁斗,侦巡能押波涛,近获通番,力任劳怨	循资升擢	九月二十五日,圣旨:"该部知道。"	甄别第六疏
崇祯十二年八月二十六日	太湖营武举把总陈国计气三鼓而不衰,事当机而善御,忠贞自矢,机略超群	循资升擢	九月二十五日,圣旨:"该部知道。"	甄别第六疏
崇祯十二年八月二十六日	尝州陆营武进士守备王之弼沉静多谋,通明具略,附士设醪惠洽,防奸伏莽氛销	循资升擢	九月二十五日,圣旨:"该部知道。"	甄别第六疏
崇祯十二年八月二十六日	刘河营三科武举守备罗万卷才情敏练,气局魁梧,缉奸屡著勤劳,调援不辞险远	循资升擢	九月二十五日,圣旨:"该部知道。"	甄别第六疏
崇祯十二年八月二十六日	六合新标营武举总练杨芳鼓励新募之兵,扼守孤危之地,能使群凶落魄,百姓增坚	循资升擢	九月二十五日,圣旨:"该部知道。"	甄别第六疏
崇祯十二年八月二十六日	标下水标营冠带总旗总练汤梦履驭众宽严得体,谭兵奇正当机,一片雄心,万夫莫敌	循资升擢	九月二十五日,圣旨:"该部知道。"	甄别第六疏
崇祯十二年八月二十六日	标下将材中军加衔守备盛应魁担当克任危险,勤劳罔间始终,忠勇可嘉,才猷堪藉	循资升擢	九月二十五日,圣旨:"该部知道。"	甄别第六疏
崇祯十二年八月二十六日	太仓陆营武进士守备钱国华请缨志壮,倚剑姿雄,能闻警而疾驰,亦临戎而辑睦	循资升擢	九月二十五日,圣旨:"该部知道。"	甄别第六疏

时间	人物及荐语	上请	圣旨	出处
崇祯十二年八月二十六日	苏松道标下尝随官世职指挥吕承周生自世胄,熟谙韬钤,号令严明,传宣整肃	循资升擢	九月二十五日,圣旨:"该部知道。"	甄别第六疏
崇祯十二年八月二十六日	尝镇道标下尝随官世职百户韩懋功敏能超乘,谨类捧盈,劳著传宣,雅堪任钜	循资升擢	九月二十五日,圣旨:"该部知道。"	甄别第六疏

表 12-8　甄别疏中劾官一览

时间	人物及考语	建议处分	圣旨	出处
崇祯七年八月初一	徐士英	褫革	八月二十六日,圣旨:"兵部知道。"	七年甄别疏
崇祯八年十月二十六日	吴淞奇兵营武举把总吴尔勋谲如鬼蜮,随处可以行奸;毒似虺蛇,尽人皆欲肆骗。如修船、修城地方大事,而竟冒破以充囊,奉委催兑,粮长何辜,而悉私索其常例,至于信地失事,匿不申报,尤为溺职,虽奔走似有小才,而廉隅已至大坏	革职议处	十一月二十四日,圣旨:"兵部知道。"	甄别第二疏
崇祯八年十月二十六日	镇江府陆营武进士守备冯璇天资木疆,知计短浅,虽无凌暴之性以大偾事机,实乏驾驭之才,以改观部曲,故哨官听其放肆,营兵或有骄横	革任回籍	十一月二十四日,圣旨:"兵部知道。"	甄别第二疏
崇祯九年七月二十六日	吴江平望练兵把总马永昌生成羊质,性习狼贪,甫任即以秒闻,一饱罔知疏覆拜见,钱硃墨钱,种种陋规,兵脂尽吸,或家丁,或健步,明明通贿,蝇营转滋,以缉盐之官而反贩盐,馀艎为垄断之藉,受同族之赂而即害族,兜鍪行指诈之奸,大坏官箴,殊蠹营伍	革任惩处	九月初八,圣旨:"兵部知道。"	甄别第三疏

续 表

时间	人物及考语	建议处分	圣旨	出处
崇祯九年七月二十六日	金山陆营武进士守备张监儒才元庸懦,性复悭贪,稽以甲兵,则有无冈识;责之守信,则耳目不灵。甘与鼠辈同流,遂令柳营失纪,戎事既无纤长可见,壮心俱为暮气所昏	革任惩处	九月初八,圣旨:"兵部知道。"	甄别第三疏
崇祯十年十月二十日	刘河水营三科武举守备张载赓	处分	十一月二十四日,圣旨:"兵部知道。"	甄别第四疏
崇祯十一年十一月初五	吴淞游兵营武进士把总吴始蕴武怯腾骧,谋疏御暴,侵渔营伍,不闻醪犷之孚,懈缉海洋,有负戎行之寄。志溺于卑庸,勇摧于汩没,通番之艘,视为奇货可居,简阅之戈等若弁髦,是玩私署有买闲之卒,汛地鲜哨探之勤	革职议处	十二月三十日,圣旨:"兵部知道。"	甄别第五疏
崇祯十一年十一月初五	上海武举把总张应豹陋劣无能,惰偷废事,御盗多盗,任水陆之公行纵兵庇兵,致善良之受害。勤敏甘于怠终,训练疏于科敛,老弱不汰,孔方是爱,任其态意薰心,倨侮自尊,出入肩舆,安在提戈跃马	革任回籍	十二月三十日,圣旨:"兵部知道。"	甄别第五疏
崇祯十二年八月二十六日	孟河营武进士把总陈万德性生乖戾,术济贪惏,借缉奸之名以纵奸,明干法纪,以饬备之官而撤备,冈恤安危,□已遍于兵民,行大裂乎绳简	革职议处	九月二十五日,圣旨:"该部知道。"	甄别第六疏
崇祯十二年八月二十六日	金山陆营三科武举守备汪梦祚虚憍自用,恃气凌人,冈识蒐兵简乘,惟知庇役纵奸,虽其廉隅未怀,而于重地何裨	革任示惩	九月二十五日,圣旨:"该部知道。"	甄别第六疏

第十三章

《抚吴疏草》中的灾荒

"我国灾荒之多,世罕其匹。"[1]其中明代是我国自然灾害较为严重的历史时期,邓云特《中国救荒史》中关于明代自然灾害的统计是:水灾一百九十六次,旱灾一百七十四次,地震一百六十五次,雹灾一百一十二次,风灾九十七次,蝗灾九十四次,歉饥九十三次,疫灾六十四次,霜雪灾十六次,灾害发生总数达一千零一十一次。[2]发生频度远超以往历代,波及的范围也很广,到中后期,更是"无岁不告灾伤,一灾动连数省"。[3]自然灾害作为突发性、紧急性事件,在以农业为主、技术不先进的古代,极易演变为灾荒。

一、明代的救灾管理机构

明代负责救灾的机构具体说来分三个层面:中央政府主要是由户部负责,地方上则由地方各级政府负责,中央特遣到地方的巡抚及巡按御史也有救灾的职责。

(一)户部

明代户部作为六部之一,又称计部、计曹、地曹、户曹,主管国家土地、人口、税收及财政,事务相当繁重。除此之外,救灾也是户部的重要职能之一。

(二)地方政府

明代地方行政制度是行省制度。明代政府把地方省级政权的权力分散,划为三司,即都指挥使司(简称都司)、承宣布政使司(简称布政司)和提刑按察使司(简称按察司)。这三司是三个平行的权力机构,都司管军政,布政司管民政和财政,按察司管司法和监察。由于布政司主管民政和财政,救灾就是其中一项重要职

---

[1]邓云特:《中国救荒史》,上海书店1984年版,第1页。
[2]邓云特:《中国救荒史》,上海书店1984年版,第30页。
[3]张萱:《西园闻见录》,《续修四库全书》子部第1170册,上海古籍出版社2002年版,第45页。

能，即《明史》所言："民鳏寡孤独者养之，孝弟贞烈者表扬之，水旱疾疫灾祲，则请于上蠲振之。"[1]按察司虽主管司法和监察，但也会参与布政司、都司会议，商议对地方重大事项的决议，以及监督所在地方官吏例行职责的职能，因此也常常参与灾害救治等事项。明代行政区划在省级之下为府、州、县，这类机构直接和黎民百姓接触，主管当地的一切事务，在灾害发生时对百姓进行救助也是其本分所在。

（三）巡抚及巡按御史

巡抚和巡按是明代两个非常重要的高级官职，二者都属于中央特遣到地方的巡视官员。明代巡抚的职责是依敕而行。总体来看，巡抚的职责范围主要有三个方面：抚循地方、考察属吏、提督军务。即治民、治吏、治军。[2]既然巡抚有抚循地方的职责，自然在灾害发生时也有义务进行奏闻、救治。明代的巡按，主要是指御史出差到地方监察各级部门，且往往负有专责，专管某项事务，具有"存恤孤老，巡视仓库，查算钱粮，勉励学校，表扬善类，翦除豪蠹，以正风俗，提振纲纪。凡朝会纠仪，祭祀监礼。凡政事得失，军民利病，皆得直言无避。有大政，集阙廷预议"[3]的责任。因此，明代巡按参与地方的灾害救治也就成为常事了。

二、救灾程序

（一）报灾

报灾是受灾地区的地方官员将灾害的发生情况，如发生时间、受灾区域、损失状况等上报给中央政府。明代的报灾之法自开国之初就有规定。关于报灾的时间，洪武元年（1368）下诏规定："今岁水旱去处，所在官司不拘时限，踏勘实灾，税

[1]张廷玉等：《明史》，中华书局1974年版，第1839页。
[2]冯建勇：《明代巡抚制度及其作用演进》，《湖南科技学院学报》2005年第1期，第228页。
[3]张廷玉等：《明史》，中华书局1974年版，第1769页。

租即当蠲免。"[1]孝宗弘治年间(1488—1505)始,定时限为:"夏灾不得过五月终,秋灾不得过九月终。""万历时,又分近地五月、七月,远地七月、九月。"[2]为进一步规范报灾时间,弘治十一年(1498)定为:"夏灾不得过六月终,秋灾不得过九月终。若所司报不及时,风宪官徇情市恩,勘有不实者,听户部参究。"[3]神宗万历九年(1581)时,又进一步规定:"地方凡遇灾伤重大,州县官亲诣勘明,巡抚不待勘报速行奏闻,巡按不待部覆即将勘实分数作速具奏,以凭覆请赈恤。至于报灾之期,在腹里仍照旧例,夏灾限五月,秋灾限七月;沿边如延、宁、甘、固、宣、大、蓟、辽各处,夏灾改限七月内,秋灾改限十月内,俱须依期从实奏报。或报时有灾报后无灾,及报时灾重报后灾轻,报时灾轻报后灾重,巡按疏内明白实奏,不得执泥巡抚原疏,致灾民不沾实惠。"[4]这一次的规定既对报灾时限做了调整,区别对待内地和边远地区,又对报灾过程中各级官员应负的责任做出了明确的划分,以便中央政府了解具体的灾情,使灾民能够得到适当的救助。

关于灾害的申报程序,明代也做出了详细规定:"地方凡遇重大灾伤,州县官亲诣勘明,申呈抚按。"[5]即各地巡抚具有接受地方官报灾并转为上报朝廷之责。万历时屠隆于《荒政考》中言:"即如境内灾伤矣,百姓急须告灾于有司,有司急须申灾于抚按,抚按急须奏灾于朝廷。"[6]屠隆的此条记载更清晰地反映了报灾的程序:先"告灾",再"申灾",后"奏灾"。即灾荒发生后,当地百姓先告知州县官员,州县官员知道后,再向该地抚按申明,最后由抚按向中央朝廷上奏此次灾情。

明代将灾伤分为两个等级,曰极灾、次灾,或曰轻灾、重灾。一般而言,重灾为受灾损失十至八分,轻灾为七至五分。《农政全书·荒政》云:"伏睹《大明会典》,洪武初,令天下县分,各立预备四仓,官为籴谷收贮,以备赈济,就责本地年高笃实民

---

[1]屠隆:《荒政考》,《屠隆集》第7册,浙江古籍出版社2012年版,第147页。

[2]张廷玉等:《明史》,中华书局1974年版,第1909页。

[3]申时行等修,赵用贤等纂:《大明会典》,《续修四库全书》史部第789册,上海古籍出版社2002年版,第304页。

[4]嵇璜、曹仁虎:《钦定续文献通考》,《影印文渊阁四库全书》史部第627册,台北"商务印书馆"1986年版,第130页。

[5]申时行等修,赵用贤等纂:《大明会典》,《续修四库全书》史部第789册,上海古籍出版社2002年版,第304—305页。

[6]屠隆:《荒政考》,《屠隆集》第7册,浙江古籍出版社2012年版,第162页。

人管理。盖次灾则赈粜,其费小;极灾则赈济,其费大。"[1]灾伤状况尽管只分两级,但这一规定明确了两种不同的救助措施,即重灾赈济,轻灾赈粜。

关于受灾民众等级的划分,明代大体将受灾民众划分为三等:一等曰极贫,二等曰次贫,三等曰稍贫。嘉靖八年(1529)金事林希元疏云:"救荒有二难,曰得人难,曰审户难。救荒有三便,曰极贫之民便赈米,曰次贫之民便赈钱,曰稍贫之民便转贷。"[2]但是在具体实施时,多对极贫和次贫两者进行赈济。

(二)勘灾

勘灾,又称"踏勘"。明代勘灾分为两级,当地官员先行勘灾,将灾伤情况上报户部,然后再由户部派遣官员前往灾害发生地进行核实。

明代政府对踏勘过程有明确规定。洪武二十六年(1393)规定"凡各处田禾遇有水旱灾伤,所在官司踏勘明白,具实奏闻。仍申合干上司,转达户部,立案具奏。差官前往灾所覆勘是实,将被灾人户姓名、田地顷亩、该征税粮数目,造册缴报。本部立案,开写灾伤缘由,具奏"[3]。这一诏令明确规定了两级勘灾的程序,对勘灾的内容也做出了具体的要求。

会同踏勘。永乐二十二年(1424)令"各处灾伤,有按察司处,按察司委官,直隶处,巡按御史委官,会同踏勘",成化十二年(1476)又令"各处巡按御史、按察司官踏勘灾伤,系民田者,会同布政司官;系军田者,会同都司官"[4]。在勘核灾情时,让相关官员互相监督,使得上报的灾情更加真实、准确,便于中央精准救灾。

(三)形成救灾决议

户部官员勘灾归来之后,将灾情上报中央政府,由中央政府组织有关人员进

[1]徐光启撰,石声汉校注:《农政全书校注》,上海古籍出版社1979年版,第1315页。
[2]林希元:《荒政丛言疏》,陆曾禹:《钦定康济录》,《影印文渊阁四库全书》史部第663册,台北"商务印书馆"1986年版,第402页。
[3]申时行等修,赵用贤等纂:《大明会典》,《续修四库全书》史部第789册,上海古籍出版社2002年版,第304页。
[4]申时行等修,赵用贤等纂:《大明会典》,《续修四库全书》史部第789册,上海古籍出版社2002年版,第304页。

行讨论,形成具体救灾方案。最常用的形式是"廷议",由户部主持。

经过地方官员的报灾、勘灾及户部官员的复勘,中央政府了解灾情后召集有关部门进行廷议,制定关于救灾的各项政策、措施,这就是明代救灾决议的形成过程。接下来,就是救灾管理机构根据决议采用各种具体的救灾措施和程序进行救治。

三、《抚吴疏草》中的灾荒

张国维抚吴时间为崇祯七年(1634)至崇祯十二年(1639),据其《抚吴疏草》,其任职期间灾荒情况如表13-1所示。

表13-1 《抚吴疏草》所载灾荒情况

受灾时间	类型	疏名	受灾地区	具体灾情	圣旨
崇祯七年四月初七	雹灾、旱灾	雹灾旱灾疏	江阴、宜兴、靖江、丹阳、金坛五县	雹挟石而下,行人飞鸟为所伤,摧折所恃续命之二麦。其中靖江最重。入夏以来,全吴皆旱,米价翔涌	七月初三,圣旨:"该部知道。"
崇祯七年九月初四	震灾	地震疏	丹徒县	其声如风,一过即止,虽有微声,未觉大震	十一月十四日,圣旨:"礼部知道。"
崇祯七年八月、九月	水灾	报灾疏	东属苏松二府,西属宁国府	水灾,常熟十分,长洲、吴县、崇明八分,太仓、吴江、嘉定七分,昆山六分,松属稍轻,华亭四分,上海、青浦五分。宣城七分	十一月十四日,圣旨:"户部知道。"
崇祯八年六月十八日、十九日	水灾	东西属灾伤疏	皖池各属	潜山九分,望江七分,怀宁、宿松六分,桐城、太湖三分	十二月初九,圣旨:"户部核议具奏。"
崇祯八年	兵灾、水灾、旱灾	潜太宿三县请蠲疏	潜山县、太湖县、宿松县	一岁四灾:一岁之中,兵燹两遇,荼毒之余,水旱交加	三月初一,圣旨:"该部看议速奏。"

受灾时间	类型	疏名	受灾地区	具体灾情	圣旨
崇祯九年二月二十一日	雹灾	雹灾疏	上海县	自午达申,翻瓦破屋,二麦摧残	
崇祯九年六月	水灾	高淳水灾疏	高淳县	淹没粮田二十三万八千亩,二麦尽亏	
崇祯九年	旱灾	徽属南粮改折疏	徽州府属	前年旱,八年大水,今年复旱。歙县荒旱十分	
崇祯十年三月	兵灾	贼遁请蠲赈疏	皖属	怀桐潜为最,太湖次之,望江、宿松又次之,皆被从来未见之荼毒	
崇祯十一年五月	旱灾	旱灾疏	应天全域	东属常镇为甚,苏松次之。西属宁国为甚,应太等府次之	圣旨:"据奏,旱蝗为灾,张国维着即悉心率属实图修省。该部知道。"
崇祯十一年五月、六月	旱灾、蝗灾	旱蝗分数疏		望江全被水灾,太湖、丹徒水旱各半,句容、溧阳、吴县、武进、宜兴、江阴、靖江十分,上元、江宁、溧水、高淳、江浦、六合、长洲、吴江、常熟、昆山、丹徒、丹阳、金坛九分,太仓、嘉定、崇明八分,无锡、当涂七分,上海、青浦五分,华亭四分,繁昌、建平三分	圣旨:"这续报三吴灾蝗情形殊甚悯恻,先行各地方多方拯绥,其被灾分数,着巡按御史勘实具奏。该部知道。"
崇祯十二年四月、五月	蝗灾	报蝗疏	吴中全域	蝗孽繁生,捕不胜捕,无麦无禾则无岁,遍地皆灾	

四、重大灾情举要

灾荒在明代时有发生,尤其是明末,灾荒发生得更为频繁,给社会生产、百姓生活带来了巨大的破坏,也给人民的生命及财产造成了重大的损失。对于那些持续时间长、影响范围广、给社会生产和人民的生命财产安全造成巨大威胁的灾荒,研究者们通常把它们划归为重大灾荒。根据《抚吴疏草》所载,举其重大灾情,整理如下。

(一)雹灾

雹灾指冰雹降落造成的灾害。冰雹是强对流天气引发的一种剧烈气象,它出现的范围虽然较小,时间也比较短促,但来势猛、强度大,常常伴随狂风、强降水、急剧降温等阵发性、灾害性天气,往往对局部地区的农业生产、生产生活设施,以及人们的生命财产造成较大的损失。邱云飞、孙玉良于《中国灾害通史·明代卷》中统计明代雹灾共发生二百四十三次[1],其中南直隶有二十六次[2]。

张国维《雹灾旱灾疏》云:"(崇祯七年)四月初七未刻,西北作云,渐至东南;至申刻,怪风怒吼,轰雷震空,雨兼冰雹交下,间多石块,顷刻堆积盈尺,道途行人击伤手足头额者不可枚举,飞鸟亦多折翅而堕,屋瓦击如飞燕,麦苗概作腐泥。"[3]雹灾的危害有毁坏庄稼、砸伤人畜、破坏人类生产生活设施等。据踏勘,江阴县宝池、西顺、清化等乡灾田共一十三万三千八百三十二亩六分零,垚[4]一千二百一十六亩七分五厘,内九分灾田四千零三十二亩三分,八分灾田一万五千七百一十五亩六分,垚一千零二十四亩三分。七分灾田一万二千六百六十亩四分九厘,垚九十六亩五分五厘。六分灾田一万九千七百二十五亩八分五厘,垚五十九亩一分。

---

[1]邱云飞、孙良玉:《中国灾害通史:明代卷》,郑州大学出版社2009年版,第149页。

[2]邱云飞、孙良玉:《中国灾害通史:明代卷》,郑州大学出版社2009年版,第153页。

[3]张国维:《雹灾旱灾疏》,《抚吴疏草》,《四库禁毁书丛刊》史部第39册,北京出版社2000年版,第19页。

[4]垚:宋代熙宁年间实行方田法立于田角的界标。

五分灾田六千二百八十九亩九分九厘,埝三十六亩八分。四分灾田六千一百七十八亩三分。三分灾田六万九千二百三十亩一分五厘。宜兴县开宝、洞山等区灾田共一百二十八万五千三百一十亩三分五厘,内三分五厘灾田二十七万七千六百七十亩五分九厘,三分灾田五十万七千二百三十八亩四分一厘,二分五厘灾田五十万零四百零一亩二分五厘。靖江县耿公、中洲等团灾田共一千零八十二顷六十五亩五分,内十分灾田一百九十九顷八十七亩七分,九分灾田一百零一顷七十九亩,八分灾田一百七十七顷二十一亩四分,七分灾田一百五十六顷九十四亩,六分灾田一百一十五顷五十九亩三分,五分灾田一百六十六顷六十七亩五分,四分灾田一十九顷八十六亩三分,三分灾田一百四十四顷七十亩三分。丹阳县三五等都一五等图,灾田共五千六百五十六亩六分,内八分二厘九毫灾田二千三百二十亩,五分八毫灾田三千三百三十六亩六分。金坛县一五等二六等都灾田共四千四百九十七顷亩零,内全灾田三千二百九十二顷,七分灾田一千零四顷,五分灾田二百零一顷亩。

(二)水灾

据张国维《报灾疏》,崇祯七年(1634)八月,常熟十分,长洲、吴县、崇明八分,太仓、吴江、嘉定七分,昆山六分,松属稍轻,华亭四分,上海、青浦五分。宣城七分。"惟苏之太、仓、长、吴等八州县,松之华、上、青三县地俱晚禾,强半未刈,秋涨一渍,登场者禾头生耳,在野者腐甲烂茎,并虫啮风摇之,未尽者悉付洪波,而且翻浪漂庐,冲波洗岸,野老登埤而痛哭,啬人倚树以长号,其景象虽郑图难绘也。"[1]

据张国维《东西属灾伤疏》,崇祯八年(1635)六月十八至十九日,霪雨倾盆,望江县尧年、潜岳、钦化三乡通共原额田一十六万四千五百零一亩,通共水淹沙压田一万四千八百七十五亩,破损坝圩共三千二百七十一丈,倾颓房屋一百四十三间零六所,溺死人命三口。通共该县清城、廉恭等五乡原额田二十六万七千零四十六亩五分,今被水淹沙压田一十七万四千亩,倾颓房屋一百九十间,操亭一所,溺死人丁五口。潜山县原额田三十万二千三百六十二亩八分,今被水淹沙压田一十

---

[1]张国维:《报代疏》,《抚吴疏草》,《四库禁毁书丛刊》史部第39册,北京出版社2000年版,第82页。

六万八千九百六十三亩八分,漂流旱谷田一万七千零九十五亩三分五厘,破损坝圩六千八百四十六丈,倾颓房屋一千三百九十一间,溺死男妇一百零五口。太湖县通乡原额田四十一万九千六百九十七亩三分,今被水淹沙压田二千九百六十四亩六分,破损坝圩四十六丈,倾颓房屋四十六间,溺死人命九口。宿松县通县原额四十四万零二百二十三亩七分,今被水淹田一十四万五千零五十六亩六分三厘。桐城县原额田三十九万四千零三十九亩七分,今通共水淹沙压田一万八千三百二十九亩四分,倾颓房屋九百五十四间,破损坝圩八百零一丈五尺,溺死九人。

(三)旱灾

据《徽属南粮改折疏》,崇祯九年(1636)徽郡荒旱为数十年所未有。其中歙县荒旱实被十分,"入夏以来,旱魃为虐,米价腾贵,掘土为食,致病致死尤可悯恻"[1]。

(四)蝗灾

蝗灾,即由蝗虫引发的灾害,其多体现在农业上。蝗虫是昆虫纲蝗科动物,喜杂食,多以绿色植物为主,比如麦、稻、高粱、玉米、竹子的茎叶等。由于蝗虫繁殖力强,且又喜欢聚居和大规模迁飞,所以蝗虫危害极大,其所过之处农作物被啃噬零落,造成减产甚至颗粒无收的惨剧。在中国历史上,水灾、旱灾和蝗灾因对农业生产的破坏最为剧烈,常被人们称为"三大灾害"。徐光启于《除蝗疏》中将水、旱、蝗三种自然灾害进行了比较。他认为:"凶饥之因有三:曰水,曰旱,曰蝗。地有高卑,雨泽有偏被。水旱为灾,尚多幸免之处;惟旱极而蝗,数千里间草木皆尽,或牛马毛幡帜皆尽,其害尤惨,过于水旱也。"[2]

蝗灾多发生于夏秋季节,这是由蝗虫的自身发育条件决定的。东亚飞蝗在自然条件下生长,一年可生长两代,第一代是夏蝗,第二代是秋蝗。上一代的越冬卵于下一年的四月底至五月上中旬孵化,经过三十五天至四十天羽化,羽化后的夏

[1]张国维:《徽属南粮改折疏》,《抚吴疏草》,《四库禁毁书丛刊》史部第39册,北京出版社2000年版,第231页。

[2]徐光启撰,石声汉校注:《农政全书校注》,上海古籍出版社1979年版,第1299页。

蝗便成为夏季蝗灾的罪魁祸首,而夏蝗在羽化后经过交尾七天后产卵,在七月上中旬进入产卵的盛期,所孵出的幼虫经过羽化之后称为秋蝗,是秋季蝗灾频发的元凶。而在九月之后发生的蝗灾,则主要是个别的年份气温偏高,秋蝗产的卵孵化的成虫所致。

据《旱蝗分数疏》,崇祯十一年(1638)五月、六月间,"飞蝗复自北而南,转自西而东,无地不遍,所过皆残,绳绳相生,日滋月盛,瞬息而行数十里,遇水又能引类以渡。其飞也,排云拥雾,白日为昏;其集也,蔽野连塍,高逾尺许。向来骄阳之所遗,桔槔之所留者,举不足当其一啮,先食芦草,芦草空而及树竹,树竹残而及禾稻,禾稻罄而庐舍之茅茨,往往蚕食略尽,仅存环堵,不惟夺民之食,且与民争处矣"[1]。江阴县蝗灾为"国朝三百年来江南犹所未睹"[2]。崇祯十二年(1639)四月、五月间,上年蝗虫在当地产卵孵化成虫,《报蝗疏》云:"今岁蝗孽繁生之区,皆去年蝗虫四边沿及之区,是去年之蝗犹自外飞来,而今年之蝗竟本自土著矣。"[3]

五、灾害特点

(一)多样性和并发性

《报灾疏》称:"一岁叠罹灾伤,登稼复遭淫潦。"[4]一年间旱虫风雨交侵,将秋收时又遭淫雨,水灾波及的范围广,东属苏州府、松江府之常熟十分,长洲、吴县、崇明八分,太仓、吴江、嘉定七分,昆山六分,松属稍轻,华亭四分,上海、青浦五分。西属之宁国府宣城七分。秋季风雨交加,"上海棉花居半,一经风雨,辄便催折,今

[1]张国维:《旱蝗分数疏》,《抚吴疏草》,《四库禁毁书丛刊》史部第39册,北京出版社2000年版,第580—581页。

[2]张国维:《旱蝗分数疏》,《抚吴疏草》,《四库禁毁书丛刊》史部第39册,北京出版社2000年版,第579页。

[3]张国维:《报蝗疏》,《抚吴疏草》,《库禁毁书丛刊》史部第39册,北京出版社2000年版,第660页。

[4]张国维:《报灾疏》,《抚吴疏草》,《四库禁毁书丛刊》史部第39册,北京出版社2000年版,第80页。

屡灾之后,花胎十九陨落,受伤又较稻子为甚"[1]。绩溪县水灾加之虫伤,受灾十分之二。

据《潜太宿三县请蠲疏》,潜山县、太湖县、宿松县一岁四灾:一岁之中,兵燹两遇,荼毒之余,水旱交加。

旱灾为蝗灾的发生提供了良好的条件,使明代的蝗灾体现出灾害并发性的特征,而由此产生的破坏性后果也更加严重。《旱蝗分数疏》《报蝗疏》二疏反映的正是这种情况。

(二)频发性和连续性

有的地方受灾数年,已成为痼疾,却无法得到根治。如《报灾疏》云:"姑苏一郡号称震泽,从来厥土低洼,兼之吴松江淤塞,旱则潴蓄无地,水则泄泻不通,以故一遇灾荒,小民无不流离困苦。自天启四年大水之后,连年水旱不调,闾阎无仓箱之蓄久矣。"[2]《高淳水灾疏》云:"高淳县坐居石臼、丹阳、固城三湖水中,地势最下,又因广通镇筑坝为苏常等四府抵塞狂流,而徽宣二水从此泛滥,更兼二十余载,螟虫发生,遍食禾苗,岁岁无收,今岁自春徂夏,苦雨连绵,二麦尽亏,民苦不堪。"[3]

(三)波及范围的广泛性

从《抚吴疏草》所载的灾荒情况可知,灾害仅涉一地的情况极少,往往波及范围颇广。从全国范围来看,这种情况更加明显。比如崇祯十年(1368)至十二年(1369)之旱灾。崇祯十一年(1368),旱灾仍未解除,甚至规模越来越大,这直接导致西至陕西关中平原、东到淮河中下游的延绵数千里的明朝疆土同时经受着旱灾与蝗灾的双重破坏,南北纵向可达近五百千米。其受灾范围涵盖北直隶、山西、陕

---

[1]张国维:《报灾疏》,《抚吴疏草》,《四库禁毁书丛刊》史部第39册,北京出版社2000年版,第81页。

[2]张国维:《报灾疏》,《抚吴疏草》,《四库禁毁书丛刊》史部第39册,北京出版社2000年版,第80页。

[3]张国维:《高淳水灾疏》,《抚吴疏草》,《四库禁毁书丛刊》史部第39册,北京出版社2000年版,第193页。

西、山东、南直隶、浙江、河南、湖广等广大区域的一百五十余州县,相比崇祯十年(1367)而言,受灾面积竟扩大两倍之多,山东半岛、长江三角洲已成为蝗害灾区,可见蝗灾蔓延速度之快,破坏威力之强。崇祯十二年(1369),受灾地区的范围进一步扩大,至崇祯十二年(1369)十月入秋时节,包括北直隶、山西、河南、陕西、山东、南直隶、浙江、湖广等地区的二百余州县陷入蝗灾的侵袭当中。长江三角洲地区,以及深处内陆的陕甘地区,成为蝗害的重灾区。东边的蝗患不断加重,而西部地区的蝗患已经由陕西穿越黄土高原,蔓延至今甘肃、宁夏、青海东部地区。[1]

六、上请赈灾措施

明朝中期以后,报灾、勘灾形成了较固定的流程。府州县官向抚按报灾,巡按实地勘灾之后,巡抚方可向中央报灾,同时巡按也需要向中央报告勘灾情况。而中央机关只有在接到巡按的勘灾报告后才能复议提请皇帝裁决,一旦有任何一方的报告没有得到答复,中央的钱粮便不会下拨。

(一)蠲减

蠲减,即蠲免和减少,是指皇帝恩准灾民可以不缴或少缴部分税粮。蠲减的对象一般是赋役,这是古代最常用的救灾手段。

明朝前期,政治较清明,国力较强盛,勘核受灾地灾分之后,大多即行蠲减税粮。洪武时期,对于蠲免没有特别的规定。当灾害发生时,政府往往不论灾情严重与否,有灾必蠲,且涉及的数额一般较大,"太祖之训,凡四方水旱辄免税……凡岁灾,尽蠲二税,且贷以米,甚者赐米布若钞"[2]。随着明朝各项制度的规范化、详细化,朝廷大多针对不同灾伤分数进行税粮蠲减,并补充了制度性规定。弘治三年(1490),规定"灾伤应免粮草事例。全灾者,免七分;九分者,免六分;八分者,免五分;七分者,免四分;六分者,免三分;五分者,免二分;四分者,免一分。止于存

---

[1]涂斌:《明代蝗灾与治蝗研究》,江西师范大学2013年硕士论文,第25—26页。
[2]张廷玉等:《明史》,中华书局1974年版,第1908页。

留内除豁,不许将起运之数,一概混免。若起运不足,通融拨补"[1]。将灾蠲分为存留和起运两个部分,并规定只准蠲地方存留,这一部分包括夏秋两税、往年逋欠、杂课等,而起运不可蠲。以上规定只是对税粮的减免,并未考虑到无地之灾民的情况。因而万历年间,朝廷针对此类情况做出变革:"不论有田无田之民,通行议恤。如有田者,免其税粮;无粮免者,免其丁口盐钞。务使贫富,一体并蒙蠲恤。"[2]这就将无田之灾民也纳入政府的救灾范围。在此规定下,无田、有田之民都能受益,让政府的救济更多地落到了实处,有利于灾后社会秩序的稳定。《抚吴疏草》上请蠲减情况如表13-2所示。

表13-2 《抚吴疏草》上请蠲减情况

题名	时间	类型	上请蠲减情况
报灾疏	崇祯七年十月	水灾	苏州府、松江府、宁国府辽米照时价扣算,崇祯三四五带征旧逋尽数赐免。嘉定、崇明二县近年未完旧饷及未解杂饷全免
潜太宿三县请蠲疏	崇祯九年二月	兵荒	四司砖料、班匠、驿递、裁减等银尽数免解一年
贼逼请蠲赈疏	崇祯十年三月	兵灾	怀桐潜为最,太湖次之,望江、宿松又次之,最者尽蠲,次者半豁
请蠲房税漕粮疏	崇祯十年十月	兵灾	免江浦、六合二县均粮房号,蠲折本色漕辽

(二)赈济

遇到重大灾荒时,政府除蠲减赋役外,还必须进行有效赈济。赈济是最直接、见效最快的一种救灾措施,主要通过发放物资救济百姓,以度过灾年。一般发放粮食、银两或其他急需物资。《抚吴疏草》上请赈济情况如表13-3所示。

---

[1]申时行等修,赵用贤等纂:《大明会典》,《续修四库全书》史部第789册,上海古籍出版社2002年版,第305页。

[2]申时行等修,赵用贤等纂:《大明会典》,《续修四库全书》史部第789册,上海古籍出版社2002年版,第306页。

表 13-3 《抚吴疏草》上请赈济情况

题名	时间	上请赈济情况	备注
报灾疏	崇祯七年十月	苏州府、松江府、宁国府、常州府、镇江府属及高淳、江浦、绩溪等县并行分别赈济	
贼遁请蠲赈疏	崇祯十年三月	怀桐潜为最,太湖次之,望江、宿松又次之,最者尽蠲,次者半豁	据《请蠲皖属存折疏》,怀桐潜三县十年起运钱粮蠲免二分,太湖蠲免一分,宿望二县照常征解。复将怀桐潜太宿五县起运京辽蠲免八分,望江蠲免六分

（三）缓征、带征

缓征,即重大灾荒发生后,先暂时停止正在征收、即将征收或正在逋欠的税粮,将其征收期限推迟,等到丰年再行征收,一般得不到蠲免。若灾荒接连不断、缓征钱粮已多,丰年的赋税负担就会比较沉重,也有可能收不上税粮。为避免丰年赋税过重的情况,使百姓能如期交税,缓征的税粮可能会被分成若干份,在若干年时间内征收,即为带征。《抚吴疏草》上请缓征、带征情况如表13-4所示。

表 13-4 《抚吴疏草》上请缓征、带征情况

题名	时间	上请缓征、带征情况
雹灾旱灾疏	崇祯七年六月初一	崇祯三年以后未完钱粮每年带征一份

（四）改折

改折,是明朝政府间接赈济灾区的一项重要措施。"折"是相对其本色而言的,米麦是本色,于是"诸折纳税粮者,谓之折色"[1]。改折指将农民应上缴的米麦税粮折成其他物品,范围很广,前朝甚至有将税粮折成绢、布、豆的先例,但崇祯元年(1628)至崇祯六年(1633)的改折多是折成银钱。《抚吴疏草》上请改折情况如表13-5所示。

---

[1]张廷玉等:《明史》,中华书局1974年版,第1895页。

表 13-5 《抚吴疏草》上请改折情况

题名	时间	上请改折情况	备注
东西属灾伤疏	崇祯八年十一月	改折北粮,输银存谷	
高淳改折疏、高淳水灾疏	崇祯九年六月	恢复高淳永折,以补虚米	据《再请高淳永折疏》,圣旨:"该县漕粮准改折一年。"
徽属南粮改折疏	崇祯九年九月	前年旱,八年大水,今年复旱,上请徽属南粮改折数年	

(五)治蝗

明朝在总结前代灭蝗经验的基础上,已经形成了一套较为完整的除蝗措施。如明人陈龙正在《救荒策会》中提出了八条捕蝗条例,分别为灭蝗宜早、不差胥吏、张贴告示、以粮谷换蝗、灭蝗工具的制作与使用、火烧法、水淹法、土埋法。[1]明代对蝗灾的认识进一步成熟,蝗灾发生后,从皇帝、官员到百姓首先是采取捕杀行动,《大明会典》载:"凡捕蝗,永乐元年,令吏部行文各处有司,春初差人巡视境内,遇有蝗虫初生,设法扑捕,务要尽绝……永为定例。"[2]《明史》载:"蝗蝻始生,必遣人捕瘗。"[3]这说明,明朝政府无论是在法令还是在行动上,"捕蝗"的意识都是十分明确和积极的。

陆曾禹《康济录》中对于"自周至明"有关治理蝗灾的种种措施记载有:

一宜委官分任。责虽在于有司,倘地方广大,不能遍阅,应委佐贰学职等员,资其路费,分其地段,注明底册,每年于十月内令彼多率民夫,给以工食,芟除水草,于骤盈骤涸之处及遗子地方搜锄务尽,称职者申请擢用,遗恶者记过待罚。二宜无使隐匿。向系无蝗之地,今忽有之,地主邻人果即申报,除易米之外,再赏三日之粮;如敢隐匿不言,被人首告,首人

---

[1]陈龙正:《救荒策会》,《四库全书存目丛书》史部第 275 册,齐鲁书社 1996 年版,第 498—499 页。

[2]申时行等修,赵用贤等纂:《大明会典》,《续修四库全书》第 789 册,上海古籍出版社 2002 年版,第 309 页。

[3]张廷玉等:《明史》,中华书局 1974 年版,第 1908 页。

赏十日之粮,隐匿地主各与杖警,即差初委官员速往搜除,无使蔓延获罪。三宜多写告示。张挂四境,不论男妇小儿,捕蝗一斗者,以米一斗易之,得蝻五升者、遗子二升者,皆以米三斗易之,盖蝻与遗子小而少故也。如蝗来既多,量之不暇,遍称秤,三十斤作一石,亦古之制也。日可称千余斤矣。惟蝻与子不可一例同称,当以文公朱夫子之法为法也。四宜广置器具。蝗之所畏服者,火炮、彩旗、金锣及扫帚、栲栳、筲箕之类,乡人一时不能备办,有司当为广置,给与各厂,社长分发多人,令其领用,事毕归缴,庶不徒手彷徨,此即"工欲善其事必先利其器"之意也。五宜三里一厂。以易蝗之所,令忠厚温饱社长、社副司之,执笔者一人,协力者三人,共襄其事,出入有簿,三日一报,以凭稽察,敢有冒破,从重处分,使捕蝗易米者无远涉之苦,无久待之嗟,无挤踏之患。六宜厚给工食。凡社长、社副、执笔等人有弊者既当重罚,无弊者岂可不赏?或给冠带,或送门匾,或免徭役,随其所欲而与之。其任事之时,社长、社副、执笔者共三人,每日各给五升,斛手二人,协力者一人,每日共给一斗,分其高下而令人乐趋。七宜急偿损坏。因捕蝗蝻损坏人家禾稼,田地既无所收,当照亩数,除其税粮,还其工本,俱依成熟所收之数而偿之,先偿其七,余三分,看四边田邻所收而加足,勿令久于怨望。八宜净米大钱。凡换蝗蝻,不得插和粟谷糠秕,如或给银,照米价分发,不许低昂;如若散钱,亦若银例,不许加入低薄小钱。巡视官应不时访察,以辨公私。九宜稽察用人。社长、社副等有弊无弊诚伪何如,用钟御史拾遗法以知之,公平者立赏,侵欺者立罚,周流环视,同于粥厂,其弊自除。十宜立参不职。躬亲民牧,纵虫杀人,倪若水见诮于当时,卢怀慎遗讥于后世,飞蝗尚不能为之灭,饥贼奚能使之除?司道不揭,督抚安存?甚矣,有司之不可怠于从事也![1]

扑打飞蝗,消灭虫害。相比蝗蝻虫卵,飞蝗长出翅膀,活动能力更强,如果不及时扑灭,一旦传播开来,后果不堪设想。因此必须利用各种方法扑打飞蝗,防止

---

[1]陆曾禹:《钦定康济录》,《影印文渊阁四库全书》史部第663册,台北"商务印书馆"1986年版,第428—430页。

飞蝗蔓延。如靖江县知县陈函辉督率僚属分投四野,凡有蝗处躬领老幼乡民设法打捕,"各用柳枝、竹干、布旗、扫帚随方驱赶,自四月二十一日起每日捕捉数十石、百余石不等,随宜处置,仍每石给钱六百文,今至五月初五日计算,卑县督率所捕二百四十石,县丞所捕一百九十石,典史所捕一百八十石,巡简所捕一百八十石,水陆哨官所捕三百三十石,通计共捕蝗一千一百二十石,共给赏钱六十七万二千文,俱系卑职自行设处。又谕令团长里正人等使之劝谕着田主人各自为计,如家有田十亩,即令捕十亩蝗,家有田百亩,即令捕百亩蝗,等而上之,一以田为准,概县无不捕蝗之人,四境无容遗种之处"[1]。号召全员出动,协力捕蝗,按土地田亩摊派,亦是一法。

引燃篝火,诱杀蝗虫。春秋时期,古代劳动人民就开始使用火攻这一方法杀灭蝗虫了。《诗经·小雅·大田》云:"去其螟螣,及其蟊贼,无害我田稚。田祖有神,秉畀炎火。"[2]唐朝姚崇发明了一种办法:"蝗既解飞,夜必赴火,夜中设火,火边掘坑,且焚且瘗,除之可尽。"[3]利用蝗虫喜光这一特性,进行有效捕杀。这种办法适宜深夜使用。只有在漆黑的夜晚,包括蝗虫在内的飞行类昆虫会聚集在光源附近,这样方便大量捕灭蝗虫,有望达到"一网打尽"的效果。如溧阳县知县许承钦,"自初七后每晚先宿各乡,夜则督之,聚柴烧打。黎明早起,令之乘露扑打"[4]。

宜兴县"近山者捐俸买柴,躬督乡民开沟驱纳,围绕焚烧;沿湖者驱之入水,幸翅羽尚稚,旋就飘溺"[5],并用火烧法与水淹法。长洲县知县唐九经"惟有遵宪力捕之一法,若力省而功倍,则更有庨水寸余之法在,以蝗溺水,则醜奋力衰也"[6]。"庨水寸余法"不详,推测也是水淹法的一种。

总之,明代的各项救灾政策和措施较为完善,使得灾荒发生后,各级政府的灾

[1]张国维:《报蝗疏》,《抚吴疏草》,《四库禁毁书丛刊》史部第39册,北京出版社2000年版,第662页。
[2]程俊英、蒋见元:《诗经注析》,中华书局1991年版,第673页。
[3]刘昫等:《旧唐书》,中华书局1975年版,第3024页。
[4]张国维:《报蝗疏》,《抚吴疏草》,《四库禁毁书丛刊》史部第39册,北京出版社2000年版,第663页。
[5]张国维:《报蝗疏》,《抚吴疏草》,《四库禁毁书丛刊》史部第39册,北京出版社2000年版,第664页。
[6]张国维:《报蝗疏》,《抚吴疏草》,《四库禁毁书丛刊》史部第39册,北京出版社2000年版,第660页。

时救助有章可循,有利于维持灾民生计,稳定社会秩序。其政策和措施在救灾中发挥着重要作用。

七、赈灾弊端

明朝中后期灾害频繁,朝廷虽已在救荒实践中形成一套较为完善的救灾程序,但由于明末朝廷财政紧张、仓储亏空、军兴繁重等因素,"议蠲免则京边之正供不可缺,请赈济则内帑之空虚无可措"[1],此时朝廷的救灾能力大打折扣。尤其是遇到重大灾荒时,能够用于救灾的钱粮物资可谓是杯水车薪,救灾往往心有余而力不足。

(一)备灾不力

灾荒应对不仅仅指灾害发生时进行赈灾,对一些可能发生的灾害应提前做好防护措施,并建立相关仓储,以求在灾害发生时将其造成的损失和危害降到最低,尽量避免灾害发展为灾荒,也是十分重要的。明人屠隆说:"夫当事变未来,而豫为之所,则意思整暇,易于擘画。及其事变既至,而后为之图,则手足冗迫,难以支分。"[2]明人孙绳武说:"盖岁之有荒,如人之有病。人,与其治病,不若保身;荒,与其议救,不若议备。故备荒不厌详而救荒务得当,有备以为救之之地,有救以究备之之宜。"[3]明代中央政府十分重视灾前相关防护及准备工作,明太祖朱元璋将兴修水利与建仓储粮看作备荒的两样法宝,要求各地积极修仓、修水利,之后明朝历代帝王也多有完善,明朝逐渐建立了比较完备的备荒体系,这一体系主要包括兴建仓储备灾、兴修水利防灾两方面。

[1]毕自严:《题覆延抚旌叙助赈官员士民疏》,《度支奏议》,《续修四库全书》史部第490册,上海古籍出版社2002年版,第624页。
[2]屠隆:《荒政考》,《屠隆集》第7册,浙江古籍出版社2012年版,第160页。
[3]孙绳武:《荒政条议》,《中国荒政书集成》第1册,天津古籍出版社2010年版,第395页。

1. 兴建仓储

明朝前期,由于太祖、太宗、仁宗、宣宗等皇帝的励精图治,国家财力丰裕,这几个时期,统治者也较注重备灾仓储建设,预备仓制基本得到推行,使救灾有了较为充裕的财力保证,故而明朝前期的赈灾活动实施得较为顺利。然而到了明朝中后期,财政状况逐渐恶化,国库异常空虚,救灾就大打折扣了。

明代的各类灾害发生次数多,加深了明朝统治者对仓储备荒的重视程度。就兴建备荒仓储而言,主要表现在仓储体系的完善。明代的备荒仓储主要包括预备仓、常平仓、社仓、义仓等不同类型的仓库,这些对于灾荒救治起到了一定的作用。

《大明会典》对此也有记载:"洪武初,令天下县分,各立预备四仓。官为籴谷收贮,以备赈济,就择本地年高笃实民人管理。"[1]预备仓的仓谷主要来源于中央财政拨付的籴谷,但有时也动用地方财政,或鼓励民间富室捐助及罪犯罚赎。明洪武时期,预备仓确实达到了太祖初设之目的,对赈灾救荒起到了一定作用,但洪武以后预备仓逐渐显现出各种弊端,至宣德年间,预备仓基本上已名存实亡,仓库数量与仓储粮额都逐渐减少。宣德、正统、成化等年间,统治者曾多次下令再次设立预备仓,但往往不久后就再次废毁。"自嘉靖起,虽有备荒之名,而无备荒之实,灾荒屡见,万姓流离。至于泰昌、天启、崇祯,尤不可问。"[2]

随着预备仓的荒废,其灾前备荒的作用逐渐减小,政府开始通过其他仓储来备荒,比较典型的是提倡常平仓、社仓、义仓,希望通过社会力量共同解决灾荒时的民食问题。

常平仓的储粮主要用于平粜:丰年时,仓官以高于市价的价格将粮食购入,不致谷贱伤农;灾年则低于市价将粮食贱卖,以防止粮价过高。及至明朝中后期,预备仓与常平仓发挥的作用均较为有限,社仓和义仓在此时获得了很大发展,是明代民间重要的备灾仓储形式。社仓由民间自主创办,仓粮来源于民众捐赠,丰收之年劝民捐赈,灾荒之年则发给民用。义仓与社仓类似,并与地方会社紧密相连,除备荒外,还对里社生活的各个方面进行贴补。因义仓多设置在乡村地区,在赈

---

[1]申时行等修,赵用贤等纂:《大明会典》,《续修四库全书》史部第789册,上海古籍出版社2002年版,第383页。

[2]陆曾禹:《钦定康济录》,《影印文渊阁四库全书》史部第663册,台北"商务印书馆"1986年版,第399页。

济灾民时更加及时、方便,故而在明朝中后期的灾荒救济中,它作为重要力量而存在。因预备仓衰败而兴起的社仓、义仓,虽对于赈济灾荒起到了很大作用,但官府的干预影响了社众积谷的积极性,官吏及社正、社副等的侵盗、挪用也使得社仓储备渐失,社仓越来越无力担负救济灾荒的重任。总之,到了明朝中后期,"常平不平,义仓不义"[1]的状况导致荒政无法有效施行,国家救灾能力锐减。

但是,无论是派遣官员还是蝗灾赈济,均以万历朝为转折点。万历前巡视灾荒的官员级别较高,赈济规模大且措施多样,这是因为该时期封建国家统治较为稳定,国库充裕,行政机构能够较好运转。万历三大征后,紧接而来的是李自成、张献忠等农民起义及后金军队的进犯。明王朝虽力图以"三饷加派"增加国家财政收入,但频繁与庞大的开支早已让国库捉襟见肘,再也没有足够的资金与财力去进行灾荒赈济了。[2]

《抚吴疏草》中屡屡出现"三空四尽"之语,便多是感慨国库空虚、民力殚竭。《雹灾疏》云:"嗟嗟谋生不给,东作何资?累累国赋,又不知将何取办也。臣等惨目伤心,疴瘝惟切,无奈库帑如洗,补助莫施,睹此凋疲之极,逋负之多,有不得不亟为上闻而为之所者,皇上惠顾东南,子爱元元,当必恻然动念,大沛恩膏,固无俟臣言之毕矣。"[3]《旱灾疏》云:"小民哀吁奔号,既虑俯仰无资,复虑公输莫办,闵闵之情,诚难绘悉。"[4]于公于私,无多积累,巧妇难为无米之炊,作为巡抚,张国维千般为难,万般无奈。又如《报蝗疏》云:"遍地皆灾,有无安济?连年告匮,剜救何资?民之所恃以生者食耳,谋生不能,势必待命于官,官之所藉以赈者谷耳,乃一竭于济饥,再竭于赏捕,公私俱罄,卒有嗷嗷之众,或兼有缓急之事,何以待之?以今寇氛伺于江北,物力凋于江南,民日摇于涝饥,国赋诎于叠困,所见唯号呼之象,所伏有嗔语之形,兴言及此,可为寒心。"[5]《七年甄别疏》称吴中四郡:"昔号沃区,

[1] 蔡方炳:《广治平略》,《四库禁毁书丛刊》史部第23册,北京出版社1997年版,第553页。

[2] 郑民德、李德楠:《捕蝗与灭蝗:明代农业灾荒中的国家、官府与基层社会》,《农业考古》2013第1期,第91页。

[3] 张国维:《雹灾疏》,《抚吴疏草》,《四库禁毁书丛刊》史部第39册,北京出版社2000年版,第162页。

[4] 张国维:《旱灾疏》,《抚吴疏草》,《四库禁毁书丛刊》史部第39册,北京出版社2000年版,第574页。

[5] 张国维:《报蝗疏》,《抚吴疏草》,《四库禁毁书丛刊》史部第39册,北京出版社2000年版,第665页。

今为赢地,缘征赋烦而物力已竭,承平久而奸宄潜生,灾祲频仍,闾左无乐生之念,邻警狎至,市井多喜乱之徒。"[1]

2. 兴修水利

明代自然灾害频繁发生,且多为水旱灾害,尤其是东南江浙地区,地势低洼、河道密布,历来是水灾的多发区,一旦水利工程不完善,就有可能造成严重后果,造成巨大损失。兴修水利一直是我国历代防灾备灾的重要措施之一,兴修水利、建立起完备的水利工程可以大大减少旱涝带来的灾难及损失。

江南地区是明代政府水利兴修的重点区域,尤其是太湖流域的出水问题更是明代水利工作的重中之重。明代此地区的大型水利工程都是围绕这个问题进行的,如永乐年间的夏原吉、正统年间的周忱、天顺年间的崔恭、弘治年间的徐贯、正德至嘉靖年间的李充嗣、隆庆时的海瑞、万历初的林应训等人的治水工作都是围绕太湖出水问题而展开的。此外,明朝政府对江南东部沿海地区的海塘修筑、黄河的治理、大运河的疏浚、各地农田的灌溉等水利工程也给予了较多的关注。

在政府的重视与反复提倡之下,明朝中期以前的水利建设取得了较大成就,发挥了其防灾减灾的作用。但明朝中期以后,由于政治体制、财政状况、国家外部环境等方面的制约,政府渐渐疏于对水利工程的修建与管理。官员谈及明末水利时,认为江南地区的官府不愿上报朝廷请求修缮水利,而当地百姓又不肯自行修治,"遂至于大坏,而潴泄之法,皆失其常……虽素称沃壤之田,皆荒落不治"[2]。明末水利工程的败坏使得农民流离失所、无以为生,东部沿海地区一旦发生海啸、连雨等情况,往往就会堤破、河决,海塘、房舍被毁。正如张国维《报灾疏》所云:"姑苏一郡号称震泽,从来厥土低洼,兼之吴松江淤塞,旱则潴蓄无地,水则泄泻不通,以故一遇灾荒,小民无不流离困苦。"[3]

---

[1]张国维:《七年甄别疏》,《抚吴疏草》,《四库禁毁书丛刊》史部第39册,北京出版社2000年版,第38页。

[2]吕光洵:《修水利以保财赋重地疏》,陈子龙等选辑:《明经世文编》,中华书局1962年版,第2206页。

[3]张国维:《报灾疏》,《抚吴疏草》,《四库禁毁书丛刊》史部第39册,北京出版社2000年版,第80页。

（二）行政机制僵化，效率低下

明代洪、永时期，太祖、太宗针对赈灾都曾下发过先贷后闻、先赈后闻的诏令，也曾对先贷后闻的官员进行过嘉奖，体现出以灾民为本的精神。当然，这是明代荒政建设初创时的举措。随着荒政建设制度化、法制化的推进，明代开始对赈灾订立严密的法令、制度或政策，如《大明会典》规定："若军务、钱粮、选法、制度、刑名、死罪、灾异及事应奏而不奏者，杖八十；应申上而不申上者，笞四十。若已奏已申，不待回报而辄施行者，并同不奏、不申之罪。"[1]受晚明政治、经济、军事等多方面的影响，以户部为主的中央救灾部门在决策救灾时，往往受到多方掣肘，难以从财政上对灾区和灾民进行更快、更多的抚恤，这在不同程度上影响了中央政府救灾职责的履行，以及对灾区实际救济的效果。

张国维《高淳水灾疏》云："高淳县坐居石臼、丹阳、固城三湖水中，地势最下，又因广通镇筑坝为苏常等四府抵塞狂流，而徽宣二水从此泛滥。"[2]人为建设的水利工程破坏了河道的自然流向，并且为了苏常等四府而牺牲了高淳一县，这无疑为高淳县连年水灾的发生埋下了隐患。因为高淳水灾，崇祯九年（1636）六月十九日，张国维上《高淳改折疏》，建议恢复高淳永折。七月二十一日奉圣旨："该部确议具覆。"[3]崇祯十年（1637）十月二十日又上《再请高淳永折疏》，十一月二十三日奉圣旨："已有旨了，该部知道。"[4]崇祯十一年（1638）十月初一续上《三请高淳永折疏》："夫永远之折有万历年间之令甲可据，灾伤之折有崇祯九年之近例可援，臣今且不以令甲请，而以灾伤请，岂灾倍于昔者，恩可减于昔乎？虽虚粮望豁，查勘

[1]申时行等修，赵用贤等纂：《大明会典》，《续修四库全书》史部第791册，上海古籍出版社2002年版，第719页。
[2]张国维：《高淳水灾疏》，《抚吴疏草》，《四库禁毁书丛刊》史部第39册，北京出版社2000年版，第193页。
[3]张国维：《高淳改折疏》，《抚吴疏草》，《四库禁毁书丛刊》史部第39册，北京出版社2000年版，第192页。
[4]张国维：《再请高淳永折疏》，《抚吴疏草》，《四库禁毁书丛刊》史部第39册，北京出版社2000年版，第402页。

尚待异时,而折兑完漕,膏泽必须立沛,所谓然眉之救升斗之活,在此一举也。"[1]看来,张国维永折之请并未获准,于是退而求其次,以"灾伤"之例请。十一月十二日奉圣旨:"该部酌议速奏。"[2]崇祯帝还是没有立即批准,又要等户部斟酌商议。

江淮地区即南直隶和浙江地区总体上是明清时期全国最为富庶之地,与明朝税收、盐政密不可分,经济上占优势地位,又是明朝兴起之地、祖陵所在,每当灾荒发生,总能因其特殊地位得到中央的特别关照。而从《抚吴疏草》来看,南直隶的应天府灾荒赈济现状尚且如此,其他地区的状况也就可想而知了。

八、张国维救灾之思考

(一)修省与禳禬

修省,即反省政事。建文元年(1399),江北发生蝗灾,有关部门请求捕蝗与灭蝗,"上曰:'朕以不德致蝗,又杀蝗以重朕过。臣民其极言朕失,俾得改,有司其赦疑狱、捐逋租、周穷乏,以修实政。'是岁蝗不为灾,更有秋"[3]。以省过而修实政的方法来达到驱除蝗害的目的,只不过是封建统治者聊以自慰的手段,并没有丝毫的科学依据,其"蝗不为灾"的结果具有很大的偶然性。古代人对自然现象的认识存在局限性,面对频繁发生的灾害,上至皇帝及满朝文武官员,下至普通百姓,都将其缘由归结为某种超自然力量的作用,认为灾害的发生是大难将临的不祥之兆。皇帝及大臣尤其将它视为"失政""失德"的后果,于是反省政事便成为朝廷应对灾害的一项重要措施。随着禳解功能的弱化,后来的明代皇帝更倾向于自省修德、勤勉从政、清理冤狱等具体的政务行动。张国维亦不例外,如他于《雹灾旱灾疏》中言:"臣侧身省咎,率属斋戒,素角祈祷,与缙绅耆老朝于坛壝,而夕于祠祀,

---

[1]张国维:《三请高淳永折疏》,《抚吴疏草》,《四库禁毁书丛刊》史部第39册,北京出版社2000年版,第596页。

[2]张国维:《三请高淳永折疏》,《抚吴疏草》,《四库禁毁书丛刊》史部第39册,北京出版社2000年版,第596页。

[3]陈建:《皇明通纪法传全录:建文皇帝纪》,《续修四库全书》史部第357册,上海古籍出版社2002年版,第194页。

靡爱其力,第恐德微诚薄,不足以致甘澍,唯藉皇上之灵与国家之福,或变咎征为休征,转恒旸为时雨,庶吴民有郇伯之咏,而臣亦不必绘郑侠之图矣。"[1]《地震疏》云:"此皆臣奉职无状,召兹沴气,除率属痛加修省,殚力抚绥,以谨天戒。"[2]《报灾疏》云:"此皆臣奉职无状,以致旱魃灾虫不能为颍川之驱,疾风暴雨不能致灌坛之避,故天未悔祸如斯耳。"[3]《雹灾疏》云:"抑闻雹在外,咎在长吏,实由臣等奉职无状,不能宣邑民隐,以召此异也,除痛自修省,以惕天变。"[4]《旱灾疏》云:"痛自修省祈回天意。"[5]《报蝗疏》云:"皆由臣奉职无状,召兹奇灾,除席藁待罪,痛自修省。"[6]《旱蝗分数疏》云:案照臣六月内题为天时久旱岁事可虞等事,奉圣旨:"据奏,旱蝗为灾,张国维着即悉心率属,实图修省,该部知道,钦此。""该臣通行各属竭诚祈祷省刑疏狱立图消弭"[7],"臣仰承睿虑,悚惕不遑,无日不与各属省过改愆、问疾苦、疏冤抑以力图消弭,而奉职无状,天谴难回"[8]。"愧职业之未尽,召灾变之流行,来未有之螟蝗,致东南饥馑为困,骄经年之水旱,使征输期会多愆,臣虔祷则焚暴,不辞叩而流血。"[9]

天人感应是指人与自然万物同类相通,相互感应。《尚书·洪范》认为君主的施政态度能影响天气的变化,这是天人感应思想的萌芽。汉代董仲舒继承和发挥了阴阳家的思想,使天人感应说臻于成熟。张国维有时也不免借用天人感应学说,

[1]张国维:《雹灾旱灾疏》,《抚吴疏草》,《四库禁毁书丛刊》史部第39册,北京出版社2000年版,第22页。

[2]张国维:《地震疏》,《抚吴疏草》,《四库禁毁书丛刊》史部第39册,北京出版社2000年版,第78页。

[3]张国维:《报灾疏》,《抚吴疏草》,《四库禁毁书丛刊》史部第39册,北京出版社2000年版,第83页。

[4]张国维:《雹灾疏》,《抚吴疏草》,《四库禁毁书丛刊》史部第39册,北京出版社2000年版,第162页。

[5]张国维:《旱灾疏》,《抚吴疏草》,《四库禁毁书丛刊》史部第39册,北京出版社2000年版,第575页。

[6]张国维:《报蝗疏》,《抚吴疏草》,《四库禁毁书丛刊》史部第39册,北京出版社2000年版,第665页。

[7]张国维:《旱蝗分数疏》,《抚吴疏草》,《四库禁毁书丛刊》史部第39册,北京出版社2000年版,第575页。

[8]张国维:《旱蝗分数疏》,《抚吴疏草》,《四库禁毁书丛刊》史部第39册,北京出版社2000年版,第580页。

[9]张国维:《六年考满疏》,《抚吴疏草》,《四库禁毁书丛刊》史部第39册,北京出版社2000年版,第656页。

其《地震疏》云："该臣谨会同巡按苏松等处监察御史王一鹗看得,地得一以宁,其体主静,动则变征也。时维九月,属天高气清,蓐收司令之候,正当合气葆和,为发生万物之基,矧京口当子午咽喉,作留都屏翰,所宜静而不宜动者。据报,微微有声,然安可以偶动而故忽之?臣未谙占验,不知主何征应,第今江南水旱频仍,征缮孔棘,旧逋方艰于剜肉,新征又迫于医疮,臣方惧民心之动也,而乃有此虺虺之象,此皆臣奉职无状,召兹沴气,除率属痛加修省,殚力抚绥,以谨天戒外,更祈皇上轸念根本重地,民困已极,益扩含宏之德,大沛宽恤之仁,将太和在宇宙,何地震之足忧也。"[1]张国维虽言不懂占验,但将之引向积极方面,即率领属下"痛加修省,殚力抚绥",恳祈皇上"益扩含宏之德,大沛宽恤之仁"。

但张国维对待灾害的态度,主要还是尊重科学,反对迷信。《旧唐书·李泌传》云:"黎干用左道位至尹京,尝内集众工,编刺珠绣为御衣,既成而焚之,以为禳檜。"[2]禳檜,意思是为消灾除病而祭祀。张国维是不相信这一套的,他在《报蝗疏》中说:"愚民崇禳檜之术。"[3]他将推崇禳檜之术的百姓称为"愚民",说明他是务实不务虚的。人不能将命运交给所谓的神灵,不能一味地等靠要,要自力更生,要积极自救。有些"愚民"认为,灾害是上天惩罚造成的,只能通过祈祷、祭祀、膜拜、敬畏才能平息神灵的怒火,进而保佑农业丰收与百姓安居乐业。

(二)以民为本

"究竟江南无不被罚之官,无不追呼之户。"[4]截至崇祯十二年(1639)四月,张国维任满六年,总计住俸十二次。凡官员因丁忧,或受处分,自开缺之日,停给俸银,称住俸。但张国维无怨无悔,依然忠于职守。

伏查崇祯八年桐潜太宿遭贼蹂躏,不过二十余日,荷蒙皇上蠲豁解

[1]张国维:《地震疏》,《抚吴疏草》,《四库禁毁书丛刊》史部第39册,北京出版社2000年版,第77—78页。

[2]刘昫等:《旧唐书》,中华书局1975年版,第3623页。

[3]张国维:《报蝗疏》,《抚吴疏草》,《四库禁毁书丛刊》史部第39册,北京出版社2000年版,第665页。

[4]张国维:《东属请蠲疏》,《抚吴疏草》,《四库禁毁书丛刊》史部第39册,北京出版社2000年版,第67页。

京钱粮在卷。今年往返回环,计二月有奇,怀桐潜为最,太湖次之,望江、宿松又次之,皆被从来未见之荼毒。祈施破格宽恤之皇仁,最者尽蠲,次者半豁,庶闻风感激,去者可望其来,在者可免其去,收此不绝如线之人心,为皇上保此土也,然蠲止及有田地之家耳。皖民贫多为佃为佣以自活,今欲耕而无牛,欲布而无种,且饔飧断绝,有朝不及夕之谋。祈皇上大涣洪慈照被贼省分之例,厚加赈贷,是疮痍再苏之会也。过此以往,有不竭力输将以终王事者乎?皇上视民如伤,上追往圣,救灾施仁,超轶千古,浩荡恩波,知必有沛然者矣,民命所关,刻不容缓。[1]

臣揆之地方,酌之民情,深维两邑所系甚大,若无人民,则无两邑矣,正为畿甸计安危,非从一隅吁疾苦,仰祈圣慈悯念于浦六之均粮房号,立行免派于六合之漕辽二粮,亟议蠲折,庶遗黎再生,重地式巩矣。……芜湖对峙和巢,岁岁办贼,地方军需之措处亦云艰矣,更有房号银四百六十余两,虽经奉旨清解,但该县新募乡兵已派银三千三百八十四两,安庆议增马步兵,又加二千一百一十六两,今计两项数几六千,总皆出于房税也,若一加再加,重重剥取,不惟弹丸之市廛骚扰滋甚,且恐朘削之民力竭蹶难完,不得不仰丐圣恩,并敕部议,俾与浦六一体议免者也。[2]

臣忧切地方,窃念民穷之时,加以灾沴,意外之事更将有不可知者,中夜彷徨,寝食俱废,使旬日之内甘澍大沛,兴此槁苗犹可半收,铚艾悦过此以后,三农无望,臣不能不补牍以为民请命矣,皇上轸恤民艰,虑周海宇,睹此根本之地,不知如何廑念也。[3]

张国维心里装着百姓,关心民瘼,"哀民生之多艰"[4],尊重并争取百姓的生存权,敢于为民请命,甚至不顾惜身家性命,不畏惧批逆龙鳞。诚然,作为封建社会的臣子,他这样做的最高目标乃是为皇帝收民心,巩固统治基础。值得注意的是,

[1]张国维:《贼遁请蠲赈疏》,《抚吴疏草》,《四库禁毁书丛刊》史部第39册,北京出版社2000年版,第299页。

[2]张国维:《请蠲房税漕粮疏》,《四库禁毁书丛刊》史部第39册,北京出版社2000年版,第404—405页。

[3]张国维:《旱灾疏》,《抚吴疏草》,《四库禁毁书丛刊》史部第39册,北京出版社2000年版,第575页。

[4]金开诚、董洪利、高路明:《屈原集校注》,中华书局1996年版,第39页。

有些奏疏其实是以忧民为核心,但为了考虑君王的接受心理,又辅之以忧君的方式来呈现,这其实也是奏疏的一种写作技巧、一种说服策略。

(三)忧患意识

忧患意识是中华民族的优良传统。明末面临内忧外患,兵连祸结,民不聊生,张国维作为封疆大吏,大权在握,有着强烈的社会责任感和历史使命感。他为了国家和民众,甚至不顾个人安危,很多灾害奏疏中都充满着强烈的忧患意识。

> 而臣更鳃鳃隐虑者,盖谓东西盗作,处处崔苻,惟此江南一块土尚称安谧。然百年未有之灾频年洊告,恐不聊生之民走险而不择也。臣等念切痌瘝,亟欲为民请命,第时事维艰,司农仰屋,既不敢忘国计而议赈蠲,然流离载道,触目伤心,又不得不计缓征而予生路。[1]
>
> 目今势事颇危,民情叵测,迫极而动,西北有鉴,伏乞力为主持,特疏题请,大为蠲赈,以救一方灾黎,不然铤而走险亦未可知也。[2]
>
> 吴民既不能望补救于臣,不能不望轸恤于皇上,是以老羸扶杖,童稚牵衣,千百成群,叩臣门而冀请蠲折,迄无虚日。臣与按臣展转踌躇,念此军兴旁午,漕运届期,虽目击东南最苦最迫之状,未容误军国最急最乏之需,明知非蠲折莫苏其困,而不敢轻请,唯是此地以无岁不歉之余,又加以百年罕观之眚,生齿危于坠叶,流亡遍若飘萍,臣身任抚绥,宁忍坐视其垂毙?不得不于蠲折外,丐当扈之宏恩,则唯有加派辽米,计部旧议,苏松二府属每石价银七钱五分,宁国府属每石价银五钱,今时价既已倍之,即丰岁民犹称病,奚堪大祲之年复抑其值?又遗钱粮,每年带征二分,今民力已莫支于新,何能复并征其旧?以上二款,仰缴圣恩将辽米照时价扣算,崇祯三四五年带征旧遗尽数赐免。又嘉定、崇明二县僻处海陬,原未派有辽米,岂可被灾同而缴恩独异?查两邑近年未完旧饷及未

---

[1]张国维:《雹灾旱灾疏》,《抚吴疏草》,《四库禁毁书丛刊》史部第39册,北京出版社2000年版,第22页。

[2]张国维:《报灾疏》,《抚吴疏草》,《四库禁毁书丛刊》史部第39册,北京出版社2000年版,第80—81页。

解杂饷,并祈破格赐免。至于常镇二府属及高淳、江浦、绩溪等县亦应与苏松二府属、宁国府属并行分别赈济,此臣额手以几,孑遗引领而望,谅圣明轸念根本重地,必倍切于他省,而大沛德音者矣。[1]

有司目击疮痍,请蠲请折请缓请赈,代穷黎而疾痛之呼。微臣下念地方,上念国计,使情非甚迫,何敢不抑其请而仰渎宸聪?惟是三吴之地乃系国家根本,今日之灾尤为今古罕闻,及今不为之所,毋论转沟之惨,挺走之变,所不堪言,而民命绝矣,国赋安出?[2]

张国维的忧患意识主要表现为忧国、忧君、忧民,统一于他儒家的为官理念。封建社会的"忧君"也即忧国,是臣子对国君地位是否稳固的忧虑。因为封建社会的君代表国,君位可保意味着江山社稷可保,因此极力维护皇权是奏疏的根本出发点。因此,张国维的奏疏,从根本上来说都是在为皇帝出谋划策,都是为了保君保国。于报灾、勘灾、救灾中,他废寝忘食,兢兢业业,始终站在百姓的立场,有大局观,反复权衡,不厌其烦,上传下达,全力以赴,不愧为末世之能臣。

---

[1]张国维:《报灾疏》,《抚吴疏草》,《四库禁毁书丛刊》史部第39册,北京出版社2000年版,第83—84页。

[2]张国维:《旱蝗分数疏》,《抚吴疏草》,《四库禁毁书丛刊》史部第39册,北京出版社2000年版,第581页。

第十四章

《抚吴疏草》中的南直江防[1]

---

[1]此章主要参考了夏斌、陈伟明:《崇祯年间张国维与南直江防——以〈抚吴疏草〉为中心的考察》,《安徽史学》2021年第2期,第49—55页。

明太祖定鼎金陵(今江苏南京)后,尤其重视长江下游防务,谋划创建一套周密完善的防御体系,江防也成为明朝国防的重要组成部分。故时人茅元仪有言:"疆场之大要有三,曰边、曰海、曰江。"[1]有明一代,江防相对稳定,日常以"巡捕寇盗盐徒,兼以防倭"为主。[2]宣德五年(1430)九月,越府长史周忱出抚应天、苏松;景泰二年(1451)冬,下令王竑为淮扬庐凤四府与徐和滁三州的巡抚,治所设于淮安,这是江南北巡抚设立的日期。南北巡抚负责防海,包括丹阳、泰兴以下的江防。其防御区域,南岸从安港,北岸从周家桥开始直抵江口。[3]

崇祯初年,农民起义军大规模进入南直隶,转战于江北各地,意欲窥渡长江,威胁留都南京。郑若曾指出:"江防以拱护留都为重。长江下流乃留都之门户也,遏寇于江海之交,勿容入江,是为上策;截杀于江中关隘(营前沙、狼山、靖江之类),使贼不得溯流而西,是为中策;若纵之过金、焦、礬诸山,震惊留都,罪在不原。"[4]时任应天巡抚的张国维采取了一系列加强江防的措施,使得战火未能燃及江南。《抚吴疏草》是张国维巡抚应天时的奏疏集,以其作为资料基础,结合其他相关史料,以张国维整饬江防为线索,重点考察崇祯年间江防布局及其演变,以明确张国维从中扮演的角色和所起的作用。

一、正确把握江防形势

崇祯六年(1633)冬,明廷抚剿政策相继失效,农民起义军摆脱官军围剿后南渡黄河,进入中原,在短短一个月内,足迹几乎遍及河南西部各县,紧接着又冲向湖广、安徽和四川,原先的局部问题已生成腹心大患。[5]次年正月,崇祯帝特设河南、山西、陕西、湖广和四川五省总督,希望集中数省之力合剿农民起义军。南直隶是明朝政治副中心,掌握着国家财政与经济命脉,境内除留都南京外,"淮安为

[1]茅元仪:《武备志》,《续修四库全书》子部第966册,上海古籍出版社2002年版,第111页。
[2]龙文彬纂:《明会要》,中华书局1956年版,第1230页。
[3]王波:《明朝江防制度探讨》,《江海学刊》1996年第3期,第115页。
[4]郑若曾:《江南经略》,《影印文渊阁四库全书》子部第728册,台北"商务印书馆"1986年版,第6页。
[5]顾诚:《明末农民战争史》,光明日报出版社2012年版,第65页。

漕运通渠,凤阳为陵寝重地,安庆为陪京上游,苏、松为边海襟要"[1]。嘉靖后期,南直隶逐渐形成以南京守备、操江(巡江)、凤阳巡抚及应天巡抚为主导的四大兵防重镇,[2]南京守备直辖京营,操巡专责江上,应天、凤阳二抚分管长江南北防务。五省总督设置后不久,太常寺少卿张国维被任命为应天巡抚。张国维早年出任番禺知县之后一直留京任职,在此节点能够获得巡抚江南重任,足见崇祯帝对他的信任。留都上游安庆与湖广接壤,张国维担心"流贼"蔓延,水陆交警,即刻南下赴任。[3]上任伊始,溧阳、桐城二县先后发生民变,后经多方调停、运作,民变得以妥善解决,免去了后顾之忧。

崇祯七年(1634)上半年,农民起义军主力集中在川北、陕南一带活动。[4]十二月,"悉众东奔,分道入河南,集宛、雒间"[5],又转入南直隶,迅速攻陷中都凤阳。凤阳巡抚杨一鹏被处死,巡抚凤阳御史吴振缨遣戍,守陵太监杨泽畏罪自杀。[6]中都既陷,江北大乱,农民起义军首领之一张献忠随即率部南下,直逼长江北岸,长江各处险隘成为抵御农民起义军的关键。张国维在《陈形势请增兵疏》中详述了江防形势:

> 安庆错壤于江北,当吴、楚之冲。属邑如桐城,地界舒、庐,望江治,濒水浒,皆孤悬无辅,潜、太、宿新经兵燹。臣虽檄议建城,然非旦夕之事。而客兵终难久戍,诸臣设兵之请,同于痛哭,是不可不亟从,以资防剿者也。溯皖江而南,有东流县,弹丸一城,越在西鄙,鞭长莫及。上自彭泽,一帆而径至,由此可以直趋池、太,横走徽州,是不可不设兵以资扼御者也。自皖江而下,则为池州府,于皖城为唇齿,于五郡为咽喉,向来以道臣驻劄。近因安庆多故,暂尔移防。该府陆兵止二百七十余名,登陴而守,尚苦不足。若外县有警,何以相救?今春贼势震邻,士民共请捐

[1]顾祖禹:《读史方舆纪要》,中华书局2005年版,第393页。
[2]苏辰、罗冬阳:《论明代南直隶兵防体制的演变》,《西南大学学报》(社会科学版)2016年第6期,第168页。
[3]张国维:《报代疏》,《抚吴疏草》,《四库禁毁书丛刊》史部第39册,北京出版社2000年版,第9页。
[4]顾诚:《明末农民战争史》,光明日报出版社2012年版,第67页。
[5]彭孙贻辑:《平寇志》,上海古籍出版社1984年版,第28页。
[6]顾诚:《明末农民战争史》,光明日报出版社2012年版,第80页。

募，其情甚切，是不可不增兵以壮声援者也。由池州而下，为铜陵，为繁昌，俱濒江孤峙，在在可虑。而芜湖尤称要地，右从泾津可疾趋徽、歙，前从广德可分窥浙、苏，左从东坝向高、溧，可间抵宜兴。大江对岸，即为巢县、无为州，若从巢湖口横渡，瞬息而达，是水陆四通之衢也。且百货骈集，易起垂涎。力穑者寡，奸宄滋多，城甚卑小，城外楼舍反高于城。近议临江建造水城，以包民居，而艰于经费。是不可不设兵以捍藩篱者也。由芜湖而下，则为太平府。肘腋留都，比于冯翊。采石、梁山，夙称天险，陆兵止二百余名。若有自上游扬帆，或自和州径济，有险而无以守之，岂止与无险同哉？是不可不设兵于采石，设兵于梁山，以塞要害者也。自南都而北，系臣所辖者，有江浦、六合二县。江浦城小，而为陪京外蔽。六合无城，而当瓜、扬要道。若不各设多兵，是岂不为懔懔？由南都而下，则为句容，上护金陵，下连京口。龙潭尤为要冲，对岸仪真，中杂沙洲，荒僻可渡，其邑隶京府，而带东境，上下无援，则设兵以自固，万万不容已也。由龙潭而下，则为京口，乃东南之锁钥，江海之藩篱。蒙皇上眷念重地，调浙兵协防，然特一时权宜耳。他省客兵，岂能久于兹乎？是而不增，将何以裨永久也？由京口而下，则为孟河，乃由江入内地之间路。又下为靖江，接壤泰兴，乃盐盗出没之渊薮。贼若从此窥江南，不必同渡于瓜、仪两处，扼防当与京口并急。是而不各增兵，将何以资犄角也？[1]

由上可知，安庆府及江浦、六合二县地处江北，实乃战争首冲之地，"安庆地居上游，为留都门户，关系之重，与别府不同，而南隔大江，西距蕲黄，东北界庐凤，四面寡援，孤危之势，更与别府不同"[2]。江浦与南京隔江相望，是其屏障，六合向东可达扬州，南下渡江径抵京口，皆为咽喉之地。安庆、浦六间滨江之地延袤千余里，无处不险，其中芜湖、采石与巢湖、和州对峙，尤为古来渡江之要害。[3]受明末

---

[1]张国维：《陈形势请增兵疏》，《张忠敏公遗集》，《东阳丛书》第14册，浙江古籍出版社2015年版，第14—15页。

[2]张国维：《再请增设皖兵疏》，《抚吴疏草》，《四库禁毁书丛刊》史部第39册，北京出版社2000年版，第93页。

[3]张国维：《回奏增兵措饷疏》，《抚吴疏草》，《四库禁毁书丛刊》史部第39册，北京出版社2000年版，第175页。

农民起义影响,旧的江防格局发生了显著变化,以往江防重心放在缉捕江上盗贼、盐徒及防倭上,规模较小,即使在倭患严重的嘉靖年间,防御重点也是在圌山、三江口以下的海防区域,并没有对江防格局造成冲击。相比之下,农民起义军由北而南,长江北面要害之地处处当防,自西向东形成了"安庆—芜采—浦六"倒"品"字形三大防区,错综大江南北。明制规定,"操巡专管江中之寇……巡抚专管岸上之寇"[1],江防仅仅依靠江上水军断然不行,还需要岸上特别是江北陆军的力量支援。可是明中叶以后,江防军备废弛,无论是巡江军、卫所军还是地方巡检司都无法承担起正常的江防重任,以致"沿江千余里,戍守寥寥"[2],所以三大防区的兵力部署与防御工事的修筑是燃眉之急,重中之重。

二、增兵措饷与创置安庆巡抚

安庆自成化四年(1468)起隶属应天巡抚管辖,全境都在江北,军事地位不言而喻,应天巡抚治所远在苏州,两地相距一千多里,鞭长莫及,管治极为不便,自然会产生诸多的不稳定因素。

(一)困境中的增兵措饷

早在农民起义军进入中原之时,安庆已引起部分大臣的关注。孙晋《皖郡增兵疏》云:"此地关系入告者,南京部臣郑三俊等有公疏,抚臣张国维、旧辅何如宠、台臣韩一光有单疏,据请建师增兵。"[3]其中,河南道御史韩一光指出,安庆"饷缺军虚"问题,疏请为皖预增兵饷,然当事者视为不急。[4]韩一光题为"腹心之寇不可玩,要害之防不可疏",奉圣旨:"安庆重地,乃饷缺军虚,全无查饬,抚按官所职

---

[1]郑若曾:《江防论上》,陈子龙等选辑:《明经世文编》,中华书局1962年版,第2854页。

[2]张国维:《陈形势请增兵疏》,《张忠敏公遗集》,《四库未收书辑刊》第6辑第29册,北京出版社2000年版,第638页。

[3]张楷:《康熙安庆府志》,《中国地方志集成·安徽府县志辑10》,江苏古籍出版社1998年版,第632页。

[4]吴坤等修,何绍基、杨沂孙等纂:《重修安徽通志》,《续修四库全书》史部第653册,上海古籍出版社2002年版,第349页。

何事？即着严加稽核,如有市棍豪仆包充等情尽行惩革,另设法选练,并饶南积欠军粮,经管各官查明参处,仍一面勒限完解,每岁照例考成,知府员缺作速遴补,其余事宜,该部看议具覆,钦此。"[1]张国维赴任途中,尚未抵达苏州巡抚衙门,就急令安池兵备道左布政使王公弼调查安庆"饷缺军虚"状况："惟府城国初额军五千七百余名,屹然重镇,宿兵原有深意。宣德年间,因承平无事,改调二千余名于河间、涿鹿、怀来等卫,原额十去其五矣。近自漕粮民运改为军运,以二千名运粮,又以二百名充南京班操军,又有屯差局差等项若干,又十去其八,守城益无几矣。"[2]宣德以后,安庆卫受改调、军运、班操及各类差役影响,兵额大幅削减,以致守城无几,也从侧面反映出明朝中后期卫所制度的衰败,取代卫所的营兵力量也同样薄弱。天启年间刊行的《南京都察院志》记载,安庆营官兵共五百人,其中水兵三百八十人,陆兵一百二十人,[3]到崇祯七年(1634),"沿江营哨皆系水兵,而陆则无之"[4]。实际上,前巡抚庄祖海在任时就曾远调吴淞兵六百人、徽宁兵三百人以防安庆,但徽宁兵额原寡,吴淞又是边海要冲,皆不能久留安庆,唯有在本地自行招募。除添设水兵系操臣负责外,张国维与道臣王道直商议先募陆兵五百人,再从操军中挑选精壮健勇者五百人,设陆营官来统领。[5]募兵一千人,需每年留饷一万二千两,圣旨："据奏,安庆额军影占数多,若能清查补伍,挑选操练,自足资守御,且鼓励乡勇,屡旨严饬,何未见实心奉行？但请增兵留饷奏内事情,该部确议速奏。"[6]未能获允。[7]张国维不得已,从安庆卫中简选五百人组成军勇营,然后

[1]张国维：《安庆增兵留饷疏》,《抚吴疏草》,《四库禁毁书丛刊》史部第39册,北京出版社2000年版,第15页。

[2]张国维：《安庆增兵留饷疏》,《抚吴疏草》,《四库禁毁书丛刊》史部第39册,北京出版社2000年版,第16页。

[3]施沛：《南京都察院志》,《四库全书存目丛书补编》第73册,齐鲁书社2001年版,第289页。

[4]张国维：《安庆增兵留饷疏》,《抚吴疏草》,《四库禁毁书丛刊》史部第39册,北京出版社2000年版,第16页。

[5]张国维：《安庆增兵留饷疏》,《抚吴疏草》,《四库禁毁书丛刊》史部第39册,北京出版社2000年版,第17页。

[6]张国维：《安庆增兵留饷疏》,《抚吴疏草》,《四库禁毁书丛刊》史部第39册,北京出版社2000年版,第18页。

[7]张国维：《报裁首疏》,《抚吴疏草》,《四库禁毁书丛刊》史部第39册,北京出版社2000年版,第57页。

捐俸倡募三百人为新勇营。[1]所募新兵就在平息桐城民变中发挥了作用,"今日扬威缉乱,颇得臣所新募之力"[2]。相比于小规模的民变,农民起义军才是明廷最大的威胁。而所募新兵在这方面崭露头角,"臣于上年八月内具疏题明,召募精兵一千二百员名,遴官统领,及时训练,警息奄至,分发督司李一凤督兵四百名,随道镇屯守太湖,贼不敢再犯。及贼势东突,江浦阽危,臣于十二月二十四日,发守备蒋若来督兵四百,冒险入城,故有二十九夜之战。复于正月初一发守备陈于王督兵四百冲围赴援,故有初四日初五夜之战。贼死伤甚众,孤城获以保全,皆新兵之力也"[3]。张献忠"转犯巢庐,所在残破,桐城报围,势逼皖郡"[4],张国维即刻移驻安庆,史载:

> 应天巡抚张国维率副将许自强东西奔击,解桐城围,遣守备朱士允
> (胤)趋潜山,把总张其威趋太湖,士允(胤)战没。自强遇贼宿松,杀伤相
> 当。安庆山民桀石以投贼,贼多死,乃趋英、霍,走麻城以去。[5]

安庆新兵数量有限,仍需抽调江南的东四府营兵前来驰援,这从将领的身份即可看出端倪:许自强,时任江南副总兵;朱士胤,吴淞陆营把总;张其威,吴淞游兵营把总。[6]农民起义军撤退后,张国维遂将东四府客兵遣返海防,并奏请增兵,"今日贼势方张,断非二千不可宜建立新营"[7]。除新勇、军勇二营八百人外,还需招募一千二百,岁饷约计一万三千两。朝廷允许挪用海防银,但是镇江所储仅

---

[1]张国维:《五请皖郡增兵疏》,《抚吴疏草》,《四库禁毁书丛刊》史部第39册,北京出版社2000年版,第318页。

[2]张国维:《报鹾首疏》,《抚吴疏草》,《四库禁毁书丛刊》史部第39册,北京出版社2000年版,第57页。

[3]张国维:《留新兵疏》,《抚吴疏草》,《四库禁毁书丛刊》史部第39册,北京出版社2000年版,第172页。

[4]张国维:《报贼遁疏》,《抚吴疏草》,《四库禁毁书丛刊》史部第39册,北京出版社2000年版,第107页。

[5]夏燮:《明通鉴》,岳麓书社1999年版,第2326页。

[6]张国维:《七年甄别疏》,《抚吴疏草》,《四库禁毁书丛刊》史部第39册,北京出版社2000年版,第39页。

[7]张国维:《再请增设皖兵疏》,《抚吴疏草》,《四库禁毁书丛刊》史部第39册,北京出版社2000年版,第93页。

剩两万余两,供给客兵行粮亦有不足,安庆也处于"公帑空虚,一无可措"[1]的困境。另外,留东四府汰饷银作"缮器制船之用"的奏议也遭朝廷驳斥。在这种情况下,张国维决定在安庆各属设处捐助,并运作西属其他五府一州筹措协济银,共筹一万三千两以济灼眉之需。[2]此外,安池道臣史可法也募得标兵三百名,[3]明代标兵多是总督、巡抚亲统之兵,以及嘉靖中叶以后的总兵(甚至也包括宦官、兵备)亲统之兵,[4]而添置安池道标兵也足见对安庆防务的重视。

崇祯九年(1636),张献忠、罗汝才、刘国能、李万庆及革左五营等大部农民起义军活跃在河南、湖广、安徽的广大地区,[5]张国维担心他们"久踞豫楚,势必豕突南奔",便在该年十月令吴之屏统领四百吴淞兵预防桐城,十二月又调东属川沙、宝山、刘河、吴淞等营兵共八百四十余人,委加衔游击张载赓统领,西属宁安营兵二百人,委营官张天广统领,相继赴皖。随后又调拨守六合官兵四百人,以及芜湖新募壮丁四百人,都星驰策应,使得安庆官军总兵力达四千五百余人。[6]十二月,因五百水兵分防数百里之地,寥若晨星。为防止农民起义军通过水路夺船渡江,张国维又以军屯酌增之法招募水兵一百五十人,"再措造战舰数只,择惯习风涛哨官统练,俾之扼守江口,水陆策应"[7]。如此大规模纠集重兵御皖,势必影响他处防务,"浦六有分应之防,边海有春冬之汛,空东备以为西御,又交困之道也"。崇祯十年(1637)四月,张国维"博询群情,权衡时势,非增兵必不可支",决议添步兵一千八百人,马兵三百人,饷约计三万一千余两。史可法建议于西属六府一州抽简各州县乡兵,除上元、江宁两京县及浦六系要冲不抽外,其余州县分大、中、小三等抽兵,且需各自解饷,加上从芜湖关、新安卫等处所措助饷,各项共得银三万一

[1]张国维:《再请增设皖兵疏》,《抚吴疏草》,《四库禁毁书丛刊》史部第39册,北京出版社2000年版,第94页。

[2]张国维:《三请皖郡增兵疏》,《抚吴疏草》,《四库禁毁书丛刊》史部第39册,北京出版社2000年版,第104页。

[3]张国维:《五请皖郡增兵疏》,《抚吴疏草》,《四库禁毁书丛刊》史部第39册,北京出版社2000年版,第318页。

[4]肖立军:《明代省镇营兵制与地方秩序》,天津古籍出版社2010年版,第15—16页。

[5]顾诚:《明末农民战争史》,光明日报出版社2012年版,第90页。

[6]张国维:《请兵援剿疏》,《抚吴疏草》,《四库禁毁书丛刊》史部第39册,北京出版社2000年版,第274—275页。

[7]张国维:《安庆增募水兵疏》,《抚吴疏草》,《四库禁毁书丛刊》史部第39册,北京出版社2000年版,第266页。

千余两,恰足所增马步兵之饷。[1]

(二)推动创置安庆巡抚

崇祯八年(1635)以后,习惯于流动作战的农民起义军又多次进入南直隶地区,安(庆)桐(城)一路战事愈演愈烈,为协助全局剿灭农民起义军,明廷决定在崇祯十年(1637)设置安庆巡抚。

农民起义军早期习惯流动作战,战线往往延绵数省,迫使明廷对部分政区进行战略性调整,如五省总督的设置。后因洪承畴忙于西北剿务,崇祯帝另派湖广巡抚卢象升总理江北、河南、山东、湖广和四川军务,"洪承畴督剿西北,卢象升督剿东南。如贼入秦,卢象升督兵进关合围扫荡"[2],明确了洪承畴与卢象升二者间的职责与权限。

崇祯九年(1636)十月,明廷起用杨嗣昌为兵部尚书。[3]杨嗣昌向崇祯帝提出了四正六隅"十面张网"的方略:"陕西、河南、湖广、凤阳四抚为四正面,见兵见饷不足,应与计处。延绥、山西、山东、应天、江西、四川六抚为六隅面,时任协剿分防,就将管内见兵见饷,自行调度,不须别议。若贼犯开、归、大名、长垣等处,亦应防守。保定巡抚亦有见兵见饷,任一隅面之责。原议未及,相应补行。其总理之官,以湖广、河南巡抚兼摄,委属不便,今升郧阳府治为总理衙门,加衔枢部,改给敕书从事。在地方无增官之费,而用心有提挈之权,斯为得宜。其抚治之属,在陕西有商、雒、关南、道河,南有南阳道,湖广有郧、襄守巡两道各任专责,而陕西、河南、湖广三抚自是本等抚属地方,合行照旧顾管,俾总理提兵远出,伸缩自由,不致局于一隅,方尽其用。"[4]即:"以陕西、河南、湖广、凤阳为四正面,此四巡抚为之计兵计饷,责之分剿,而专任防;又以延绥、山西、山东、应天、江西、四川为六隅面,查其见兵见饷,责之时分防而时协剿。却用总理、总督为随贼所向,专任剿杀

---

[1]张国维:《五请皖郡增兵疏》,《抚吴疏草》,《四库禁毁书丛刊》史部第39册,北京出版社2000年版,第318—319页。

[2]卢象升:《辞总理五省军务疏》,《卢象升疏牍》,浙江古籍出版社1985年版,第72页。

[3]谈迁著,张宗祥校点:《国榷》,中华书局1958年版,第5762页。

[4]杨嗣昌著,梁颂成辑校:《敬陈安内第一要务疏》,《杨嗣昌集》,岳麓书社2005年版,第210页。

之官。"[1]

崇祯十年(1637)三月,官军救援安庆,在酆家店吃了败仗,"脱者仅千余人",个中缘由颇为复杂:第一,"监军史可法欲退扼要害,诸将不从,掘堑守二十四日"[2];第二,保定副将刘昌祚奉有援皖明旨,却未至而回,总兵左良玉甫至十日即返[3];第三,罗汝才、刘国能等七营数万众与张献忠合兵一处,敌众我寡[4]。事实上,当时诸臣大议有三:一护凤泗祖陵,一护承天祖陵,一备安桐一路。[5]可是根据杨嗣昌"十面张网"之议,安桐所在应天却被视作隅面,在兵饷供应上处于不利地位。张国维于崇祯九年(1636)四月二十日前曾先后九次奏请增兵助饷安庆:

> 臣万不获已,累吁增兵措饷,疏凡九上矣,总计请饷有四,初请留新饷,欲援豫楚已行之例也,而例终不能援。再请留赋役汰减银欲复地方原有之额也,而额终不能复。继请取之设处协济,则惧以私派干明禁。又请取之因粮输饷,则不能以权应垂永久。此外将求于搜刮乎?而均徭项款累奉恩蠲,公费备用,复充解额,地方所留无多,搜于何处?[6]

张国维甚至呼吁应天"计兵计饷,应与凤、秦、豫、楚一体并观"[7],但纳少驳多,收效甚微。"诸臣建议者咸以安庆为虑"[8],为了从根本上提高安庆防御地位,张国维提议析置安庆,另设巡抚,"国维见贼势日炽,请于朝,割安庆、池州、太平,别设巡抚,以可法任之"[9]。此议得到部分朝臣的响应,只是具体方案有所不同,

[1]郑廉撰,王兴亚点校:《豫变纪略》,浙江古籍出版社1984年版,第54—55页。
[2]张廷玉等:《明史》,中华书局1974年版,第6912页。
[3]张国维:《请援皖防六疏》,《抚吴疏草》,《四库禁毁书丛刊》史部第39册,北京出版社2000年版,第324页。
[4]朱之英等修,舒景蘅等纂:《民国怀宁县志》,《中国地方志集成:安徽府县志辑11》,江苏古籍出版社1998年版,第191页。
[5]杨嗣昌著,梁颂成辑校:《连接诸臣奏揭疏》,《杨嗣昌集》,岳麓书社2005年版,第365页。
[6]张国维:《回奏增兵措饷疏》,《抚吴疏草》,《四库禁毁书丛刊》史部第39册,北京出版社2000年版,第176页。
[7]杨嗣昌著,梁颂成辑校:《连接诸臣奏揭疏》,《杨嗣昌集》,岳麓书社2005年版,第369页。
[8]张国维:《安庆增兵留饷疏》,《抚吴疏草》,《四库禁毁书丛刊》史部第39册,北京出版社2000年版,第15页。
[9]张廷玉等:《明史》,中华书局1974年版,第7063—7064页。

户部尚书程国祥则建议于安庆暂设巡抚一员,"节制安庆、庐州、池州、九江、黄州五郡,募兵一万人"[1]。割南直隶安庆、庐州、池州三府,兼辖湖广黄州和江西九江二府,但是分割邻省的完整府州存在较大难度,且在行政管理上易出现纷争。杨嗣昌认为:"理臣视贼所向,毕竟非久驻安庆之官。应抚弹压苏、松,有漕白京边之重储,江湖海沙之剧寇,与奸民叠变种种难言之野心,亦断无远移安庆之理。则一面置抚,一面措饷,一面招兵。"[2]

　　明廷虽有设重臣久驻安庆的想法,却苦于没有合适的人选。五省总理熊文灿督理数省军务,不可久驻安庆;应天巡抚辖境过广,巡抚衙门远在苏州,张国维本人也有"安庆孤悬江北,去臣驻扎之地千有余里"[3]的感叹,且当时苏、松、常、镇四府的督粮问题悬而未决,"四府缙绅又谓江南重地不可无大臣弹压"[4],明廷最终决议以安、庐、池、太四府为基本辖区,再兼辖与四府接壤的几个邻省重要州县。《明史·史可法传》有关安庆巡抚早期辖区范围的记载最为完整:"(崇祯十年)七月擢可法右佥都御史,巡抚安庆、庐州、太平、池州四府,及河南之光州、光山、固始、罗田,湖广之蕲州、广济、黄梅,江西之德化、湖口诸县,提督军务。"[5]《明史稿》《明通鉴》等记载相同,《史可法传》对兼辖州县的记载颇为具体,不过其中"河南之光州、光山、固始、罗田"的说法存在明显讹误,罗田县在明代并不属河南布政司,而是位于湖广布政司的黄州府,靳润成认为"罗田"当作"罗山",认为罗田属湖广布政司黄州府,罗山属河南布政司汝宁府。[6]而夏斌认为确是罗田县,只是作者因笔误将其写在河南布政司名下,因为从地理位置上看,罗田县位于大别山南麓,东连英霍,南倚蕲州、广济、黄梅三县,极易成为农民起义军啸聚之地,而罗山县向西深入河南腹地,且距离安庆相对较远。相比之下,将战略地位更加重要的罗田县划归安庆巡抚管辖似乎更加合理。[7]将庐州划归皖抚,有利于整合江北的防御力

[1] 杨嗣昌著,梁颂成辑校:《连接诸臣奏揭疏》,《杨嗣昌集》,岳麓书社2005年版,第369页。

[2] 杨嗣昌著,梁颂成辑校:《连接诸臣奏揭疏》,《杨嗣昌集》,岳麓书社2005年版,第370页。

[3] 张国维:《安庆增兵留饷疏》,《抚吴疏草》,《四库禁毁书丛刊》史部第39册,北京出版社2000年版,第16页。

[4] 文秉:《烈皇小识》,《丛书集成三编》第85册,新文丰出版公司1997年版,第59页。

[5] 张廷玉等:《明史》,中华书局1974年版,第7016页。

[6] 靳润成:《明朝总督巡抚辖区研究》,天津古籍出版社1996年版,第81页。

[7] 夏斌:《明中后期安庆地区建置考述——以兵备道和巡抚的设置为中心》,《历史教学》2018年第20期,第55页。

量,而兼辖州县多位于省间交界之"三不管"地带,极易成为农民起义军的藏身之所,因此统合这些地方显得尤为必要。

崇祯十年(1637)安庆巡抚的设置,表面上看只是简单地从应天巡抚中析置,实际上也与安池兵备道权力的扩充有关,如首任安庆巡抚就是安池兵备右参议史可法,安池道臣后因"剿贼"监安庐军,其实际控制的安庆、池州、太平和庐州四府构成了安庆巡抚的基本辖区。[1]

三、致力于布局掎角之势

芜湖、采石地处留都上游,江浦、六合则与南京隔江对峙,军事地位同样不可小觑。"自古建都者皆于四近之地立为辅郡,所以为京师屏翰也。"如:"汉以京兆左冯翊右扶风为三辅。唐亦以华州、同州、凤翔为辅。而宋初未遑建立,至于徽宗时,亦于畿郡立为四辅焉,每辅则屯兵二万人为额。我朝建国江南,于凤阳屯重兵,凡京师军皆散于江北滁、和等处为屯田,虽不名辅,而俨然有蕃屏之意。"[2]由此可见,芜采、浦六的地理位置对于拱卫南京起着非常关键的作用。基于这种认识,张国维始终致力于布局芜采、浦六的掎角之势,他称得上明末的一位战略家。

(一)芜采地区的防御布置

芜采是太平府滨江地带,隶属安池兵备道管辖。"芜湖、采石与巢湖、和州对峙,最为要害。"[3]崇祯七年(1634),安池道臣史可法将驻地移至安庆,"专力事皖",下游防务越发松弛,以致出现"浩渺千余里长江,谁为控扼"[4]的窘境。崇祯

[1]夏斌:《明中后期安庆地区建置考述——以兵备道和巡抚的设置为中心》,《历史教学》2018年第20期,第56页。
[2]丘濬:《大学衍义补》,《影印文渊阁四库全书》子部第713册,台北"商务印书馆"1986年版,第394页。
[3]张国维:《江南请增兵疏》,《抚吴疏草》,《四库禁毁书丛刊》史部第39册,北京出版社2000年版,第151页。
[4]张国维:《贼耗南犯疏》,《抚吴疏草》,《四库禁毁书丛刊》史部第39册,北京出版社2000年版,第131页。

八年(1635)十二月,高迎祥、李自成围滁州、陷巢县、掠含山、袭和州[1],江北形势危急,张国维与巡按刘令誉会檄徽宁兵备道按察使侯安国"驻扎芜湖,居中弹压"[2]。侯安国仍有押运漕粮重任,张国维则建议由太平府通判杨叶新代替押运漕粮,以促成侯安国全力驻防芜湖。[3]此外,张国维还委派副将林之荫和太平府官李芳华驻守采石,与芜湖形成掎角之势,巡按刘令誉则往来督率于芜采之间,相机策应。[4]

旧时芜采防御力量包括沿江营兵、巡检司及民壮,然承平日久,防御能力早已减弱,如采石、梁山二处驻兵只有二百余人,增兵刻不容缓。[5]张国维认为,芜湖、采石应各募兵两千,最少也需一千,兵部决定只"增兵一千五百名,以五百驻芜湖,以五百驻采石,以五百分驻各隘口",计饷约一万六千二百两,但户部直言"不能支会剿官兵之用"。对此,张国维制定了四项筹饷方案。"一议留税余。臣西属税契额银每年约九千三百有零,此外设法稽查,或可增四千金,夫税名曰余,原在正额之外留之,亦于京边无损,而以本地之赢羡资本地之捍御,计之最便者也。一议分芜税。芜城滨江孤峙,而税关更在城外,绝无藩篱,设兵以卫民,亦所以卫关也,查关税岁额三万六千六百两,今请暂留六千两,仅割六分之一,以之就近饷兵,亦绸缪牖户之急着也。一议裁积谷。西属积谷共二万二千零七十石,计折银五千五百一十七两零,内解京充饷银三千一百一十两,余积谷贮仓,此项原备兵荒之用,而采芜为各府锁钥,乃各府所宜协助者,合无于解京贮仓各留三分之一,共银二千两,解两处饷兵,在各郡无编派之扰,在计部仅稊米之捐,是众擎易举者也。一议裁抽扣典税优免。查西蜀三款额银三万三千二百九十余两,历岁原无尽解,有司多以此受罚,合无酌留九分之一,计银四千两,以易完者先尽京解,以难征者令有司设法追贮,用佐军需,在计部仅有裁减之名,而地方已得果腹之惠,是改虚数为

[1]夏燮:《明通鉴》,岳麓书社1999年版,第2340页。

[2]张国维:《贼耗南犯疏》,《抚吴疏草》,《四库禁毁书丛刊》史部第39册,北京出版社2000年版,第131页。

[3]张国维:《留安道免运疏》,《抚吴疏草》,《四库禁毁书丛刊》史部第39册,北京出版社2000年版,第132页。

[4]张国维:《江南计增兵疏》,《抚吴疏草》,《四库禁毁书丛刊》史部第39册,北京出版社2000年版,第152页。

[5]张国维:《陈形势请增兵疏》,《张忠敏公遗集》,《东阳丛书》第14册,浙江古籍出版社2015年版,第14页。

实用者也。合四项可足部议一万六千之数",待"事平之后,则渐次减兵,以还解额"[1]。推官李芳华在募兵的过程中起到了重要作用,张国维赞其"才识迥绝,晓畅军机,训兵缉奸,成效已著",奏其永肩监军之任,以督练芜采兵丁。将江西鄱阳守备李起调管芜采新营。游击潘可大加以参将衔名,改辖安庆陆营。三科武举纪玄照专管安庆水营。道臣史可法、推官李芳华悉心料理监军事务。[2]

除募兵外,沿江一些重要防御工程如墩台同样急需修缮。墩台,又称敌台,旧制,沿江十里或五里建一墩,墩台作为明代边防体系中的一环,守瞭与传烽是墩军的主要职责。明末"墩多倒坏,夫皆影射,瞭望无人,寇至莫知"[3]。墩台是沿江防御体系中的重要部分。张国维感叹沿江千里墩台"日久废弛",急欲恢复旧制,"要害之地防贼窥渡,非多建敌台不足以资攻击,而芜湖尤最冲要者也。该县逼临大江,上接无为州,下接和州,对岸为巢溯口之裕溪,一苇之航,曾不崇朝,斗大一城,卑而难守,民居在城内者十之三,在城外者十之七,户工税关亦设城外,富商大贾之所辐辏,毂击肩摩,有小扬州之号,五方杂处,奸宄易滋,郊圻广衍,无险可扼,而从此以抵宣歙常浙路尤径捷,绝无重关大河之限,是五达之衢地也"。崇祯八年(1635)冬,张国维闻警移驻芜湖,咨诹民情,周览形势,经监军推官李芳华、芜湖知县胡崇德查勘台址后,计划于清风楼等处修建墩台七座。相比于增兵募饷,筑台经费的筹措则较为轻松,芜湖关主事雷应乾与本地乡绅慷慨捐资,各认造一座。在他们的倡导下,"衿氓商贾莫不踊跃争先"。崇祯九年(1636)十二月,七座墩台陆续完工,输助银两还有剩余,遂"尽制大小军火器械"。另外,张国维还令宁国府通判杨承芳广募四百名精勇专驻芜湖,由史可法详定营制,与乡兵分台而守。[4]

《抚吴疏草》之《报完敌台疏》所记七座墩台情况如表14-1所示。

[1]张国维:《回奏增兵措饷疏》,《抚吴疏草》,《四库禁毁书丛刊》史部第39册,北京出版社2000年版,第175—177页。

[2]张国维:《复议设将疏》,《抚吴疏草》,《四库禁毁书丛刊》史部第39册,北京出版社2000年版,第236—237页。

[3]施沛:《南京都察院志》,《四库全书存目丛书补编》第73册,齐鲁书社2001年版,第241页。

[4]张国维:《报完敌台疏》,《抚吴疏草》,《四库禁毁书丛刊》史部第39册,北京出版社2000年版,第268—270页。

表 14-1 《报完敌台疏》所记七座墩台情况

台址（台名）	规格	捐资者	完造者	监督者
清风楼敌台	高三丈六尺	户部钞关主事雷应乾	乡耆陶养正	
王公祠前敌台	高三丈六尺	本县乡官罗万爵、汤一湛、张一如、吴一骥、方岱、汤一统、张秉文、戴立大、朱宗让等	亲率各匠完造	
碛溪敌台	高三丈六尺	举人张有宠，贡士沈天宠、程世滋，生员葛绅、韦应甲等，监生后学来缪、懋卿等，并富商店铺民人徐方泰等	乡耆黄煌、陶成忠等	
河南江口敌台	高三丈六尺六寸	徽商程国度	乡耆黄煌、陶成忠等十名	
双港敌台	高三丈六尺			
河北江口敌台	高三丈六尺			
橹港敌台	高三丈六尺	乡耆汪文祐等劝谕生监于斯觉、夏后鼎，当户商民戴成、王尚礼等		把总杭作霖、桂自芬、罗斌、程策

（二）浦六地区的防御布置

江浦、六合是地处应天府江北的两个辖县，"江浦为南京之屏翰，六合为扬润之咽喉，关系最大"[1]，江浦"斗大山城"，与留都隔江相望，六合则为京口、扬州咽喉，然城墙"一堞未设"[2]。崇祯八年（1635）十月，江北告急，"是月，豫、江北贼攻蕲、黄，黄梅之贼由宿松入潜、太。应天巡抚张国维，檄副将许自强救皖，操江御史王道直以水军为游逻。时卢象升总东南军，改史可法副使，分巡安庆、池州，监江北诸军，守潜山之天堂寨"[3]。安庆、芜采皆已做好相应的防御准备，唯独浦六防

---

[1]张国维：《留新兵疏》，《抚吴疏草》，《四库禁毁书丛刊》史部第39册，北京出版社2000年版，第172页。

[2]张国维：《江浦叙功疏》，《抚吴疏草》，《四库禁毁书丛刊》史部第39册，北京出版社2000年版，第169页。

[3]夏燮：《明通鉴》，岳麓书社1999年版，第2335页。

御力量仍然薄弱。浙江巡抚喻思恂速调两千浙兵驰援,分驻京口和广德。张国维希望喻思恂将全部兵力集中在京口,以防止农民起义军窥渡。[1]此时,江南副总兵许自强远赴安庆,张国维只得移驻京口,每日与下江御史赵志孟、巡漕御史张宸极阅兵江上。因担心农民起义军声东击西,直奔留都,张国维速发标营加衔守备蒋若来领兵四百人前往江浦。就在蒋若来出发之际,农民起义军已经开始攻城。为防不测,张国维再发标营加衔守备陈于王领兵四百人续增江浦。在两路援兵及江浦知县李维樾的阻击下,农民起义军连攻九昼夜不下,转而攻打六合。六合无城可守,情势更加危急,好在张国维已先期令加衔守备黄弘猷统兵五百余人进驻六合,又命永生洲加衔副总兵程龙率兵一千八百人渡江,"指授方略,闻贼将近,拆去浮桥,拒河而堵,施放火器,击其惰归。知县郑同玄董率乡兵协同捍御,军声大张,贼入境却步,有趋滁之报矣"。[2]农民起义军撤退后,张国维继续向浦六增兵,至崇祯十年(1637)正月,浦六总兵力已达三千四百八十余人,其中江浦一千四百人,六合两千零八十人。[3]然而,毕竟兵力严重不足,"寥寥将士欲遏蜂蚁之众寇,伐窥南犯扬之狡谋,得乎?"[4]崇祯十年(1637)正月,桐城东北两乡敌未去尽,安池道史可法将安庆主兵一千名付潘可大参将率以往援,而以刘宝二营为接应。潘参将于二十一日晚已抵城下,敌势既往北去,则采芜浦六之间,处处震动。敌为庐凤大兵所扼,复返桐城。张国维查得:"贼犯皖郊,渐焚枞阳,业经塘报外,此番贼之入江北也,在楚省者传闻尽数东奔。在豫省者,半由光固南突,故一枝蓦从小路抵石牌,而分犯桐、皖,一枝从定远出岱山,而直奔池河,是江北之上下俱为出没之区,使人应接不暇,而首尾狼顾也,为谋又何狡乎?"[5]"臣属要害之地,阴皖而外,如芜湖、采石、江浦、六合、龙潭、京口,处处当防,若皆以皖为例,虽数万兵不足分

[1]张国维:《请防剿官兵行粮疏》,《抚吴疏草》,《四库禁毁书丛刊》史部第39册,北京出版社2000年版,第96页。

[2]张国维:《报捷再疏》,《抚吴疏草》,《四库禁毁书丛刊》史部第39册,北京出版社2000年版,第143页。

[3]张国维:《请兵援剿疏》,《抚吴疏草》,《四库禁毁书丛刊》史部第39册,北京出版社2000年版,第275页。

[4]张国维:《再请援剿疏》,《抚吴疏草》,《四库禁毁书丛刊》史部第39册,北京出版社2000年版,第283页。

[5]张国维:《再请援剿疏》,《抚吴疏草》,《四库禁毁书丛刊》史部第39册,北京出版社2000年版,第282页。

布,而江南有此兵额哉?"[1]张国维因而请求"合图共捕,群力追剿"[2]。

江浦、六合所在应天府兵力不足应援,而安池道专心护皖,二县防务多寄托于巡抚标兵及东四府营兵增援。巡抚标兵是巡抚可以直接调动的亲兵,张国维前番欲增募一千二百名抚标"以备浦六之援",部议止留海防银四千七百三十二两零、汰冗银五千五百七十五两零,饷额缩于兵数,遂与道府诸臣商议,"于苏松军储银内增银一钱,以资新兵月饷"。尔后又陆续募选两千人,"安庆、浦六之援皆取于此,而饷额尚苦未足",于是"复行苏松两府协议,将前军储再加一钱五分给运军,以五分给足新兵之饷,此外则不能丝毫更增矣"。共计军储所充月饷可得一万七千三百两零,合前海防、汰冗银,共两万七千六百零七两零,基本解决了抚标增兵增饷的难题。这些新募标兵,"无事,以一半戍浦六,以一半驻标下","如遇江北有警,则并一半驻标下者悉赴京口、浦六",就连军用物资包括粮盐、火械、衣甲之费也取自苏州南运省存银和松江月粮余银,作为"连年充新兵月饷、器械之用","著为定例,永供浦六戍兵行月饷银"[3]。

崇祯十年(1637)二月,农民起义军遁舒庐后入潜山,张国维识破了农民起义军的意图,"死贼留连桐庐以缓我,另发一枝先犯滁椒以尝我,分遣奸细以觇我"[4],张国维早已做好了水陆联防的准备,他于崇祯九年(1636)十月设定波水营于京口,调沙船三十只,目兵四百六十人,委中军把总吴志葵统领,廉得生员施之炳生长崇明,留心经济,传有戚总镇水阵秘法,聘同训练,数月以来,往来江上,不啻使马,农民起义军见江防严密,不敢轻易进犯。张国维采取的策略是:"贼牵在下流,臣不能舍浦六而趋皖城;及回聚上游,臣自应急皖贼而缓浦六,总之贼势无定踪,我应亦无定向而已。"[5]

[1]张国维:《再请援剿疏》,《抚吴疏草》,《四库禁毁书丛刊》史部第39册,北京出版社2000年版,第282—283页。

[2]张国维:《再请援剿疏》,《抚吴疏草》,《四库禁毁书丛刊》史部第39册,北京出版社2000年版,第283页。

[3]张国维:《东西两属增兵疏》,《抚吴疏草》,《四库禁毁书丛刊》史部第39册,北京出版社2000年版,第647页。

[4]张国维:《驰援安庆疏》,《抚吴疏草》,《四库禁毁书丛刊》史部第39册,北京出版社2000年版,第290页。

[5]张国维:《驰援安庆疏》,《抚吴疏草》,《四库禁毁书丛刊》史部第39册,北京出版社2000年版,第291页。

崇祯十年(1637)六月,张国维见农民起义军东下,六合则万分可虞,农民起义军"不必取道安庆,而江浦、六合其咽喉也,江浦孤悬,有城可据,对峙南京,犄角浦口,尚有声援,惟六合无城无险,四顾平原,瓜仪之门户,维扬之屏翰也"[1]。六合原有官兵尽丧于鄪家店之役,出榜招募,应者无人。求浙兵,而浙兵以守陵不敢动。乞东兵,而东兵已返登莱,又无及也。张国维疏请早发援兵。

崇祯十年(1637)七月,据报,农民起义军在全椒、庐州一带活动,张国维恐其东下,而浦六为首冲,他亲自巡察,江浦县知县李维樾饬备毕具,拥有先期戍兵一千三百余名,又有南枢发来副将蔡忠等驻防,似可无虑。唯独六合无城,且无一兵,最为凶险,他率领黔营官兵及新募约一千一百名支援,又调来数百名吴兵,人心始定,士民咸举手而言曰:"如此添兵杀贼,我百姓愿效死弗去,同守此一块土也。"[2]崇祯十年(1637)七月二十日,有农民起义军一支数百里而突来,不一日而即去,游击常启率兵扼要以守。[3]

杨嗣昌提出"十面张网"定期剿灭农民起义军的方略,"要使陕抚断商雒,郧抚断郧襄,楚抚断德黄,皖抚断英六,凤抚断颖亳,而应抚之兵仍堵潜太,江抚之兵急堵梅济,东抚之兵直堵徐宿,晋抚之兵横截陕灵,保抚之兵飞渡延津一带,然后总理提边兵,监臣提禁旅,豫抚提左陈等兵,同心并力,合剿中原,为不尽不休之势,倘闯过大盗透过关东,则秦督提左曹祖诸帅之兵与之俱出,下三个月苦死工夫了十年不结之局"[4]。张国维积极配合,为了完成"堵潜太"的任务,他从各处共抽调官兵六千零一十九人,分别于崇祯十年(1637)十二月初出发,向潜山、太湖方向集结。此时又恰好接到浙江抚臣喻思恂的消息,原守六合两千名官兵要奉旨调防泗洲,张国维感叹道:"臣属兵额寥寥,边海戍卒抽调无遗,因有瓜步浙兵移驻六合,故权以防六吴兵凑赴潜太,今浙兵复去,六合遂无一兵。"[5]"及奉会剿之旨,臣罄

[1]张国维:《请六合防兵疏》,《抚吴疏草》,《四库禁毁书丛刊》史部第39册,北京出版社2000年版,第355页。

[2]张国维:《料理浦六疏》,《抚吴疏草》,《四库禁毁书丛刊》史部第39册,北京出版社2000年版,第367页。

[3]张国维:《报六合贼情疏》,《抚吴疏草》,《四库禁毁书丛刊》史部第39册,北京出版社2000年版,第370—371页。

[4]张国维:《官兵起行疏》,《抚吴疏草》,《四库禁毁书丛刊》史部第39册,北京出版社2000年版,第458页。

[5]张国维:《官兵起行疏》,《抚吴疏草》,《四库禁毁书丛刊》史部第39册,北京出版社2000年版,第461页。

发吴兵,力堵潜太,虽报称秋毫无效,而心力交瘁不辞。"[1]

浦六战事暂时平息后,当务之急就是修筑六合县城。当时,应抚下辖尚有七县没有筑城,"在江北者,应天之六合,安庆之潜山、太湖、宿松也;在江南者,应天之高淳,太平之繁昌,广德之建平"[2]。城墙在古代战争中有着举足轻重的作用,之前安庆潜太宿三县被农民起义军轻松攻破,究其原因就是无城可守。但是六合的情况更加特殊,当地人口"军处其七,民处其三,而民三之中,异地操奇赢者复居大半,事平则逐利而来,闻警则挈资而去,所以数年来劝民建城,皆成筑舍也"[3]。崇祯九年(1636),邑人孙国敉向张国维及按院陈起龙议请筑城,委知县郑同元董造,"民贫役困,不能多助,乃筑土城,聊毕上命","皆就通衢为门,门有三,不施女墙,随雨多圮"[4]。土城作用有限,于是张国维奏留江南四府驿裁银以筑六合城,此议意外得到兵部支持,"如本年不足,以次年补之,再不足又以本年以前未解者再留"[5],三年共留银四万零一百六十七两零。六合与南京隔江相望,朝廷重视六合筑城也不难理解,张国维言:"数年呕心敝舌,不能得之地方者,顿能得之枢部,盖枢部为陵京保障,计非止为一邑藩维计也。"[6]"合而计之,其便有五,其利有六:不伤民财,一便也;钱粮现存,二便也;因濠为城,城高而池深,三便也;畚插之费,足以招徕贫民,四便也;地处滨江,砖石易运,五便也。容民蓄众,一利也;招携柔远,二利也;拱护帝京,三利也;控制维扬,四利也;锁钥江南,五利也;犄角二浦,联络瓜仪,六利也。孰与夫零星残卒,侥幸驱不练之兵,驻不守之地者哉!贼氛叵测,事机宜速不宜迟。速,则可图百世之安;缓,则难支目前之厄,转瞬间得失霄壤

[1]张国维:《六年考满疏》,《抚吴疏草》,《四库禁毁书丛刊》史部第39册,北京出版社2000年版,第656页。

[2]张国维:《太湖筑城疏》,《抚吴疏草》,《四库禁毁书丛刊》史部第39册,北京出版社2000年版,第203页。

[3]张国维:《题请六合筑城疏》,《抚吴疏草》,《四库禁毁书丛刊》史部第39册,北京出版社2000年版,第377页。

[4]谢延庚等修,贺廷寿等纂:《光绪六合县志》,《中国地方志集成:江苏府县志辑6》,江苏古籍出版社1991年版,第50—51页。

[5]张国维:《叙六合城工疏》,《抚吴疏草》,《四库禁毁书丛刊》史部第39册,北京出版社2000年版,第582页。

[6]张国维:《叙六合城工疏》,《抚吴疏草》,《四库禁毁书丛刊》史部第39册,北京出版社2000年版,第585—586页。

矣。"[1]张国维对无城之七县有着通盘的布防考量:"再照潜太宿辅车相倚,由楚之吴,必从宿入,然后抵太,以达於潜。由吴之楚,必从潜入,然后抵太,以达于宿,警之率然,则潜宿互为首尾,而太湖为其腹,譬之室家,则潜宿两为藩篱,而太湖居其中,若太湖有城,潜宿无城,是置首尾而徒实其腹,弃藩篱而空存堂奥也。贼自庐来,潜必先溃;贼自楚来,宿必先溃。太湖岂能越境以捍之,分头以应之?且潜宿溃矣,而太湖岿然无援,不尤虞孤注乎?至于六合为扬润之咽喉,商贾辐辏,积聚颇饶,而越在江北,鞭长不及。今有濠无城,终非完策,揆度事势,潜山、宿松、六合之宜筑城,似不在太湖下,未可与他邑同日而语也。"[2]根据《建平城竣疏》《太湖竣城疏》《叙六合城工疏》《繁昌竣城疏》,将建平、太湖、六合、繁昌四县筑城情况统计如表14-2所示。

表14-2 建平、太湖、六合、繁昌筑城情况

县名	知县	时间	办法或经费	规格	安全保障
建平县	侯佐	崇祯八年十月二十日至十年闰四月初一日,一载有余	照田分工,论丁出力,官不征钱,吏不经手,任民自便,分任分催	砖城九百八十五丈	
太湖县	杨卓然	崇祯九年三月二十八日至崇祯十年十二月二十日	七万余金之经费,不烦正帑。张国维自捐廪供银二十两,复与按院张煊、刘令誉捐积谷四千一百二十二石,备赈银一千四百余两,安庆史可法自任备兵道共捐设处银七百五十五两九钱五分九厘,前任皮知府捐银二百五十两,知县杨卓然于议事之日首捐资斧一百两,开工自后多方措处,俸薪悉付城用,约略千金。乡绅士民随心乐助,多少不限	砖城一千一百二十丈零四寸	流警三番冲突而能以守兼战,以战兼筑

[1]张国维:《题请六合筑城疏》,《张忠敏公遗集》,《东阳丛书》第14册,浙江古籍出版社2015年版,第36页。

[2]张国维:《太湖筑城疏》,《抚吴疏草》,《四库禁毁书丛刊》史部第39册,北京出版社2000年版,第204页。

续　表

县名	知县	时间	办法或经费	规格	安全保障
六合县	冯良谟	崇祯十一年二月至八月	兵部覆留江南四府驿裁银一万三千三百八十九两七钱零,以为浦六防御之资,张国维改为筑城之用,如本年不足,以次年补之,再不足,又以本年以前未解者再留一万三千三百八十九两七钱零,合之三年共足四万一百六十七两七钱零		自春迄今,流氛飘忽,张国维于春初调加衔把总杨芳领兵五百护筑,于夏初调守备程周祐领兵六百协防,至秋初遣镇臣陈良知统重兵捍卫。千总官顾复恺,水营把总冯应魁、王国佐,陆营哨官朱国臣、王锺,塘报官何禄均属有劳。加衔把总杨芳防御最久
繁昌县	张继曾	崇祯十一年二月十三日至本年十一月十五日	分派于各里造完。不满三万金	六百余丈	

　　因建敌台、筑城,张国维受到了嘉奖,"芜湖建敌台七座,六合、太湖、建平、繁昌筑城四座,累奉纪录,钦赏复级"[1]。

　　中都凤阳陷落后,农民起义战火迅速蔓延江淮之间,留都南京及江南的安全受到严重威胁,旧的江防格局被打破,江防职能也从缉盗转变为抵御农民起义军。"安庆—芜采—浦六"三大防区错综长江南北,既是阻击农民起义军的前沿阵地,也是巩固江防的重要屏障。旧的江防力量十分薄弱,增兵是时任应天巡抚张国维的核心策略,以"募主兵"与"调客兵"相结合的模式,一方面积极筹措粮饷,在防区当地招募新兵,另一方面采取"东兵西调"的方式,依靠东四府营兵驰援江防。在这个过程中,东四府在兵力与粮饷方面给予了江防重要帮助,如"浦六二邑隶在西府,而西府兵力不足应援,数年来调兵、措饷、制器、筑城,无一不取给于东四府"[2]。三大防

[1]张国维:《六年考满疏》,《抚吴疏草》,《四库禁毁书丛刊》史部第39册,北京出版社2000年版,第656页。

[2]张国维:《东西两属增兵疏》,《抚吴疏草》,《四库禁毁书丛刊》史部第39册,北京出版社2000年版,第646页。

区之中,安庆"孤而且远"[1]。张国维先后五次奏请增兵增饷,并成功推动安庆巡抚的创置,提高了安庆在"剿局"中的地位。此外,张国维还积极修缮芜湖等处的沿江墩台,及时修筑六合等县城池,巩固了沿江防御体系。崇祯十年(1637)四月十四日,张国维上《请告疏》:"窃照江南财赋之烦,为天下最,上供边储,半取给焉,即安宁无事,拮据已倍于他方。连岁以来,又值流寇猖獗,征调骚然。乃江南兵额原寡,所以分防各处者,强半出于臣所创募,一切兵需大费措处,臣之心血枯矣。每遇冬春,遏御十余万之流氛,综输二百余万之漕艘,羽檄四驰,簿书杂沓,事事躬亲,寝餐多废,臣之精力竭矣。贼无定形,或自东而西奔,或自西而东突,臣视贼所向,千里溯流,寄身锋镝,托命狂涛,臣之形神俱瘁矣。兵止此数,而又无所不备,上援皖桐,下护浦六,外捍江防,内严海汛,无法可以分身,顾此又恐失彼,臣之思虑俱乱矣。"[2]张国维极言"心血枯""精力竭""形神俱瘁""思虑俱乱",足见他鞠躬尽瘁,一片丹心赤诚,日月可鉴。闰四月十二日奉圣旨:"江南重地,寇警方殷,张国维着殚力料理,以固金汤,不得引请,致有疏误。该部知道。"[3]张国维于疏中说明自己"疾入膏肓"之状,可惜崇祯帝依然不准他请辞。

实际上,明廷"十面张网"和增兵增饷策略也取得了一定成效,主要表现是李自成等部连遭挫折,以及张献忠、罗汝才部的"受抚"。从崇祯十一年(1638)下半年至十二年(1639)五月,明末农民战争暂时转入低潮,[4]但明廷对江南防务丝毫没有懈怠。如崇祯十一年(1638)九月,清兵入墙子岭,京师戒严,[5]张国维接到邸报,欲调兵北上驰援,崇祯帝仍令"张国维着协力荡寇,不必入援"[6]。此后,张献忠等部义军的复叛重新掀起农民起义的热潮。得益于江防体系的稳步构建,直至明亡,江南仍然保持着相对稳定的局面,这无疑给南明弘光政权立足南京提供了

[1]张国维:《请兵援剿疏》,《抚吴疏草》,《四库禁毁书丛刊》史部第39册,北京出版社2000年版,第276页。

[2]张国维:《请告疏》,《抚吴疏草》,《四库禁毁书丛刊》史部第39册,北京出版社2000年版,第313—314页。

[3]张国维:《请告疏》,《抚吴疏草》,《四库禁毁书丛刊》史部第39册,北京出版社2000年版,第314页。

[4]顾诚:《明末农民战争史》,光明日报出版社2012年版,第103页。

[5]张廷玉等:《明史》,中华书局1974年版,第326页。

[6]张国维:《整搠入援疏》,《抚吴疏草》,《四库禁毁书丛刊》史部第39册,北京出版社2000年版,第601页。

条件。张国维在弘光初年以兵部尚书协理京营戎政,当时江北设有淮、扬、庐、泗四镇劲兵,张国维认为"盖患在外者,当以藩篱为先;而虚在内者,更当以根本为急",沿江腹地同样需要屯驻重兵,并主张增设三辅:南京为中辅、京口为东辅、芜湖为西辅。张国维上疏道:"为国之道,必居重方能驭轻……请除旧设水陆额兵外,另于南京城外设战兵三万,少亦一万五千,统以能将,殚力训练,仿汉设京兆之制,为朝廷中辅。其沿江下也,请于京口设战兵三万,少亦一万五千,统以能将,殚力训练,为苏、松、常、镇之外藩,淮南之屏蔽,以为朝廷东辅。其溯流而上也,请于芜湖设战兵三万,少亦一万五千,统以能将,殚力训练,为徽州、宁、太之外藩,淮西之屏蔽,以为朝廷西辅。中辅譬腹心也,腹心固,然后可以连四肢。左右辅譬两翼也,两翼强,然后可以捍头目。无事分守,有事互援,目前则三路屯兵,姑用为内地虎豹之势,异日则三路进剿,即以为中原恢复之图。"[1]该设想是其崇祯年间沿江三大防区部署的延续,归根到底仍然是加强江防以拱卫南京,然而弘光帝最终并未采纳。

张世鹏赞其父张国维云:"当是时,闯、献、左、革六十万众,驰骤荆豫间,破名城,杀长吏,转掠二千里,而南国金汤,卒以无恐,府君之功也。"[2]的确,崇祯年间张国维对于南直隶江防体系的重塑,其功至伟,且影响深远。

---

[1]李清撰,何槐昌点校:《南渡录》,浙江古籍出版社1988年版,第51—52页。

[2]张世鹏:《明特进光禄大夫上柱国太子太傅赐尚方剑行边兵部尚书兼东阁大学士元考玉笥公行述》,张国维:《张忠敏公遗集》,《四库未收书辑刊》第6辑第29册,北京出版社1997年版,第626页。

 附录

张国维资料汇编

附录一 传记

张国维列传[1]

张国维,字玉笥,东阳人。天启二年进士。授番禺知县。

崇祯元年擢刑科给事中,劾罢副都御史杨所修、御史田景新,皆魏忠贤党也。已,陈时政五事,言:"陛下求治太锐,综核太严。拙者踯躅以避咎,巧者委蛇以取容,谁能展布四体,为国家营职业者。故治象精明,而腹心手足之谊实薄,此英察宜敛也。祖宗朝,阁臣有封还诏旨者,有疏揭屡上而争一事者。今一奉诘责,则俯首不遑;一承改拟,则顺旨恐后。倘处置失宜,亦必不敢执奏,此将顺宜戒也。召对本以通下情,未有因而获罪者。今则惟传天语,莫睹拜飏。臣同官熊奋渭还朝十日,旁措一词,遂蒙谴谪。不可稍加薄罚,示优容之度乎?此上下宜洽也。"其二条,请平刑罚,溥膏泽。帝不能尽用。进礼科都给事中。京师地震,规弊政甚切,迁太常少卿。

七年擢右佥都御史,巡抚应天、安庆等十府。其冬,流贼犯桐城,官军覆没。国维方壮年,一夕须发顿白。明年正月率副将许自强赴援,游击潘可大、知县陈尔铭等守桐不下。贼乃攻潜山,知县赵士彦重伤卒,攻太湖,知县金应元、训导扈永宁被杀。国维至,解桐围,遣守备朱士胤趋潜山,把总张其威趋太湖。士胤战死,自强遇贼宿松,杀伤相当。安庆山民桀石以投贼,贼多死,乃越英山、霍山而遁。九月,贼复由宿松入潜山、太湖,他贼扫地王亦陷宿松等三县。国维乃募土著二千人戍之,而以兵事属监军史可法。明年正月,贼围江浦,遣守备蒋若来、陈于王战却之。十二月,贼分兵犯怀宁,可法及左良玉、马爌遏之。复犯江浦,副将程龙及若来、于王等拒守。诸城并全。又围望江,遣兵援之,亦解去。

十年三月,国维率龙等赴安庆,御贼郐家店,龙军数千悉没。贼东陷和州、含山、定远,攻陷六合,知县郑同元溃走,贼遂攻天长。国维见贼势日炽,请于朝,割安庆、池州、太平,别设巡抚,以可法任之。安庆不隶江南巡抚,自此始也。议者欲

[1]张廷玉等:《明史》,中华书局1974年版,第7062—7065页。

并割江浦、六合,俾国维专护江南,不许。

国维为人宽厚,得士大夫心。属郡灾伤,辄为请命。筑太湖、繁昌二城,建苏州九里石塘及平望内外塘、长洲至和等塘,修松江捍海堤,浚镇江及江阴漕渠,并有成绩。迁工部右侍郎兼右佥都御史,总理河道。岁大旱,漕流涸,国维浚诸水以通漕。山东饥,振活穷民无算。

十四年夏,山东盗起,改兵部右侍郎兼督淮、徐、临、通四镇兵,护漕运。大盗李青山众数万,据梁山泺,遣其党分据韩庄等八闸,运道为梗。周延儒赴召北上,青山谒之,言率众护漕,非乱也。延儒许言于朝,授以职。而青山竟截漕舟,大焚掠,迫临清。国维合所部兵击降之,献俘于朝,磔诸市。兵部尚书陈新甲下狱,帝召国维代之。乃定战守赏罚格,列上严世职、酌推升、慎咨题等七事,帝皆报可。会开封陷,河北震动,条防河数策,帝亦纳之。

十六年四月,我大清兵入畿辅,国维檄赵光抃拒螺山,八总兵之师皆溃。言者诋国维,乃解职,寻下狱。帝念其治河功,得释。召对中左门,复故官,兼右佥都御史,驰赴江南、浙江督练兵输饷诸务。出都十日而都城陷。

福王召令协理戎政。寻叙山东讨贼功,加太子太保,荫锦衣金事。吏部尚书徐石麒去位,众议归国维。马士英不用,用张捷。国维乃乞省亲归。

南都覆,逾月,潞王监国于杭州,不数日出降。闰六月,国维朝鲁王于台州,请王监国。即日移驻绍兴,进国维少傅兼太子太傅、兵部尚书、武英殿大学士,督师江上。总兵官方国安亦自金华至。马士英素善国安,匿其军中,请入朝。国维劾其十大罪,乃不敢入。连复富阳、於潜,树木城缘江要害,联合国安及王之仁、郑遵谦、熊汝霖、孙嘉绩、钱肃乐诸营,为持久计。顺治三年五月,国安等诸军乏饷溃,王走台州航海,国维亦还守东阳。六月知势不可支,作绝命词三章,赴水死,年五十有二。

张国维传[1]

张国维,字玉笥,东阳人。天启二年进士,授番禺知县。

崇祯元年,擢刑科给事中,劾罢副都御史杨所修,御史田景新,皆魏忠贤党也。御史胡良机、给事中陶崇道等六人,先为忠贤所逐,及起用,顾置之外,国维以为

---

[1]万斯同:《明史》,《续修四库全书》史部第330册,上海古籍出版社2002年版,第490—491页。

言,六人乃复留。已,陈时政五事,言:"陛下求治太锐,综核太严,拙者踽踽以避咎,巧者委蛇以取容。谁能展布四体,为国家营职业者。故治象精明,而腹心手足之谊实薄,此英察宜敛也。祖宗朝,阁臣有封还诏旨者,有疏揭屡上而争一事者,今一奉诘责,则俯首不违;一承改拟,则顺旨恐后。倘处置失宜,亦必不敢执奏。此将顺宜戒也。召对本以通下情,未有因而获罪者。今则惟传天语,莫睹拜扬。臣同官熊奋渭,还朝十日,旁措一词,遂蒙谴谪。不可稍加薄罚,示优容之度乎?此上下宜洽也。"其二条,请平刑罚,溥膏泽,帝不能尽用。进礼科都给事中。京师地震,规弊政其切,迁太常少卿。

七年,擢右佥都御史,巡抚应天、安庆等十府。其冬,流贼犯桐城,官军覆没。国维方壮年,一夕须发顿白。明年正月,率副将许自强赴援,游击潘可大、知县陈尔铭守桐不下。贼乃攻潜山,知县赵士彦重伤卒。攻太湖,知县金应元、训导扈永宁被杀。国维至,解桐围,遣守备朱士引趋潜山,把总张其威趋太湖。士引战死,自强遇贼宿松,杀伤相当。安庆山民桀石以投贼,贼多死。乃越英山、霍山而遁。九月,贼复由宿松入潜山、太湖;他贼扫地王亦陷宿松等三县。国维乃募土著二千人戍之,而以兵事属监军史可法。明年正月,贼围江浦,遣守备蒋若来、陈于王战却之。十二月,贼分兵犯怀宁,可法及左良玉、马爌遏之。复犯江浦,副将程龙及若来、于王等拒守,诸城并全。贼又围望江,遣兵援之,亦解去。

十年三月,国维率龙等赴安庆,御贼澧家店,龙军数千悉没。贼东陷和州、含山、定远,攻陷六合,知县郑同元溃走,贼遂攻天长。国维见贼势日炽,请于朝,割安庆、池州、太平,别设巡抚,以可法任之。安庆不隶江南巡抚,自此始也。议者欲并割江浦、六合,俾国维专护江南,不许。

国维为人宽惠,得士大夫心。属郡灾伤,辄为请命,多获宽减。奸民张汉儒讦钱谦益、瞿式耜,陆文声讦张溥、张采,国维斥汉儒等诬罔,忤执政温体仁,夺俸。苏州去任推官周之夔希体仁指,复讦溥等,国维亦力白其诬。筑太湖、繁昌二城,建苏州九里石塘及平望内外塘、长洲至和等塘,修松江捍海堤,浚镇江及江阴漕渠,并有成绩。居六年,迁工部右侍郎兼右佥都御史,总理河道。岁大旱,漕流涸,国维浚诸水以通漕。山东饥,赈活贫民无算。

十四年夏,山东盗起,改兵部右侍郎兼督淮、徐、临、通四镇兵护漕运。大盗李青山众数万,据梁山泺,遣其党分据韩庄等八闸,运道为梗。周延儒赴召北上,青山谒之,言率众护漕,非乱也。延儒许言于朝,授以职。而青山竟截漕舟,大焚掠,迫临清,中官刘元斌走。国维合所部兵击降之,献俘于朝。帝率太子二王御午门,磔诸市。兵部尚书陈新甲下狱,帝难其代,以侍郎冯元飚摄。既乃召国维代之,召见德政殿,慰劳甚至。乃定战守赏罚格,列上核世职、酌推升、慎咨题等七事,帝皆报可。会开封陷,河北震动,条防河数策,帝亦纳之。时外吏考选者,皆欲得给事,而帝以巡方任重,将概注御史。首辅周延儒令国维荐时敏等十二人察外郡城守,以既有巡按,不可复遣御史,遂并授给事。独御史蒋拱辰不与,有怨言,及出监赵光抃军,谓国维害己,抵昌平,既疏劾国维。国维言拱辰挟怨诬诋,拱辰再劾国维溺职,请如丁汝夔、陈新甲故事,正失陷名藩之罪。御史赵譔右拱辰,言国维忠谅有余,不能延揽群才,惟任胥吏。国维再疏求斥,不许。

十六年四月,我大清兵犹在畿内,国维檄赵光抃拒螺山,八总兵之师皆溃。言者益诋国维,帝乃令解职,复以附会延儒及螺山丧师事,逮下狱。苏州民闻之,争诣阙乞贷。帝念其治河功,十七年二月俾出狱候命。三月召对中左门,复故官,兼右佥都御史,驰赴江南、浙江,督练兵输饷诸务。国维条上生财七事,即驰出都,行十日而都城陷。

福王召之,令协理戎政。寻叙山东讨贼功,加太子太保,荫锦衣金事。吏部尚书徐石麒去位,众议归国维。马士英恶之,用张捷。国维乃乞省亲归。

南都失守,逾月,潞王监国于杭州,不数日出降。闰六月,国维朝鲁王于台州,请王监国,即日移驻绍兴。进国维少傅兼太子太傅、兵部尚书、武英殿大学士,督师江上。总兵官方国安亦自金华至。马士英素善国安,匿其军中,请入朝。国维劾其十大罪,乃不敢入。连复富阳、於潜,树木城缘江要害。联合国安及王之仁、郑遵谦、熊汝霖、孙嘉绩、钱肃乐诸营,为持久计。

顺治三年五月,国安等诸军乏饷,溃,王走台州航海,国维亦还守东阳。六月,知势不可支,作绝命诗三章,赴水死,年五十有二。

明特进光禄大夫上柱国太子太傅赐尚方剑行边兵部尚书兼东阁大学士元考玉笥公行述[1]

呜呼!先府君从容赴义始末,天下贤士大夫必有知之而述之者,万世而下,必

[1]张国维:《张忠敏公遗集》,《四库未收书辑刊》第6辑第29册,北京出版社1997年版,第625—631页。

有凭吊欷歔而不能已已者。其何事不肖鹏赘一词,惟是先府君一生忠君爱国,备尝险阻艰难,或有当世见闻之所未悉者,不肖鹏其敢不撝拾府君行事,以庶几大君子垂一言之荣,则鹏死且不朽。

鹏系出汴州,梁开平初,始祖潮令吴宁,始占籍,历数传为宋敕处士冲素公,以潜德闻于时,建祠,春秋祀之。明兴,衣冠相望,至高大父嵩城公讳涧,生二子,长太学生讳幹,次赠太子太傅、兵部尚书讳枚,生二子,长邑庠生讳希文,次赠太子太傅、兵部尚书讳希武,即先王父也,自号淇园。王父弱冠补博士弟子员,有当世志。谓人曰:"吾党读书,须要砥砺锋锷,为天下伟人,神气万里,何能跼蹜效辕下驹?"生府君兄弟,长为邑庠生讳国缙,次即府君。

府君笃学好深思,读书至午夜,率假寐。时家王母绝爱怜府君。虑以攻苦致病,中夜遣妪伺寝否。府君覆灯床下,俟其去,出灯竟读如初。故于书无所不读。读又迥然异人,以尚论古今治乱、兴亡、邪正、贤不肖为事。先王父不殖产,家中落。府君事先王母饔飧必以珍,即空乏,不使堂上知。生平与人谈说及忠孝节义,辄娓娓不休。天启辛酉浙江乡试举人,壬戌进士,筮仕广东番禺令。番故剧邑,毂马交骛,五方错居,先后莅兹土者,卒不得要领。府君至,挥斥惟意,吏无稽尘。他邑有疑狱,皆移决焉。邑地滨海,有沙涨田数万亩,国初以业贫民,后豪绅巨族侵之为世业。府君简旧籍,悉为清理,分授贫弱,数万家欢声如一。时豪绅衔之,不顾。若平盗贼,翦豪猾。兴贤才,修城郭。次第毕举。崇祯改元,以廉能卓异置上考,擢刑科给事中。时珰祸震惊之后,天下大憝新去,不无葬伏,当事者以姑息养安,不知长奸丛慝,贻社稷大忧。府君摘发纠绳,不少宽贷,朝宁一清,骨鲠大著。继转吏科左右给事中,礼科都给事中,寻升太常寺少卿。

崇祯甲戌、乙亥间。关中流寇为天下剧,业渡河转战蕲黄,南国则英霍蹲踞,凤泗之间,时传烽火,南北道梗,淮扬震慑。朝议大臣镇抚之,金推府君。奏上,擢右佥都御史,巡抚应天、安庆等十府,特命节钺,寄心膂焉。初,江南清晏,吴会为筦辖地抚军一官,虽勤扞牧圉,亦总财赋而已。有事则一出镇句曲以为常。府君保厘南服,则时际多艰,强半镇皖口,控要扼险,以制群嚣。出入大江之上,二千余里,惊涛苦雾,暴侵肌骨。或旌幢不戒,与士卒蓐食草间,如是者首尾七年。先是久袭承平,销兵肆防,安庆孤悬江北,而踞留都上游,其属邑宿松,地接楚、黄、潜、太,界连英、六、楚、豫之盗,往来如织,势远而变丛,莫施捍御。国初设额兵五千七百余名,分控郡邑。宣德中,改调二千名于河间、涿鹿、怀来诸卫,后又以二千名充粮运,又以二百名充南京班操,军额为之一空。府君乃调吴、淞防海卒及徽宁兵戍皖。而海寇复告警,府君乃条设健儿一千名,比楚黔故事,留新饷饷之,报可。后复议增剿兵马步二千名,于是皖屹然增重,而大江上下可安枕矣。久之,上采科臣言,加意扼塞。而府君议以西属兵单,自固不足,东属舟师,不任陆战,乃有东西两属增兵之役。东属募标兵一千二百名,以半戍浦六,以半隶标下,赴京口。西属则龙潭设精勇数百名,以捍卫神京;芜采设精勇千名,以联络上流;徽宁增设标兵一千二百名,以扼防山险。由是备御四周十四郡,提挈如左右手矣。其间群盗出入,虽飘忽难期,保障之方,惟凭城则固。府君则先事修筑,以备不虞。如系繁昌鼎峙于江界,太湖犄角于枞桐,建平雉堞于近畿,六合、高淳,筑凿于门濠,以至芜湖关敌楼七座之建,莫不手画目营,劳费一时,功普万世。至其细者,竹头、木屑,皆指授方略以行。府君时年四十余,而须发皓然无一茎黑者。当是时,闯、献、左、革六十万众,驰骤荆豫间,破名城,杀长吏,转掠二千里,而南国金汤,卒以无恐,府君之功也。

吴中士大夫相与言曰:"百年之内,前有周文襄,今有张东阳,真踵岵矣。"方文襄抚吴,以厚风俗、问疾苦为己任,而吴俗诵其事者,无如常平、赋役、水利诸大政。府君师其意,神而明之,诸如应天府高淳县,地跨丹阳、石臼、固城三湖,国初造广通坝,以障苏、松、常、镇四郡之水患,而高邑独当巨浸,岁漂没田禾无算。万历二十四年,抚按会题,比照嘉定例,改折漕粮,久而未复,府君屡疏请,遂为永折。苏州嘉定县,地不产米,万历初年,永改折漕,每石五钱。岁输银七万三千九百余两,大司农方蒿目,意嗛之,议加折价银三万一千九百零,阖邑骇窜,府君抗疏,每石量增一钱。徽君六属,介在万山,待命商贩,不输漕粮,南粮之解,亦远江楚。府君因灾为请,改折苏、松、镇三府,汰革军余口粮,以抵津辽之饷。自崇祯三年始,而苏、镇皆解折色,独松郡运本色三千八百零。府君白其不平,得如二郡例。又松江府应输十年均粮,照会典旧额,田土四万三千四百七十七顷三亩零,自万历六年丈量,止田四万二千四百七十七顷三亩零,则虚载一千顷,无田虚派,官民交困,府君疏请咨部改正。又如苏、松二郡,重派白粮脚耗三万四千四百两,常州府武进县浮派秋粮五千一百余,苏属崇明县坍饷六千零,与吴县、昆山二邑漕折应属轻赍怀宁船饷,皆府君祈请得免,以苏民困者也。至我浙金绍二府南粮,嘉靖二十六年,每石折银七钱,崔魏蠹国,改征本色,百姓每输斯役,辄抢地呼天,则又府君于都理浙直之时抗疏上请,始允改折,金绍绅民固罔不尸祝而金石之矣。治水,如崇祯八年,吴江之九里石塘与七十二碶,当太湖巨浸五百余里,盖纳宣歙、苕雪之水,悉由吴江始分为二,以达于海。而长桥七十二碶及九里石塘,实由孔道自两崖善啮而哽咽碶窦,濒塘之田无不没者,且为漕事患。府君请兴厘筑治之,并及平望以西诸家铺内外塘,嵩陵至今赖之。九年,之松江府淙阙捍海塘,此塘为浙、直海船辐辏之会,海水撼激,日月已久。时秋潮大至,自天妃宫以西迨旧盐场,崩坝四五里,漂没万余人,滨海田禾数十里,皆以激波死。府君同郡守方岳贡,采石太湖,叠石塘以捍之,如海盐故事,赞襄其事而终始之者,为吴颖嘉、何刚两孝廉。十年,之长洲县至和塘,与江阴县运河,先是长邑令胡士容置义田,积租缮塘,后移用其税,岁久堤坏,妨农病涉。府君率各属修之,其长竟四十五里。而江阴运河淤塞,议移仓就兑,民咸不便。府君与常镇备兵使者曾化龙协浚之,自县南水关至小青阳四十五里,匝月告成,军民并利。十一年,之镇江府漕渠,由丹徒则自江口坝起至京口闸,丁卯港起至华家庄,剥厓起至夹冈心,由丹阳则自草头舍起至东关,坍山起至西城湾,黄泥坦起至七里庙,二邑连境,迤逦百里,皆计日报竣,其余小疏凿不与焉。越明年,政成,乃手辑《吴中水利全书》三十卷进呈,上嘉之,为留览焉。以工部右侍郎加兵部右侍郎,兼都察院右佥都御史,总督河道,兼提调徐、临、津、通四镇漕饷事务,时崇祯十三年也。国家以总河总漕为重统,以大僚体势崇高,往往不亲细务,事权下移,故岁糜金钱不资,而绩用无成。府君自召对平台,面承上谕,陛辞而出,即取水道,沿途勘视,值岁旱,赤地千里,祈请泰山,炙日徒跣,还息五大夫树下,而大雨倾注,比返济上,而百川且灌河矣。乃单车上下,搜泉兴浚,下至夏镇、昭阳,上极东平、安山,驰驱相续。时盗贼蜂起,所在焚掠,人相食,道殣相望,府君不惜寄豣虎穴中,勤苦万状。一则征兵以接运,一则蓄水以济漕,罔不尽瘁经营,至疾作而不解带,乃获三载告竣。于是玺书方嘉劳,而青山之变起,青山拥众鸥张,会宜兴,趋召北上,假言率众护漕,竟截漕舟,大焚掠,二东骚动,国家方勤师会剿,府君廉得其情,部署将领,衔枚疾趋,日方午,入其壁擒之,时青山方中酒高卧也。有众数千,悉降之。盖前此屡抚屡叛,劳师不一,而一朝翦灭,侧席之忧顿解。上乃赐白镪表里,荫一子锦衣卫指挥使。于时黠猾之寇,沂滕王朋纠徒盘踞,累剿未克,府君冒暑入山斩之。又齐见龙、张文宇,拥众攻掠,为漕务梗。府君以计诱致,樽酒间谈笑缚之。嗣是中州山左诸寇咸气夺矣。于是大司马之命下,行李倥偬,即戴星就道,及视事之日,发邸抄,则逆闯之势益炽矣。随草疏勍当事者,其略曰:臣于本月初八日入都,即报初五日敌进界岭,未闻初四以前之报,将至之时,作何堵御？乃突如其来，遂入无人之境，而烽火寂然，边备之驰至此极矣！谁司剿？则督臣范志完也。谁司守？则抚臣马成名也。谁司战？则总兵于永绥。不得以被参不出为词也。俄又报初五日寇进黄厓口，其疏防与界岭无异。谁司剿？亦督臣范志完也。谁司守？则抚臣潘永图也。谁司战？则总兵薛敏惠、何广恩、白腾蛟、钟鸣高也。二协文武诸臣，宜即以三尺绳之。语云：勠力在乎正罚，正罚所以明赏。请自今日始！疏下，数年来中枢因仍苟且之局，肃然一变。由是总督赵光抃、督师范志完，协力赴京防御，而调发援师亦至，敌始撤兵远塞。方是时，寇蹂躏河间以南，深入东省。其间津门夜击，张湾固守，沂州捷音，东昌摧破而外，其余全城者盖鲜。府君乃上疏请驰赴军前，以图自效，以为："今日者，征兵既齐，调度粗毕，非臣亲赴行间不可。而阁臣传奉特命首辅周延儒视师，即于是日出城，不遑启处，而臣之罪愈深，念愈迫矣！臣识疏才浅，动舛机宜，下不能鼓将士之敌忾，上不能慰九重之旰宵，以致重臣忧国，暂辞黼衮以宣猷，而臣则负乘抱惭，反托居中以玩愒，跼天蹐地，何以置身？必将洒泣鼓义，身先行间，转败为功，冀可得当。否则，马革裹尸，固所素矢也。"上览奏，称之曰义。然以部务料理，不听赴军。嗣后宜兴出将空回，反为奔北，将吏叙功，祸本遂始于此。当府君之入本兵也，四方寇势燎原，而腹心重患，则有叛将刘超一事。先是，超一废将，特起授援剿，乃逍遥纵寇，擅杀侍御魏景琦，至屠其家，反形已成矣。徐、亳、萧、砀诸土寇，欲钩为羽翼。府君上密疏属按君苏京潜，檄督镇陈永福、卜从善扑除之。余党又奏，请下其事于凤督马士英、总镇黄得功、刘良佐，及秦督孙传庭统兵扼剿。盖超之叛，费庙谟者良久，而府君奏画居多。超甫定，总镇白广恩、左良玉之衅作。广恩以骁勇宿将，从蓟督南下，与薛敏忠交恶，渐成跋扈，为给谏曾应遴特参。府君以群丑未靖，不得更增一事，乃属督师吴甡，令随征图效，竟杜其隙。而良玉之在楚也，营多降贼，赴援羁迟，迹邻尾大，朝议纷纷。至是一旦檄之勤王，将由南京进趋淮扬，南枢部以闻，人情震骇。府君以密计上，以良玉属凤督为之所，而外以督师吴甡收用之，由是前衅泯于无事，而良玉亦擒斩叛贼以自效，南中晏然，则府君之功也。及闯贼破襄阳，南中当事莫不鳃鳃以江左为虑。府君乃上请缨疏，乞削今衔，退就督抚之列，当贼一面，得与诸路剿兵，共勠力中原。上以中枢无人，不许。时部事皆窳，府君一切以强毅振之，诸所条革，布之禁令。如吏胥分都阃之符，门客挂将军之印，或年力衰惫，复想登坛，懦怯庸流，再思进步；或参革而改图善地，或降处而辄复原官；或世职从无一荐，影响得以冒功；或运粮十无一完，技勇居然蹿等。自是戎政肃清,苞苴之风息矣。是时,闯贼已渡河,上以兵弱饷缺为忧,命府君督理浙直等处输饷练兵事务,如前御剳驻苏州。命下,星驰南行,未及召募,而上宾天之报至矣! 府君拊髀痛哭,发丧誓师,布檄天下,期复大仇。

适弘光践祚南都,府君遂有协理戎政之擢。乃上疏陈中兴大略,以为:"自古建都,皆于四近之地,立为辅郡,所以为京师屏翰也。汉以京兆、冯翊、扶风为三辅,唐以华州、同州、凤翔为三辅,宋以颍昌为南辅,郑州为西辅,澶州为北辅,皆宿重兵,拱护宸极,其计正深远也。我太祖建都江南,于凤、泗、滁、和皆屯重兵,虽不名辅,而俨然有屏藩之意。今当殷忧启圣之时,际多难兴邦之会,同日封四镇,以宿将握劲兵,扼守江以北矣,独不曰江南宴安之势不可狃乎? 金陵旧设之兵不足恃乎? 京口、芜湖,皆肘腋重地,懈弛无备,不能壮镐京之势乎? 臣请于旧设水陆额兵外,另于南京城设战兵三万,统以能将,殚力训练,仿汉设京兆之制,为朝廷中辅。其沿江而下也,请于京口设战兵三万,统以能将,为苏、松、常、镇之外藩,为淮南之屏蔽,以为朝廷东辅。其溯流而上也,请于芜湖设战兵三万,统以能将。为徽、宁、徐、泰之外藩,淮西之屏蔽,以为朝廷西辅。无事则分为守,有事则互为援。奏上,优诏答焉,既又上言八事,一曰励忠义以教战,二曰澄本源以肃纪,三曰精选升以励士,四曰慎召募以蓄锐,五曰严纠劾以饬法,六曰辑兵民以安众,七曰分步骑以责成,八曰定大阅以课效。皆整肃戎务,以变积玩者。时副将李允和于济宁请兵救援,府君言济宁为南北咽喉,城一守,而大河南北犹得恃以无恐,宜补员以资战守。当事以鞭长莫及,置而不行。府君喟然曰:"天下事自此坏矣!"马士英、阮大铖辈闻而嫉之,动多掣肘。以终养请告,还故里。

五月,南都失守,郡县奔溃。会监国鲁自台移驻绍兴,加府君太子太傅,兵部尚书兼东阁大学士,督师江上。七月,复当阳,寻克於潜。时兵马云集,各治一军,不相统摄,部曲骚然,府君疏请监国,谓:"克期会战,则彼出此入,我有休番之逸;而攻坚捣虚,敌无应接之暇。斯为胜算,必化诸帅之心合为一心,然后使人人之功罪,视为一人之功罪,而赏罚明矣。"监国赐府君尚方剑,以统诸军。是冬十月,御敌兵于江上,府君率部将赵天祥西渡,已军上流,熊军下流,横截之。会大风雨,敌徘徊不欲战,乃各引退。闽中隆武立颁诏至浙,求富贵者争欲应之,监国不悦,欲返台,士民惶惶,府君星驰入朝,令弗宣读,上疏唐王曰:"国当大变,凡高皇帝子孙臣庶皆宜同心并力,誓图中兴,成功之后,入关者王。监国退居藩服,礼制昭然,若以伦序叔侄定分,今日原未暇易,且浙东涣矣。监国当大势奔溃之日,鸠集维艰,一旦南拜正朔，恐鞭长不及，猝然有变，则唇亡齿寒，悔将莫追。攀龙附凤，谁不欲之？然臣老臣也，惟社稷是图，岂若朝秦暮楚，举足左右，为功名计哉？"丙戌三月朔，府君督诸军渡江力战，敌兵少却，会闽，使陆清源赏银犒浙东军士。马士英教方国安纵兵夺饷，杀清源。府君闻之，叹曰：曲在我矣。国安劫监国南行诸军溃，府君议抽兵分守，王之仁泣曰：吾二人心血尽付东流，惟一死耳。公自为计。府君乃振旅追寇至黄石岩，国安已断所过桥，不得前。监国会守者病得脱，遂入海，至舟山，传命府君相机图恢复，府君奉命，痛哭还守东阳。当府君入阁办事时，论列宦官外戚，安内攘外诸要务，凿凿有裨于危急，存亡之际，而皆不能行。又麾一书上之曰：古中兴任贤从谏录上自殷高下，迄宋高采撮成迹，传以论赞，古帝王经略，天下之具犁然备焉。

六月二十五日，闻义乌破，抵七里，慨然曰："身为大臣，谊在必死。乞全老母而已。"旁有为言者曰："宋亡而文山、叠山不即死，公何是汲汲者？"府君曰："误天下者，文山、叠山也。一死而已。"翌日，具衣冠，从容赋绝命词三章，赴园池死。是夜有大星南流，诸小星随之而陨。呜呼痛哉！

府君讳国维，字其四，号玉笥，晚号止庵。子三：世凤殉难，世鹏、世鹗。鹗早卒。女一，归序班卢光国子廪生卢士选。孙男二：承琦，承珍。鹏出曾孙四：洪祐，洪祜，洪祉，洪裕，承琦出。仰祈海内巨公，出董狐南史之手，锡之琬言表彰先府君之文章、经济、忠孝、名节于无穷，即不肖鹏亦藉以少申其哀吁之万一。不肖曷胜镌结，号痛之至！不孝男世鹏百拜谨述。

张国维列传[1]

张国维，号玉笥，金华东阳人。天启壬戌进士，授番禺令。以卓异考入刑科给事中，升太常寺少卿。崇祯甲戌，升都察院右佥都御史，巡抚应天。国维甫受事，流贼犯安庆，参将唐某受贼绐，败绩，全军覆没。报至，国维方壮年，一夜须发为之顿白。国维亲督兵至安庆，见司道史可法，与语，奇其才，具疏请安庆添设一巡抚，即以可法任之。国维知人善任，使抚吴八年，贼不敢犯境。

庚辰，升工部右侍郎，总督河道，吴人生祠之虎丘山。是时山东大饥，石米八

---

[1]张岱：《石匮书后集》，中华书局1959年版，第241—243页。

两,三吴价三两。国维以应天所属河工银,尽籴米运济宁,每石加水脚五钱,除籴米完河工外,每石尚羡米四两五钱。遂设粥厂十余处,分布远近,命官董其事,所全活者以百万计。贼首李青山聚众数万,杀逐官吏,国维讨平之,献俘于朝,天子嘉其能,荫一子世锦衣千户。

壬午冬,北兵破蓟州,山东兖州等府,一时陷没,德、鲁二藩,受祸独惨。廷臣议堪任本兵者,金与国维,遂奉命星驰赴京受事。总督赵光抃出师罗山,与北兵战,大败,折兵二万余,周延儒当国,抑不以闻。是时兵科缺员,国维题龚鼎孳等六人,蒋拱宸恨不与。及拱宸为御史,谓西协地六百里,国维设防止五百里,疏凡七上,百计挠之,使不得任事。癸未二月,周延儒视师无功,与国维俱放归。冬十一月,国维以罗山事被逮;舟过吴门,士民号哭于枫桥,大声问:"谁是锦衣卫官校船?"国维恐有变,解缆亟行,得散去。至京下诏狱。山东、南直民为国维叩阙讼冤。诏曰:"张国维本当拟辟,念其抚吴、治河有功,着吏部议用。"遂以原官往浙直,募兵催饷。

国维行十日,而遂有三月十九之变。国维星夜抵浙,料理勤王。五月,得精兵三千,至镇江欲渡,正值弘光登极南都;国维念新君践祚,必为先帝发丧,起兵北伐,乃至留都,欲与史可法合兵以出。朝见弘光,遂以国维为兵部尚书,加太子太保,协理戎政。国维见马士英,议多不合,因循半年,遂以葬祖母告假谢事。

乙酉五月,南都复陷,七郡瓦解;闻郑遵谦起义于绍兴,台州诸缙绅奉鲁王监国。国维至台州,朝鲁王。晋少傅、建极殿大学士兼兵部尚书,命其归东阳,集兵到钱塘守江,派汛长河头。时绍兴富户,以助饷受累,国维并不打粮送札;以东阳世产,与富户邻者,以原券与之。计其数,令出壮士数人,备衣甲器械,抵价若干;自某日至某日给粮,抵价若干。以土著之家,养不逃之兵;以应出之价,收难得之产:不动声色,而兵食俱足。唐王正位福建,诏至浙东,加国维东阁大学士,敕辅鲁王监国。廷臣多欲开诏,国维曰:"继大统者,世治先嫡长,世乱先有功,唐殿下提兵北伐,则国维当为前驱;若止为闭户天子,反以官爵分浙东办卤之心,则恢复无期,中兴何日?是太祖高皇帝之罪人也,不敢奉诏!"手敕凡七至,而国维终不发,谓使臣曰:"张国维但知今日江上,收文武人才、治战守具为急,不知东阁大学士为何官!可即以此语报唐殿下。"国维兵虽不出打仗,而沿江深沟高垒,多置木城、株橛,防守甚坚。

丙午五月二十八日,北骑渡江,各营拔寨走,国维遂归东阳,守陷坑岭。六月,贝勒发兵入闽，道东阳，将抵陷坑岭。国维邀东阳令吴琪滋至，谓曰："吾乃大臣，今日以死报国！天气正炎，若形骸腐烂，不可辨识，则谓吾逃，必贻祸此地。故特相邀，视吾死耳。"吴令涕泣。国维命取白绢一幅，制诗三章，一曰《负国》，二曰《念母》，三曰《诫子》。楷书毕，又顾其仆曰："有佳篝否？吾欲留诗赠一故人。"其仆曰："无有。"国维遂署绢尾"大明遗臣张国维绝笔"。冠带北面叩头，谓其仆曰："吾死于王事，礼也。后兵将在东阳者，皆因我而及于难，我死可舁尸诣门一谢之，云：'今生无以相报也！'向太夫人，勿言我死，止言遁去。可仍坐我于中堂，俟达官见，始可殓耳。"遂赴水。甫入水，未一刻，家人急拯之，而气已绝，享年五十有二。北骑至，围国维宅，国维尸坐厅事，面色如生。北兵见有叩头者，有痛哭不已者。同伙问之，则多济宁人，皆向年食其粥以活者。国维殓后，殡于郊外园亭。逾半月，有北兵数十人，驱妇女宿其园，夜半起厕，见堂皇灯火如昼，有白须绛袍者南面坐，绕座兵卫，皆列刀戟。北兵大呼，遂不见，始知国维灵爽不散。北兵起，叩头柩前，仓皇徙去。后相戒，无复敢入者矣。

桂王承大统，谥国维曰"文忠"。国维长子世凤，挂平胡将军印，封武康伯，不受。次子世鹏，官尚实司卿。北兵索之，匿不出，下令曰："再不出，则杀祖母！"鹏始就缚。世凤为北兵所杀，世鹏系狱。张存仁自闽归，道金华，百姓数万人遮马前，为世鹏号哭请命。存仁曰："其父之为人，吾在辽左，即耳其名。"到杭，即释之。

石匮书曰："张国维长厚忠诚，其乡人与天下人称之者，如出一口。敭历所至，其所以得此于人者，良亦不易矣。乃时当阳九，南北枢衡，两俱不究其用；而监国一出，尤属强弩之末。后至北骑渡江，人乃咎国维之不受唐诏。夫天方纵敌长驱，即唐、鲁合支，亦不能久。而国维之却诏拒唐，拳拳为鲁，总亦见其长厚之一端也！"

内阁兼兵部尚书张国维传[1]

张国维，号玉笥，浙江金华东阳人也。举天启二年进士。崇祯末年，为都察院右佥都御史，巡抚苏嵩当作松，时天宁寺得宋忠臣郑思肖文集。思肖字所南，教授常州，宋鼎废，集诸誓书及伤时诸诗歌一帙，号《心史》，以铁匣封固，藏苏之天宁寺

---

[1] 查继佐：《国寿录》，中华书局1959年版，第82—83页。

井底。国维抚观之，叹曰："此书出，我明数行厄矣！"拜兵部尚书，寻得罪，练兵海上自赎。弘光中责前所练兵，兵至杭溃去。都察院刘宗周疏及之，欲倚以办北事，不果。清兵下浙，诸生郑遵谦兵起，距江上迎鲁王监国。时大学士宋罢去，以故相国方应祥典首揆事。国维进东阁大学士兼兵部尚书，监方、王诸师战钱塘。国维习事劬苦而寡智算，献策者尝进大计不能用。以方师劲，屡战辄胜，进爵□尊，不可以节制诸师，疏请筑坛循故事，监国因拜国安荆国大将军，诸师不奉命如故也，咸以各自义不相统。又监国慈易，病在内弱；国安勇而昧深几，能不足以服众。自是江上无尺寸功咸思五等之赏，竞上虚绩，监国数字敕书，不足以奔走智勇。国维又误信国安足以办清事。乙酉十二月，令其子平敌将军世凤合捣朱桥，国安兵深入西湖，无援，清兵以锐师截其归路，进退厄，五千尽没，于是越势单不可鼓。国维始悔浙西之着不行，然其时已万不可为矣。唐王正位八闽，诏至，文武诸臣皆以鲁不宜贰于唐，尚以社稷为重，果不失监国，开诏便。独国舅张国俊、中书谢云生、兵部尚书熊汝霖与国维四人不从众议，于是遣兵部柯夏卿等致书唐帝，称叔父云。丙戌，闽师至浙，国维以前内外臣尝奉表于唐，恐有内变，仗剑伏阙曰："臣得以义责诸臣，夫鲁以数郡起，凭匹夫之怒，当全盛之敌，逆战江上者累数月，破矢折戈，劳苦备极，匪有强援，独立不惧。而闽以回远不费一镞，奄然苟安，是鲁之有功于唐者万万。即不助予一呼，乃释彼介狄，投戈同室。今日请太祖高皇坐评此案，唐鲁得失岂以寻丈哉！且夫乘人之危而因以利之者不仁，鲁用大义，身试艰难，苟有同心，合力北办，事定而听天人之所归。顾欲因其穷促，起而乱之，情更惨于清人矣。且思鲁一日尽，当坚者故非唐乎？是自破卫以身为边也。诸臣既矢事于鲁，移奉叔父，亦称二心。即以势临孤危，当为国死。今日复有以和闽为言者，臣立剑斩之。"于是群臣无有殊议。诏御史王绍美、沈彩等讲于唐阁部黄鸣俊，唐感悟，遗鲁军需三万两。时山阴公署掘地得铜炮三十余件，署洪武之年，一时以为异。国维曰："是当作神炮以领之。"乃身督雨雪中规鼓铸，垂成而败者数四，重十余万斤，题其名曰"大将军"，睨江一发，直击武林城下。清人方惧，欲他徙以避之。而再发炮裂数尺，远不及江矣。先是有江涨之谣，时沙土渐平，国维虑清骑直渡，因移住上游，而五月方师溃，清遽有浙东矣。监国驾东入海。清逼金华，国维知事莫济，端座东阳公署自鸩死。子□□逮杭，与方国安五十余人同日遇害。

张国维[1]

张国维,字玉笥,东阳人。天启壬戌进士,知番禺县。崇祯元年,擢刑科给事中,劾罢魏党,陈时政五事,进礼科都给事中,迁太常少卿。

七年,授佥都御史,巡抚应天、安庆等十府。是冬,贼犯桐城,官军覆没。国维年方壮,一夕须发顿白。请于朝,割安庆、池州、太平别设巡抚,以史可法任之。安庆之不隶江南,自此始也。又于苏、松间捍海筑塘,浚渠通漕,民德之,入为兵部尚书。

十六年,大清兵入畿内,檄赵光抃拒战螺山,师溃,言者交诋之,逮下狱。国维知库藏空虚,首急军饷,乃倡开事例一法:杀人行劫,皆得输金赎罪。谓己一至江南,数百万可立致。帝惑其说,会苏民诣阙乞贷,即宥出,召对中左门,命以原官驰赴江、浙督饷。出都十日,而都城陷。

弘光帝立,召以原官协理戎政,追叙平山东盗李青山功,加太子太保,荫子锦衣佥事。国维请建三辅,以藩南京,以京口为东辅,芜湖为西辅,京师为中辅,各设重兵镇守,不果行。徐石麒之去位也,廷议以国维代之,阮大铖私取中旨,用张捷,国维知事不可为,遂乞省亲归。

南都亡,起兵乡里,朝鲁王于台州,奉以监国。进少傅,加太子太傅、兵部尚书、武英殿大学士,督师江上,连复富阳、於潜。树木城,守缘江要害,联合方国安、王之仁、郑遵谦、熊汝霖、孙嘉绩、钱肃乐诸营,为持久计。

冬十月,诸军御王师于钱塘江上,大战十日而罢。

会隆武帝命给事中刘中藻颁诏浙东,将吏惉懘,监国将避位。国维自江上驰还,令勿宣读,议曰:"唐、鲁同宗,无亲疏之别,义兵同举,无先后之分,惟成功者帝耳。若一称臣,则江上诸将须听命于闽,如王之号令何!"上疏闽中曰:"国当大变,凡为高皇帝子孙,咸当协力,誓图中兴。成功之后,入关者王,监国退守藩服,礼制昭然。若以伦叙叔侄定分,在今日原未假易。且监国当人心溃散之日,鸠集为难,一旦退就藩服,人无所依,闽中鞭长莫及,猝然有变,则唇亡齿寒,悔将何及! 臣老矣,惟社稷是图,岂若朝秦暮楚者举足左右为功名计哉!"隆武帝览疏,无如何也。

寻马士英请朝监国,国维劾其十大罪,不许。士英乃入方国安军中,阮大铖亦

---

[1]徐鼒:《小腆纪传》,中华书局1958年版,第377—378页。

至，搆国安使杀闽中犒师佥都御史陆清源，夺其饷。国维闻之，叹曰："自我戕毒，祸不远矣！"监国亦以清源之死，虑闽中问罪，令国维抽师西御，自是江上之师愈弱。

丙戌，六月，诸军尽溃，国安劫监国南行，国维振旅追扈，而国安已与马、阮谋执监国北降。监国乃航海，传命国维遏防四邑，以图再举，国维遂归东阳。俄报义乌破，有劝入山观变者，叹曰："误天下者，文山、叠山也！"作绝命诗三章，有"时去仍为朱氏鬼，精灵长傍孝陵坟"之句，衣冠跃入池中死，年五十有二。我朝赐专谥曰"忠敏"。

督师·张国维 子世凤[1]

明官制，阁臣不兼兵部，不遣督兵。天启元年十月，孙承宗以东阁大学士兼兵部尚书督师镇山海关，此阁臣兼兵部督师之始，前此未闻也。自是而后，寇乱方急，巡抚之外更设抚治，总督之上更加督师，而所任非人，卒至溃败而不可救。若浙东之督师张国维、朱大典，在疆场久著劳绩；孙嘉绩、熊汝霖当京师戒严，所揣行间，悉中机宜；钱肃乐、沈宸荃、章正宸、于颖诸臣，亦各能以忠义之气激发将士，顾不可谓不得其人矣。论者以不能约束方国安、王之仁为诸臣病。然督师统领，不能不资武将以为力，不料其狭猖至此也。国安纵恣无状，盖已有年，至是突然以客军来，本难位置。之仁则浙东故镇，一切营兵卫军皆其旧辖，诸臣以小朝廷之威权而约束之，得乎？事势有无可如何者，忠臣义士求谅于天而已。况天心既去，虽以诸葛孔明、姜伯约之才，不能有济，而何咎乎诸督师？作督师传第一。

张国维，字止庵，号玉笥，东阳人，少以理学自励。天启二年成进士，授番禺知县，清理沙涨田数万亩授贫民。以平巨盗功，崇祯元年擢刑科给事中，劾罢阉党副都御史杨所修、御史田景新。已陈时政五事，言："陛下求治太锐，综核太严，拙者跼蹐以避，巧者委蛇取容，谁能展布四体为国家营职业者！故治象精明，而腹心手足之谊实薄，此英察宜敛也。祖宗朝阁臣有封还诏旨者，有疏揭屡上而争一事者。今一奉诏责，则俯首不遑；一承改拟，则顺旨恐后；傥处置失宜，亦必不敢执奏，此将顺宜戒也。召对本以通下情，未有因而获罪者；今则惟传天语，莫睹拜飏。同官

[1]李聿求：《鲁之春秋》，浙江古籍出版社1984年版，第27—32页。

熊奋渭还朝十日,旁措一词,遂蒙谴谪。不可稍加薄刑示优容之度乎!此上下宜洽也。"其二条请平刑罚、溥恩膏,帝不能尽用。进礼科都给事中。京师地震,规弊政甚切,迁太常少卿。七年擢右佥都御史,巡抚应天、安庆等十府。其冬,流寇犯桐城,官军覆没,国维方壮年,一夕须发顿白。明年正月,帅副将许自强赴援。游击潘可大、知县陈尔铭守桐不下,贼乃攻潜山、太湖。国维解桐围,遣守备朱士允趋潜山,把总张其威趋太湖。士允战死,自强遇贼宿松,杀伤相当,安庆山民桀石投贼,贼多死,乃越英山、霍山而遁。九月,贼复由宿松入潜山、太湖,他贼扫地王亦陷宿松等三县。国维乃募土著二千戍之,而以兵事属监军史可法。明年正月,贼围江浦。遣守备蒋若来、陈于王战却之。十二月,贼分兵犯怀宁。可法及左良玉、马爌遏之,复江浦,遣副将程龙及若来、于王拒守,诸城赖以全。贼又围望江,遣兵援之。十年三月,国维帅龙等赴安庆,御贼鄾家店,龙军数千悉殁。贼东陷和州、含山、定远、六合,遂攻天长。国维见贼势日炽,请割安庆、池州、太平别设巡抚,以可法任之。国维为人宽惠,得士大夫心,属郡灾伤,辄为请命,多获宽减。奸民张汉儒讦钱谦益、瞿式耜,陆文声讦张溥、张采。国维斥汉儒等诬罔,忤执政温体仁,夺俸。推官周之夔希体仁指,复讦溥等,国维亦力白其诬。筑太湖、繁昌二城,建苏州九里石塘及平望内外塘、长洲至和等塘,修松江捍海堤,浚镇江及江阴漕渠,并有成绩,辑《三吴水利全书》三十卷。居六年,迁工部右侍郎兼右佥都御史,总理河道。岁大旱,漕流涸,国维浚诸水以通漕。山东饥,赈活贫民无算。十四年夏,山东盗起,改兵部右侍郎兼督淮、徐、临、通四镇兵护漕运。大盗李青山众数万,据梁山泺,遣其党分据韩庄八闸,运道为梗。周延儒赴召北上,青山谒之,言率众护漕,非乱也。延儒许言于朝授以职。而青山竟截漕舟,大肆焚掠,迫临清,中官刘元斌走。国维合所部兵击降之,献俘于朝。帝率太子二王御午门,磔诸市。沂州贼王明及齐见龙、张文宇等聚众剽掠,谋断饷道,国维悉擒斩之,东方遂宁。十五年擢兵部尚书,召见德政殿,慰劳甚至。乃定战守赏罚格,列上核世职、酌推升、慎咨题等七事,帝皆报可。会开封陷,河北震动,条防河数策,帝亦纳之。时外吏考选者皆欲得给事中,而帝以巡方重任,将概注御史。首辅周延儒令国维荐时敏等十二人察外郡城守,以既有巡按,不可复遣御史,遂并授给事中。独御史蒋拱辰不与,有怨言,及出监赵光抃军,谓国维害己,抵昌平,即疏劾国维。国维言拱辰挟怨诬诋。拱辰再劾国维溺职,如丁汝夔、陈新甲故事,正失陷名藩之罪。御史赵譔右拱辰言。国维再疏求斥,不许。十六年四月,大清兵犹在畿内,国维檄赵光抃拒螺山、八总兵之师皆溃。言者益诋国维,帝令解职,复以附会延儒及螺山丧师事逮下狱。苏州民闻之,争诣阙乞贷。刑科给事中孙承泽疏救。帝念其治河功,十七年二月,俾出狱候命。三月召对中左门,复故官,兼右佥都御史,驰赴江南、浙江,督练兵输饷诸务。出都十日,而都城陷。福王召令协理戎政。国维请建三辅以藩南京,京口为东辅,芜湖为西辅,京师为中辅,各设重兵镇守,不果行。寻叙山东讨贼功,加太子太保,荫锦衣卫佥事。吏部尚书徐石麒去位,廷推属国维,马士英不听,用张捷。阮大铖撰《蝗蝻录》,以国维为东林党,列名其中,国维乃乞省亲归。南都破,江浙郡县皆降附,潞王在杭州称监国,三日亦降。时鲁王以海居台州,大兵遣使以书招之,职方主事陈函辉击杀使者,谋起兵。闰六月,九江佥事孙嘉绩、吏科给事中熊汝霖起兵于余姚;吏科给事中章正宸、分守宁绍台道于颖起兵于山阴;刑部员外郎钱肃乐起兵于宁波;苏松佥事沈宸荃起兵于慈溪。国维亦起兵于东阳,与建义诸臣奉表迎鲁王于台州,即日移驻绍兴,称监国,以分守公署为行在,列兵江上,分地戍守。国维与诸臣劝进,监国辞曰:"孤之监国,原非得已,当俟拜孝陵,徐议乐推,未晚也。"群臣固请,监国固让不许。进国维武英殿大学士兼兵部尚书,加少傅,兼太子太傅,督师江上,辖东阳、义乌、永康、武义,营于富阳、桐庐之间。八月复於潜,树木城于缘江要害,联合方国安、王之仁、郑遵谦及六家军,为持久计。兵马颇集,而人治一军,所部骚然。国维上疏:"请克期会战,则彼出此入,我有休番之逸;攻坚捣虚,人无应接之暇,此为胜算。必连诸帅之心化为一心,然后使人人功罪视为一人之功罪。"有旨会议。十月,国维约诸营连战十日,国维兵屡捷。未几大兵大出,国维帅步卒应接,遣裨将王国斌、赵天祥继之,追至草桥门。会天大风雨,火炮弓矢不得发,急收兵而还。时唐王立于闽,建号改元,遣给事中刘中藻颁诏至。监国欲下令返台州,国维星驰至,争之,并上疏唐王,言:"国当大变,凡为高皇帝子孙,皆当同心勠力,共图兴复,成功之后,入关者王,此时未可言上下也。且监国当人心涣散之日,鸠集为劳,一旦南拜正朔,鞭长不及,悔莫可追。"疏出,监国乃止,中藻遂返。十一月,马士英窜方国安营,求入朝。田仰、谢三宾欲授之。国维劾其十大罪,乃不敢入。明年三月,大兵决坝,放舟入江。国维严饬各营守汛,命王之仁、郑遵谦等江心逆战,国维乘胜渡江,碎舟无算。四月,帅诸军攻杭州不克。时唐王遣佥都御史陆清源以饷十万赍敕犒江上军。马士英与方国安夺之,幽清源于舟。国维叹曰:"曲在我矣,不久将自及,吾维尽力而为之。"监国见武将悍甚,命国维西征,以兵部尚书余煌代国维督师。五月,国维西征之师未行,而大兵炮击国安营,国安拔营走,劫监国以行。江上诸军闻之皆溃。惟王之仁一旅独全,邀国维入海。国维振旅追扈。国安欲献监国以降,遣人守之,会守者病,监国觉其逆状,召国维、函辉、兵部侍郎谷文光、海门衙总兵王朝鼎、王有志、左右协副将张国贞、蒋应彪袭守者,斩之。监国得脱,七月朔次海门卫。初七日,富平将军张名振遣中军方简具舟迎监国航海。传命国维遏防四邑,图再举。国维至,无舟,望洋而止,还守东阳。先是大兵破会稽,有贻书招国维。国维答以身为大臣,谊在必死,惟乞全老母而已。八月,大兵入义乌,国维知势不可支,或劝之入山,国维曰:"误天下事,文山、叠山也,一死而已。"具衣冠南向再拜曰:"臣力竭矣!"作绝命辞三章,其一章曰:"艰难百战戴吾君,拒敌辞唐气厉云。时去仍为朱氏鬼,精灵长傍孝陵坟。"从容赴园池死,年五十二。子世凤,荫锦衣卫佥事,监国授平卤将军,被执不屈死。

外史曰:国维在思陵时为谏臣,以敢言称;为督抚,有御贼功;至两都覆没,犹思以浙东一隅支撑残局。假使惟所欲为,或可苟延一线之残喘。奈何田、谢交倾于内,方、王违命于外。幸有孙、熊、钱、沈、章、于六家军同心勠力,得奏十捷之功。顾论者谓何不约闽师合攻杭州,而必欲却闽诏以开同姓之隙,不知却闽诏之疏,未尝有忤于闽焉。至方、马夺闽饷,幽闽使,闽、浙遂成水火,而江上有两顾之势,不旋踵而方逆竟劫监国矣!逆贼坏事,岂意计所可逆料乎?文山、叠山之痛,所由致恨于毕命时也。

张国维[1]

张国维,号玉笥,浙江东阳人。天启壬戌进士,除番禺令。以卓异入为刑科给事中,升太常少卿。崇祯七年甲戌,升都察院右佥都御史,巡抚应天。甫受事,而流寇犯安庆,参将唐某受贼绐,全军覆没。时国维方壮年,报至,须发一夜顿白。亲督兵至安庆,见道官史可法,异其才,具疏请益设安庆巡抚,即以可法任之。诸所任寄咸得人。抚吴八年,贼不敢犯境。升工部右侍郎,总督河道。山东饥,米石八两,而三吴石三两,以应天所属河工银尽籴米输济宁,每石水脚加五钱,得羡米倍赢。遂设粥厂十余所,使官督赈,全活百万计。贼李青山众数万,杀逐官吏,国

---

[1]邵廷采:《东南纪事》,《续修四库全书》史部第332册,上海古籍出版社2002年版,第44—45页。

维讨平之,献俘于朝。荫一子,世锦衣千户。

十五年壬午冬,大清兵破苏州,南略山东青、兖,诸府皆陷,德王、鲁王遇害。命推可任本兵者,举国维,星夜驰赴京受事。总督赵光抃战于罗山,大败,亡二万余人。周延儒视师,匿不以闻。是时,兵科员缺,国维题龚鼎孳等六人。蒋拱宸恨不与,及为御史,弹国维。谓:西协地六百里,国维设防止五百里。疏七上,明年二月,与延儒俱放归。

十一月,追论罗山事,被逮。舟过吴门,士民号哭塞枫桥,大声前问,孰为锦衣卫官校船者。国维恐有变,解缆急去,众乃散。诏狱拟辟,山东、南直百姓叩阙讼冤,遂以原官募兵浙直。

行十日,都城陷,国维星夜抵浙,图举勤王,得精兵三千,至镇江。会福王立,乃朝留都,欲与史可法合兵北出。以国维为兵部尚书,加太子太保,协理戎政。马士英议不合,乞假归葬祖母。

乙酉五月,南都破,郑遵谦起兵绍兴,国维至台州,迎鲁王。晋少傅、建极殿大学士,兼兵部尚书,归集东阳兵,守钱塘,屯长河头。首参马士英十大罪,士英惧,不敢入朝。时绍兴富家以助饷受累,国维不忍,用东阳世产邻富家者,与原券计值,令出甲士,具衣械,程日给粮,总抵价若干,以土著之家,养不逃之兵,富人得产,而军兴得兵食,人情大欢。

福建诏至,加国维东阁大学士,辅鲁王监国。廷臣多欲开读,国维曰:"唐王提兵北伐,老臣当效死前驱。若止一丸封岭作天子,空以官爵骧散浙东将士心,大敌逼江,旦晚欲渡,臣不敢奉诏。"手敕七至,竟不发。国维深堑坚垒,沿江多置木城,激励将士,为取杭州计。而方国安不同心腹,郑遵谦等义兵又多乌合,是以不能成功。

丙戌六月二十八日,大清兵渡江,诸营皆溃,国维归东阳,守陷坑岭。六月,贝勒入闽,过东阳,将抵陷坑。国维请东阳令吴琪滋至,曰:"国维今日死,天气方炎,恐腐烂不可辨识,将谓吾逃,贻祸此地,故特相邀,令君视吾死耳。"吴令涕泣。国维殊容暇,取素缯书《负国》《念母》《诫子》三诗,又留诗赠故人,冠带北面稽首。谓仆曰:"吾大臣死王事,礼也。兵将在东阳者,因我及难,可舁尸诣门一谢之。对太夫人勿言我死,言适去。坐我中堂,俟官来见,始可殓耳。"遂赴水死。年五十二。骑围宅,见尸坐厅,事如生,或叩头痛哭,问之,则多济宁人,饥年食其粥以活者。夜,有兵数十人,挟妇女宿其殡园,见堂皇灯炬,国维白髯绛袍南面,刀戟列侍,兵大呼,遂不见。亟起,叩头枢前,避去。

桂王立,谥"文忠"。长子世凤,挂平鲁将军印,封武康伯,不受。次子世鹏,官尚宝司卿。世凤被杀。张存仁自闽归,百姓数万遮马前,请世鹏命。存仁曰:"吾少时即耳若父为人。"遂释之。

论曰:唐鲁之议,以南禀闽朔,而不解兵为正。盖当其时,受兵者鲁,鲁一撤兵,即钱塘不守,仙霞尚安蔽乎?昔人论南北之势,守江不如守淮。闽之有浙,犹江之有淮也。若楚、蜀、江、粤,皆藉唐王名号。维留土无二王,鲁王自当退居重耳之位,诸臣共图狐赵之勋,大邦维屏,三百年宗盟,不正有赖乎斯日欤?故郑遵谦之拜疏迎驾,陈函辉之请杀金堡,或激或诡,二者均蔽。独张国维适老臣谋国之体,《石匮书》所载,似亦未之审也。

张国维传[1]

张国维,字玉笥,东阳人,少以理学自励,慕东林名,走数千里来会讲。中天启壬戌进士,知广东番禺县,屡擒巨盗,以卓异擢刑科给事中,迁礼部,改太常少卿。秦中流贼起,渡河转战蹂躏黄凤滁泗间,朝廷忧之,遂命国维以佥都御史巡抚南直,至则察视沿江形势,而安庆孤悬江北,据陪京上游,楚豫之盗往来窥伺,时调徽宁及吴淞兵戍之,而海寇复窃发,国维乃募壮士,议增马步二千,于是皖为重镇。又以群盗出没,檄滨江诸邑修城郭、建敌楼,为永久计。治吴七载,威惠大行,每值旱蝗则请蠲请折,抗疏入告,而其大者尤在讲求水利,盖吴为泽国,明初开修水利,设有专官,至宣德中,周文襄忧为巡抚,秤土均粮,凡圩塍之灌注湖流者依重科亩浍之,进退潮汐者减轻,则其法尤为精密。弘正以来,屡命疏凿,自万历戊申后始渐废弛,农人竭蹶培壅,收获仍俭,坐是民多艰食,盗风日炽。国维乘单舸,遍探河渠,悉为图说,凡三吴诸水之故道会烦累朝濬画者次第编订,他如臣僚章奏、官司、案牍莫不蒐采,辑为《三吴水利全书》,共计三十卷,上于朝。又疏请修治吴淞、白茆,于滨江滨湖滨海之隘口筑堤创闸,以吐泄节宣之。朝廷知国维才,乃以兵工二部侍郎兼右佥都御史督河道。时天旱水竭,国维徒跣暴烈日中,祷于东岳,大雨如注,河遂通流。会大盗李青山起山左骚动,有旨会剿,而青山佯请内附,国维单骑造贼营,青山出不意,大惊,罗拜请死,国维阴察贼徒欲饵我,既还,遂部署将史疾

---

[1]陈鼎:《东林列传》,《明代传记丛刊:学林类3》,明文书局1991年版,第579—588页。

驰之。贼方置酒高会,谓其下曰:"侍郎已堕吾术中矣。"略不设备,国维至,青山就缚,余贼悉降,捷奏,赐金币,荫一子锦衣。而沂州王明及齐见龙、张文字等聚众剽掠,谋断饷道,国维悉用计擒斩之,东方遂宁。十五年,擢兵部尚书。我兵已入关,七日前上书称疾,弗允也。国维视事,乃论劾督师范志完巡抚总兵以下数十人,又檄蓟督赵光抃率诸将捍御,急调天下援师,国维见内外交讧,势甚危急,请驰军前自效,上以机务重,不许。而是时,永城叛将刘超拥兵观望,擅屠御史魏景琦家,表请入援,廷议授超以保定总兵官,国维独抗言曰:"此赏奸也,若羽翼已成,又一曹闯矣。"乃属巡抚王汉图超,谋泄,汉为超所杀。国维密授巡按苏京方略,与督镇共除之,且赦丁启光斩叛自赎,超卒伏诛。方国维急调援师也,刘泽清入援,临清失守,御史蒋拱宸疏论之,国维言:"都城告急,天下入援者恐后,若一方有事,归罪中枢,必海内不举勤王之甲而后可。"未几,国维请告,上许之。而言者以周延儒用范志完为纵敌,上大怒,缇骑逮讯,并及国维下狱,刑科孙承泽疏救国维,次日上御文华殿,出疏示内阁及刑部诸臣,范景文力言:"国维素著劳绩,罪有可原。"科臣言是。上命以原官督浙直兵饷。甫出,而都城陷矣。福王立南中,以国维为京营尚书,马、阮恶之,以为东林党人,入《蝗蝻录》中,遂乞归省母,而南都失,国维遂与方逢年、熊汝霖、孙嘉绩、郑遵谦、朱大典等迎鲁藩于台州,监国绍兴,国维为大学士,督师江上。适马士英自南中奔至,欲入朝,国维知之,首参其误国十大罪,士英惧,遂不敢入。时兵马云集,人治一军,不相统摄,国维请合诸将,可期会战。十月,我兵至,方国安严阵当之。国维率王国斌、赵天祥接应,会天大风雨,火炮弓矢不得发,遂收兵。而唐王已即位闽中,颁诏至,鲁藩不悦,下令欲返台州。国维星驰至绍,上疏唐王,言:"国当大变,凡为高皇帝子孙,所当同心协力,成功之后,入关者王。监国退守藩服,礼制昭然,若以伦序叔侄之分,在今日原未假易,且监国当众心奔散之日,鸠集为劳,若南拜正朔,鞭长不及,猝然有变,唇亡齿寒。臣,老臣也,岂若朝秦暮楚之客哉?"疏出,议始定。然闽浙成水火矣。浙东将士与我兵跨江相距,会闽中使陆清源赉敕犒师,而是时,马士英、阮大铖同依方国安,因唆国安斩之,且出檄,数唐王罪。国维闻之,叹曰:"祸在此矣。"国安既斩闽使,恐闽发兵,又见杭州坚守不下,遂议抽兵属国维西征,以余煌兼兵部尚书代督师,时我兵方屯北岸,用火炮击南营,国安惧,拔营走江上,诸军皆溃。惟王之仁一旅独全,因具舟楫邀国维入海,国维不得已,乃率众迎扈鲁王。我兵渡江,国安、士英谋挟鲁王投降,遣人守王,会守者病,王得脱,传命国维遏防四邑,遂遁入舟山,而事不可为矣。先是我兵破会稽,有贻书招国维者,国维答以"身为大臣,谊在必死,惟乞全老母而已"。至破义乌,众劝入山,国维曰:"误天下者,文山、叠山也,一死而已。"我兵至七里寺,国维具衣冠,南向拜,曰:"臣力竭矣。"作绝命诗,有"精灵常傍孝陵坟"之句,从容赴园池死。其子亦被戮。

外史氏曰:嗟乎,当鲁监国扼守浙东,与闽联络,亦足以支吾也。乃马、阮二贼唆斩闽使,遂成水火,卒不可支。岂二贼与朱明有不共戴之仇耶?不然胡为必欲尽丧其土也。先生之死,重于九鼎矣,二贼能无愧乎?

张太保传[1]

公讳国维,字其四,号玉笥,东阳人,天启二年进士,授番禺令。崇祯初,擢刑科给事中,改太常少卿。秦中贼起,延及黄凤徐泗,命公以佥都御史,巡抚南直,而贼势益横,愈扑愈炽。公方壮年,左支右绌,须发尽白。积劳七载,以兵工二侍郎,督理河道,会大盗李青山起山东,公乘其不备擒之,以功晋兵部尚书,是时永城叛将刘超,屠御史魏景琦家,拥兵观望,廷议授超保定总兵官,公独抗言曰:"此赏奸也,若羽翼已成,又一曹闯矣。"密授督镇方略共除之,超卒伏诛。未几以诬下狱,寻得释,复原官,督浙兵饷。甫出,而都城陷。福王南渡,授京营尚书。与马阮不合,乞归。而南都不守,遂与朱公大典、陈公函辉等,迎鲁王于台州,监国绍兴。公督师江上,连复富阳、於潜诸县,兵马颇集,而人治一军,所部骚然。公疏请于王,谓可期会战,则彼出此入,我有休番之逸;攻坚捣虚,人无应接之暇,此为胜算。必连诸帅之心,化为一心,然后使人人之功罪,视为一人之功罪。于是率诸将严阵,与大兵接战于草桥门,士气十倍,会大风雨,火炮弓矢,俱不得发,遂解散。唐王立闽中,诏书至,鲁王不悦,欲返台州,不受诏。公虑其变生也,驰至绍,上书唐王曰:"国当大变,凡为高皇帝子孙,宜皆同心并力,共复国仇,功成之后,入关者王。监国退守藩服,礼制昭然。若以伦序,叔侄定分,在今日原未假易,且浙东人心涣散,鸠集为劳,一旦南拜正朔,鞭长不及,猝然有变,唇亡齿寒,悔莫可追。臣老矣,岂敢朝秦暮楚,有所左右于其间哉?"疏出,议始定。然闽浙成水火矣。自草桥门败,诸将无敢复言战者。兴国公王公之仁上疏言:"事起时人人有直趋黄龙之志,乃一

---

[1]汪有典:《史外》,《明代传记丛刊:综录类31》,明文书局1991年版,第327—330页。

败后遂欲以钱塘为鸿沟,天下事尚何忍言? 臣愿率所部沉船一战,今日欲死,犹战而死;他日即死,恐不能战也。"大兵驱船入江,公命王公统水师,从江心袭战,而自督诸军渡江,复杭州。先是马士英自南中奔至绍,欲朝鲁王,希柄用,公知之,参其误国十大罪,士英惧,不敢入,与阮大铖依荆国公方国安。会唐王使陆清源赍犒犒师,马阮遂嗾国安斩之,且出檄数唐王罪。公闻之,叹曰:"曲去我矣。"国安逼鲁王南行,江上诸军尽散,公追扈鲁王之黄石岩,国安已断所过桥,不得进,国安、马、阮议劫鲁王降,使人守之。会守者病,王脱去,遁入舟山。公过东阳治兵,闻义乌破,众劝公且避,图再举。公叹曰:"误天下者,文山、叠山也,一死而已。"具衣冠南向再拜曰:"臣力竭矣!"赴园池死。子亦被戮。

大司马张公[1]

张国维,号玉笥,天启壬戌进士。乙酉变,辅鲁监国起义,城守最久。会贝勒统重兵渡江,国维知势不可支,先一二日集诸亲友及诸子痛饮,酒酣,谓诸子曰:"汝祖母暨汝母皆老矣,汝等善事之。"乃北向拜君,作诗谢曰:间关百战为吾君,拒虏辞唐气厉云。归去仍为朱氏鬼,精灵长伴孝陵魂。又《别母》曰:一瞑纤毫不挂胸,惟哀耄母暮途穷。仁人锡类能无意,结草衔环讵敢忘。随以一诗训其子曰:昔训诗书暂鼓征,而今绝去莫谈兵。苍苍若肯施存恤,秉耒全躯副所生。诗成,伏药投河死。遗命,死后以漆灌尸,悬于堂。敌来见,无不罗拜祭祀,保全邑民无算。

钱子曰:公之为人也,养民惠,御吏明,约法则久而不弛,推恩则恒而不厌,以至临大事,决大计,不动声色,而措施画然,是以保有东土,几及二年。临卒,从容不乱。若公者,可谓完人矣。

张阁学 附子世凤[2]

公讳国维,字止庵,号玉笥,金华东阳人。天启二年进士,除番禺知县,以卓异

[1]赵士锦、史惇、钱肃润等:《甲申纪事 纪事略 恸余杂记 南忠记》,中华书局1959年版,第124—125页。
[2]陈济生:《启祯两朝遗诗小传》,《明代传记丛刊:学林类10》,明文书局1991年版,第211—212页。

荐擢刑科给事中。历吏科,升礼科都给事中、太常寺少卿。崇祯七年,以都察院右佥都御史巡抚应天等处地方。先是巡抚驻苏州,行文书各属,间一出巡,驻句容。及公时,而江北多事,往往出镇皖口。贼破庐,围桐,骎骎有南窥之势,而安庆素无兵,国初有军五千七百余,宣德中徙二千人于河间、怀来诸卫,后又以二千人运粮,三百人入南都班操,余丁不足以待战,乃调吴淞戍卒及徽宁兵往,而海上复告警。公请益募兵千人,比楚黔故事,留新饷给之,报可。复议增马步二千人,于是皖为重镇。上采科臣言,申饬江防,公请募卒千二百,半戍浦口,半戍镇江。修繁昌、太湖、建平、六合、高淳诸城,建敌楼于芜湖。十二年,海寇焚崇明之东三沙,犯福山及陆座港口,公设伏擒其魁袁四、吴通州等。明年,升兵工二部侍郎,兼佥都御史,总督河道,会大盗李青山起,山左骚动,公以便宜奉诏,单骑诣营抚之,青山出不意,大惊,叩头乞降,公察其非实,还部帅将士疾驰之,擒青山,尽降其众。赐金币,荫一子指挥使。而沂州王朋犹拥众劫掠,公知监军丘祖德能办贼,密授方略擒之。东方遂宁。十五年,升兵部尚书,公视事,则东兵已入边七日矣。乃奏大调天下援师。东兵深入,至山东、淮北,无能御之者。其明年春,载卤获车、牛、人口,徜徉竟去。首辅出视师,不能一有所创,公乃请告归。为言官所纠,缇骑逮下刑部狱。是时济生以请邮在都,每相慰问。十七年春,特旨赦公,以前官督饷直浙,公出都而闻先帝之变。南渡,以公为戎政尚书,加太子太傅,请建四辅以藩南京,未果行,复请告归。而南京失国,会郑遵谦等迎鲁王于台州,监国绍兴,召公以兵部尚书直东阁,而以长子世凤代总军事,进武英殿,加少傅,赐尚方剑,支撑江上者一年。明年六月,北兵至绍兴,公走归东阳,赴池中死,长子世凤为平敌将军,坐事见杀。公与先文庄同榜,公抚吴时,先文庄初见背,茕诸孤,藉公之德,至于今不忘。若夫公之忠在社稷,泽在三吴,载之史册,传之口碑,当百世诵公者也。公不以诗名,遭乱后,遗文多佚不存,而独述公之生平大节如此。公次子世鹏,能文章,负才气,于济生交尤厚云。

张国维赴园池[1]

鲁王既登海舶,闻国维至黄岩,因传命国维遏防四邑。国维至台州,无舟不能从王,遂回东阳,治兵再举,时六月十八日也。二十五日,清兵破义乌,亲众劝国维

[1] 计六奇撰,任道斌、魏得良点校:《明季南略》,中华书局1984年版,第293—295页。

入山以图后举,国维叹曰:"误天下事者,文山、叠山也,一死而已。"二十六日,清兵至七里寺,国维具衣冠南向再拜,批云:一云东向。曰:"臣力竭矣!"作绝命诗三章,从容赴园池死。子世凤,后以苏壮、吴易事连,与族人同日遇害。次子世鹏,亦能文章,负才气云。

《自述》曰:"艰难百战戴吾君,拒敌辞唐气励云。时去仍为朱氏鬼,精灵当傍孝陵坟。"

《念母》曰:"一瞑纤尘不挂胸,惟哀鬒母暮途穷。仁人锡类能无意,存殁衔恩结草同。"

《训子》曰:"夙训诗书暂鼓钲,而今绝口莫谈兵。苍苍若肯施存恤,秉末全身答所生。"

公字止庵,号玉笥,金华东阳人。天启二年壬戌进士,除番禺知县,以卓异荐擢刑科给事中,历吏科,升礼科都给事中、太常寺少卿。崇祯七年,以督察院右佥都御史巡抚应天等处地方。先是,巡抚驻苏州,行文书各属间,一出巡驻句容。及公时,而江北多事,往往出镇皖口。贼破庐围桐,骎骎有南窥之势,而安庆素无兵。国初有军五千七百余,宣德中徙二千人于河间、怀来诸卫,后又以二千人运粮,三百人入南都班操,余丁不足以待战。乃调吴淞戍卒及徽、宁兵往,而海上复告警。公请益募兵千人,比楚、黔故事,留新饷给之,报可。复议增马步二千人,于是皖为重镇。上采科臣言,申饬江防。公请募兵千二百,半戍浦口,半戍镇江,修繁昌、太湖、建平、六合、高淳诸城,建敌楼于芜湖。十二年,海寇焚崇明之东三沙,犯福山及陆座港口,公设伏擒其魁袁四、吴通州等。明年,升兵、工二部侍郎,兼佥都御史,总督河道。会大盗李青山起,山左骚动。公擒之,东方遂宁。批云:擒李青山事已入壬午年,此不具载。十五年,升兵部尚书。公视事则清兵已入边七日矣,乃奏大调天下援师。清兵深入至山东、淮北,无能御之者。癸未春,载获车牛人口,徜徉竟去。周延儒出视师,不能一有所创。公乃请告归,为言官所纠,缇骑逮下刑部狱。甲申春,特旨赦公,以前官督饷直、浙,公出都而闻先帝之变。南渡以为戎政尚书,加太子太傅,请建四辅以藩南京,未果行,复告归,而南京失国。会郑遵谦等迎立鲁王,召公直东阁,而以长子世凤代总军事,支撑江上者一年。丙戌六月,清兵至绍兴,公走归东阳,赴池中死。

附记 当缇骑逮公过苏州,苏人感公旧德,万众拥之,罗拜恸哭,宰羊豕生祭公,筵席之盛,众所未睹,且拜且哭且献酒。公从容语众曰:"予何德于汝?今兹行无伤也,有周相公手书在,非我不堵清兵之罪也。"遂受而饮之。及北上,出书示上,故得免。此苏人口述,以为公之快事。东阳、义乌二县属金华府。

张玉笥纪[1]

张国维,字玉笥,东阳人。绍以理学自励,天启壬戌成进士。知广东番禺县,屡擒巨盗,以卓异擢刑科给事中,迁礼部,改太常少卿。

秦中流贼起,渡河展战,蹂躏黄、凤、滁、泗间。朝廷忧之,遂命国维以金都御史巡抚南直。至则察视沿江形势,而安庆孤悬江北,据陪京上游楚、豫之盗,往来窥伺。时,调徽、宁及吴淞兵戍之,而海寇复窃发之。国维乃募壮士,议增马步二千,于是皖为重镇。又以群盗出没,檄滨江诸邑修城郭,建敌楼,为永久计。治吴七载,威惠大行。每值旱蝗,则请蠲请折,疏入告。而其大者,尤在讲求水利。盖吴为泽国,明初开修水利,设有专官。至宣德中,周文襄忱为巡抚,秤土均粮,凡丘塍之灌注湖流者应重科,亩浍之进退潮汐者减轻,则其法尤为精密。弘、正以来,屡命疏凿。自万历戊申后,始渐废弛,农人竭蹶培壅,收获仍俭。坐是民多艰难,盗风日炽。

国维乘单骑,遍探河渠,悉为图说,凡三吴诸水之故道,曾烦累朝浚画者,次第编订。他如臣僚章奏,官司案牍,莫不搜采,辑为《三吴水利全书》,共计三十卷,上于朝。又疏请修治吴淞、白茆,于滨江滨湖滨海之隘口,筑堤创闸,以吐泄节宣之。朝廷知国维才,乃以兵工二部侍郎兼右金都御史,督河道。时,天旱水竭,国维徒跣暴烈日中,至东岳处祷焉。大雨如注,河遂通流。

会大盗李青山起,山左骚动,有旨会剿。而青山佯请内附,国维单骑造贼营,青山出不意,大惊,罗拜请死。国维阴察贼徒欲饵我,既还,遂部署将吏驰之。贼方置酒高会,谓其下曰:"侍郎已堕吾术中矣!"略不设备。国维至,青山就缚,余贼悉降。捷奏,赐金币,荫一子锦衣。而沂州王明及齐见龙、张文字等,聚众剽掠,谋断饷道。国维悉用计擒之,东方遂宁。

十五年擢兵部尚书,我兵已入关,七日前上书称疾,勿允也。国维视事,乃论劾督师范志完巡抚以下总兵数十人。又檄蓟辽赵光抃率诸将捍御,急调天下援

[1]抱阳生编著,任道斌校点:《甲申朝事小纪》,书目文献出版社1987年版,第599—602页。

师。国维见内外交讧,势甚危急,请驰军前自效。上以机务重,不许。而是时永城叛将刘超拥兵观望,擅屠御史魏景琦家,表请入援。廷议援超以保定总兵官,国维独抗言:"此赏奸也,若羽翼已成,又一曹闯矣。"乃属巡抚王汉图超。谋泄,汉为超所杀。国维密授巡抚苏京方略,与督镇共除之,且赦丁启光斩叛自赎,超卒伏诛。

方国维急调援师也,刘泽清入援,临清失守,御史蒋拱宸疏论之。国维言:"都城告急,天下入援者恐后,若一方有事,归罪中枢,必海内不举勤王之甲而后可。"未几,国维请告,上许之。而言者以周延儒用,范志完为敌。上大怒,缇骑逮讯,并及国维。次日,上御文华殿,出疏示内阁及刑部诸臣。范景文力言"国维素著劳绩,罪有可原",科臣言是,上命以原官督责直兵饷。甫出,而都城陷矣。

而福王立南都,以国维为京营尚书。马、阮恶之,以为东林党人,入《蝗蝻录》中。遂乞归省母,而南都失。

国维遂与方逢年、熊汝霖、孙嘉绩、郑遵谦、朱大典等迎鲁藩于台州,监国绍兴。国维为大学士,督师江上。适马士英自南中奔至,欲入朝。国维知之,首参其误国十大罪。士英惧罪,不敢入。时,兵马云集,人治一军,不相统摄。国维请合诸将克期会战。十月,我兵至,方国安严阵当之。国维率王国斌、赵天祥接战。会天大风雨,火炮弓矢不得发,遂收兵。而唐王已即位闽中,颁诏至,鲁藩不悦,下令欲返台州。国维星驰至绍,上疏鲁王,言:"国当大变,凡为高皇帝子孙,所当同心协力。成功之后,王监国退守藩服,礼制昭然。若以伦叙,叔侄之分,在今日原未假易。且监国当众心奔散之日,鸠集为劳,若南拜正朔,鞭长不及,猝然有变,唇亡齿寒。臣老臣也,岂若朝秦暮楚之客哉?"疏出,议始定,然闽、浙成水火矣。

浙东将士,与我兵跨江相距。会闽中使陆清源赏敕犒师,而是时马士英、阮大铖同依方国安,因唆国安斩之,且出檄数唐王罪。国维闻之,叹曰:"祸在此矣!"国安既斩闽使,恐闽发兵。又见杭州监守不下,遂议抽兵属国维西征,以余煌兼兵部尚书代督师。时,我兵方屯北岸,用火炮击内南营,国安惧,拔营走。将士诸军皆溃,惟之仁一旅独全。因具舟楫邀国维入海。国维不得已,乃率众迎扈鲁王。我兵渡江,国安、士英谋挟鲁王投降,遣人守王。会守者病,王得脱。传命国维遏防四邑,遂遁入舟山,而事不可为矣。

先是,我兵破会稽,有赍书招国维者。国维答以"身为大臣,谊在必死,惟乞全老母而已"。至破义乌,众劝入山,国维曰:"误天下者,文山、叠山也,一死而已。"我兵至七里寺,国维具衣冠南向拜曰:"臣力竭矣!"作绝命诗,有"精灵常傍孝陵坟"之句,从容赴园池死。其子后亦被戮也。

按:监国扼守浙东,与闽联络,亦足以支吾也。乃马、阮二贼唆斩闽使,遂成水火,卒不可支。岂二贼与朱明有不共戴天之仇耶?不然,胡为必欲尽丧其土也。先生之死,重于九鼎矣,彼二贼者,其能无愧乎哉!

督师张玉笥先生[1]

先生讳国维,字玉笥,一字正庵,东阳人,天启二年壬戌进士,授番禺知县。崇祯元年,以卓异荐擢刑科给事中,劾罢副都御史杨所修、御史田景新,皆逆阉党也。御史胡良机,给事中陶崇道等六人,先为逆阉所逐,及起用,顾置之外,先生以为言,六人乃复留。已,陈时政五事,言:"陛下求治太锐,综核太严,拙者踞蹐以避咎,巧者委蛇以取容,谁能展布四体,为国家营职业者,故治象精明,而腹心手足之谊实薄,此英察宜敛也。祖宗朝,阁臣有封还诏旨者,有疏揭屡上而争一事者,今一奉诘责,则俯首不违,一承改拟,则顺旨恐后,倘处置失宜,亦必不敢执奏,此将顺宜戒也。召对本以通下情,未有因而获罪者,今则惟传天语,莫睹拜飏,臣同官熊奋渭,还朝十日,旁措一词,遂蒙谴谪不可稍加薄罚,示优容之度乎?此上下宜洽也。"其二条请平刑罚,溥膏泽,上不能尽用。旋历吏科,升礼科都给事中。京师地震,规弊政甚切,迁太常少卿。七年,擢右佥都御史,巡抚应天、安庆等十府。其冬,流寇犯桐城,官军覆没,先生方壮年,一夕须发顿白。明年正月,率副将许自强赴援,游击潘可大,知县陈尔铭,守桐不下,贼乃攻潜山,知县赵士彦力拒之,贼又以重卒攻太湖,知县金应元,训导扈永宁被杀。先生至,解桐围,遣守备朱士胤趋潜山,把总张其威趋太湖。士胤战死,自强遇贼宿松,杀伤相当。安庆山民桀石以投贼,贼多死,乃越英山霍山而遁。九月,贼复由宿松入潜山、太湖,他贼扫地王,亦陷宿松等三县。先生乃著(募)土著二千人戍之,而以兵事属监军史可法。明年正月,贼围江浦,遣守备蒋若来、陈于王进战,却之。十二月,贼分兵犯怀宁,可法及左良玉、马爌遏之。复犯江浦,副将程龙及若来、于王等拒守,诸城并全。贼又围望江,遣兵援之,亦解去。十年三月,先生率龙等赴安庆,御贼酆家店,龙军数千,悉殁。贼东陷合州、含山、定远,又攻陷六合,知县郑同元溃走,贼遂攻天长。

[1]黄嗣艾:《南雷学案》,《清代传记丛刊:学林类37》,明文书局1985年版,第370—374页。

先是巡抚驻苏州,行文各属,间一出巡,驻句容,贼势既警,往往出镇皖口。安庆,且又无兵,先生调吴淞戍卒及徽宁兵以实之,更请于朝,割安庆、池州、太平,别设巡抚,以可法任之。而海上旋告警,先生又请增募兵千人,马步二千人,于是安庆不隶江南巡抚,而屹然独为重镇。议者欲并割江浦、六合,俾先生专护江南,不许。先生为江防计,更募卒千二百人,半戍浦口,半戍镇江,完具沿江堡垒及船仗等一时安谧。先生宽惠,得士大夫心,属郡灾伤,辄为请命,多获宽减。奸民张汉儒讦钱谦益、瞿式耜,陆文声讦张溥、张采,先生斥汉儒等诬罔,忤执政温体仁,夺俸。苏州去任推官周之夔希体仁指,复讦溥等,先生亦力白其诬。筑太湖、繁昌二城,建苏州九里石塘及平望内外塘,长洲至和等塘,修松江捍海堤,浚镇江及江阴漕渠,并有成绩。居六年,迁工部右侍郎,兼右佥都御史,总理河道。岁大旱,漕流涸,先生浚诸水以通漕。山东饥,活贫民无算。十四年夏,山东盗起,改兵部右侍郎,兼督淮、徐、临、通四镇兵,护漕运。大盗李青山,众数万,据梁山泺,遣其党分据韩庄等八闸,运道为梗。周延儒赴召北上,青山谒之,言率众护漕,非乱也。延儒许言于朝,授以职。而青山竟截漕舟,大焚掠,迫临清,中官刘元斌走,先生合所部兵,击降之,献俘于朝。上率太二王御午门,磔诸市。兵部尚书陈新甲下狱,上难其代,以侍郎冯元飚摄,既乃召先生代之。召见德政殿,慰劳甚至,乃定战守赏罚格,并上核世职、酌推升、慎咨题等七事,上皆报可。会开封陷,河北震动,又条防河数策,上亦纳之。时外吏考选者,皆欲得给事,而上以巡方任重,将概注御史,首辅周延儒令先生荐时敏等十二人察外郡城守,以既有巡按,不可复遣御史,遂并授给事,独御史蒋拱辰不与,有怨言,及出监赵光抃军,谓先生害己,抵昌平,即疏劾先生,先生言拱辰挟怨诬诋,拱辰再劾先生溺职,请如丁汝夔、陈新甲故事,正失陷名藩之罪,御史赵譔右拱辰,言先生忠谅有余,担当不足,不能揽群才,惟任胥吏。先生再疏,求斥,不许。当先生之视事也,建虏已内犯七日,亟奏调全国援师。十六年四月,虏兵犹在畿内,赵光抃奉先生檄,拒螺山,八总兵之师皆溃,言者益以为口实,先生遂辞职。而言者更附会撼拾,群相攻击,上逮之下狱。苏州民闻之,争诣阙乞贷,上亦念其治河功,诏出狱候命。三月,召对中左门,复故官,兼右佥都御史,驰赴江南、浙江督练兵输饷诸务。先生条上生财七事,即驰出都。行十日而都城陷。靖皇既立,授兵部尚书,令协理戎政。寻叙山东讨贼功,加太子太保,荫锦衣金事。请建四辅以屏藩,南京吏部尚书徐忠襄公石麒去位,众议归先生,马士英恶之,改用张捷。先生乃乞省亲归。弘光元年乙酉五月,建虏破南京,挟靖皇北去,潞王甫监国杭州,亦降。闰六月,先生朝鲁监国于台州,监国即日移跸绍兴,进先生少傅兼太子太傅、兵部尚书、武英殿大学士,督师江上。总兵方国安亦至自金华。马士英善国安,匿于其军中,请入朝。先生劾其十大罪,遂不敢入。先生以老病,请令长子世凤代总军事,进复富阳。江上之兵,每日蓐食,鸣鼓放船,登陆搏战,率以为常。未几,仍转柁还戍。十月,虏兵大至,方国安严阵以待。先生率步兵接应,王国斌等继之。建虏大败,追至草桥门下。而南雷公适亦率义军扈跸拒虏,有时多与先生计画。郑遵谦、孙嘉绩、钱肃乐诸军,坚相联合,为持久计焉。鲁元年六月朔,夏旱,水涸,虏兵浴马,知江浅,竟令数十骑突过江来,列戍自惊扰,虏兵大呼,涉而乘之,上遽由江门出海,令保定伯毛有伦扈元妃世子由定海而出,方国安等降虏。先生还守东阳。六阅月,知势不可支,作绝命诗三章,赴园中池水死。先生长身玉立,料事精慎,声如洪钟,初官兵部督师江上时,南雷公曾在夜深谒见,论事,送之下船,极有谦谦风度也。著有文集行世。

张国维[1]

张国维,号玉笥,东阳人。巡抚吴中,日延见诸生、父老,询地方疾苦、废坠之事,无弗举,如民愚吏弊,则刊易知卑以明之;岁凶民饥,则浚河修塘以济之;运军娄虐,则具疏申禁以戢之。民有父母而不知葬,为之立广孝阡;民有子弟不知教,为之立社学;民有灾祲而不知备,为之立常平仓;民有礼让而不知兴,为之立乡约所。以至选将练兵,礼贤下士,皆推心置腹,故能得士卒死力,而贤智皆乐为之用。吴人思之,立祠虎丘大堤上。

浙语·朱大典、张国维[2]

乙酉五月,唐藩入闽,鲁主起越。闽越举义,各事其事,如人之左右手不相为用。微论闽越,即绍兴、金华,隐若敌国。越与越亦不相为用。

---

[1]陆应阳辑,蔡方炳增辑:《广舆记》,《四库禁毁书丛刊》史部第18册,北京出版社1997年版,第93页。

[2]查继佐:《东山国语》,《台湾文献丛刊》第163册,大通书局1963年版,第8—11页。

当是时,金华朱大典,字未孩,以原官兵部右侍郎,弘光加尚书。大典自南都归,募士人城守,以沈兰为中军,备戒严,人始有固志。适南都总兵方国安以奸相马士英东渡窜金华,大典恶士英,檄讨其罪状,闭关不纳。国安攻之,不得入。会义兴伯郑遵谦北御钱塘,国安移屯,东与义兴协。而东阳张国维,字玉笥,原官兵部尚书,鲁王监国,进东阁大学士,监方国安军,与国安愜。诸营无所统,策之不应。国维疏请筑坛,循故事拜国安荆国大将军,以节制江上。而诸师不相统如故也。

闽中知金华独自为战,密授敕。监国闻之,晋大典东阁大学士兼兵部尚书。唐晋大典亦如鲁,衔两受之。唐主拟视师驻跸金华,已不果。是时江上鲁文武皆因大典受两衔,咸奉表闽中,谓闽、越合可以为名,方、朱合而兵无敌矣。隆武乃下诏监国,以御史刘中藻为使。文武诸臣皆曰:"今日情形,不宜与唐二,开诏便。"独兵部尚书熊汝霖、国舅张国俊、中书舍人谢龙震与阁臣国维四人不从。众议遣职方司柯夏卿等致书于唐,称叔父云云。江上诸臣已潜奉表于唐矣。国维仗剑伏阙曰:"臣得以义责诸臣。夫鲁以数郡起,凭匹夫之怒,当全盛之敌,破矢折戈,劳苦江上者累数月,而闽以回远,奄然苟安,即不助予,乃令束而待命!今日请太祖高皇帝坐定此案,唐、鲁得失,岂止寻丈哉?且夫乘人之危而因以利之者不仁,孤人之势而阴诱其众者不义。亦思鲁众一退,当坚者故非唐乎?是自破卫也,以身为边也。凡我有官君子,矢事于鲁,移奉叔父,亦称二心。即以势临孤危,当为国死。今日复有以奉闽为言者,臣立斩之!"群议始息。中书龙震猝起辱诏使刘中藻于廷,中藻仓皇走入金华。大典重加之礼,以兵卫之出境。

乙酉十二月,国维见查职方嵊赭山之捷,令其子将军世凤从国安突进朱桥,以长河国维之师为后援。机露,北师截援,长河师溃退归。前师深入,遇敌伏汉土,选锋五千乱窜无复归路,皆解甲降,国安得脱,而越势大沮。国维深悔之。会萧山公署掘地得铜炮四十二,上书洪武年月,一时以为祥。国维计作神炮,领之睨江。一发抵武林破垛,再发而炮裂,不任用。敌颇畏不敢进。

丙戌三月,闽中阁部黄鸣俊偕定卤伯郑鸿逵,以师出衢州,窥新安。鲁疑闽师入界遣御史柯夏卿、王绍美出讲,坚共事之约。行急,不备犒。金华大典遣使犒军,闽师喜,按伍而去,三衢得秋毫无所犯。或谓大典曲事唐。夫邻境出师以卫社稷,我有同患,供其脯资饩,牵以捍牧圉,礼也。我则无礼,而以刑礼为曲,无乃不可乎?

金华城守不备,江军实有数,故金华之饷颇饶。大典军令严,令营中有私取民间物者以法。夏四月,中军兰偶犯法见戮。临刑,大呼:"杀兰,吾见朱公不能独老金华也!"

五月,方师大溃于桐庐,守江饥卒不复振,未见敌而走。北师于桐江上流东渡,监国入海,国维还东阳。东阳破,或告国维入山避敌,国维大言曰:"误天下者学文山、叠山者也!"投池中死。子二,长总兵官世凤,逮至杭,与同事五十余人并被害。

北师既下绍兴,追鲁于台,不及,温、处、宁波皆下。乃以全师攻金华。大典闭关拒守,矢石交下,敌间受伤。乃以书招大典,啗以封拜。大典峻词拒之,俟闽援。援不至,大势将蹶,有吴邦璿者,山阴人,以都督同知代沈兰为中军,曰:"事急矣,请裹身出战。"大典许之,乍遇敌,敌以偏师来诱,我师稍捷,遂乘胜而前,北师邀截其后,前后受敌,败还,创甚,令其妻缢死而身诣城隍庙四拜自刭。俄而城陷,大典纵火自焚其家人尽,而身跃入火死。时有江山令方召善恤其众,闻金华被屠,泣谕父老,孤城不足抗,徒死无益,整冠带同其妻赴井死。百姓哀之,共为营葬,祠于邑中。

论曰:越以闽为后应,闽以越为屏蔽,彼此同力,或可以自存而不相呼应。古人有云,唇亡齿寒,独不闻之乎?惜玉笥在廷,以公心鼓众而众不应;未孩守婺,相通闽越,而闽终不为之援。所谓闽与越不相为用,越与越亦不相为用也。余故感朱、张之志,序次而合论之。

张国维[1]

张国维,字玉笥,东阳人。朱大典,字未孩,金华人。两人皆起家进士。崇祯朝,同以佥都御史出为巡抚;国维应天,大典山东。皆善用兵平寇盗,著有劳绩。而国维廉、声望高,遂入为兵部尚书;大典贪黩,为言官所纠,落职坐赃。国维奉使赴江浙练兵。弘光立,召还部协理戎政,加太子太傅。国维请建三辅以藩南京:南京为东辅,芜湖为西辅,京师为中辅,各设重兵镇守;不果行。及马、阮乱政,国维知国事不可为,谒告归。大典家居,都御史刘宗周令之募兵勤王,以除前罪;大典乃率兵三千至南京。吏部尚书徐石麒言大典虽贪,其人材足倚也。今河南残破,

---

[1]西亭凌雪:《南天痕》,《台湾文献丛刊》第76册,大通书局1960年版,第235—237页。

可令为巡抚,练士卒、具糗粮,立功自效。而马士英以其家富,不以贿请也,矫旨诘问石麒。大典不得已,自援于士英,始收其兵入卫。未几,加兵部尚书,总督上江军务。王师南下,帝逊至太平府,大典来谒,谋幸杭州;命大典以兵先发。大典乃归,而治兵于家。及南京亡,杭州亦不守,大帅遣使者至郡县征户口册籍。余姚知县王曰谕弃城遁,教谕某奉册籍降,即以为知县;役治驰道,苦役者哗。余姚人孙嘉绩突入县治鸣钟鼓,斩令以殉。孙嘉绩,字硕肤,大学士如游孙也;仕至兵部职方司郎中。弘光起为九江道佥事,未赴而国亡。当是时,王师所过郡邑,官民非迎则走,而嘉绩卒然发难。由是,浙东响应,国维亦起兵东阳以应之。及鲁王建国绍兴,国维、大典俱拜东阁大学士,嘉绩升右佥都御史。是时,唐王立于闽,大典驻兵金华,与闽近,亦自通于隆武。隆武进大典文渊阁大学士,封婺安伯。时,义兵云集,分汛防江;乃进国维少傅,赐上方剑以督师。八月复富阳,九月复於潜;树木城于沿江要害,诸营犄牾,为持久计。十月,隆武帝颁诏至,王惶惑,欲退避;国维驰入朝,令毋宣读而上书闽中。曰:国当大变,凡为高皇帝子孙,咸当协心并力,誓图中兴。成功之后,入关者王;今日原未假易也。监国当大势溃散之日,纠集维艰,一旦而拜正朔,退就藩服,人无所依;闽中鞭长不及,猝然有变,唇亡齿寒,悔将何及,臣老臣也,惟社稷是图;岂若朝秦暮楚之徒,举足左右,为功名计哉!议遂定。明年六月,江上师溃。国维退守东阳。及义乌破,有劝之入山以观变者;国维曰:误天下事者,文山、叠山也。赋诗三章,跃入池中死;年五十二。大典在军,留阮大铖与共事;而金华士庶不容,檄数其罪逐之。大铖怒,走诣方国安营;构两军,令之交恶。隆武屡诏解之,勿听。已而,大兵渡浙江,大铖降,愿破金华以报新恩。初,大铖在金华,大典与之阅城;至西门,大典语之曰:此门新筑,土未坚,有事则备御宜严。至是,大铖用大炮专攻西门;城崩,杀戮甚惨,以报讨檄之恨。大典全家焚死。先是,有绍兴金姓者,从军金华,尝至南镇祈梦。梦镇神书一"古"字于其掌;每以语人,勿测也。金华屠后,收城中积尸每十口共一坟葬之,然后知为"古"字之应。嘉绩后亦进文渊阁大学士;从鲁王出海至舟山,卒于道隆观。嘉绩之举丁丑进士也,其县令梦嘉绩殿试第一名,榜发不验;及嘉绩葬舟山,适当张信坊下。张信者,洪武时擢进士第一名者也。

国维之抚应天也,建苏州九里石塘及滨湖诸堤,修松江捍海塘,立社学,设常平仓;苏人尤德之。至今虎丘祠焉。南渡用之,一筹不展,飘然引疾,岂知其危乱、不欲同其污乎?至小试于防江,危矣。大典平登州巨寇,其功甚伟。然以大铖之凶,而大典昵之,诳构两军,以败国是;挟其小隙,残民以逞,非比匪之伤耶!嘉绩仓卒建议,其谋非素定也;然鲁王卒由之监国。事虽不成,回翔海上者十余年,义士依之,冠裳勿替;则嘉绩有以启之也。吾是以附之张司马之列焉。

张国维[1]

张国维,字玉笥,号止庵(《明季南略》云:字正庵,号玉笥),东阳人。天启二年进士,授番禺知县,历官至都察院右佥都御史、应天巡抚。崇祯十七年三月,以兵部尚书兼右佥都御史赴江南、浙江,督练兵、输饷诸务。出都十日,而都城陷。五月,福王立于南京,召为戎政尚书。寻叙山东讨贼功,加太子太保,荫一子锦衣佥事。吏部尚书徐石麒(《小腆纪年》云:字宝摩,嘉兴人,天启壬戌进士,乙酉嘉兴破,自经死。国朝赐谥“忠懿”)去位,众议归国维。马士英不用而用张捷。(《纪年》云:捷,丹阳人,进士。南都陷,自谥死。)国维乃乞省亲归。

乙酉五月,南都覆。六月,潞王监国于杭州,不数日出降。国维乃以闰六月朝鲁王于台州,请王监国。即日移驻绍兴,进国维少傅兼太子太傅、兵部尚书、武英殿大学士,赐尚方剑,督师江上。会严州总兵官方国安亦自金华至,马士英素善国安,匿其军中请入朝。国维劾其十天罪,乃不敢入。连复富阳、於潜诸县。时兵马云集,人治一军,不相统一,部曲骚然。国维上疏,谓刻期会战,则彼出此入,我有休番之逸;而攻坚捣虚,人无应接之暇,此为胜算。必联诸帅之心为一心,然后使人人之功罪视为一人之功罪。于是树木城缘江要害,联络国安及王之仁、郑遵谦、熊汝霖、孙嘉绩、钱肃乐诸营为持久计。(按《纪年》,至是赐尚方剑,总统诸军。)十月,北兵至,国安严阵以待,国维率王国斌、赵天祥以步兵接应,连战十日,前锋钟鼎新用火攻,首击杀绯衣大将一,诸将李(《南疆绎史》《鲒埼亭集》并作吕)宗忠等各斩杀十级,俞国荣等直抵张湾取其军械而归。北兵大败。

是冬,闽中遣给事中刘中藻颁诏至,诸求富贵者争欲应之。王下令返台,士民惶惶。国维乃驰至绍,上疏唐王曰:“今日之事,凡为高皇帝子孙,皆当同心并力,共复国仇。成功之后,入关者王。监国退守藩服,礼制昭然。若以伦序,叔侄定分在,今日原未假易。且浙东人心涣散,鸠集为劳;一旦南拜正朔,则江上诸将皆须

[1]翁洲老民:《海东逸史》(外三种),浙江古籍出版社1985年版,第22—23页。

听命。猝然有变,监国之号令不行,唇亡齿寒,悔莫可追。臣老矣,岂敢朝秦暮楚,有所左右于其间哉?"疏出,议始定,然闽、浙自是成水火矣。

明年五月,诸军乏饷,师溃。六月朔日,北兵至,王走台州航海。国维亦还守东阳。及义乌破,众劝国维入山图后举。国维曰:"误天下事者,文山、叠山也,一死而已!"二十八日,北兵至七里寺,国维遂具衣冠,南向再拜曰:"臣力竭矣!"赋诗三章(按《纪年》载首章自述云:艰难百战戴吾君,拒敌辞唐气励云。时去仍为朱氏鬼,精灵长傍孝陵坟。次章念母云:一瞑纤尘不挂胸,惟哀鲞母暮途穷。仁人锡类能无意,存殁衔恩结草同。三章训子云:夙训诗书暂鼓钲,而今绝口莫谈兵。苍苍若肯施存恤,秉末全身答所生),赴园池死,年五十二(国朝赐谥忠敏)。

子世凤,官平敌将军,后以吴易(《南略》云:字日生,号朔,清吴江人,崇祯丁丑进士。《纪年》云:癸未进士,乙酉六月起兵长白荡,历官至兵部尚书,封长兴伯,殉节死。国朝赐谥节愍)事连,亦死难。

张国维[1]

张国维,字止庵,号玉笥,浙江东阳人。天启壬戌进士,除番禺知县,以卓异荐擢刑科给事中,历礼科都给事中,太常寺少卿。崇祯七年,以都察院右佥都御史巡抚应天。先是,巡抚驻苏州,间出巡驻句容。时江北多事,往往出镇皖口。贼破庐州,围桐城,骎骎南下。而安庆素无兵,国初设兵五千七百余人,宣德中徙二千人于河间、怀来诸卫,后又以二千人远(运)粮,三百人入南都班操,余兵不足以待战。乃调吴淞戍卒及徽、宁兵往,而海上复告警。国维请益募兵千人,比楚黔故事,留新饷给之,报可。复议增马、步二千人,于是安庆为重镇。复请募卒千二百人,半戍浦口,半戍镇江。修繁昌、太湖、建平、六合、高淳诸城,建敌楼于芜湖。十二年,海寇焚崇明之东三沙,犯福山及陆座港口,国维设伏擒其魁袁四、吴通州等。明年,升兵、工二部侍郎,佥都御史,总督河道。会大盗李青山起,山东骚动,国维单骑诣营抚之。青山出不意,大惊,叩头乞降。然察其非实,选部曲将士疾驰之,擒青山,尽降其众。赐金币,荫一子指挥使。而沂州王朋犹拥众劫掠,国维以监军邱祖德能办贼,密授方略擒之。复诱缚贼齐见龙、张文宇等,东方遂宁。十五年,入

---

[1]徐秉义:《明末忠烈纪实》,浙江古籍出版社1987年版,第246—247页。

为兵部尚书。国维视事,大清兵已入边。七日,奏调天下援师。大兵深入至山东、淮北,明年春,载卤获车牛子女出口。国维为言官所纠,逮刑部狱。十七年春赦出。南渡起戎政尚书,加太子太傅。国维请建四辅,以藩南京。不果行,乃告归。鲁王监国于绍兴,召为兵部尚书、东阁大学士,而以长子世凤代总军事。进武英殿,加少傅,赐上方剑,枝梧江上者一年。明年六月,大兵渡浙江,破义乌。有劝之入山以观变者,国维曰:"误天下事者,文山、叠山也。"作诗三章,赴池中死。

忠臣·张国维[1]

张国维,号玉笥,东阳人,天启壬戌进士。授番禺令,清理沙涨田数万亩,以业贫民。擢刑科给事,升太常寺少卿,巡抚江南。以安庆孤悬江北,请增兵戍守。又相度繁昌、太湖、高淳、芜湖等处,皆有兴筑。各郡县改折及虚粮、白粮等项,悉清夙弊。崇祯八年,筑九里石塘、平望内外塘。九年,筑松江捍海等塘。十年,筑长洲至和等塘,浚江阴运河。十一年,又筑镇江漕渠,皆报竣。乃辑《吴中水利全书》。晋工部右侍郎,总督河道兼提调徐、临、通、津四镇漕饷事务。值天旱,祷于泰山,得大雨。乃挖浚上下泉源,蓄水以济粮运。又先后擒斩逆贼李青山、王朋、徐见隆、张文宇等,东境以安。晋兵部尚书。明亡,投水死。

张国维[2]

张国维,号玉笥,天启壬戌进士。授番禺令,清理沙涨田数万亩以业贫民。擢刑科给事中,历任吏部都给事。在谏垣丰裁谔谔,同官推为敢言。升太常寺少卿。奉命江南振纲刷纪,一时吏畏人怀,人叹为周文襄复生。念安庆孤悬江北,踞留都上游,特请增兵戍守。又相度繁昌、太湖、高淳、芜湖等处皆有兴筑。酌行平赋诸政,如各郡县之改折加折及虚粮白粮等项,悉清夙弊,民困少苏。崇祯八年,筑九里石塘与平望内外塘。九年,筑松江捍海等塘。十年,筑长洲至和等塘,并浚江阴

[1]嵇曾筠、沈翼机:《浙江通志》,《影印文渊阁四库全书》史部第523册,台北"商务印书馆"1986年版,第407—408页。
[2]张荩修,沈麟趾等纂:《康熙金华府志》,《中国地方志集成:浙江府县志辑49》,上海书店1993年版,第247页。

运河。十一年,筑镇江漕渠,皆报竣,乃辑《吴中水利全书》。三吴人多感其德,立祠虎丘祀之。会河工告艰,晋工部右侍郎,总督河道,兼提调徐、临、通、津四镇漕饷事务。值大旱,祷于泰山,得大雨。乃上下泉源,搜浚蓄水,以济粮运。又先后擒斩逆贼李青山、王朋、徐见龙、张文宇等,东境以安。晋兵部尚书,时寇报,急檄蓟督赵光抃率五将领,与督师范志完协力防御,并调天下援师,京师稍恃以无恐。寻命督理浙、直等处练兵输饷事,驻札苏州。行至山东,京城失守。国维召募东南壮勇,守御江干。迨皇清大兵渡钱塘,国维知事不可为,乃还,作诗三章,自溺于家之方塘而死。

张国维传[1]

张国维,字其四,号玉笥,天启壬戌进士。初任番禺,有沙涨田数万亩,旧以业贫民,日久为人所侵占。国维悉为清理,民甚感之。时东粤岁饥,粟踊贵,直指使下令弗协,饥民大哄。国维为解喻,乃退,而价亦平减如初。丁卯,擢刑科给事中,转吏科左右给事,升礼科都给事。寻升太常寺少卿,巡抚江南。所部安庆,孤悬江北,而踞留都上游,楚豫之盗多往来其间。旧额军皆改调,城空,乃调吴松防海卒及徽宁兵戍皖,而条设健儿一千名,比楚黔故事,留新饷饷之。报可。久之,复有东西两属增兵之役,及繁昌、太湖、建平、六合、高淳、芜湖等处,皆有兴筑。又仿周文襄,为平赋、水利诸政。如高淳及徽州之改折,嘉定之加折,吴县、昆山之免折,镇江之虚粮,苏、松二郡之白粮脚耗,武进之浮派秋粮,崇明之栅饷,怀丁之船饷,皆疏请如式,民困少苏。八年,筑吴江九里石塘,与长桥七十二(猤),汝井及平望以西内外塘。九年,筑松江崇阙捍海塘。十年,筑长洲至和塘,长四十五里。而江阴运河淤塞,并浚之,其长与塘等。十一年,筑镇江漕渠,由丹徒、丹阳逦迤百里,皆报竣。馀小疏凿不与焉。越明年,乃辑《吴中水利全书》。会河工告难,廷议乃晋国维工部右侍郎,加兵部,兼都察院佥都御史,总督河道,兼提调徐、临、通、津四镇漕饷事务。值久旱,泉脉枯,祷于泰山,得大雨,乃上下泉源搜浚蓄水以待。且所在征兵接运,三运皆告成,玺书褒劳焉。而逆贼李青山、倚大帅聚剧徒剽掠齐州等处。国维单骑入其营谕之,无迁志,乃还署将领,疾驰入其壁,擒青山,余众悉

---

[1]赵衍主编:《康熙新修东阳县志》,西泠印社出版社2018年版,第355—356页。

降。朝赐白镪、表里,荫一子。于时王朋、徐见龙、张文宇等贼皆先后擒斩,东境以安。崇祯十五年,晋兵部尚书。初视事,发边报,即论劾督帅,抚镇诸臣。檄蓟督赵光忭率五将领与督帅范志完协力防御,并调天下援师,京师稍恃以无恐。然河曲以南全城者盖鲜。乃上疏,请驰赴军前自效。不报,而命相国周延儒视师。是时河南叛将刘超杀侍御魏景琦,以帅师入援为名,属抚臣王汉计擒之。谋泄,为超所杀。朝廷危疑,有旨秦、凤诸路兵协剿,乃平。国维在中枢,颇执法。如吏胥分都阃之符,门客挂将军之印;或年力衰惫,复想登墙,懦怯庸流,再思进步;或参革而改图善地,或降处而辄复原官;或世职从军,一荐影响,得以冒功;或运粮十无一完,技勇居然躐等。诸所陈悉,略多禁革,事精简。请告归,而周延儒复论,并逮国维,自白得释。乃命督理浙直等处练兵粮饷事,驻扎苏州。行至山东,而京城失守。国维以遵奉敕书开载召募东、义壮勇,兼程渡江。未几,弘光改元,召协理戎政,上疏陈设兵大略。会山东副将李允和据济宁,请兵救援,疏题速补总河及济宁院道,令就地设兵,就兵设饷,以图战守之计。不听。明年,请告归。会监国鲁为越中所立,乃以兵部尚书入阁办事,仍赐尚方,得便宜行事。闽中颁朔,国维却之。期年,兵溃,将走台州,图兴复,已知事不可为。还,作诗三章,自溺于其家之方塘而死。先一夜,有星陨如斗云。诗经传布,诸书多载之,今不著。

张国维[1]

张国维,字玉笥。天启二年进士。授番禺知县。政尚廉平,兴学校,课农桑,以德化民。听讼从容,不尽绳之以法。有兄弟争产,庭诘之,欷歔叹息,民遂悔悟。甲子岁饥,闽船群至贩籴,米价日涌。巡按陈保泰,闽人,故曲庇不禁。郡人数万往愬,保泰复行遏籴,众大哗,自辰至午不散。国维驰至,以利害谕之,始散。非国维几激变。

秩满,崇祯元年,擢刑科给事中,劾罢副都御史杨所修、御史田景新,皆魏忠贤党也。已,陈时政五事,言:"陛下求治太锐,综核太严,拙者局踏以避咎,巧者委蛇以取容,谁能展布四体,为国家营职业者?故治象精明,而腹心手足之谊实薄,此英察宜敛也。祖宗朝,阁臣有封还诏旨者,有疏揭屡上而争一事者。今一奉诘责,

---

[1]党金衡主修:《道光东阳县志》,西泠印社2017年版,第406—408页。

则俯首不遑;一承改拟,则顺旨恐后。倘处置失宜,亦必不敢执奏,此将顺宜戒也。召对本以通下情,未有因而获罪者。今则惟传天语,莫睹拜扬。臣同官熊奋渭还朝十日,旁措一词,遂蒙谴谪。不可稍加薄罚,示优容之度乎?此上下宜洽也。"其二条,请平刑罚,溥膏泽。帝不能尽用。进礼科都给事中。京师地震,规弊政甚切,迁太常少卿。

七年,擢右佥都御史,巡抚应天、安庆等十府。其冬,流贼犯桐城,官军覆没。国维方壮年,一夕须发顿白。明年正月,率副将许自强赴援,游击潘可大、知县陈尔铭等守桐不下。贼乃攻潜山,知县赵士彦重伤卒。攻太湖,知县金应元、训导扈永宁被杀。国维至,解桐围,遣守备朱士胤趋潜山,把总张其威趋太湖。士胤战死,自强遇贼宿松,杀伤相当。安庆山民桀石以投贼,贼多死,乃越英山、霍山而遁。九月,贼复由宿松入潜山、太湖,他贼扫地王亦陷宿松等三县。国维乃募土著二千人戍之,而以兵事属监军史可法。明年正月,贼围江浦,遣守备蒋若来、陈于王战却之。十二月,贼分兵犯怀宁,可法及左良玉、马爌遏之。复犯江浦,副将程龙及若来、于王等拒守。诸城并全。又围望江,遣兵援之,亦解去。

十年三月,国维率龙等赴安庆,御贼鄪家店,龙军数千悉没。贼东陷和州、含山、定远,攻陷六合,知县郑同元溃走,贼遂攻天长。国维见贼势日炽,请于朝,割安庆、池州、太平,别设巡抚,以可法任之。安庆不隶江南巡抚,自此始也。议者欲并割江浦、六合,俾国维专护江南,不许。

国维为人宽厚,得士大夫心。属郡灾伤,辄为请命。筑太湖、繁昌二城,建苏州九里石塘及平望内外塘、长洲至和等塘,修松江捍海堤,浚镇江及江阴漕渠,并有成绩。迁工部右侍郎兼右佥都御史,总理河道。岁大旱,漕流涸,国维浚诸水以通漕。山东饥,振活穷民无算。

十四年夏,山东盗起,改兵部右侍郎兼督淮、徐、临、通四镇兵,护漕运。大盗李青山众数万,据梁山泺,遣其党分据韩庄等八闸,运道为梗。周延儒赴召北上,青山谒之,言率众护漕,非乱也。延儒许言于朝,授以职。而青山竟截漕舟,大焚掠,迫临清。国维合所部兵击降之,献俘于朝,磔诸市。

兵部尚书陈新甲下狱,帝召国维代之。乃定战守赏罚格,列上严世职、酌推升、慎咨题等七事,帝皆报可。会开封陷,河北震动,条防河数策,帝亦纳之。

十六年四月,我大清兵入畿辅,国维檄赵光抃拒螺山,八总兵之师皆溃。言者诋国维,乃解职,寻下狱。帝念其治河功,得释。召对中左门,复故官,兼右佥都御史,驰赴江南、浙江督练兵输饷诸务。出都十日而都城陷。福王召令协理戎政。寻叙山东讨贼功,加太子太保,荫锦衣金事。吏部尚书徐石麒去位,众议归国维。马士英不用,用张捷。国维乃乞省亲归。

南都覆,逾月,潞王监国于杭州,不数日出降。闰六月,国维朝鲁王于台州,请王监国。即日移驻绍兴,进国维少傅兼太子太傅、兵部尚书、武英殿大学士,督师江上。总兵官方国安亦自金华至。马士英素善国安,匿其军中,请入朝。国维劾其十大罪,乃不敢入。连复富阳、於潜,树木城缘江要害,联合国安及王之仁、郑遵谦、熊汝霖、孙嘉绩、钱肃乐诸营,为持久计。

顺治三年五月,国安等诸军乏饷溃,王走台州航海,国维亦还守东阳。六月,知势不可支,作绝命词三章,赴水死,年五十有二。乾隆四十一年,钦定胜朝殉节专谥诸臣,张国维保障岩疆,支撑余烬,心坚抱义,力矢全忠,赐谥忠敏。

张国维[1]

张国维,字其四,号玉笥,东阳人。少工举子业,名噪诸生间。登天启壬戌进士,为番禺令。邑有沙田,为豪家侵占,仍清旧界,以业贫民。岁饥,广中谷价腾贵,直指使者令弗协,饥民群噪而起。乃令平价以粜,乱民以辑。政最,擢刑科给事中,再转而为礼科都给事。寻晋太常少卿,巡抚江南。时流寇起楚、豫间,国维以安庆踞留都上游,额军改调,徒以空城孤悬,江北兵来,无备;且以弭盗之策,首先安民,安民在足食。既行部,即增设安庆戍卒,留饷饷之。又仿周文襄为平赋、水利诸政,凡吴中一切改折、加折、虚粮、浮派、加耗等弊,皆疏革之。凡塘堰漕渠之冲决、废坏、淤塞者,皆以次兴筑而浚治之,大小凡数十处,载《吴中水利全书》。吴人感悦。于是乃晋工部右侍郎,兼督察院佥都御史,总督河道,兼提调漕饷。时久旱泉涸,运艘不通,公祷于泰山,乃雨。仍搜浚泉源,蓄水灌输,所在征兵接应,二运皆通,玺书褒劳。而泰安贼李青山,聚徒剽掠,陷城邑,公命将以计擒之。而余贼亦以次剿除,东境以安。赐白镪表里,荫一子。时为崇祯十五年,而李自成方陷河南,转战入关,军事旁午,乃晋公兵部尚书。甫视事,即檄蓟督赵光抃与督师范志完协力防御,调天下援兵以卫京师,畿辅少安。然河曲以南少全城矣,乃上疏

[1]王崇炳:《金华征献略》,《东阳丛书》第15册,浙江古籍出版社2015年版,第79—81页。

请赴军前自效。不报,则命相国周延儒视师。上性猜轻杀,军政日弛,国维在中枢,颇执法,乃疏论兵事,指陈时弊,则有云:"吏胥分都阃之符,门客挂将军之印。或年力衰惫,复想登坛;或懦怯庸流,再思进步;或参革而改图善地;或降处而辄复原官;或世职曾无一荐,影响得以冒功;或运粮十无一完,技勇居然躐等。"诸所陈略多禁革,仍以周延儒被论,并逮国维。自白得释,乃命督理浙直等处练兵输饷事。驰驿至山东,而京师破,国维兼程渡江,遵所奉诏旨,募东、义壮勇应诏至建业,以原职协理戎政。所陈战守策与马士英议不合,明年请告归。南都失,越人乃立鲁王于会稽,国维表贺,乃以兵部尚书入阁办事。时朱大典则奉唐王于闽,开府金华。而国维则屯兵西兴,为保守会稽之策。期年师溃,鲁王航海,国维追之台州,不及,还家辞母毕,作诗三章,自沉于池而死。是夜有星殒如斗,其光烛地云。

附录二　其他

张国维[1]

张国维,号玉笥,东阳人,官至大司马。余更深见之,论事。送余下舟,声如洪钟。寻死国难。

敕谕协理京营兵部尚书张国维[2]

皇帝敕谕协理京营兵部尚书张国维事,在戎居重驭轻,京营尤为要肃,皇帝分为三大营,枢臣与勋臣督之,诚以文武兼制,事权不偏,文臣职得兼,则军民亦无哗也。南都积弊踵仍,尺籍伍符,半归虚冒,非得重臣经营而厘剔之不可。惟尔先朝中枢,壮猷素著,特命尔协理京营戎政,凡各总兵及教场提督副将俱听节制,副将有违军机及梗令骄执听处,游都等官以军法从事,若有临阵退缩,淫纵劫掠者,先

---

[1]黄宗羲:《思旧录》,《黄宗羲全集》第1册,浙江古籍出版社2012年版,第335—336页。
[2]王铎:《敕谕协理京营兵部尚书张国维》,《拟山园选集》,《清代诗文集汇编》第6册,上海古籍出版社2010年版,第422—423页。

斩奏闻。上自安庆,下至海门,俱修练设备,增战船,利器械,不致疏虞。盐贼海寇,相机剿捕。选将领,肃纪律,清隐占,时训练,勤抚恤,毋徇情,毋避嫌疑,毋辞劳怨,务使三军之众,人怀敌忾,张皇国威。若兵民猜构,酿祸非小。尔旧抚南畿,人心信服,不徒克诘戎兵,兼资安抚百姓,尔以元枢受兹重寄,须恪遵朕训,力副倚注,如或姑息怠玩,偏执误事,责有所归,钦哉故敕。

重建张忠敏公祠记[1]

吾吴于明代应天巡抚所治也,居是职者周文襄、海忠介、张忠敏三公名尤著,而皆以能治水闻。顾文襄治水无大举,忠介浚吴松,两月蒇事,白茅工未就而去,皆不若忠敏公之任最久,而功最大。公抚吴凡六年,时流贼出没江介,东援西剿,无虚岁,乃于戎马倥偬之隙讲求水利,先后浚松江、塘河、虬江、无锡、镇江运河、长桥碶,昆山等县城濠,彭华浜,湖川塘,修淙阙、捍海塘、九里石塘、槎浦海岸,畚插之役,与为终始,他如立广孝阡、社学、常平仓,请高淳、徽州、金华、绍兴及松江津饷改折,减嘉定加折,免松江虚粮,苏松白粮脚耗,吴昆漕折,轻赍武进浮派,崇明坍饷,怀宁船饷,诸善政,不可枚举。既去,民思之,建生祠虎丘绿水桥畔,即今祠也。晚树义旗,奉鲁藩絜海上赢残,研研然抗真人龙虎之师。孤忠大节,照耀青史。高庙崇奖胜朝殉节诸臣,赫然与于专谥二十有六人之列,于乎,伟矣!公治水以浚长桥碶之功为多,所著《吴中水利全书》谓吴松为太湖入海正脉,故首重之。前此夏忠靖乃谓吴松难以施工,辄掣其水斜趋夏驾湖、新洋江入娄江,吴松下流益湮塞,后人疵议不一家。颜氏如环曰:"三江可合一,神禹早合之矣。"语最破的。惟公亦谓"若复不浚吴松,强其纡回北达娄江,谬贻百世之害"是也。史言公治水有成绩。以今考之,李模疏王时和牒,并言三吴十岁九灾,公书成于崇祯丙子,自序云:万历戊申以来,十岁八灾。是首尾已三十年。厥后螺山之役,公就逮,经苏,民宰羊豕生祭者载路相从,诣阙乞贷,帝亦念治河功,得释。窃意其时必有转歉为丰之效用,能上嘉之,下感之至是。又国初诸巨公指陈吴民疾苦者,绝不及十年八九灾之说,亦公成绩之证也。公祠旧以余屋僦息资享祀修葺,久之,司事不谨,室

[1]冯桂芬:《重建张忠敏公祠记》,《显志堂稿》,《清代诗文集汇编》第632册,上海古籍出版社 2010年版,第500—501页。

庐汙败。乾隆十年,署知府赵君锡礼新之。至五十有七年,又如故。官于是斥司事而以属吏,经乱,祠半毁,飨堂仅存,吏利其材,撤之。公像暴露榛莽中,左侧居民覆以茅,奉香火。署方伯为公同郡永康应公闻之,瞿然曰:"是吾责也。"言于署抚军长白恩公拨公款千金,复与署廉访秀水杜公观察、归安沈公参怀捐廉为之倡,邵刺史燮元等相率继之,重建飨堂及门庑、亭馆、垣埔、池沼、庖湢咸备,凡七十有三椽。因其旧者十之二,又购东偏花圃七椽,为祠产,糜钱一万九百缗有奇。祝司马龄监其役,又以两浙六公所段商番上典祠事,俾毋蹈前辙。同治十有一年夏栽稙月而成。同人牒请列入祀,与恩公具以闻,诏下春官,议从之,方伯勗为之记。惟时苏省方设水利局,方伯实主其役,间为子纵言水事,予曰:"前人有最长桥之议,见于公书,于今可行乎?"方伯曰:"不可,水行今昔不同,目验始知之。今湖水下注,以十分计之,八分田麀山湖,东南行迤逦归黄浦,一分有半归吴松,半分由至和塘归娄江,长桥通水者三十有九骺,全入雁山湖,虽由瓜泾至分水墩之水当吴松正冲,亦半入吴松,半入雁山湖未已也。吴松迤东大小港以十数,莫不以黄浦为归,无论划原陆,毁庐舍,伤财害民,不可撤。即撤之,其如水不入吴松何?为今之计,惟有深浚吴松下游,使上游水势剽疾,即不能挽诸水北行,庶几正流及迤北金滩,独墅诸湖之入吴松者,杀其南渗之势,引之东行,与黄浦为表里而已。"以是知纸上空谈之无足据,而服方伯观水之术,剖析毫厘也。传记称公寡从轻舠,周历水道,讨寻原委,方伯受事以来,或月一出,或旬一出,出必信宿。及次数百里中沿溯殆遍,与公正同。从事皆在吴松一江,与公又同。惟公治上游,方伯治下游,似不同。不知水行今昔不同,因时制宜,不同正所以为同。且公以纡回北达为非,即治下游之意,方伯兼浚长桥六港,则又不同而同。兹之建祠,崇报德功也,修举废坠也,恭敬桑梓也,犹末也。盖有瓣香之诚,沆瀣之契焉。爰叙公居官及嗣事本末,并详述方伯治水与公异同之故,记之以谂后世之留心水利者。

张公祠[1]

在绿水桥西。祀明应天巡抚国维,崇祯十六年建。国朝乾隆十一年知府赵锡礼重修。有记。按《明史》:国维字玉笥,东阳人。崇祯七年以右佥都御史巡抚应

---

[1]顾禄:《桐桥倚棹录》,上海古籍出版社1980年版,第48页。

天、安庆等十府。宽厚得士大夫心。属郡灾伤,辄为请命。筑太湖、繁昌二城,建苏州九里石塘及平望内外塘、长洲至和等塘,修松江捍海堤。迁工部右侍郎,总理河道。比殁,吴人立祠今所,并建坊表。任德成《张公祠》诗云:"义合勤民祀,忧劳感大夫。东南多疾苦,时事极踌躇。七载经头白,遗碑有泪摹。文襄先后美,我欲两贤图。"

诏于七月初二日恭迎圣母。

戎政兵部尚书张国维请增防三辅,命覆行。

疏言:"为国之道,必居重方能驭轻。从来为江左策者,无不曰守河而后可以守淮,守淮而后可以守江,控荆襄而后可以固建业。今日事势,渐觉不同,盖患在外者,当以藩篱为先,而虚在内者,更当以根本为急。我高皇帝建都江南,于凤、泗、滁、和等处皆屯重兵,虽不名辅,而俨然有藩屏之意。今皇上已封四镇,握劲兵扼守江北矣,独不曰江南不可狃乎!请除旧设水陆额兵外,另于南京城外设战兵三万,少亦一万五千,统以能将,殚力训练,仿汉设京兆之制,为朝廷中辅。其沿江下也,请于京口设战兵三万,少亦一万五千,统以能将,殚力训练,为苏、松、常、镇之外藩,淮南之屏蔽,以为朝廷东辅。其溯流而上也,请于芜湖设战兵三万,少亦一万五千,统以能将,殚力训练,为徽州、宁、太之外藩,淮西之屏蔽,以为朝廷西辅。中辅譬腹心也,腹心固,然后可以连四肢。左右辅譬两翼也,两翼强,然后可以捍头目。无事分守,有事互援,目前则三路屯兵,姑用为内地虎豹之势,异日则三路进剿,即以为中原恢复之图。如是而后天子尊严,中兴之功可次第举矣。"先是,吏科都李沾亦言:"国家仿藩镇之意,分设诸镇。然考唐之节度,非尽武臣也。上自楚、郧、江、皖,以暨凤、淮、上下江处等督抚,各宜假以便宜,厚其兵力,使与诸镇权俦地错,然后无事可相维,有事可相援。夫诸镇权重,而督抚权轻,不可也。督抚、诸镇俱重,而京师独轻,尤不可也。是必补足京营旧额一十二万,然后可以成宅中制外、居重驭轻之势。臣谓当今有计者,须督诸镇碁置星列以壮藩篱,而天子内总六师以重根本。"意与国维疏类,然竟寝。说者以为畏四镇猜也。[1]

(崇祯十六年十二月)丙戌,原任兵部尚书张国维被逮,吴民王永宁等叩阍,

[1]李清撰,何槐昌点校:《南渡录》,浙江古籍出版社1988年版,第51—52页。

称："国维昔日抚吴,功德在民,乞赐全活。"[1]

（崇祯十七年正月己酉）南兵部尚书史可法疏奏："……又如枢臣张国维,清谨有余,担当不足。封疆失事,罪固难宽。而前任总河,劳殊可念,且其母年已望八矣,是亦圣慈所恻然者。"疏入不允。[2]

（崇祯十七年二月庚辰）山东兖州诸郡县民张道等上疏申救旧河臣张国维。[3]

（崇祯十七年二月）辛巳,谕吏刑二部："张国维中枢不效,附和罪辅,蒙蔽君上,法当重治。姑念前任河道著绩,闻诏星赴,著免拟罪,候用;方士亮等皆从轻拟。"[4]

（崇祯十七年二月戊子）召原任兵部尚书张国维、庶吉士史可程、举人朱长治,来中左门。[5]

（崇祯十七年三月辛卯）谕吏部:旧枢臣张国维著授兵部尚书,兼都察院右佥都御史,前往浙直,督理输饷练兵事务。[6]

（崇祯十七年三月癸巳）兵部尚书国维条上生财七事。从之。[7]

吏部尚书缺,马辅士英欲用张司马国维,以国维和易,且为刘总宪宗周纠也。阮少司马大铖以国维为给谏时所荐所纠皆与声气合,故欲用张少宰捷。内传忽出,士英抚床惊愕,自此始惮大铖矣。予时与张都谏希夏在座,捷虽喜,犹顾予两

[1]佚名:《崇祯长编》,《中国野史集成》第28册,巴蜀书社1993年版,第312页。
[2]佚名:《崇祯长编》,《中国野史集成》第28册,巴蜀书社1993年版,第315页。
[3]佚名:《崇祯长编》,《中国野史集成》第28册,巴蜀书社1993年版,第319页。
[4]佚名:《崇祯长编》,《中国野史集成》第28册,巴蜀书社1993年版,第319页。
[5]佚名:《崇祯长编》,《中国野史集成》第28册,巴蜀书社1993年版,第321页。
[6]佚名:《崇祯长编》,《中国野史集成》第28册,巴蜀书社1993年版,第322页。
[7]佚名:《崇祯长编》,《中国野史集成》第28册,巴蜀书社1993年版,第323页。

人曰:"此某朝某人例。"意殊不安也。[1]

山东贼李青山据梁山泊,诸生王某为谋主,分遣其众,据八闸,梗运道。周辅延儒北上,二贼以门生名刺来谒,众惊怖,延儒命入见,两贼自云:"非敢为乱,以护漕耳。"延儒曰:"如漕粟无梗无失,当言之朝,授汝官,以卫漕船。"及岁终,青山塞安山闸,凿河十里,通梁山,驱漕舟,并系漕卒去,焚掠近临清,意在胁招。张漕督国维惧,适内臣刘元斌率剿寇京军还,合镇兵击之,诱青山降,执送京师献俘。上率太子、永定二王御门受之,凡三十余人,贷一人,磔青山及王,余斩首。方缚付西市,众贼云:"许我做官,乃缚我耶?"至市,青山奋起,所缚之椿立拔,王诟骂当事负约,死乃绝声。[2]

(顺治二年闰六月)二十一日,台州绅衿士庶共推拥鲁藩监国,以张国维、宋之普居内阁,陈函辉为詹事,张文郁为工部侍郎。国维仍管兵部事,乃告归募兵。以柯夏卿为职方郎中。又于嵊县山中征陈盟者再,盟辞疾不赴,而越中当事闻之,已俱有拥戴迎立之意矣。[3]

(八月初三)遣通政司谷文光,偕御史白抱一,犒师江上。谷文光故鲁藩长史,本起优童,无重望,至西陵,浙镇王之仁侮辱之,不为礼,并责内阁贪污不职。宋之普不自安。顷之,张国维募义乌八千兵至,乃起阁臣方逢年复入阁,体统渐备。[4]

(八月)二十五日,大会西陵,定沿江防守汛地,方国安营七条沙,马士英驻内江新坝,王之仁营西兴,张国维驻内地长江,孙嘉绩、熊汝霖营龙王塘,章正宸、沈宸荃、钱肃乐等,上下协防。郑遵谦营小瞽,于颖驻内江渔浦,北洋协镇张名振守三江,南洋协镇吴凯、同副总刘穆,据险策应。国安以其侄方应龙出余杭,方元科出六和塔,而自率师由江上接应。议既定,加熊汝霖、孙嘉绩,总都督院,章正宸、沈宸荃,协力寺院。钱肃乐金都御史。于颖巡抚浙江;又复派饷。在朝不置户部

[1]李清:《三垣笔记》,中华书局1982年版,第118页。
[2]李清:《三垣笔记》,中华书局1982年版,第180—181页。
[3]徐芳烈:《浙东纪略》,《台湾文献史料丛刊》第六辑(118),大通书局1984年版,第8—9页。
[4]徐芳烈:《浙东纪略》,《台湾文献史料丛刊》第六辑(118),大通书局1984年版,第10页。

总饷官,谓以浙东诸郡赋供应诸军,不患不足。金华八县,为张国维、朱大典,两督师分割。方国安食衢严并绍。王之仁原自定海来,食宁。吴凯原自临海来,食台。诸义旅各食其邑,余者听凭解部,以便区分。温、处两府佐之。[1]

(八月)二十六日,祀钱江。监国以病不克赴,命方国安代。至夕,国安又不至。

(八月)二十七日,乃令张国维行礼焉。大宗伯陈盟襄其事,至坛,肩舆扛折倒地,国维腰玉损,冠坏。[2]

先是唐藩即位于闽,改元隆武。江东起义,监国不相闻问也。于时闽臣刘中藻奉诏书至。又卢若腾、郭贞一,奉隆武抚按浙江,而温、处两府置官据守,取饷三十余万去。朝中江上,大率与者半,不与者半;与者以为圣子神孙,总为祖宗疆土。今隆武既正大统,自难改易。若我监国,犹可降心相从,而不与者以为彼去北远,幸得偷安旦夕,而猛臣我谋将,血战疆场,以守此浙东一块土,似难一旦拱手而授之。所以诸臣坚拒者,有"凭江数十万众,何难回戈相向"之语。不与者为张国维、陈盟、熊汝霖、王之仁等,与者为方国安、于颖、孙嘉绩、姚志卓等。朝议命使通问,遣科臣曹维才,职方郎柯夏卿往,不用疏奏,止叙家人叔侄礼。[3]

枢辅张国维慨定战期,欲以初八日始有连战十日之约,方国安诸营及张国维兵司上流。[4]

十一月□□日,筑坛于冠山绝顶,拜方国安为大将,总统诸营,令辅臣张国维代监国推轮。是日,旌旗蔽空,车马如织,北望亦惊。顷之,进方国安荆国公,王之仁武宁侯,江干诸将与扈从诸臣,前后封伯者三十余人,挂将军印者一百五十余员。行间骄悍之夫,蹴取而上,府衔镇体,肩舆黄盖,相望于道。而文士进身者,亦便欲速化为部曹台省,甚有鄙薄县令郡守,谓不足为。名器滥觞,至此已极。而又

[1]徐芳烈:《浙东纪略》,《台湾文献史料丛刊》第六辑(118),大通书局1984年版,第11页。
[2]徐芳烈:《浙东纪略》,《台湾文献史料丛刊》第六辑(118),大通书局1984年版,第11页。
[3]徐芳烈:《浙东纪略》,《台湾文献史料丛刊》第六辑(118),大通书局1984年版,第12—13页。
[4]徐芳烈:《浙东纪略》,《台湾文献史料丛刊》第六辑(118),大通书局1984年版,第14页。

官义相仇,文武异志。如武宁侯王之仁,心本忠贞,而迹多可议。西陵纳妾,获间遣归,勒榜迫饷,而量敌纬战。人每疑之。以致于颖、孙嘉绩、钱肃乐等,啧有烦言。之仁愤甚。一日会马士英于潭头,于颖适至,之仁拔剑而起,颖几不免,幸士英以身覆乃已。由是揭参诸臣不已,孙、钱不安,欲以兵归吴凯,而协理台中、沈宸荃、陈潜夫,与监军参议方端士,见同事欲散之。且额饷无凭,欲以兵归总督义师之熊汝霖,而亦起退听意。朝廷为之慰勉乃止。其余如总镇刘世□与标枢争寓于长河,王捷殴御史刘明孝于官街,而方标定南伯旗鼓辱巡盐御史李长祚于营上,率以为常。

自拜将后,大小十余战,无败亦无胜。

十二月朔,北伏内墩,张国维发总兵赵天祥、张世凤,与熊标同进,上下深入,北莫敢冲,亦莫敢尾。独监军方端士与北值,裹疮酣战,斩馘擒骊而归。[1]

(丙戌正月)初三日,连日复渡,扬帆而进,北以飞炮御之,每半渡,噪而返,若游行者然,间或有歼,亦无几也。时□游急,方国安移镇焉。婆饷缺,张国维暂归矣。其余义旅无船无饷者,或归瓜沥,或住民房,或扎内地,虽各营俱有留守,而真正任事者,惟西陵王之仁、龙王塘熊汝霖及小疊郑遵谦耳。[2]

阁部金华张国维,号玉笥,兵溃归,有绝命诗三首。一曰:艰难百战戴吾君,拒北辞唐气属云。一去仍为朱氏鬼,英灵常伴孝皇坟。二曰:一瞑纤尘不挂胸,惟哀耄母暮途穷。仁人锡类应垂泽,存没衔恩结草同。三曰:夙训诗书暂鼓钲,而今绝口不谈兵。苍苍若肯施存恤,秉来全躯答所生。自缢死。[3]

鲁王监国 纪年上

时兵部尚书张国维已至台州,与陈函辉、宋之普、柯夏卿共请王出监国。即日移绍兴,以分守公署为行在。列兵江上,分地戍守。方国安当七条沙,王之仁当西

[1]徐芳烈:《浙东纪略》,《台湾文献史料丛刊》第六辑(118),大通书局1984年版,第16—17页。
[2]徐芳烈:《浙东纪略》,《台湾文献史料丛刊》第六辑(118),大通书局1984年版,第18页。
[3]徐芳烈:《浙东纪略》,《台湾文献史料丛刊》第六辑(118),大通书局1984年版,第31—32页。

兴,郑遵谦当小蹙,孙嘉绩、熊汝霖、钱肃乐当瓜里。群臣皆奉表劝进,上曰:"孤之监国,原非得已,当俟拜孝陵后,徐让乐推,未为晚也。"固让不许。以张国维、朱大典、宋之普为东阁大学士,国维督师江上,大典镇守金华,之普司票拟。[1]

七月,张国维复富阳,命姚志卓守分水。江上之兵,每日蓐食,鸣鼓放船,登陆搏战,未几又复转柂还戍,率以为常。惟熊汝霖以五百人渡海宁,转战数日,夜至桥司,士卒残破略尽,乃还。[2]

隆武遣兵科给事中刘中藻颁诏于越。张国维曰:"今日之事,凡为高皇帝子孙,皆当同心勠力,成功之后,入关者王,此时未可言上下也。"熊汝霖曰:"吾知奉主上,不知其他。"皆不奉诏,中藻废然而返。[3]

(三月)北兵决坝,放船入钱塘江。张国维严饬各营守汛。王之仁率水师袭战,乘风碎北船数十只。郑遵谦获铁甲八百余副。[4]

六月丙子朔,兵溃。时夏旱水涸,有浴于江者,徒步往返。北兵驱马试之,不及于腹。数十骑过江,而列戍惊扰,走死不暇矣。上由江门出海,令保定伯毛有伦扈元妃、世子,由定海而出。张国维、陈函辉、余煌、王之仁皆死之。[5]

(崇祯八年)三月,江北贼掠安庆,陷潜山,应天巡抚张国维率兵御之。江南兵素不习训练,猝与贼遇,陆营守备周祐望风先逃,总练指挥包文达阵亡,全军溃散,贼遂入湖广,陷麻城及罗田。[6]

(崇祯十年)闰四月,以熊文灿总督五省,以常道立巡抚河南,以孙传庭兼河南

[1]黄宗羲:《行朝录》,《黄宗羲全集》第2册,浙江古籍出版社2012年版,第116页。
[2]黄宗羲:《行朝录》,《黄宗羲全集》第2册,浙江古籍出版社2012年版,第117页。
[3]黄宗羲:《行朝录》,《黄宗羲全集》第2册,浙江古籍出版社2012年版,第118页。
[4]黄宗羲:《行朝录》,《黄宗羲全集》第2册,浙江古籍出版社2012年版,第119页。
[5]黄宗羲:《行朝录》,《黄宗羲全集》第2册,浙江古籍出版社2012年版,第119页。
[6]文秉:《烈皇小识》,《丛书集成三编》第85册,新文丰出版公司1997年版,第15页。

总督。时宣大总督杨嗣昌守制家居,上特起为兵部尚书,嗣昌具疏辞,不允,令以墨缞从事。嗣昌举文灿为总督,而大发兵剿贼,户部苦于无饷,嗣昌建议:每条银一两加银三分,名"因粮纳饷",共加赋二百万两,以济军需,下诏,有"暂累吾民一年,除此心腹大患"等语。

按:"因粮输饷"一项,止征一年,惟应抚张国维、浙抚熊奋渭,相订独征二年,江南十府,其二十余万,尽入私囊。华亭许公誉卿不平其事,独持昌言。而群分国维之润者,竞起而和解之,公论遂不克伸。故从来应抚之富,以国维为第一。旗鼓朱某,亦娄有二万金,亦从来旗鼓所推为第一。苏松沿海等口素严出洋之禁,张国维令守海诸将弁潜放洋船出海,俟其满载而归,尽掩取之,两年所得,亦不下百万。[1]

(崇祯十四年)五月,以东寇孔棘,特设津徐临济四镇总兵,专护漕运,又以河道张国维击(系)工部侍郎衔,不便节制四镇,乃改衔兵部侍郎。[2]

新甲去任,以冯元飚为兵部尚书。元飚素习占风望气,揣知寇虏交讧,剪灭无术,乃佯称病。一日,在朝班,伪称疾发,瞑眩仆地,扶曳而出长安,班役妇孺皆嗤其为细人伎俩,辱朝廷而羞当世之士也。元飚去,以张国维代。[3]

上信以为然,适给事中吴甘来、御史王章疏参本兵张国维,而德州兵备雷演祚亦疏参范志完,皆与宜兴(周延儒)有连,奉旨:"周延儒着府部九卿科道议处!"阁臣各词申救,得旨:"内外多艰,用人罔效,误国害民,皆朕不德所致,周延儒着致仕去。"[4]

(崇祯十四年八月)兵部尚书张国维罢,逮总督范志完、顺天巡抚潘永图下狱。时给事中吴甘来疏论:"国维昔任抚江南,惟以巧言令色为务,有'浪子中丞'之称。及任本兵,寸筹莫展,惟首辅意旨是徇,打恭作揖,便成职业。"云云。上颇知国维

[1]文秉:《烈皇小识》,《丛书集成三编》第85册,新文丰出版公司1997年版,第31页。
[2]文秉:《烈皇小识》,《丛书集成三编》第85册,新文丰出版公司1997年版,第73页。
[3]文秉:《烈皇小识》,《丛书集成三编》第85册,新文丰出版公司1997年版,第79页。
[4]文秉:《烈皇小识》,《丛书集成三编》第85册,新文丰出版公司1997年版,第87页。

罪状,拟加重谴,国维捐厚资,乞援于内奄,乃得旨"闲住"。[1]

(崇祯十四年八月)逮张国维下狱。时追论其中枢误国之罪,故部拟"赎徒",有旨:"张国维中枢溺职,一徒岂足蔽辜? 还着再拟具奏!"[2]

(崇祯十七年三月)上召张国维于狱,同庶吉士史可程、举人朱长治中左门面对。[3]

上命张国维仍复原官,总督浙直兵饷。初,国维就逮辇,揣知库藏空虚,朝廷首急军饷,乃倡开事例一法:杀人行劫者,劫得输金赎罪,谓"国维一至江南,数百万可立致",上惑其说,先谕刑部:"张国维附和罪辅,蒙蔽君上,本当重治;念方士亮等轻拟,着免罪候用。"至是,有总督浙直之命。时贼警已逼,遂连夜疾趋,中途已闻变矣。过苏州时,江南尚无所闻,应抚已移镇,镇江绅衿共留国维,即于苏州抵住以资弹压。国维自揣皇上已殉难,大位未定,事不可知,决意南归,俟宏光即位,诸事就绪,始抵苏州莅任。[4]

贺应天抚军张国维升二司空视河序　代巡按作[5]

应天为陪京重地,环江南北、沿海上下悉隶藩卫,比于古大诸侯。地大势旷,孽牙衅滋,非大臣有威望者弗为理。岁甲戌,宝婺玉笥张公首膺重寄,实维金闾,是焉建节。越己卯,而不佞受命巡方,以得见当世伟人为快。又越明年元日,公懋绩登闻,天子燕喜,遂晋公秩少司空,视河济上。闻命之日,自车骑材官、控弦之士,与郡邑之氓隶及搢绅耆老,凡籍业之统于府者,无不扤轭呼吁,若夺所天,则予又以不得见当世伟人为戚矣。虽然,不佞岂翕翕作世俗观者? 尝上下千载考镜得

[1]文秉:《烈皇小识》,《丛书集成三编》第85册,新文丰出版公司1997年版,第87页。
[2]文秉:《烈皇小识》,《丛书集成三编》第85册,新文丰出版公司1997年版,第89页。
[3]文秉:《烈皇小识》,《丛书集成三编》第85册,新文丰出版公司1997年版,第98页。
[4]文秉:《烈皇小识》,《丛书集成三编》第85册,新文丰出版公司1997年版,第99页。
[5]钱肃乐:《钱肃乐集》,浙江古籍出版社2014年版,第46—48页。此篇代任浚作。任浚(1595—1656),字文水,号海王,益都(今山东淄博)人,崇祯辛未进士,明末清初贰臣,官至刑部尚书。

失,其于人材升降之际,多怪少可,即闲者辙迹所至,循声挹芳,非意所许,梦亦不恕。至于公而迈往轶来,海内寡二,嘿而已乎,惧己怀之弗发也。

夫吴地枕江联海,其民慄轻少虑,水陆四出,奸蠹杂处,自当日固已患其难治,而公处此,又极其难。丙子岁,虏一入犯,畿辅震惊,公涕泣拜表,即日就道。天子嘉公忠义,玺书慰劳,曰:"无庸,其归视尔师,以遏缘江之不逞者。"方是时,流贼聚众备舟,几有窥江之志,议者以为公一摇足则介江左右未可知也。然公天性英武,澹才丰智,省不急以养战士,罢无用以治战舰,豪杰之士,林立川行,皆愿属公麾下,故贼时一至皖城,公第屹镇山岳,指挥咄唶,而贼之角距已落矣。公又相度地形,周知险阻,请于六合筑城以备寇。盖自版干畚具、甃石糇粮之费,公一一料理备预,未尝用军兴费,征发闾左也。己卯,虏复大入,堕坏名城以数十计。公闻,屡及于寝门,土填于左阖,便欲奋臂大呼为天下先,会天子委公东南,计远虑深,命毋行。公遂还师席上,度未能擒奴笞胡,念得以数万军衣粮扉屦之资为天子犒师,庶几挟纩投醪,欢声雷动,亦足以使狡虏闻风惕若仆妾,遂率属共助缗钱以万计。公计国之忠,亦可概见于前事矣。公抚吴四载,凡有害于民者,苗蓐而发柙之,几尽见。郡县吏与之语,民情险易,风俗厚薄,数千里外,若在一室。虽流氛未靖,海波时沸,而公挥喝雷霆,咄嗟风雨,无不烟灭电销,其故何哉?志虑发乎神明,精诚通乎天地也。

今公行矣,说者不达时变,谓公专一河防,不知公之视河,实视漕也。公治河以通漕,犹之靖海而奠江也。循江而尽于荆南,上接岷脉,因江而分于鄂渚,旁合汉流,又截江而进于维扬,连□淮道,由是而听命于河焉。四渎之观,此焉尽矣。而为伊、为汶、为济、为漯,异道同归,分流并济。公第以锄奸之法杀其骄怒,以惠弱之心息其孱流,以补绽支倾、随形裁割之术防其穿漏,而水为我用矣。他日挽粟流输,千里不绝,士饱于伍,马腾于槽,佐天子灭胡上首功,其视诸此矣。大司农计东南之财以壮西北之兵,大司马练西北之兵以壮东南之势,而其闲引厥咽喉,通知呼吸者,公也。《春秋题词》曰:"河之言荷也。荷精分布,怀阴引度也。"公以水喻民,以治水之道治天下,昔者周、召二公出而营洛,后遂留以辅丰,万世而下称为硕宰,以公而观,又多乎哉?

抑更有说焉,海内以尼山、濂水并称邹、鲁之乡,余产近于尼,而公挺生于濂,虽声名出公下甚远,而正性遒情差谓近之,岂地势使然与?夫观水脉者,必于昆仑,穷河源者,必于坳泽,公之丰功伟烈,夫人能道之,至其潜神冲妙,浑思绝垠,小子不敏,窃又自快为知公矣。

监国鲁王[1]

　　王讳以海,高皇帝十世孙也。父王寿镛,崇祯十五年,大清兵陷兖州,自缢。王年幼被执,三刃不中,乃舍去。十七年二月甲戌,王嗣位,北都之变,诸王皆南下。宏光元年四月,命暂驻台州。五月辛卯,宏光避位。六月,大清兵入浙,潞王亦降。闰六月己丑,九江道佥事孙嘉绩起兵于余姚,其明日,诸生郑遵谦应之于绍兴。又明日,刑部员外郎钱肃乐应之于宁波。于是,兵部尚书张国维至台州,与陈函辉、宋之普、柯夏卿等共请王出监国。即日,移驻绍兴,以分守署为行在。加张国维、朱大典、宋之普为东阁大学士。国维督师江上,大典镇守金华,之普司票拟。未几,召大学士方逢年入直。宋之普谢事,起章正宸为左侍郎,署吏部事,李占春户部尚书,王思任礼部尚书,余煌兵部尚书,张文郁工部尚书,陈函辉吏部右侍郎,分兵列江上,画地戍守。方国安守七条沙,王之仁守西兴,郑遵谦守小瞾,孙嘉绩、熊汝霖、钱肃乐守瓜里。加孙嘉绩、熊汝霖、钱肃乐皆督师左佥都御史,进方国安镇东侯,封王之仁武宁侯。七月,张国维复富阳,命姚志卓守分水。江上之兵,每日蓐食,鸣鼓放船,登陆搏战,日中,又复转航还戍,率以为常。未几,分饷分地之议起,统计浙东钱粮六十余万画归方、王二军,义师或散或留,听其自为征勍,于是新安王兵散,督师所领之营亦不过数百人而已。八月,兵部尚书田仰从海道至,留为东阁大学士。十月壬辰,战于江上,方国安严阵以待,张国维率步兵翊其后,裨将王国斌、赵天祥继之,大清兵败,追至草桥门下。隆武帝遣兵科给事中刘中藻颁诏于越,不奉诏。十一月,进方国安荆国公,王之仁宁国公。封郑遵谦义兴伯,王劳军江上,驻跸西兴,筑坛拜方国安,命各营皆受节制。马士英、阮大铖窜入方营,欲朝见,王不许。十二月,王回越城,以谢三宾为礼部尚书,寻入东阁。铸大明通宝钱。兵部主事署余姚县王正中进所造监国鲁元年大统历。丙戌元年正月己酉朔,王在绍兴,以柯夏卿、曹维才为使,奉使闽中。二月,张国柱掠余姚,其部曲张邦宁掠慈溪。国柱,刘泽清标将也,航海依王鸣谦于定海,有弓箭五百人,乃劫鸣

---

[1]温睿临:《南疆逸史》,《续修四库全书》史部第332册,上海古籍出版社2002年版,第211—212页。

谦入内地,行朝震恐,署为胜虏将军,始返。总兵官陈梧败于嘉兴,掠余姚知县王正中,遣兵击杀之。三月丙寅,思宗大祥王于朝堂哭临,三军缟素。一日,大清兵入钱塘江,王之仁率水师迎战,乘风碎其舟。郑遵谦获铁甲八百余副。四月,王正中率师渡海盐,破澉浦城。五月,加孙嘉绩、熊汝霖东阁大学士,两督师不能军,以其兵付黄宗羲,与王正中合师三千人。尚宝司卿朱大定、太仆寺卿陈潜夫、兵部主事吴大斌、查继佐,又数百人附之,渡海,扎谭山,将取海宁,以江上兵溃而返。时夏旱水涸,有浴于江者,徒涉往返。大清兵驱马试之,不及腹。六月丙子朔,数十骑渡江,列戍惊溃。王由江门出海,令保定伯毛有伦扈元妃、世子出定海,张国维、陈函辉、余煌、王思任(一作之仁)皆死之。

张国维一首[1]

国维,字玉笥,东阳人,天启壬戌进士,除番禺知县,擢刑科给事中,进礼科都给事中,迁太常少卿,以右佥都御史巡抚应天安庆十府,进工部侍郎,总理河道,改兵部,兼督淮徐临通四镇兵,拜本部尚书,以事解职,下狱,寻复官,督江南浙江兵饷。福王立,召令协理戎政,加太子太保。鲁王监国,进少傅,兼太子太傅、兵部尚书、武英殿大学士。师溃,投水死。乾隆中,赐谥忠敏。有《玉笥剩稿》。

重游白云洞

不到幽岩十五年,昔游猿鸟尚依然。

流泉诉别鸣还咽,磐石标贞亢且坚。

池上醒眠青眼放,松间醉倚白头妍。

晚寻归路层云锁,便与山灵订后缘。

吴中水利书二十八卷 浙江巡抚采进本[2]

明张国维撰。国维,字九一,号玉笥,东阳人,天启壬戌进士。福王时官至吏部尚书。南京破后,从鲁王于绍兴。事败,投水死。事迹具《明史》本传。是书先

[1]陈田:《明诗纪事》,《明代传记丛刊:学林类11》,明文书局1991年版,第552页。
[2]永瑢、纪昀等:《影印文渊阁四库全书总目》第2册,台北"商务印书馆"1983年版,第493页。

列东南七府水利总图,凡五十二幅。次标水源、水脉、水名等目,又辑诏、敕、章、奏,下逮论、议、序、记、歌谣,所记虽止明代事,然指陈详切,颇为有用之言。凡例谓:崇明、靖江二邑浮江海之中,地脉不相联贯,自昔不混东南水政之内。今按二邑形势,所说不诬,足以见其明确。《明史》本传称,国维为江南巡抚时建苏州九里石塘及平望内外塘、长洲至和等塘,修松江捍海堤,浚镇江及江阴漕渠,并有成绩。迁工部右侍郎兼右佥都御史,总督河道。时值岁旱,漕流涸,浚诸水以通漕。又称:崇祯十六年,八总兵师溃,国维时为兵部尚书,坐解职下狱,帝念其治河功得释。则国维之于水利,实能有所擘画。是书所记皆其阅历之言,与儒者纸上空谈固迥不侔矣。

鲁王监国[1]

乙酉二月,张国维为戎政尚书,与马士英意见不合,遂请归里。五月,南都陷,国维在家,闻变,收集义勇以待。六月,杭州拥戴潞王。潞王寻以城降。贝勒布散官吏于浙。招抚使至钱塘江上,原任山西佥事郑之尹子郑遵谦忿杀之。闻鲁王避难在台州,而熊汝霖、孙嘉绩各起义于余姚,遵谦遂与共谋,迎立鲁王于台。适朱大典亦遣孙珏上表劝进。时张国维至台州,与陈函辉、宋之普、柯夏卿及郑遵谦、熊汝霖、孙嘉绩等合谋定议,斩北使祸旗,拥戴鲁王监国,此乙酉六月二十七日戊寅也。即日移绍兴,以国维为大学士。是时,马士英逡巡浙东,闻鲁王监国,亦率所部至赤城,欲入朝。国维知之,首参其误国十大罪。士英惧,遂不敢入。起旧大学士方逢年入阁。之普、大典俱为大学士,函辉为兵部侍郎,而国维督师江上。调方国安守严州,张鹏翼守衢州。补御史陈潜夫原官,加太仆寺少卿,命监各藩镇兵马。

张国维赐剑[2]

七月,张国维复富阳,命姚志卓守分水。八月,又复於潜。时兵马云集,人治一军,不相统一,部曲骚然。国维疏请于王,谓"克期会战,则彼出此入,我有休番

---

[1]计六奇撰,任道斌、魏得良点校:《明季南略》,中华书局1984年版,第287页。
[2]计六奇撰,任道斌、魏得良点校:《明季南略》,中华书局1984年版,第287—288页。

之逸;而攻坚捣虚,人无接应之暇。此为胜算,必连诸帅之心为一心,然后使人人之功罪,视为一人之功罪"。鲁王加国维太傅,赐上方剑以统诸军。

富阳、於潜二县属杭州。分水县属严州。

清兵大败[1]

十月十四日壬辰,清兵至,方国安严阵当之。张国维率步兵接应,王国斌、赵天祥踵继,清兵大败回城,追至草桥门下,疾风暴雨骤至,火炮弓矢不得发,遂收兵。如是数日,士气大沮。清兵营木城于沿江。

甲申、乙酉间,清兵南下,至兖、至豫,至淮、扬,以及入金陵,下苏、杭,所至逃降,莫敢以一矢相抗者。至是而始与之战,战而且捷,真三十年来未有之事。乃风雨突发,天之眷清也厚矣。八月二十二日书。

浙闽水火[2]

闽中隆武颁诏至越,越中诸求富贵者争欲应之,鲁王不悦,下令欲返台州,士民惶惶。国维闻之,星驰至绍兴,上启监国曰:"国当大变,凡为高皇帝子孙臣庶,所当同心并力,成功之后,入关者王。监国退居藩服,礼谊昭然。若以伦序,叔侄定分在,今日原未假易。且监国当人心奔散之日,鸠集为劳。一旦南拜正朔,恐鞭长不及。猝然有变,唇亡齿寒,悔莫可追。攀龙附凤,谁不欲之,此在他臣前则可,在先臣则不可。臣老臣也,岂若朝秦暮楚之客哉?"批云:《编年》云上隆武疏。疏出,于是文武诸臣议始定,然浙、闽成水火矣。

《遗闻》诸书俱云上疏隆武,独《甲乙史》云启监国。

鲁王惧闽发兵[3]

四月,鲁王既斩闽使,恐闽发兵,又见清兵固守杭州,坚不可破,遂定议抽兵属

---

[1]计六奇撰,任道斌、魏得良点校:《明季南略》,中华书局1984年版,第288页。
[2]计六奇撰,任道斌、魏得良点校:《明季南略》,中华书局1984年版,第288—289页。
[3]计六奇撰,任道斌、魏得良点校:《明季南略》,中华书局1984年版,第291页。

国维西征。以礼部尚书余煌兼兵部尚书事，督师江上，而事不可为矣。

与其惧之于后，何如计之于始。大敌在前而操戈同室，晋之八王可以鉴矣。夹两大间而与为仇难，以是求济，未之前闻，方、马真罪人哉！

浙师溃散[1]

五月二十八日丁酉，江上诸师闻方国安走，郑遵谦携资入海，余俱溃散。二十九日，惟王之仁一军尚在，将由江入海。国维与之仁议抽兵五千分守各营，之仁泣曰：“吾两人二年心血，今日尽付流水，坏天下事者非他人，方荆国也。清兵数十万屯兵北岸，倏然而渡，孤军何以迎敌？吾兵有舟可以入海，公兵无舟，速自为计。”国维不得已，乃振旅追扈鲁王。

鲁王以海[2]

鲁王以海，太祖十世孙。父寿镛，以崇祯十五年大兵破兖州，死焉。十七年二月，王嗣位，寻京师陷，南奔。顺治二年乙酉四月，命移江广，暂驻台州。及郑遵谦等兵起，议推戴，而入浙五王，惟王最贤，乃选遣元老前兵部尚书张国维迎王于台。八月至绍兴，即监国位。以分守署为行在，臣民称国主，诏称令，制称敕，群臣劝进，王固不许，曰：“芟夷大难，须命世神圣，俟拜孝陵，择宗贤。”中外翕然，有中兴谊辟之望焉。

时浙东画钱塘江而守，号令所行，不出八郡。乃议列屯，以朱大典镇上游金华，方国安当七条沙，王之仁当西兴，郑遵谦当小亹，孙嘉绩、熊汝霖、钱肃乐当瓜里。日蓐食，鸣鼓放舟，登岸搏战，复柁还戍，率以为常。

议分饷，以孙、熊之师谓之义兵，食义饷；方、王谓之正兵，食正饷。正饷田赋所出，义饷劝输无名之征，实无饷也。户部主事董守谕请一切正供归户部核兵而后给饷。所谓义饷者，虽有其名，不可为继。户部主事邵之詹议，绍兴八邑，各有

---

[1]计六奇撰，任道斌、魏得良点校：《明季南略》，中华书局1984年版，第292页。
[2]邵廷采：《东南纪事》，《续修四库全书》史部第332册，上海古籍出版社2002年版，第18—20页。

义师专供本郡,宁波给王之仁,金华归朱大典,五府归方国安;方、王不可。计浙东田赋六十余万,悉给方、王,义师听自措饷,正供不及焉。

署官爵,国维、大典、宋之普俱东阁大学士。国维赐尚方剑,督师江上。汝霖、嘉绩、肃乐右佥都御史,并加督师,然实无权。起章正宸吏部左侍郎,署部事,李自春户部尚书,王思任礼部尚书,余煌兵部尚书,张天郁工部尚书,陈函辉吏部右侍郎。封国安镇东侯,之仁武宁侯,衢州守将张鹏翼永丰伯,郑遵谦义兴将军。

议谥号,上皇太子曰悼皇帝,福王曰赧皇帝,潞王曰潞闵王。未几,起方逢年为东阁大学士,宋之普罢。

是月,国维复富阳。金堡、姚志卓起兵复余杭。余杭寻陷,堡渡江来归。国维命志卓守分水,又复於潜。汝霖以五百人渡海宁,转战数日夜,至乔司,士卒略尽,乃还。

王虽谦仁,少威断。初立之日,张国维首疏,参马士英十大罪。士英惧,不敢入朝,与阮大铖俱匿方国安营中,阴败国事,不能执而诛之,以此赏罚尽失,士气衰沮。而文臣建义者多不知兵,郑遵谦唯畜优伶,殊无定志,义旅乌合市贩,原设营兵卫军皆隶方、王。国安及其子元科尤悍戾,日与朱大典构隙,拥百练之卒,不肯进取杭州。士大夫沿习承平,求官乞荫,途巷之内,半腰犀玉,至有以白石充之,时人语曰:"带何挺挺?白石粼粼。"其子弟方髫龀,绣衣冠佩,传呼道上。又为之语曰:"痘儿哥,痘儿哥,横街骑马谁敢何!"故巡抚田仰来自淮扬,与遵谦争饷,哗于朝,仰将李士琏拔刀斫,遵谦奔殿上,呼:"救我!"太监客凤仪助仰兵巷斗,遵谦脱归小鼚,王遣廷臣解之而已。

其秋饥,浙东大水,漂沈民舍,越人衣食于舟。征调既烦,皆沈舟束手。军人沿门供亿,搜牢勒输,文武官符票一日数至,奸宄乘时报复,民始离怨。

七月七日,海宁陷,守将俞元良死之。八月,参将姜国臣复入,守海宁。故总兵汪硕德集兵双林,来告,使移扎塘栖。

会唐王即位福州,诏至,众议开读,熊汝霖持不可,王意不怿,下令返台州,人情惶惑。张国维星驰入郡,上疏福州,言:"逢国大变,凡高皇帝子孙民吏,当共同心力,事成,入关者王。监国退居藩服,礼谊昭然。今遂南拜正朔,事势远不相及。唇亡齿寒,悔弗可追。臣老矣,岂若朝秦暮楚之客哉?"疏出,议始定。闽使废然返。

然是时,江楚、西蜀、两粤、滇、黔皆受唐王诏朔,独浙东以监国在先,义旗分竖,不宜降屈,天下多不直鲁王。后金堡入闽复来,上启力争,以为:"更始称尊,刘缤止居大司马之位;湘阴继统,刘崇亦守节度使之官。缤岂甘以贤让不肖,崇岂甘以父让子哉?恐一家之中,有二天子,即外患得以相乘也。殿下以侄事叔,则今上既非湘阴;以贤事圣,则今上并非更始;即上表称臣,拜疏迎驾,岂遂为屈己乎?两大相抗,必至于离;两离相厄,必至于败。使敌国得乘瑕观变,坐而收渔人之效,恐文武诸臣,不得辞其责矣。《诗》云:'兄弟阋于墙,外御其侮。'今当御侮之时,自启阋墙之衅,窃为殿下惜之。殿下诚能息群喙以奉一尊,异日光复二京,祗谒寝庙,今上之功,不过汉光武,而殿下之德,乃过于周文王。厚实不亏,而显名烂焉。即今上亦安能屈殿下哉?"不听。令旨法司究问,陈函辉密启请杀堡。堡亡奔衢州。

十月壬辰,方国安及大清兵战于江,张国维引步军继进,追北至草桥门,大风雨,火炮弓矢不得发,乃收兵。大清兵营木城沿江,以拒南师。徽州陷,上江告急。是月,遣使招杭州义旅,陈万良、姚志卓复余杭。

十一月,王出郡城,临江劳军。晋方国安荆国公,王之仁宁国公。赏倡义者,特封郑遵谦义兴伯,刘穆威北伯,熊汝霖、孙嘉绩晋兵部右侍郎,诸营皆受国安节制。

十二月,还郡城,颁明年鲁元年大统历,铸大明通宝。

大清顺治三年丙戌春正月朔,鲁王御殿受朝,遣兵部尚书柯夏卿如福州聘,唐王深自抑损,手书报王,言:朕无子,王为太侄,和衷协力,共拜孝陵。朕有天下,终致于王,取东浙职官,均列朝籍,转饷十万犒师。王意终不慊,发敕封郑芝龙兄弟为公。于是唐王大怒,囚使者裴兆锦、林必达,斩陈谦,浙闽竟成水火。

二月,叛将张国柱劫定海总兵王鸣谦,入掠余姚,其部曲张邦宁掠慈溪,绍兴戒严。进国柱胜北将军,始返定海。总兵陈梧败于嘉兴,航海掠余姚,知余姚主事王正中击斩之。

三月朔,郑遵谦、王之仁退大清兵于江中。张国维督诸军渡江,南军稍振。会福州诏使陆清源至江,分饷不平,兵哗。马士英唆方国安斩之,且出檄,数唐王过。国维曰:"祸在此矣。"是月,威宗大祥王率群臣朝堂哭临,军民缟素。王正中率兵渡海盐,复澉浦城。

五月,方国安叛,劫王南奔,大清兵遂渡江。兵部尚书余煌、宁国公王之仁、兵部侍郎陈函辉、太仆少卿陈潜夫皆死之。时南军久屯江上,无功,气势日蹙。而大清贝勒统大军至,各营西望心碎。是月二十七日,江涸,北人试马,用大炮击南营,碎方国安军灶,国安遽逞扰,曰:"天夺吾食。"夜,拔营趋郡,劫王南走,侍御狼狈。是日,学使者方坐试院较诸生,仓卒掷笔研审。军人腾藉,流踣于道。诘旦,江上诸军闻报,俱溃。孙嘉绩、熊汝霖、郑遵谦、钱肃乐、刘穆各引所部兵入海。

越三日,大清兵始渡江,余煌开郡城九门,纵军民出,自正衣冠,赴水死。前后死节甚众。

六月二日,大清兵入绍兴,张国维恸哭曰:"坏天下事者,文山、叠山也。一死而已。"乃收散卒追扈,及王黄石岩,国安断所过桥,用马士英计,将执王以降,会守者病,王得脱,自江门入海,命保定伯毛有伦扈世子、张妃由定海出,为张国柱所劫去。国维归,死义乌。国安、士英及阮大铖、方逢年皆诣大清军降,已,皆斩于延平。

所知录卷上 隆武纪元

十月,遣兵科给事中刘中藻颁诏浙东。浙东于六月初一日,张国维、方逢年、熊汝霖、孙嘉绩、郑遵谦、朱大典等已迎鲁王于台州,监国绍兴。中藻颁诏至,鲁王下令仍返台州。国维曰:"今日之事,凡为高皇帝子孙,皆当同心并力,共复国仇,有功之后,入关者王,此时未可定上下也。"即具疏上言。且言:"监国当人心奔散之日,倡集为劳,一旦南拜正朔,猝然有变,鞭长不及,唇亡齿寒,悔莫可追。臣,老臣也,岂若朝秦暮楚之客,有左右其间哉?"熊汝霖等皆曰:"吾知奉主上而已,不知其他。"遂不奉诏。中藻废然返,而闽与浙分水火矣。[1]

---

[1]王夫之、钱秉镫:《永历实录 所知录》,上海古籍出版社1987年版,第237页。

参考文献

班固,1962.汉书[M].北京:中华书局.

抱阳生,1987.甲申朝事小纪[M].任道斌,校点.北京:书目文献出版社.

毕自严,2002.度支奏议[M]//《续修四库全书》编纂委员会.续修四库全书:史部第490册.上海:上海古籍出版社.

蔡方炳,1997.广治平略[M]//四库禁毁书丛刊编纂委员会.四库禁毁书丛刊:史部第23册.北京:北京出版社.

曹崇岩,2010.明代兵备道研究[D].兰州:西北师范大学.

曹循,2012.明代卫所军政官述论[J].史学月刊(12):39-45.

曹循,2018.明代镇戍营兵中的基层武官[J].中国史研究(1):135-152.

查继佐,1959.国寿录[M].北京:中华书局.

查继佐,1963.东山国语[M]//台湾文献丛刊:第163册.台北:大通书局.

陈鼎,1991.东林列传[M]//周骏富.明代传记丛刊:学林类3.台北:明文书局.

陈福康,1998.崇祯末《心史》刊刻经过及序跋者考[J].学术月刊(12):79-86.

陈建,2002.皇明通纪法传全录[M]//《续修四库全书》编纂委员会.续修四库全书:史部第357册.上海:上海古籍出版社.

陈龙正,1996.救荒策会[M]//四库全书存目丛书编纂委员会.四库全书存目丛书:史部第275册.济南:齐鲁书社.

陈文亮,2019.明末绝命词中的文天祥形象[J].井冈山大学学报(社会科学版)(5):125-131.

陈婺,2015.《婺书》整理与研究[D].金华:浙江师范大学.

陈寅恪,2001.柳如是别传[M].北京:生活·读书·新知三联书店.

陈子龙,2002a.安雅堂稿[M]//《续修四库全书》编纂委员会.续修四库全书:集部第1388册.上海:上海古籍出版社.

陈子龙,2002b.湘真阁稿[M]//《续修四库全书》编纂委员会.续修四库全书:集部
　　第1388册.上海:上海古籍出版社.

陈子龙,等,1962.明经世文编[M].北京:中华书局.

程俊英,蒋见元,1991.诗经注析[M].北京:中华书局.

戴名世,1986.戴名世集[M].北京:中华书局.

戴名世,1993.弘光乙酉扬州城守纪略[M]//《中国野史集成》编委会,四川大学图
　　书馆.中国野史集成:第33册.成都:巴蜀书社.

党金衡,2017.道光东阳县志[M].杭州:西泠印社出版社.

邓云特,1984.中国救荒史[M].上海:上海书店.

杜甫,2015.杜诗详注[M].仇兆鳌,注.北京:中华书局.

樊树志,1997.崇祯传[M].北京:人民出版社.

樊树志,2003.晚明史:1573—1644年[M].上海:复旦大学出版社.

范晔,1965.后汉书[M].北京:中华书局.

房玄龄,等,1974.晋书[M].北京:中华书局.

冯桂芬,2010.显志堂稿[M]//《清代诗文集汇编》编纂委员会.清代诗文集汇编:第
　　632册.上海:上海古籍出版社.

冯建勇,2005.明代巡抚制度及其作用演进[J].湖南科技学院学报(1):226-229.

冯舒,1997.虞山乱妖志[M]//丛书集成三编:第85册.台北:新文丰出版公司.

高士鸃,杨振藻,1991.康熙常熟县志[M]//中国地方志集成:江苏府县志辑21.南
　　京:江苏古籍出版社.

葛洪,2010.神仙传校释[M].胡守为,校释.北京:中华书局.

谷应泰,1977.明史纪事本末[M].北京:中华书局.

顾诚,2011.南明史[M].北京:光明日报出版社.

顾诚,2012.明末农民战争史[M].北京:光明日报出版社.

顾禄,1980.桐桥倚棹录[M].上海:上海古籍出版社.

顾炎武,2011.顾炎武全集[M].上海:上海古籍出版社.

顾祖禹,2005.读史方舆纪要[M].北京:中华书局.

归庄,1962.归庄集[M].北京:中华书局.

韩葵,1993.江阴城守纪[M]//《中国野史集成》编委会,四川大学图书馆.中国野史

集成:第33册.成都:巴蜀书社.

韩愈,1986.韩昌黎文集校注[M].马其昶,校注.上海:上海古籍出版社.

何良俊,1959.四友斋丛说[M].北京:中华书局.

何宁,1998.淮南子集释[M].北京:中华书局.

胡克诚,2015.明代苏松督粮道制考略[C]//中国明史学会.明史研究:第14辑.合
    肥:黄山书社:11-25.

黄嗣艾,1985.南雷学案[M]//周骏富.清代传记丛刊:学林类37.台北:明文书局.

黄宗羲,1959.黄梨洲文集[M].北京:中华书局.

黄宗羲,1987.明文海[M].北京:中华书局.

嵇璜,曹仁虎,1986.钦定续文献通考[M]//影印文渊阁四库全书:史部第627册.台
    北:商务印书馆.

计六奇,1984a.明季北略[M].魏得良,任道斌,点校.北京:中华书局.

计六奇,1984b.明季南略[M].任道斌,魏得良,点校.北京:中华书局.

贾岛,1983.长江集新校[M].李嘉言,新校.上海:上海古籍出版社.

姜正万,1994.论钱谦益和"东林"的关系[J].宁夏大学学报(社会科学版)(3):
    37-44.

金开诚,董洪利,高路明,1996.屈原集校注[M].北京:中华书局.

靳润成,1996.明朝总督巡抚辖区研究[M].天津:天津古籍出版社.

黎纨,1992.海瑞和太湖水利工程[J].党政论坛(2):43-44.

黎翔凤,2004.管子校注[M].北京:中华书局.

李清,1982.三垣笔记[M].北京:中华书局.

李清,1988.南渡录[M].何槐昌,点校.杭州:浙江古籍出版社.

李天根,1986.爝火录[M].杭州:浙江古籍出版社.

李学勤,1999a.十三经注疏:周易正义[M].北京:北京大学出版社.

李学勤,1999b.十三经注疏:礼记正义[M].北京:北京大学出版社.

李学勤,1999c.十三经注疏:孝经注疏[M].北京:北京大学出版社.

李聿求,1984.鲁之春秋[M].杭州:浙江古籍出版社.

郦道元,2007.水经注校证[M].陈桥驿,校证.北京:中华书局.

刘军,2010.顾宪成与晚明东林运动:传统士大夫政治研究[D].天津:南开大学.

刘向,1986a.战国策[M]//影印文渊阁四库全书:史部第406册.台北:商务印书馆.

刘向,1986b.列女传[M]//影印文渊阁四库全书:史部第406册.台北:商务印书馆.

刘向,1987.说苑校证[M].向宗鲁,校证.北京:中华书局.

刘昫,等,1975.旧唐书[M].北京:中华书局.

龙文彬,1956.明会要[M].北京:中华书局.

卢象升,1985.卢象升疏牍[M].杭州:浙江古籍出版社.

陆曾禹,1986.钦定康济录[M]//影印文渊阁四库全书:史部第663册.台北:商务印书馆.

陆圻,1993.纤言[M]//《中国野史集成》编委会,四川大学图书馆.中国野史集成:第37册.成都:巴蜀书社.

陆世仪,2002.复社纪略[M]//《续修四库全书》编纂委员会.续修四库全书:史部第438册.上海:上海古籍出版社.

陆应阳,1997.广舆记[M]//四库禁毁书丛刊编纂委员会.四库禁毁书丛刊:史部第18册.北京:北京出版社.

逯钦立,1979.陶渊明集[M].北京:中华书局.

罗冬阳,1994.明代兵备初探[J].东北师大学报(哲学社会科学版)(1):15-21.

吕祖谦,1985.吕东莱文集[M].北京:中华书局.

茅元仪,2002.武备志[M]//《续修四库全书》编纂委员会.续修四库全书:子部第966册.上海:上海古籍出版社.

孟森,2002.明史讲义[M].上海:上海古籍出版社.

牟复礼,崔瑞德,1992.剑桥中国明代史[M].张书生,等,译.北京:中国社会科学出版社.

欧阳修,2001.欧阳修全集[M].李逸安,点校.北京:中华书局.

欧阳修,宋祁,1975.新唐书[M].北京:中华书局.

欧阳询,1982.艺文类聚[M].上海:上海古籍出版社.

彭孙贻,1984.平寇志[M].上海:上海古籍出版社.

契嵩,1986.镡津集[M]//影印文渊阁四库全书:集部第1091册.台北:商务印书馆.

钱谦益,1985.牧斋初学集[M].钱曾,笺注,钱仲联,标校.上海:上海古籍出版社.

钱谦益,1996.牧斋有学集[M].钱曾,笺注,钱仲联,标校.上海:上海古籍出版社.

钱谦益,2007.牧斋杂著[M].钱曾,笺注,钱仲联,标校.上海:上海古籍出版社.

钱肃乐,2014.钱肃乐集[M].杭州:浙江古籍出版社.

钱泳,1979.履园丛话[M].张伟,校点.北京:中华书局.

丘濬,1986.大学衍义补[M]//影印文渊阁四库全书:子部第712—713册.台北:商务印书馆.

邱云飞,孙良玉,2009.中国灾害通史:明代卷[M].郑州:郑州大学出版社.

瞿式耜,2002.瞿忠宣公集[M]//《续修四库全书》编纂委员会.续修四库全书:集部第1375册.上海:上海古籍出版社.

全祖望,2000.全祖望集汇校集注[M].朱铸禹,汇校集注.上海:上海古籍出版社.

邵廷采,2002.东南纪事[M]//《续修四库全书》编纂委员会.续修四库全书:史部第332册.上海:上海古籍出版社.

申时行,等,2002.大明会典[M]//《续修四库全书》编纂委员会.续修四库全书:史部第789册.上海:上海古籍出版社.

沈德符,1959.万历野获编[M].北京:中华书局.

沈括,1987.梦溪笔谈校证[M].胡道静,校证.上海:上海古籍出版社.

沈寿民,1997.姑山遗集[M]//四库禁毁书丛刊编纂委员会.四库禁毁书丛刊:集部第119册.北京:北京出版社.

施沛,2001.南京都察院志[M]//《四库全书存目丛书补编》编纂委员会.四库全书存目丛书补编:第73册.济南:齐鲁书社.

史鉴,1986.西村集[M]//影印文渊阁四库全书:集部第1259册.台北:商务印书馆.

司马迁,1959.史记[M].北京:中华书局.

苏辰,2017.明代南直隶兵防体制研究[D].长春:东北师范大学.

苏辰,罗冬阳,2016.论明代南直隶兵防体制的演变[J].西南大学学报(社会科学版)(6):159-168.

孙绳武,2010.荒政条议[M]//李文海,夏明方,朱浒.中国荒政书集成:第1册.天津:天津古籍出版社.

谈迁,1958.国榷[M].张宗祥,校点.北京:中华书局.

涂斌,2013.明代蝗灾与治蝗研究[D].南昌:江西师范大学.

屠隆,2012.屠隆集[M].杭州:浙江古籍出版社.

脱脱,等,1977.宋史[M].北京:中华书局.

王偁,2000.东都事略[M]//刘晓东,等.二十五别史.济南:齐鲁书社.

王崇炳,2015.金华征献略[M]//赵一生.东阳丛书:第15册.杭州:浙江古籍出版社.

王铎,2010.拟山园选集[M]//《清代诗文集汇编》编纂委员会.清代诗文集汇编:第
　　6册.上海:上海古籍出版社.

王夫之,钱秉镫,1987.永历实录　所知录[M].上海:上海古籍出版社.

王绍徽,1996.东林点将录[M]//四库全书存目丛书编纂委员会.四库全书存目丛
　　书:史部第107册.济南:齐鲁书社.

王松安,1986.明初官吏考核制度述论[J].许昌学院学报(社会科学版)(4):31-35.

王祯,1986.农书[M]//影印文渊阁四库全书:子部第730册.台北:商务印书馆.

魏应嘉,1996.夥坏封疆录[M]//四库全书存目丛书编纂委员会.四库全书存目丛
　　书:史部第107册.济南:齐鲁书社.

文秉,1997.烈皇小识[M]//丛书集成三编:第85册.台北:新文丰出版公司.

文秉,2002.先拨志始[M]//《续修四库全书》编纂委员会.续修四库全书:史部第
　　437册.上海:上海古籍出版社.

吴坤,等,2002.重修安徽通志[M]//《续修四库全书》编纂委员会.续修四库全书:
　　史部第653册.上海:上海古籍出版社.

吴伟业,1990.吴梅村全集[M].李学颖,集评标校.上海:上海古籍出版社.

吴应箕,吴伟业,等,2002.东林本末:外七种[M].北京:北京古籍出版社.

夏斌,2018.明中后期安庆地区建置考述:以兵备道和巡抚的设置为中心[J].历史
　　教学(20):50-56.

夏斌,陈伟明,2021.崇祯年间张国维与南直江防:以《抚吴疏草》为中心的考察[J].
　　安徽史学(2):49-55.

夏完淳,2002.续幸存录[M]//《续修四库全书》编纂委员会.续修四库全书:史部第
　　440册.上海:上海古籍出版社.

夏燮,1999.明通鉴[M].长沙:岳麓书社.

夏允彝,2002.幸存录[M]//《续修四库全书》编纂委员会.续修四库全书:史部第
　　440册.上海:上海古籍出版社.

肖立军,2010.明代省镇营兵制与地方秩序[M].天津:天津古籍出版社.

萧统,1986.文选[M].李善,注.上海:上海古籍出版社.

萧一山,1986.清代通史[M].北京:中华书局.

谢国桢,1957.南明史略[M].上海:上海人民出版社.

谢延庚,等,1991.光绪六合县志[M]//中国地方志集成:江苏府县志辑6.南京:江苏古籍出版社.

谢羽,2010.陈子龙师生关系初探[J].安徽文学(8):148-149.

徐光启,1979.农政全书校注[M].石声汉,校注.上海:上海古籍出版社.

徐元诰,2002.国语集解[M].王树民,沈长云,点校.北京:中华书局.

徐震堮,1984.世说新语校笺[M].北京:中华书局.

徐鼒,1958.小腆纪传[M].北京:中华书局.

许弘纲,2015.群玉山房文集[M]//赵一生.东阳丛书:第12册.杭州:浙江古籍出版社.

许重熙,1993.江阴守城记[M]//《中国野史集成》编委会,四川大学图书馆.中国野史集成:第33册.成都:巴蜀书社.

阎若璩,2010.潜邱札记[M]//《清代诗文集汇编》编纂委员会.清代诗文集汇编:第141册.上海:上海古籍出版社.

杨伯峻,1979.列子集释[M].北京:中华书局.

杨伯峻,1990.春秋左传注[M].2版.北京:中华书局.

杨开第,等,1970.光绪华亭县志[M]//中国方志丛书:华中地方第45号.台北:成文出版社.

杨嗣昌,2005.杨嗣昌集[M].梁颂成,辑校.长沙:岳麓书社.

叶春及,1986.石洞集[M]//影印文渊阁四库全书:集部第1286册.台北:商务印书馆.

佚名,1986.钦定胜朝殉节诸臣录[M]//影印文渊阁四库全书:史部第456册.台北:商务印书馆.

佚名,1993.崇祯长编[M]//《中国野史集成》编委会,四川大学图书馆.中国野史集成:第28册.成都:巴蜀书社.

佚名,1996a.盗柄东林夥[M]//四库全书存目丛书编纂委员会.四库全书存目丛书:史部第108册.济南:齐鲁书社.

佚名,1996b.东林籍贯[M]//四库全书存目丛书编纂委员会.四库全书存目丛书:史部第107册.济南:齐鲁书社.

佚名,1996c.东林朋党录[M]//四库全书存目丛书编纂委员会.四库全书存目丛书:史部第107册.济南:齐鲁书社.

佚名,1996d.东林同志[M]//四库全书存目丛书编纂委员会.四库全书存目丛书:史部第107册.济南:齐鲁书社.

永瑢,纪昀,等,1983.影印文渊阁四库全书总目[M].台北:商务印书馆.

余嘉锡,1958.四库提要辨证[M].北京:科学出版社.

袁行云,1994.清人诗集叙录[M].北京:文化艺术出版社.

张岱,1959.石匮书后集[M].北京:中华书局.

张国维,1997.张忠敏公遗集[M]//四库未收书辑刊编纂委员会.四库未收书辑刊:第6辑第29册.北京:北京出版社.

张国维,2000.抚吴疏草[M]//四库禁毁书丛刊编纂委员会.四库禁毁书丛刊:史部第39册.北京:北京出版社.

张国维,2015a.吴中水利全书[M]//赵一生.东阳丛书:第13册.杭州:浙江古籍出版社.

张国维,2015b.玉笥先生传稿[M]//赵一生.东阳丛书:第14册.杭州:浙江古籍出版社.

张国维,2015c.张忠敏公遗集[M]//赵一生.东阳丛书:第14册.杭州:浙江古籍出版社.

张晖,2013.死亡的诗学:南明士大夫绝命诗研究[J].文学评论(4):132-142.

张荩,1993.康熙金华府志[M]//中国地方志集成:浙江府县志辑49.上海:上海书店.

张楷,1998.康熙安庆府志[M]//中国地方志集成:安徽府县志辑10.南京:江苏古籍出版社.

张亭立,2007.陈子龙研究[D].上海:华东师范大学.

张廷玉,等,1974.明史[M].北京:中华书局.

张萱,2002.西园闻见录[M]//《续修四库全书》编纂委员会.续修四库全书:子部第1170册.上海:上海古籍出版社.

张宗友,2018.文本、禁忌与心态:读《题十五完人墨迹》[J].南京师范大学文学院学报(4):155-163.

赵会娟,2015.钱谦益集外文四则[J].文献(3):97-102.

赵士锦,史惇,钱肃润,等,1959.甲申纪事 纪事略 恸余杂记 南忠记[M].北京:中华书局.

赵衍,2018.康熙新修东阳县志[M].杭州:西泠印社出版社.

郑廉,1984.豫变纪略[M].王兴亚,点校.杭州:浙江古籍出版社.

郑民德,李德楠,2013.捕蝗与灭蝗:明代农业灾荒中的国家、官府与基层社会[J].
农业考古(1):87-93.

郑若曾,1986.江南经略[M]//影印文渊阁四库全书:子部第728册.台北:商务印
书馆.

郑思肖,1997.心史[M]//四库禁毁书丛刊编纂委员会.四库禁毁书丛刊:集部第30
册.北京:北京出版社.

周佳,2010.《抚吴疏草》与江南"士民"冲突[D].上海:华东师范大学.

周静,2010.论钱谦益的生死观与人生道路[J].深圳大学学报(人文社会科学版)
(4):110-115.

朱保炯,谢沛霖,1980.明清进士题名碑录索引[M].上海:上海古籍出版社.

朱东润,1999.陈子龙及其时代[M]//朱东润.朱东润传记作品全集:第3卷.上海:
东方出版中心.

朱溶,2006.忠义录[M]//高洪钧.明清遗书五种.北京:北京图书馆出版社.

朱之英,等,1998.民国怀宁县志[M]//中国地方志集成:安徽府县志辑11.南京:江
苏古籍出版社.

诸自毅,等,1970.义乌县志[M]//中国方志丛书:华中地方第82号.台北:成文出
版社.